QU'EST-CE QUE PUNIR ?

Du châtiment à l'hypersurveillance

Questions contemporaines

Collection dirigée par B. Péquignot et D. Rolland

Chômage, exclusion, globalisation… Jamais les « questions contemporaines » n'ont été aussi nombreuses et aussi complexes à appréhender. Le pari de la collection « Questions contemporaines » est d'offrir un espace de réflexion et de débat à tous ceux, chercheurs, militants ou praticiens, qui osent penser autrement, exprimer des idées neuves et ouvrir de nouvelles pistes à la réflexion collective.

Derniers ouvrages parus

Abou-Bakr Abelard MASHIMANGO, *La dimension sacrificielle de la guerre. Essai sur la martyrologie politique*, 2012.
Jordane ARLETTAZ, Séverine NICOT (dir.), *Le cadre juridique de la campagne présidentielle*, 2012.
Alain BÉNÉTEAU, Louis MALLET, Michel CATLLA, *Les régions françaises au milieu du gué, Plaidoyer pour accéder à l'autre rive, 2012.*
Jean BRILMAN, *Réconcilier démocratie et gestion*, 2012.
André PRONE et Maurice RICHAUD, *Pour sortir du capitalisme. Éco-partage ou communisme ?*, 2012.
Christophe du PAYRAT, *Pourquoi avoir fait de Mayotte le 101e département français ?*, 2012.
Jean-Michel VINCENT, *L'invention de la maîtrise d'œuvre urbaine. De la ville nouvelle aux ateliers*, 2012.
Simon DOLAN, Martine GUIDONI, *Succès et valeurs. Les valeurs pour un mieux-être professionnel et personnel*, 2012
François-Gabriel ROUSSEL, *Les mondes virtuels. Panorama et perspectives*, 2012.
Rémi RAHER, *La signature en politique. Entre attribut du pouvoir et contrainte matérielle*, 2012.
Henri MALOSSE et Laure LIMOUSIN, *La construction européenne. Histoires et avenir d'une Europe des peuples*, 2012.
Rémi GUILLET, *Propositions pour une économie équitable*, 2012.
Thorsten BOTZ-BORNSTEIN, *La Chine contre l'Amérique, Culture sans civilisation contre civilisation sans culture ?*, 2012.
Mireille GIRAUD, *Être et vivre seule : le harcèlement quotidien*, 2012.
Patrick PILLON (dir.), *La faim par le marché, Aspects sénégalais de la mondialisation*, 2012.

Tony Ferri

Qu'est-ce que punir ?

Du châtiment à l'hypersurveillance

L'Harmattan

Du même auteur

Le Répit, Paris, Publibook, 2001

Les Fées pleurent pour y croire encore, Paris, Publibook, 2008

« La biopolitique et le P.S.E. (Le Placement sous surveillance électronique) », *in La biopolitique outre-Atlantique après Foucault*, sous la direct. D'Audrey Kiéfer et de David Risse, Paris, l'Harmattan, 2012.

5-7, rue de l'École-Polytechnique ; 75005 Paris

http://www.librairieharmattan.com
diffusion.harmattan@wanadoo.fr
harmattan1@wanadoo.fr

ISBN : 978-2-336-00615-4
EAN : 9782336006154

Introduction

La position du problème

Exorde

« *Mon problème, essentiellement, est de définir les systèmes implicites dont nous sommes prisonniers ; j'aimerais comprendre le système de limites et d'exclusion que nous pratiquons sans le savoir ; je voudrais rendre apparent l'inconscient culturel [...] Ce que j'essaie de faire, c'est comprendre les systèmes implicites qui déterminent, sans que nous en ayons conscience, nos conduites les plus familières. J'essaie de leur assigner une origine, de mettre en évidence leur formation, la contrainte qu'ils nous imposent. J'essaie donc de prendre de la distance par rapport à ces systèmes et de montrer de quelle manière il serait possible de leur échapper* » (M. Foucault, *Dits et écrits, I, 1954-1975*, Paris, éd. Gallimard, coll. 'Quarto', pp 1057-1060 [Conversation avec Michel Foucault, 89]).

Les historiens et les juristes s'accordent à dire que la prison est une peine moderne, qui était méconnue tant sous l'Ancien Régime qu'au Moyen Age. Si la prison existait jadis, ce n'était pas essentiellement sous la forme de l'exécution d'une peine, mais avant tout en tant que mesure de rétention durant la période d'attente du procès. La prison n'avait qu'une visée préventive, et, lorsqu'elle s'apparentait à une peine, cette apparence n'avait de valeur qu'exceptionnelle et la prison comme peine ne se réalisait qu'à la marge du système punitif d'alors. Après la Révolution française, et surtout à partir du XIXe siècle, la prison est devenue, par un bouleversement sans précédent, le mode d'exécution de la peine par excellence, la nouvelle « reine des peines ». Si le point de divergence entre les techniques de sanction pénale pré-révolutionnaires et le système punitif actuel repose sur la dichotomie entre le châtiment d'un côté, et la prison de l'autre, et donc sur la manière dont l'État va faire usage de la violence pour obtenir stabilité et pérennisation, il n'en demeure pas moins que ce qu'il y a de commun entre les deux attitudes ou approches, c'est très exactement *l'ostracisation* du délinquant. Chacun connaît la formule célèbre de Max Weber selon laquelle l'État a le monopole de la violence, et celle-ci a pris des formes différentes au cours du temps, en fonction de la variété des considérations à la fois culturelles, politiques et stratégiques du pouvoir. Sur le plan strictement pénal, l'époque contemporaine n'est pas sortie, comme le prétend souvent un certain type de discours trop convenu et éculé, à travers notamment la mise en exergue de nouvelles mesures pénales comme la surveillance électronique, du paradigme de l'enfermement Si la sanction pénale revêt une dimension irréfutablement épocale, si elle est adossée à ce que M. Foucault désignait sous le vocable *épistémè* - puisqu'en fonction des périodes de l'histoire les délinquants ne subissent pas un traitement identique ni ne font l'objet d'une même prise en charge -, il n'est cependant pas contradictoire d'affirmer qu'un même fond ou une même forme, ou, si l'on veut encore, une même conception idéale-typique de la peine, quelque chose qui se rapporte à un « legs », traverse, jusqu'à l'ère contemporaine, les intervalles ou écarts temporels de son application. Les partisans des droits de l'homme n'hésitent pas aujourd'hui à souligner leur réjouissance à l'égard de l'abandon de l'archaïsme du châtiment, au profit de la peine de prison. Et, sur leur lancée, ils ne répugnent pas non plus à investir et exploiter l'idée d'un prétendu progrès de la pénalité, tout en soutenant que, au bout du compte, ce à quoi on assiste actuellement, c'est à une refonte totale de la conception pénale allant dans le sens du respect de la personne humaine : à cet égard, les mesures de Placements sous surveillance électronique sont présentées comme répondant à un principe novateur inspiré d'un nouveau modèle de l'exécution des peines. Pourtant, ce supposé « progressisme pénal », appuyé sur une satisfaction empreinte d'humanisme et de dolorisme, ne va pas de soi, et, en l'absence d'interrogations sérieuses en direction de ce qui le soutient et le conditionne, peut céder le pas à de graves désillusions ou déconvenues. Non pas qu'il faille ici défendre l'idée d'un retour aux châtiments d'hier, ni encourager les incarcérations actuelles comme revêtant des propriétés plus humaines et moralement acceptables. Bien plutôt, convient-il d'interroger d'abord la signification du passage de la peine comme châtiment à la peine de prison, et cela afin, d'une part, d'éclairer les présupposés qui sous-tendent les politiques pénales depuis la Révolution française, et, d'autre part, de dégager ce qui subsiste de particulièrement « suppliciant » et d'indigne dans l'acte même d'emprisonner. C'est l'objectif que poursuit le premier grand mouvement de cette recherche. Il vise à répondre, en s'appuyant sur la comparaison des deux modalités pénales, à la question de savoir ce qu'il y a de fondamentalement commun entre le châtiment et la prison, afin de montrer que le droit pénal moderne n'est pas, à bien des égards, moins archaïque que le système pénal classique, et que la prison comme peine possède des relents moyenâgeux, des traces de l'héritage d'un passé gravement perçu comme contraire aux droits inaliénables de l'homme.

Le second grand mouvement de cette recherche a pour ambition de définir les caractéristiques propres de la pénalité d'aujourd'hui. A cette fin, il se décline en deux moments-clés. Il pose d'abord la question du traitement contemporain de la délinquance. A l'heure des mutations du droit d'exception et des variations de l'usage de la violence dite légitime, il importe de questionner ce qui se joue à travers la création de la filière d'insertion et de probation en laquelle on rencontre ces professionnels de l'accompagnement pénal que sont les Conseillers pénitentiaires d'insertion et de probation et les Assistants de service social. Ensuite, il tente de mettre au jour la finalité ultime de ce que l'on appelle communément la surveillance électronique, mise en œuvre essentiellement sous la forme d'aménagements de peine. Entre, d'un côté, les promoteurs de la surveillance électronique qui voient en elle la solution idéale face à la recrudescence des incarcérations et, d'un autre côté, ses détracteurs qui la ramènent avant tout au phénomène de « *Big Brother* », la réalité de ce dispositif se situe peut-être, ici comme ailleurs, dans une position médiane qui ne préfigure ni Miracle pénal ni Terreur absolue. Or, à dire vrai, rien n'est moins sûr que de pouvoir s'accorder sur une position médiane qui fasse consensus, tant les questions que la surveillance électronique agite suscitent les plus grandes inquiétudes et les plus vives réactions. A l'évidence, c'est, d'une part, en tant que dispositif de contrôle qu'il convient d'interroger le Placement sous surveillance électronique. Et, d'autre part, c'est en tant qu'il se donne comme une alternative à l'incarcération qu'il pose précisément question : le Placement sous surveillance électronique représente-t-il une alternative *réelle* à l'incarcération ? Est-il un dispositif de contrôle *neutre* ? Pour le savoir, il s'agit de démonter ses mécanismes propres, d'identifier ses traits caractéristiques fondamentaux, de souligner ses présupposés et ses implications, et de relever ce avec quoi il s'articule. Car, en vantant les mérites du Placement sous surveillance électronique comme dispositif qui promet à la fois plus de sécurité pour la société et plus de liberté pour les condamnés, le législateur ne semble-t-il pas vouloir banaliser son usage et l'étendre en l'imposant à la communauté toute entière des délinquants ? Quant au Placement sous surveillance électronique *mobile*, qui, pour l'heure, concerne bien davantage les personnes condamnées à de lourdes peines et qui se trouvent en situation d'exécuter une mesure sous la forme de la Libération conditionnelle, du Suivi socio-judiciaire ou de la Surveillance judiciaire, c'est un dispositif qui s'inscrit dans le même d'état d'esprit d'offrir une alternative à l'incarcération, à condition d'y adjoindre un élément foncièrement préventif, et qui, selon ses défenseurs, est promis à un bel avenir, puisqu'il favoriserait une meilleure prise en charge des personnes considérées comme dangereuses. A cet égard, le rapport du Député Georges Fenech, sur le projet de loi relatif à la rétention de sûreté et à la déclaration d'irresponsabilité pénale pour cause de trouble mental, rappelle que la surveillance électronique mobile constitue déjà un outil important dans le traitement de la délinquance dangereuse (viols et agressions sexuelles, actes de torture et de barbarie, atteintes volontaires à la vie, destructions et dégradations dangereuses pour les personnes, etc.). Il apparaît que la Loi n° 2005-1549 du 12 décembre 2005, relative au traitement de la récidive des infractions pénales, a significativement élargi le dispositif de la surveillance électronique mobile applicable aux condamnés jugés dangereux, en créant, en premier lieu, la mesure de Surveillance judiciaire qui peut être assortie, le cas échéant, d'un Placement sous surveillance électronique mobile, et en l'intégrant, en second lieu, sous certaines conditions, à la Libération conditionnelle et au Suivi socio-judiciaire. Le rapport de G. Fenech a le mérite de reconnaître, pour le point qui nous occupe ici, que le dispositif de Placement sous surveillance électronique mobile se présente comme une mesure de sûreté revêtant un pouvoir de prévention, d'identification et de localisation, même si l'on observe qu'il puisse être complété ou concurrencé par un autre dispositif de prise en charge des condamnés considérés comme les plus dangereux à la sortie de la détention, à savoir la mesure de rétention de sûreté : « La Loi n° 2005-1549 du 12 décembre 2005 relative au traitement de la récidive des infractions pénales a, précise le rapport, considérablement renforcé l'arsenal juridique de prévention de la récidive et de la dangerosité, en modifiant la peine de Suivi socio-judiciaire et en instaurant les mesures de Surveillance judiciaire et de Placement sous surveillance électronique mobile ». Plus loin, le rapport ajoute que : « Parce que la remise en liberté d'une personne n'implique pas automatiquement la disparition de toute forme de dangerosité criminologique, la Loi du 12 décembre 2005 a prévu la possibilité de placer, sous certaines conditions, des condamnés sortant de détention sous surveillance électronique mobile (P.S.E.M.) ». Par où l'on voit que, au-delà des différences entre les deux modalités d'exécution de la surveillance électronique (fixe et mobile), ce qu'il y a de prétendument commun entre eux et, surtout, ce qui doit être tenu pour acquis, avant même que ne soit appelé l'exercice du jugement, c'est cette idée, massive, d'après laquelle ils constituent, l'un et l'autre, un rempart contre la récidive, jouent le rôle de puissants garde-fous, se définissent comme des auxiliaires fiables de réinsertion et de réadaptation, et favorisent la paix sociale par cela seul qu'ils conduisent les condamnés à faire montre d'une plus grande responsabilité individuelle et d'autonomie. Ce sont justement ces réquisits tenaces que nos travaux s'attachent à analyser, à démêler et à corriger. Et, ces efforts s'accompagnent de l'exigence de montrer l'envers de ces dispositifs inédits de surveillance électronique, en en examinant leurs dessous, leur face cachée, leurs éléments subreptices, bref leurs principes directeurs sous-jacents ou inavoués. En définitive, c'est à révéler l'organisation, le fonctionnement et la logique propre de ces dispositifs que notre étude s'emploie prioritairement. Et la convocation de figures socio-historiques de la pénalité est destinée à nous permettre d'étayer notre thèse selon laquelle la pénalité du nouveau millénaire relève de ce que nous nommons l'hypersurveillance. En quoi consiste l'hypersurveillance ? Que renferme ce concept ? Qu'il nous soit permis d'énoncer déjà ici l'idée que la mise en œuvre du contrôle par la surveillance électronique, ou l'hypersurveillance, s'opère par une triple technologie de pouvoir, à savoir la claustration (procédant de l'enfermement « dehors » et de la traque), la programmation (consistant dans la modélisation du comportement et dans les effets de dépersonnalisation) et la désappropriation (traduisant l'idée d'une privation de la propriété d'un bien, du domicile, de l'intimité, de sa personne). D'aucuns souligneront, peut-être, que les difficultés que soulèvent ces nouvelles technologies de contrôle comme la surveillance électronique, et, plus largement, et à bien des égards, la vidéo-surveillance et la biométrie, ne doivent pas être regardées comme l'avènement de *Big Brother* ou comme la mise en œuvre d'une Terreur paralysante. En réalité, avec Alex Türk, le président de la Commission nationale de l'informatique et des libertés (Cnil), il y a tout lieu de penser que ce à quoi on assiste aujourd'hui n'est rien de moins que quelque chose de bien plus grave encore que *Big Brother.* Dans un article prospectif paru dans *Le Figaro Magazine*[1], en date du 29 mai 2009, à la question de savoir si nous vivons déjà dans le *1984* de George Orwell, Alex Türk déclare avec honnêteté et clairvoyance : « Ce que nous rencontrons est plus grave que dans *1984.* (...). Demain, tout le monde espionnera tout le monde si l'on n'y veille pas. C'est la fin du libre arbitre et le début du *clonage mental* [C'est nous qui soulignons ; T. F.]. A la Cnil, nous sommes aux premières loges pour apprécier le développement exponentiel de la surveillance et du traçage. Nous recevons plusieurs milliers de nouvelles demandes par an (caméras, biométrie, fichiers...). Tous les citoyens sont pris lentement dans le maillage d'un système global ». S'agissant plus spécifiquement de la surveillance électronique, que celle-ci soit mise en œuvre sous la forme d'une géolocalisation par satellite (le P.S.E.M.) ou sous la forme d'un dispositif muni d'un émetteur/récepteur ou d'une puce électronique (le P.S.E.), les condamnés sont amenés à indexer leur conduite sur un système de contrôle de leurs mouvements, et à inféoder leurs décisions, non pas à leur volonté autonome, mais à l'unique crainte de représailles ou à un conditionnement fondamentalement négatif, en ce sens que le condamné n'échappe pas au rappel de la sanction encourue en cas d'inobservation des obligations, et le bracelet n'est pas là seulement pour le lui rappeler en permanence, mais aussi pour le stigmatiser par l'affichage ou l'étiquetage de son statut de détenu. Cette perte d'autonomie ressemble fort aux expériences de Pavlov qui provoquait le déclenchement de réflexes chez le chien, en le faisant saliver à la vue d'un sucre. Pour prévenir authentiquement la récidive, il ne s'agit pas de programmer un comportement ni de porter atteinte au libre-arbitre – ce que nous nommons, à l'intérieur de nos travaux, la procédure d'implémentation (à la fois au sens qu'offre le terme anglais *implementation* signifiant exécution ou mise en application, et au sens d'une mise en œuvre de la configuration générale d'un ordinateur) -, mais justement de rééduquer la personne aux vertus de la liberté, en lui donnant les moyens de reprendre son destin en mains : en ce sens, et *a contrario* de la surveillance électronique, la Libération conditionnelle, comme modalité d'exécution pénale, nous paraît plus propre à satisfaire aux exigences d'un travail de réinsertion sérieuse, puisque le condamné travaille plus librement à son reclassement, et conserve l'avantage d'être homme en prenant des

1 Cf., « Internet n'offre pas le droit à l'oubli », *in Le Figaro Magazine*, 29 mai 2009, p. 114.

décisions et en faisant des choix qui ne sont pas uniquement dictés par la crainte d'une (ré)-incarcération, mais qui naissent d'une certaine confiance accordée par l'institution judiciaire qui fait le pari de sa réinsertion en refusant de le placer sous un contrôle continu, abstrait, désincarné et impersonnel. Par suite, les dangers que représente la surveillance électronique sont doubles :

- 1° d'une part, appliqués à la population pénale, les divers Placements sous surveillance électronique ne semblent pas favoriser la prévention de la récidive, et ce contrairement à un préjugé largement disséminé, parce qu'une fois le dispositif ôté, à la suite de la cessation de la peine qui interviendra à un moment ou à un autre, rien n'interdit la redite de l'infraction commise : en retirant le système d'implémentation de l'environnement du condamné, il en résulte, du même coup, une déprogrammation du comportement de l'intéressé qui devait penser et agir conformément à la loi et aux attentes du Juge. Le danger, on le voit, vient de ce que la programmation d'une conduite ne vaut ni compréhension du passage à l'acte ni adhésion à la sanction ni maîtrise de soi : elle ne fait, tout au plus, qu'orienter et déterminer, de l'extérieur, le comportement du condamné aussi longtemps qu'il y est soumis ;

- 2° d'autre part, à travers l'expérimentation et l'utilisation grandissante de la surveillance électronique sur les personnes placées sous main de justice, il va sans dire que des perspectives immenses s'ouvrent pour que ces dispositifs se répandent au-delà même du contrôle des condamnés. En effet, tant que ces mécanismes de pouvoir ne concernent que la population pénale, nul ne se dit choqué. Mais, dès lors qu'ils atteindront la société civile toute entière, sous une forme ou sous une autre, il sera peut-être trop tard pour faire marche arrière et en déplorer les effets pernicieux et désastreux sur la liberté individuelle. Comme l'indique Alex Türk dans l'article susmentionné, « quand les citoyens s'en rendront compte, il sera trop tard ». Car le danger de la surveillance électronique réside dans son caractère non localisable, insidieux, invisible, dans le fait qu'un fil rouge raccorde l'individu à un dispositif de pouvoir qu'il ne peut jamais véritablement identifier, dans l'exacte mesure où ce système repose entièrement sur le principe du repérage indétectable, du balisage indécelable. Et le président de la Cnil d'ajouter : « Avec l'arrivée des systèmes d'information issus des nanotechnologies dans dix ans, on ne sera plus jamais assuré de ne pas être observé, car ces systèmes resteront indétectables. Ce sera la disparition du concept d'intimité. Si je me promène avec ma femme par exemple, je veux pouvoir préserver cette intimité ». D'où cette question décisive : si le régime de l'hypersurveillance implique un renoncement à soi, dans l'exacte mesure où il invite à abandonner son libre-arbitre et des pans entiers de son intimité, est-on certain, en de telles conditions, de parvenir à un évitement de la récidive, à un échappement de la répétition de la spirale délinquante ? Et en outre : ce nouveau régime pénal favorise-t-il réellement l'humanisation de la sanction pénale, plaide-t-il indiscutablement en faveur du respect de la dignité humaine ? C'est, au bout du compte, sur le terrain même des artisans de la surveillance électronique qu'il importe de se placer, de manière à tenter de dégager les éléments constitutifs de ce processus repérable d'exacerbation du contrôle, de ce processus de renflement du panoptisme s'exprimant dans des proportions inquiétantes aujourd'hui, eu égard aux libertés individuelles, et ce sous le prétexte de la découverte de nouvelles mesures coercitives révolutionnaires, presque miraculeuses et présentées comme la panacée dans le registre des pénalités.

Cette idée de remède miracle représentée par la surveillance électronique se trouve singulièrement illustrée aujourd'hui par la tendance irrépressible à multiplier le recours à ce dispositif dans les divers champs de la pratique judiciaire, et la tentation est grande d'en faire usage dans le domaine administratif. En ce sens, il n'est pas inutile de rappeler que la contrainte du port du bracelet électronique a été asymptotiquement élargie aux populations dites dangereuses, et la conséquence en est que cette contrainte n'est plus réservée aux seuls délinquants devant purger une peine de quelques mois d'emprisonnement. La surveillance électronique s'est donc vue graduellement remplir un nouveau rôle, un double rôle complémentaire, puisqu'elle se donne désormais à la fois comme une modalité de l'exécution d'une peine et comme une mesure de sûreté. Ceci se comprendra sans difficulté si l'on considère que la dangerosité ressortit de prime abord à quelque chose qui est de l'ordre de la maladie, car c'est à ce titre que le bracelet électronique doit remplir la fonction médico-pénale d'une immunisation ou d'une vaccination, à des fins préventives ou curatives, contre la propagation et la contamination de cette entité introuvable appelée « dangerosité ». Reste à savoir si le port du bracelet constitue une sérothérapie sérieuse, si, à ce titre, il n'est pas susceptible de développer des formes d'accoutumance, ou, au contraire, s'il ne fait que reconduire de vieilles figures de la thaumaturgie. Quoi qu'il en soit, on voit mal, en de telles conditions, quel frein pourrait venir ralentir le développement de ce dispositif de surveillance étayé et relayé par l'assimilation qui est faite entre dangerosité et maladie. D'autant que la caractérisation de l'état dangereux d'un criminel paraît devoir permettre la prorogation indéfinie du port du bracelet. De ce point de vue, on trouve, chez les positivistes italiens du XIXe siècle, cet argument en faveur de la peine indéterminée qui consiste à mettre en parallèle la peine et les soins, la prison et l'hôpital, en arguant du fait que, de même que le médecin ne saurait prévoir la fin de la souffrance physique du malade ni fixer la date de la guérison, de même le Juge n'est pas dans la capacité d'anticiper le moment de la sortie hors de l'état dangereux du condamné. Voici, par exemple, l'analogie on ne peut plus caractéristique soulignée par E. Ferri : « La peine préfixée est absurde comme moyen de défense sociale. Ce serait comme si à l'hôpital le médecin voulait préfixer à chaque malade les jours de sa permanence dans l'établissement[2] ». L'idée de la peine indéterminée s'enracine à la fois dans la vision d'une pénalité de sûreté et de prévention (processus de création de dispositifs de sûreté), ainsi que dans une conception thérapeutique de la peine (processus de médicalisation de la société). Ajoutons que cette tendance à l'extension de l'application du bracelet électronique a été confirmée, en 2009, par la possibilité de l'imposer aux prévenus eux-mêmes. Même si on est encore ici dans le registre pénal, c'est une façon d'en faire usage en dehors du seul cadre des condamnations. C'est pourquoi, légiférer sur d'autres voies d'application du bracelet, en en donnant aussi une efficience dans le champ strictement administratif, ne constitue pas une simple gageure, mais une possibilité à prendre au sérieux, ce qui n'est pas sans soulever de profondes inquiétudes. Il convient, en tout état de cause, d'être vigilant sur cette tendance quasi inéluctable à l'inondation de la société par ce type de dispositifs de contrôle qui se présentent aujourd'hui un peu trop facilement comme une solution efficace et économique aux problèmes liés à l'inflation carcérale, aux phénomènes d'insécurité et aux risques sociétaux. Il n'est d'ailleurs pas exagéré de craindre que le bracelet ne soit, à terme, presque imposé aux mineurs dans le cadre, par exemple, des enfants dits dangereux (les discours actuels sur la délinquance des mineurs de 13 ans ne servent-ils pas d'état-major stratégique à la préparation du terrain de la résignation de l'opinion publique sur ce point ?). Pire encore, cela peut même concerner, non plus seulement « l'enfance dangereuse », mais « l'enfance en danger », en mettant en place ce type de contrôle par mesure de précaution administrative. Tout semble indiquer aujourd'hui que, sous couvert du motif de protection de la société et de ses membres, et sous prétexte de réfléchir à de soit-disant nouveaux systèmes de contrôle et de sécurisation perçus comme révolutionnaires en ce qu'ils viseraient une cause plus humaine, la logique soit au déploiement de l'usage du bracelet. De ces remarques résulte cette autre interrogation que tente de circonscrire, *in fine*, notre travail de recherche : l'application initiale du dispositif du bracelet aux seuls cas de condamnations ne servirait-elle pas, en réalité, à terme, de laboratoire à son élargissement vers un régime de surveillance généralisable socialement ?

2 Cf., *Différentes contributions à la sociologie criminelle*, p. 52, cit. *in* P. Mbanzoulou, J. Alvarez, H. Basex et O. Razac, *Les Nouvelles Figures de la dangerosité*, l'Harmattan, coll. « Sciences criminelles », 2008, p.32.

Chapitre premier

La justice à travers les âges

A) La justice comme exercice d'une violence débridée : la notion de châtiment

Au Moyen Age apparaît l'idée de mettre en œuvre une justice de la rétribution. Il s'agit d'une justice reposant sur le couple notionnel récompense/punition, et fait référence, pour une part, à la dichotomie religieuse entre l'élection et la damnation. Les élus ou les justes s'opposent aux damnés en ce qu'ils sont dignes de Dieu et ont valeur d'exemple dans la société : cela correspond à l'idée aristocratique (ou aristotélicienne) de vertu, dans l'exacte mesure où les Justes sont justes par nature. Plus communément, la justice de la rétribution s'enracine dans la loi biblique du talion qui considère qu'il faut rendre le mal au mal. Il est question de faire mal au mal. La loi du talion a traversé les âges jusqu'à aujourd'hui, mais a pris différentes formes au cours de l'histoire. Au Moyen Age, infliger une peine à un infracteur consiste à apporter réparation à l'égard de la société qui s'est sérieusement trouvée atteinte en son fondement ; cette peine se donne également comme une compensation apportée à la victime qui s'est trouvée lésée par le crime ou le délit. Réparation sociale et compensation personnelle sont donc les deux grands motifs essentiels de la peine moyenâgeuse.

L'idée de proportionnalité entre la peine et l'infraction n'est toutefois pas, à l'époque, à l'ordre du jour. En effet, avant Beccaria, le souci de la justice est d'appliquer, dans le cadre d'une référence aux grands textes tels que les *Coutumiers*, les *Chroniques* et les *Ordonnances*, le principe de la vengeance royale ou seigneuriale. Car, sans la possibilité de la vengeance d'État, il ne saurait y avoir ni réparation ni compensation. Il n'est pas inutile de rappeler ici les fonctions précises de cette vengeance. Cinq fonctions sont repérables :

- d'abord, la peine vise à protéger la société. Cette protection, qui peut être plus ou moins radicale, peut revêtir soit un caractère d'éviction, s'opérant à travers notamment le bannissement ou l'abattis[3], soit un caractère d'éradication totale, s'effectuant en particulier à travers la peine de mort, l'opprobre jetée sur le lignage, l'expulsion de la famille, etc. Quand elle est radicale, la justice n'hésite pas à faire disparaître complètement tout ce qui touche de près ou de loin à l'auteur du crime ou du délit. C'est une protection par oblitération, à la manière des dispositifs mis en œuvre aujourd'hui pour lutter contre une épidémie concernant, par exemple, les

3 Notons que l'abattis est l'action par laquelle était abattue en particulier la maison du condamné. Il servait un objectif d'effacement et d'oubli de l'auteur du crime.

élevages de bovins : bien qu'il y ait des degrés de sanction, l'objectif de protection radicale est, par conséquent, de raser, de faire disparaître tout ce qui est lié à la mémoire du criminel ;

- ensuite, la peine se présente comme un moyen de purification du corps social. Purifier le corps social de la souillure causée par un être porteur du mal, telle est la finalité religieuse de la sanction. C'est pourquoi, on assiste à cette époque à des scènes de bûchers où les hérétiques, les auteurs de sacrilèges, les sodomites sont brûlés. Les suicidés voient leur corps supplicié publiquement : ils sont traînés (la peine de la claie[4]) et pendus au gibet. Rappelons que le suicidé est perçu, à cette époque, comme un meurtrier envers lui-même, et ne saurait échapper à la nécessité de mourir une seconde fois par l'épreuve de la sanction : « Quand on brûle les sodomites et que l'on associe dans les flammes les hommes coupables de bestialité et les animaux qu'ils ont choisis pour partenaires, quand on réduit en cendre les sorciers ou sorcières, les peines prononcées visent à purifier la communauté chrétienne de ceux (...) dont le corps mérite d'être totalement éliminé parce qu'il porte en lui les traces voire les principes même du Mal. Pour les mêmes raisons, on se soucie d'imposer à des cadavres des exécutions significatives[5] ». La finalité de la purification est religieuse : il s'agit d'ôter la souillure par l'exécution du condamné qui a violé les règles sacrées du christianisme ;

- la troisième fonction de la vengeance sociale repose sur la dissuasion, et présente, à ce titre, un intérêt certain. Le Moyen Age est en effet émaillé de sentences et sanctions exemplaires. La protection de la société civile et la purification de la communauté chrétienne passent nécessairement par l'exemplarité du châtiment. Châtier consiste à intimider quiconque voudrait imiter le délinquant. La justice cherche alors à faire peur au public en humiliant l'infracteur par les effets d'annonce (de la condamnation, de la mise au pilori, d'une exécution capitale) - que les faits reprochés relèvent de la peccadille (petit péché ou faute légère) ou du sacrilège et du crime de lèse-majesté -, ainsi qu'en laissant durablement dans la conscience des hommes une impression d'épouvante due à l'horreur de l'exécution. Dans cette perspective, les exécutions ont volontairement un aspect théâtral et une valeur symbolique. Elles sont faciles à comprendre par le plus grand nombre, et sont associées à des correspondances habituelles avec le crime ou le délit commis. On n'hésite pas à couper les poings des voleurs, des

4 La claie consistait à attacher le corps du supplicié sur une planche de bois que tirait un cheval. Cette épreuve était réservée aux plus grands criminels qui étaient conduits, de cette manière, jusqu'au lieu du supplice. Le fait d'être traîné ajoutait une honte supplémentaire, parce que le condamné, se trouvant au ras du sol, perdait de ce fait même, sur le plan symbolique, tout rang social et arrivait, sur le lieu de l'exécution, le corps poussiéreux et meurtri.

5 Nicole Gonthier, *Le châtiment du crime au Moyen Age, XIIe-XVIe siècles*, Rennes, éd. Presses Universitaires de Rennes, 1998, pp. 174-175.

faussaires et des parricides, à mutiler ou à arracher la langue des blasphémateurs, à castrer les violeurs, à mêler le corps des sodomites et sorcières aux corps d'animaux jugés impurs...Toute la pénalité du Moyen Age repose sur une sorte de théâtre populaire où se joue la dissémination de la crainte à travers une symbolique simplifiée et facile d'accès au plus grand nombre ;

- puis, la vengeance s'exprimant par les exécutions a une utilité pédagogique. Indirectement, la peine doit servir de leçon à ceux qui balanceraient encore entre le bien et le mal. Par le spectacle qu'elles offrent, les exécutions posent ce qu'il ne faut pas faire ou dire. Les membres de la société savent ce qui les attend s'ils transgressent les règles communautaires garanties par le roi et les seigneurs, et s'ils violent les principes de la morale chrétienne. Cette visée pédagogique de la sanction se traduit notamment par les regrets que doivent formuler les condamnés ou les aveux qu'ils sont amenés faire, au moment de l'exécution, quitte à faire céder les plus récalcitrants sous la torture. Ceux qui pleurent ou poussent des cris de détresse participent également à cette pédagogie sociale. « L'enseignement des masses[6] », telle est aussi la finalité de l'exécution. Cet enseignement repose sur la publicité des supplices, jouant un rôle d'accréditation du conformisme discursif et praxique, en ceci qu'il s'agit de promouvoir au rang d'éducation morale le tragique des exécutions. Cette visée pédagogique se poursuit par la mise à vu ou la *visibilité* des cadavres des mois durant, par la dissémination aux quatre coins de la ville des membres ou partis des suppliciés qui ont pu être essorillés, décapités, écartelés. Il n'est pas rare de laisser des cadavres, en état de putréfaction, sans sépulture, pendre au gibet de la ville, de voir arborer les têtes des condamnés décapités au bout de piques...C'est pourquoi, le condamné qui s'étrangle dans sa prison ne pourra échapper à l'exécution de sa peine, car « on ne peut échapper à l'exécution par la mort ; la peine doit s'accomplir, car elle revêt une signification outre la seule expiation[7] ». De l'aveu extorqué ou consenti à l'humiliation du cadavre, rien n'échappe à la moralisation des masses. La valeur éducative des exécutions culmine avec la part active prise dans celles-ci par les populations. A l'occasion des exécutions, les spectateurs deviennent aussi acteurs en insultant le condamné, en encourageant le bourreau, en vomissant une haine terrible à l'encontre du caractère odieux du crime, en déchaînant une passion hostile que rien ne peut arrêter : « (...) Les exécutions sont l'occasion des émotions les plus vives, ce qui purge sans doute ces spectateurs d'un trop-plein de sentiments contrastés et passionnels. On pleure beaucoup, on s'émerveille de la déchéance de certains notables, on déverse également des insultes ou des avanies sur celui que la justice désigne à la vindicte de tous, autant de moments précieux où

6 *Ibid.* , p. 184 et sqq.
7 *Ibid.* , p. 188.

peut, en toute liberté, s'exprimer une opinion populaire[8] ». Ce qui commande les comportements des populations qui, non seulement assistent, mais participent à l'exécution des peines, c'est une forme de méritocratie accompagnant la loi coutumière du talion. Le condamné apparaît comme responsable de son sort et comme devant subir, par sa faute, le châtiment mérité. Les termes de « démérites », de « méfaits » sont monnaie courante dans les textes relatant les exécutions de l'époque[9] ;

- enfin, la vengeance du corps social s'effectue au moyen d'un système de gradation de la souffrance physique, en fonction de la gravité des faits commis. Le Moyen Age a fait la distinction entre une exécution de type compensatoire et une exécution de type pénal. Lorsque le forfait ou le crime étaient empreints de gravité jugée offusquante ou extrême, l'exécution devenait un châtiment terrible, où la souffrance physique le disputait à l'agonie. La coutume établissait une hiérarchie entre les « méfaits », les atrocités, les troubles causés à l'ensemble de la communauté. Le crime de lèse-majesté (au point de vue politico-social), ainsi que le sacrilège ou l'hérésie (au point de vue religieux), étaient ce qu'il y avait de pire dans l'accomplissement d'un méfait. L'outrage fait au roi ou à Dieu conduisait à une mort certaine, avec l'obligation qui était faite au bourreau de prolonger autant que faire se peut la souffrance du supplicié condamné à la peine capitale, par l'effrayant écartèlement ou la redoutable épreuve de la roue[10].

---

8 *Ibid.* , p. 188.

9 Cf. , sur ce point, Cl. Gauvard, « Pendre et dépendre », dans *Histoire de la justice*, n° 4, 1991, notamm. pp. 16-19, cité *in* Nicole Gonthier, *Le Châtiment du crime au Moyen Age, op. cit.* , p. 189.

10 Rappelons que l'écartèlement consistait dans le démembrement ou la mise en quatre quartiers du corps, tandis que la roue était le lieu où le supplicié agonisait à cause des multiples fractures provoquées par les coups de bâton de fer du bourreau. Voici ce qu'écrit J. Delarue, dans *Le Métier de bourreau,* Paris, Fayard, 1979, pp. 108-109 : « *Le supplice de la roue était, disaient les juges, employé depuis les Romains. (...). Autrefois, disait-on encore au XVIII*e *siècle, on rompait avec la roue, mais c'était là un supplice barbare, et depuis Henri IV, on rompt sur une croix de Saint-André. Le condamné était donc attaché sur une croix de Saint-André posée à plat sur l'échafaud. En frappant à l'aide d'une pesante barre de fer, le bourreau lui 'brisait et rompait' les bras en deux endroits, puis les jambes et les cuisses, enfin les reins (colonne vertébrale) et parfois la cage thoracique. (...). Il était fait 'inhibition et défense, sur semblable peine, de toucher, secourir ou aider en quelque façon ou manière que ce soit' ceux qui subissaient ce long supplice. Ainsi brisés, bras et jambes cassés pendant autour de la roue, leur supplice pouvait durer plusieurs heures, parfois plus d'une journée, si un 'retentum' ne donnait l'ordre au bourreau de les étrangler discrètement après un certain temps [le 'retentum' consistait à écrire, en marge du jugement, des dispositions particulières que devait prendre le bourreau pour atténuer la souffrance du supplicié ; c'est nous qui précisons]. (...). Quant à l'écartèlement, cette peine horrible était prononcée contre les auteurs de crimes de lèse-majesté, en particulier ceux qui avaient attenté ou voulu attenter à la vie du roi ou d'un prince du sang. (...). Le criminel était placé sur le dos, sur un échafaud haut de trois pieds et demi (1,15 m environ) seulement. On le fixait au plancher par des colliers de fer passés autour de la poitrine et des hanches, et vissés à l'échafaud. L'arme de son crime lui était alors attachée à la main droite que l'on brûlait avec un feu de soufre. Puis on le tenaillait aux mamelles, aux bras, aux cuisses, aux jambes, lui arrachant des lambeaux*

La variation de l'intensité de la souffrance physique du supplicié avait donc partie liée à la gravité du crime. Notons qu'elle s'opérait également en fonction, d'une part, du sexe. Le moyen Age a ainsi préféré :

- pour les hommes, la pendaison ;

- pour les femmes, la noyade ou l'enfouissement (le fait d'être enterré vivant).

Et, d'autre part, en fonction du rang social : les nobles en particulier, qui commettaient des forfaitures ou qui dérogeaient à leur charge par la trahison, étaient destinés, la plupart du temps, à la décapitation au moyen de la hache ou de l'épée. Les suppliciés étaient très souvent dénudés, mais il arrivait que les nobles gardassent, au moment des exécutions, leurs habits et chapeaux marquant leur rang social, et cela afin de les humilier davantage encore, car ils perdaient, de ce fait même, leur dignité, leur intégrité (sociale, familiale...). La vengeance du corps social moyenâgeuse poursuivait donc cinq objectifs enchaînés les uns aux autres, à savoir : protection, purification, exemplarité, pédagogie et souffrance physique, et, par conséquent, elle ne se limitait pas à la seule réparation ou compensation. De cette quintuple fonction résulte deux conséquences notables :

---

de muscles. Le bourreau versait sur ces plaies un mélange de plomb fondu, de poix, d'huile bouillante, de cire, de soufre et de résine ». Puis : « *(...) On attachait une forte corde à chaque bras et à chaque jambe, l'autre extrémité de la corde était attachée au palonnier d'un cheval. On faisait alors tirer les quatre chevaux par petites secousses, puis de toutes leurs forces en même temps. Le bourreau tranchait à l'aide d'un couperet les jointures et ligaments qui résistaient. Le corps ainsi disloqué était ensuite jeté sur un bûche* ». Et l'auteur de citer les noms de ceux qui subirent ce supplice : « *(...) en 1548, Lavergne, principal chef de la conjuration de Bordeaux ; en 1563, Jean Poltrot, assassin du duc François de Guise ; en 1582, Salcède, qui avait attenté à la vie du jeune duc d'Anjou, frère du roi ; en 1594, Jean Chatel, qui avait tenté d'assassiner Henri IV et en 1610, François Ravaillac qui y parvint ; enfin, en 1757, Robert Damiens, qui avait blessé Louis XV d'un coup de couteau, et qui fut le dernier écartelé. Son supplice eut lieu le 28 mars 1757, il fut accompagné de toutes les tortures préalables que nous venons de décrire* ». Notons rapidement que l'écartèlement existait dans bien d'autres pays à cette époque, et notamment en Chine où il consistait, outre au démembrement, à arracher la tête du supplicié par le même dispositif de corde. Au lieu de quatre quartiers, c'est donc cinq quartiers que présentait le spectacle de l'écartèlement. Au demeurant, ce que ces descriptions historiques inspirent, c'est que l'Ancien Régime a été, sur le plan du châtiment, bien plus barbare et atroce encore que le Moyen Age que l'on présente souvent comme une période d'obscurantisme, d'ignorance et de violence. Voici aussi, à l'égard du supplice de la roue, ce que précisent Jean Imbert et Georges Levasseur dans *Le Pouvoir, les Juges et les Bourreaux, 25 siècles de répression,* Paris, Hachette, 1972, p. 256 : « *Le supplice de la roue, connu dès l'époque franque, semble avoir été peu usité au Moyen Age ; il est remis en vigueur par une ordonnance de François Ier, en 1534, contre les voleurs de grand chemin. D'autres ordonnances et la jurisprudence des parlements l'étendront aux criminels qui avaient agi avec préméditation, et aux coupables d'empoissonnement. [...]. En fait, le condamné est d'abord attaché sur une croix de Saint-André ; on lui brise les membres et on l'attache ensuite sur une roue de carrosse, placée horizontalement sur un pivot, 'le visage contre le ciel, où ils demeureront vivans pour y faire pénitence, tant et si longtemps qu'il plaira à Nostre Seigneur les y laisser', précise l'ordonnance de 1534* ».

- d'une part, la pénalité s'enracine ici dans un désir de vengeance consistant à maximaliser la souffrance physique, tant sur le plan de la qualité (il s'agit d'intensifier la douleur, d'augmenter son intensité), que sur le plan de la quantité (il s'agit de faire durer la souffrance « endurée ») ;

- d'autre part, cette pénalité est vécue au milieu de tous les habitants de la ville qui assistent à une véritable démonstration de force. La pénalité bénéficie d'une visibilité (et même d'une publicité) audacieuse : les exécutions avaient lieu sur des estrades, la roue et le gibet étaient très nettement surélevés, etc. , de sorte qu'elles relevaient du cérémonial, du rituel, de la démonstration objective.

Ces deux conséquences sont d'une importance capitale pour le propos qui nous occupe, car ce système de la peine n'a rien de commun avec la manière dont la pénalité se réalise aujourd'hui. Nous aurons, bien évidemment, l'opportunité d'y revenir ultérieurement. Toutefois, est-il d'ores et déjà possible de définir la pénalité moyenâgeuse et d'Ancien Régime comme l'expression d'une puissance débridée et comme la recherche de l'objectivation de la peine. Les exécutions relèvent ici de la mise en scène à l'occasion de laquelle le pouvoir royal et seigneurial démontre sa toute-puissance.

B) La justice comme exercice d'une violence mesurée : vers l'émergence de l'idée de domination totale

Dans *Les Anormaux*[11], Foucault rappelle les grandes lignes de force de sa démonstration selon laquelle, à partir de la Révolution française, « l'économie du pouvoir de punir » subit un renversement complet de perspective. Il n'est pas hors de propos de souligner ici les grands traits caractéristiques de sa démonstration :

- d'une part, alors que la féodalité et la monarchie absolue punissaient le crime par l'atrocité du châtiment, alors qu'il s'agissait pour le pouvoir de marquer son infinie souveraineté par la mise en œuvre d'une puissance *excessive* – Foucault parle d'une économie du pouvoir ayant les traits du déséquilibre et de l'excès -, le XVIIIe siècle tend à former de nouveaux dispositifs de la pénalité prenant le contre-pied de ce qui se faisait jusqu'ici : à l'excès de la punition se substitue le système pénal de la mesure. Il ne s'agit plus de punir plus atrocement que le crime commis, aussi horrible fût-il, mais de sanctionner juste un peu plus, de façon mesurée et proportionnée. C'est à ce moment-là qu'apparaît la thèse de la proportionnalité de la punition et du crime (Beccaria) ;

- d'autre part, le pouvoir de punir, qui prend naissance à la Révolution, abandonne ses moyens d'application *ritualisés, cérémonieux et discontinus*,

11 Michel Foucault, *Les Anormaux*, Paris, Cours au Collège de France du 29 janvier 1975, Seuil/Gallimard, 1999, pp. 75-97.

au profit d'une nouvelle économie du pouvoir caractérisée par son rayonnement diffus, sa continuité et sa pénétration de tout le corps social : c'est le thème foucaldien bien connu de la naissance de la discipline. Celle-ci se diffuse continûment dans la société à travers des « mécanismes permanents de surveillance et de contrôle ». Cette diffusion a pour conséquence de « majorer les effets de pouvoir », c'est-à-dire de les rendre inévitables, nécessaires et implacables pour tout un chacun. L'avantage que présente cette nouvelle économie du pouvoir est qu'elle ne s'exerce plus de façon localisée et lacunaire sur des individus ou des groupes d'individus, mais sur l'ensemble de la société dans laquelle ses membres ne sauraient échapper à la logique d'une telle emprise. L'avantage est donc *économique*, il permet d'obtenir un maximum d'effets avec un minimum de moyens ;

- troisièmement, c'est au XVIIIe siècle que se manifeste l'idée d'une « nature » du criminel. Le criminel commet son crime au nom d'intérêts égoïstes, brisant le pacte passé avec les autres membres de la société. Le pouvoir ne cherche plus seulement à connaître les circonstances du crime, ni à savoir si tel individu est bien celui qui a commis le crime, mais – et c'est là une grande nouveauté – à déterminer la *raison* du crime, la raison de l'intérêt du criminel. Il s'agit alors de percer à jour les motivations intimes, la logique intrinsèque du criminel. Sur la base de l'émergence de cette thématique de la rationalité criminelle, deux conséquences, et non des moindres, vont être identifiées par Foucault :

- d'abord, en cherchant à déterminer, non pas seulement l'intention du criminel, mais sa logique propre (on parle aujourd'hui des mobiles du crime), sa conduite rationnelle et constante, la loi quasi mécanique de son comportement individuel, le pouvoir de punir naissant élabore une théorie de la démarcation entre le normal et le pathologique. Le XVIIIe siècle marque la période de l'apparition de la notion de *pathologisation* tous azimuts : on assiste, au premier chef, à la pathologisation du crime, le criminel pouvant dès lors être classé, mis au rang des anormaux ;

- ensuite, en définissant le criminel comme ayant une « nature », une essence, quelque chose qui le caractérise en propre, en permanence et de façon irréfutable, la nouvelle économie du pouvoir de punir attache désormais au criminel l'idée de *monstruosité*. Désormais, on ne privilégiera plus la conception, déjà ancienne, selon laquelle, lorsque la nature est monstrueuse, elle peut déboucher sur la criminalité ; tout au contraire, on souligne maintenant que c'est le criminel qui, en commettant son crime, révèle sa monstruosité, conduit à elle. Le criminel est dorénavant associé inéluctablement au monstre, à une nature monstrueuse qu'il importe de circonscrire pour en comprendre la rationalité intrinsèque, comme s'il y avait une rationalité folle ou une folie calculante[12] ;

- quatrièmement, enfin, Foucault insiste, dans ce texte, sur les déterminations particulières de la monstruosité. Le criminel, le monstre a, selon lui, « une nature contre-nature », et cette monstruosité puise son origine et sa source d'abord dans la figure politique du roi. « Tous les monstres humains, écrit-il, sont les descendants de Louis XVI[13] ». Par-delà le caractère éminemment provocateur et péremptoire de la formule, se dessine l'idée que la monstruosité a partie liée à un « sur-pouvoir », à un excès ou à un abus de pouvoir que permet la place du prince. En effet, ce dernier, quand il abuse de son pouvoir, est un hors-la-loi, il sort du cadre du corps social défini et régi par la légalité, il devient despote et monstre en permanence. Le hors-la-loi (*outlaw*) a d'abord une origine politique, la monstruosité s'exprimant ici par l'exercice d'un pouvoir sans limites où prévalent les caprices du prince, son retour à l'état de nature, son animalité. En d'autres termes, il y a, selon Foucault, une criminalité qui s'opère par en haut ou par « au-dessus », dont les traits se trouvent, de manière emblématique, représentés par la figure du roi, du prince, du seigneur, par celui qui est détenteur d'un pouvoir au-dessus de tout contre-pouvoir et sans bornes. Cette figure de la transgression trouve à s'incarner, explique Foucault, dans l'incestueux, le libertin, le débauché. Mais il existe, selon lui, une autre figure du hors-la-loi, à savoir le monstre qui opère cette fois par au-dessous, c'est-à-dire le peuple. Par sa violence, son côté sanguinaire, sa capacité à se révolter, le peuple se donne comme anthropophage. Pour montrer les caractéristiques de ces deux visages de la monstruosité (inceste – anthropophage), Foucault prend comme point de départ de son analyse toute la littérature révolutionnaire qui accable tant Marie-Antoinette incarnant la femme incestueuse par excellence, que le peuple qui a fait coulé tant de sang durant les durs combats qui ont émaillé les événements de 1789.

---

12 Pour éclairer cette conséquence liée à l'idée de nature du criminel, il convient de rappeler que le siècle des Lumières voit apparaître ce que l'on a coutume de nommer le *jusnaturalisme*, à savoir la théorie selon laquelle il existerait une nature humaine à laquelle seraient attachés un certain nombre de droits, ce que l'on a appelé, en bref, les droits de l'homme. L'idée d'humanité est une idée neuve, et révèle l'existence de droits inaliénables qui lui sont, par principe, intimement liés. Parallèlement à la doctrine du jusnaturalisme se construit une théorie de l'anormalité naturelle, du fou, du criminel-monstre par essence, bref une tératologie criminelle fondée sur les motivations rationnelles et intéressées du criminel : de même qu'il y a des droits naturels de l'homme, il existe des penchants naturels au crime ; de même qu'apparaît l'idée d'humanité, émerge l'idée de monstruosité. Tandis que l'humain fonde le pacte social à partir de droits et d'intérêts communs, le monstre s'attache à rompre ce pacte, il s'affirme en se contredisant, souligne Foucault. Dès lors, le monstre apparaît comme un être paradoxal, contre-nature, et c'est cette tendance à cerner et à comprendre cette contre-naturalité qui définit le nouvel élan propre à la nouvelle économie de pouvoir (de punir).

13 *Ibid.* , p. 87.

En d'autres termes, le parangon de la monstruosité est, selon Foucault, double : il prend, d'un côté, la figure du prince qui fait passer son intérêt personnel avant l'intérêt général, et qui s'exprime, le plus souvent, par la transgression de l'interdit de l'inceste (cf., par exemple sur ce sujet, les descriptions du marquis de Sade) ; il se caractérise, d'un autre côté, par la figure du peuple révolté et déchaîné, revenu à l'état de nature ou de troupeau (que rien ne peut endiguer), et se traduit, la plupart du temps, par la transgression de l'interdit de l'anthropophagie. Par conséquent, le monstre, l'être qui outrepasse les limites du banal et du normal pour s'égarer dans la sphère de l'extraordinaire et de l'incroyable, est soit incestueux, soit cannibale, et c'est la raison pour laquelle, selon Foucault, toute la médecine légale du XIXe siècle, ainsi que la psychiatrie et la pénalité vont désormais s'organiser autour de ces deux figures de la monstruosité.

C) La domination totale

Il existe deux formes de la domination totalitaire : la forme concentrationnaire et la forme « déconcentrationnaire ». La première a été magistralement élucidée par H. Arendt, et a pour modèle le *camp* (de concentration ou d'extermination). La seconde est moins connue, et pourtant elle se développe aujourd'hui à une rapidité déconcertante à l'intérieur de la pénalité : il s'agit de la forme ayant pour modèle le *réseau.*

Ce qu'il y a de commun entre ces deux formes de la domination totalitaire, c'est l'effet de destruction de la personnalité humaine, de la *psyché*, mais aussi et surtout l'effet d'annihilation de la spontanéité. Les mécanismes de la domination totalitaire ont une influence telle sur les consciences que tout devient sujet à caution ou objet de méfiance absolue. Plus personne ne peut revendiquer son identité ou le simple fait d'être soi. L'environnement, la vie quotidienne sont de part en part habités par l'angoisse et le danger. Le sentiment de risque est permanent et trahit un état d'inquiétude irrépressible. Cependant, ces deux formes de la domination totalitaire obéissent à des principes d'organisation symétriquement inverses.

L'organisation concentrationnaire (ou le modèle du camp) est soumise à la force centrifuge. Dans ce type de domination, ce qui prévaut, ce sont les notions d'ordre, de classement, de division, de hiérarchie. Son vêtement emblématique est l'uniforme militaire ou l'habit aristocratique symbolisé par la redingote ou le justaucorps. Ce vêtement exprime la puissance ou l'élégance. Lorsque la centrifugeuse se met en branle, elle éloigne du centre la masse des choses et des gens qui se trouvent autour d'elle, elle entretient avec ces choses et ces personnes une relation d'exclusion : elle expulse, excentre, éloigne et domine selon les principes de la hiérarchie à l'ancienne : le roi surplombant a autour de lui, à distance, sa cour à genoux. Les rapports de domination s'expriment à travers les modalités du complot, de la conspiration, de la dissimulation, du secret. C'est la domination du sceptre et de l'épée.

En revanche, et selon un rapport exactement inverse, l'organisation « déconcentrationnaire » (ou le modèle du réseau) est subordonnée à la force centripète. Ce type de domination traduit un espace occupé par les toiles d'araignée, les entrelacs, les croisements et les enchevêtrements. Son vêtement représentatif est le blue-jean ou ce que l'on a coutume de désigner familièrement par « les fringues ». Ce vêtement dégage une impression de banalité et d'insignifiance. Quand cette force s'active, elle déblaie les accotements, les espaces périphériques, elle aspire, invite et attire à elle, tel un trou noir, tous les éléments extérieurs. Cette force entretient avec le monde une relation d'inclusion. Les rapports de domination qui caractérisent une telle organisation sont ceux de l'indiscrétion, de la curiosité, de la divulgation, de la révélation. Soulignons encore que la domination du réseau privilégie la voie aérienne sur la voie souterraine qui, elle, caractérise le propre de la domination du camp ; c'est une domination qui s' exerce sans qu'on la voie venir, comme un avion qui arrive par en haut ou par derrière, ou comme un virus (précisément ce qu'on ne voit pas venir non plus, tel un courant d'air) qui affecte un réseau informatique. Bref, il s'agit de la domination de l'assemblée ou de la multitude.

L'organisation concentrationnaire représente un pouvoir immense fonctionnant précisément par concentration : cela veut dire que ceux qui y sont assujettis se trouvent réunis dans un même espace, un lieu centralisé ou focalisé qui peut présenter, certes, des séparations ou des divisions (qu'on songe, par exemple, aux différents baraquements d'un camp). Mais il convient de ne pas perdre de vue que ces divisions obéissent à la règle de la focalisation vers un seul et même centre. La prison est, en ce sens, une organisation concentrationnaire totalitaire. Son organisation et son fonctionnement internes se déploient à partir d'une stricte hiérarchie humaine, et selon le principe de la division de l'établissement pénitentiaire en bâtiments et en quartiers. L'architecture d'un tel établissement n'est pas le produit du hasard, mais répond à un ensemble de contraintes et de règles en faveur de la sécurité. Que l'on songe à l'idée de panoptique, et l'on se convaincra qu'un établissement pénitentiaire doit se conformer à un principe organisationnel foncièrement rationnel.

Il n'est pas inutile de rappeler que l'idée de prison vient de l'exigence de prendre quelque chose, précisément ici un « corps », le corps de quelqu'un. Emprisonner consiste à mettre un corps en prison. Ce rappel, pour trivial qu'il puisse paraître, n'est pas sans intérêt, puisqu'il révèle exactement ce qui se cache derrière toute décision d'incarcération, eu égard à l'action de la prise du corps[14]. La prise ou la maîtrise du corps d'un homme, en le menottant, le ligotant, le bâillonnant, l'emprisonnant, implique un double réductionnisme dégradant, à savoir que, de prime abord, l'individu est réduit à un corps, il n'est plus qu'un corps. L'individu, révélé à lui-même comme n'étant plus que ce corps devant être maîtrisé, perd, du même coup, ce qui fait de lui une personne humaine, c'est-à-dire sa faculté de désirer ou de se déterminer, sa personnalité, sa citoyenneté, si l'on entend par là le fait d'être sujet de droit. Mais la prison va plus loin encore. En effet, elle ne se contente pas de dissoudre la personnalité de l'individu, elle réduit la personne humaine à une chose. La prison est le lieu de la réification par excellence : tous les mouvements des détenus sont gérés par la structure enveloppante, les horaires des repas, des promenades, des parloirs sont réglés définitivement. Les activités (professionnelles, culturelles, sportives...) se déroulent aux mêmes heures, dans un lieu immuable, aux murs identiques, elles sont identifiables comme étant répétitives, les détenus devant répéter, comme des automates, les mêmes gestes indéfiniment. En prison, l'individu est tenu en laisse, il doit obéir au doigt et à l'œil, au geste et à la voix. Il n'y a pas place pour la vie. La dissolution de la personnalité et la réification de l'individu sont les deux conséquences majeures de l'emprisonnement. Cela signifie non seulement que les détenus ne peuvent plus prétendre à exercer une quelconque forme de liberté, mais ils ne sauraient échapper à une vie languissante et à une mort promise. Cette dissolution et cette réification expriment parfaitement la thématique arendtienne de l'anéantissement de la spontanéité par la domination totalitaire. Pour mettre en évidence ou en lumière les enjeux qui se forment autour de l'idée de spontanéité, il est possible de faire un léger détour par la pensée de Bergson : il y a, comme chacun sait, un vitalisme chez Bergson qui s'enracine dans sa pensée de l'élan vital. Le vitalisme s'oppose au mécanisme, l'événement au phénomène, l'imprévisibilité à l'automaticité, l'originalité à la répétition. Pour le dire autrement : tandis que le mécanisme met en relief la concaténation du réel, l'enchaînement des causes et des effets de la nature, le vitalisme doit être réfléchi comme point de rupture ou de départ, comme mouvement initial ou commencement. L'élan vital bergsonien désigne cette force, cette poussée intérieure qui permet à un être de se déterminer librement. En perdant cette faculté d'autodétermination, l'individu se voit ôter non seulement sa dimension fondamentale de liberté, mais aussi sa capacité de vitalité et d'animation : il n'est plus que l'ombre de lui-même. La primeur de toute action (libre et vitale) est totalement annihilée par la prison, cette institution de l'altération (la réduction de l'individu à un corps impliquant la perte de la liberté) et de l'aliénation (la réduction de l'individu à une chose induisant l'éloignement de la vie et

14 Sur ce point, on se référera avec avantage à l'opuscule d'Alain Brossat, *Pour en finir avec la prison*, Paris, éd. La Fabrique, 2001, en particulier p. 57.

impliquant des rapports institutionnels de stricte propriété) : c'est ce que nous pouvons appeler l'abolition de la spontanéité.

L'organisation « déconcentrationnaire » opère de manière différente. Il s'agit pour elle d'établir un pouvoir par répartition ou diffusion. Ce pouvoir, par opposition au précédent, est diffus, filandreux et nébuleux. Il s'introduit partout, il n'est perceptible nulle part. Ce type de domination est d'autant plus totalitaire qu'il n'est pas aisément identifiable, il cohabite avec l'ensemble des acteurs sociaux, sans qu'il puisse être repéré précisément. Partout et nulle part, flottante et ignorée, cette forme de pouvoir s'immisce, subrepticement, l'air de rien, dans la vie quotidienne, s'intègre à la banalité de l'existence tant individuelle que collective. Elle n'opère pas selon une démarcation franche entre les normaux et les anormaux, les gens bien intégrés socialement et les gens dangereux. Ce type de domination est celle de la caméra, de l'œil de bœuf, du fureteur infatigable qui se trouve à chaque coin de rue et qui est relié à d'autres fureteurs selon le système du réseau. Est-il nécessaire de préciser que, dans un réseau, tous les points sont reliés les uns par rapport aux autres ? Il en résulte que d'un point donné il est possible de toucher n'importe quel autre point, quelle que soit la distance qui les sépare. De sorte que, à l'intérieur du réseau, rien ne permet de circonscrire absolument un point de départ et un point d'arrivée, tous les points pouvant prétendre au même statut. Il y a donc une dilution de l'espace dans l'espace, et cela indéfiniment, par opposition au modèle du camp, pour lequel, on l'a vu, une démarcation franche entre le milieu de la quotidienneté et l'espace de l'enfermement existe nettement. Tandis qu'avec le modèle du camp, on assiste à la séparation des lieux public et privé, le primat étant toutefois plutôt accordé au second par l'importance que revêt, pour un détenu, l'institution carcérale, on a affaire, avec le modèle du réseau, à une véritable incursion de l'espace public dans l'espace privé : il s'agit de l'hypersurveillance. L'organisation « déconcentrationnaire » offre une typologie intéressante qui peut être comparée à celle du réseau de l'Internet. Pour le dire simplement, sa typologie se forme en étoile : un nombre indéfini ou incalculable d'ordinateurs peuvent être reliés à un seul et même point focal, à savoir un serveur central. Dans cette configuration, un ordinateur peut tomber en panne sans qu'il affecte les autres ordinateurs. Il s'agit donc bien d'une typologie en étoile, qui permet de retrouver l'idée benthamienne de panoptique. La conception benthamienne du panoptique désigne, eu égard à l'enfermement, cette architecture de bâtiment qui permet de regarder sans être vu, et donc de mettre en œuvre une surveillance unilatérale par la création d'une configuration en étoile des quartiers de cellules faites de verre. Bien que cette conception de l'enfermement n'ait jamais vraiment vu le jour, notamment en France, elle mérite toute notre attention, en ce sens qu'elle apparaît comme tout à fait contemporaine des préoccupations du système de surveillance du XXIe

siècle. Il manquait, cependant, à Bentham, la connaissance des inventions et avancées technologiques d'aujourd'hui pour imaginer un panoptique plus efficace et reposant sur la communication à distance. Les moyens de télécommunication favorisent la télésurveillance : le G. P. S. (Global Positional System), le télécran d'Orwell, le bracelet électronique ne sont plus de vagues chimères, et rendent compte du processus général d'assimilation de la société tout entière à ce qu'on peut appeler désormais le télépanoptique.

Par ces découvertes technologiques, les moyens de contrôle des hommes ne sont plus seulement en voie de mutation, mais connaissent une effectivité décisive sur le destin du système punitif d'aujourd'hui. Par où l'on voit que, s'il était nécessaire de le rappeler, la pénalité est tributaire de son temps, et ne saurait en sortir. Mais l'intérêt de ce rappel est ailleurs, et concerne proprement ce que nous appelons l'hypersurveillance, qui est cette *vigie* que l'individu intègre à sa vie quotidienne, qu'il porte sur lui et en lui comme un surmoi, comme une voix silencieuse consistant à lui rappeler la force de la loi et ce qu'il est, à savoir un condamné. Le fameux bracelet électronique, qui n'est pas sans évoquer les tortures d'hier comme le carcan, la crécelle du lépreux ou bien encore le boulet ou la marque au fer rouge des bagnards - autant de formes d'identification et de signes d'appartenance à un genre d'hommes indésirables -, et qui connaît actuellement un gain d'intérêt, un engouement tel qu'il ne saurait laisser indifférent, doit être examiné à la lumière de l'hypersurveillance. S'agissant de ce bracelet, plusieurs observations sont à souligner :

- d'abord, d'un point de vue strictement descriptif, le bracelet électronique est ce dispositif technique étonnant qui consiste à poser un bracelet en plastique, muni d'un émetteur ou d'une puce électronique, à la cheville du condamné et qui relie celui-ci, par la médiation d'un émetteur-récepteur installé sur sa prise de téléphone ou au moyen du G.S.M., à un poste de contrôle centralisé en un point stratégique (souvent, dans un bureau d'une prison) ;

- ensuite, d'un point de vue social, il n'est pas exagéré de dire que ce dispositif est ce qui permet de relier l'individu à la loi, à l'État. Il s'agit d'une peine qui rappelle au condamné qu'il est attaché (au double sens de « tenu en laisse » et de « se représenter la valeur d'une chose ») à la loi, à l'autorité que celle-ci exerce sur un individu quelconque ;

- enfin, d'un point de vue psychologique et comportemental, ce dispositif n'est pas sans faire référence aux conséquences et à l'effroi que provoque la description du télécran, ainsi évoqué plus haut, dans *1984* de G. Orwell. Le télécran orwellien est, en effet, cet appareillage qui met sous surveillance la vie *intime* d'un individu lambda qui se trouve en permanence, ou à tout moment, placé sous le regard de ce que l'auteur nomme, non sans raison, la

Police de la Pensée : « Winston fit brusquement demi-tour. Il avait fixé sur ses traits l'expression de tranquille optimisme qu'il était prudent de montrer quand on était en face du télécran[15] ». L'hypersurveillance entraîne la coupure du moi en deux, la distorsion entre la personnalité et les actes, en ce sens que le condamné est précisément condamné à jouer un rôle, à faire « comme si », à contrôler ses sentiments et ses pensées, à opérer une vigilance extrême vis-à-vis de tout ce qui touche au domaine de l'extériorisation et de la démonstration. Quoique la surveillance orwellienne fasse signe vers des effets de terreur, reste que, comme par une mécanique de méfiance et de défense personnelle, le condamné, soumis aux règles intangibles du bracelet électronique (ou du télécran orwellien), se voit dans l'obligation d'entretenir avec ce qui le relie une relation mensongère, à la manière du sourire tranquille de Winston maquillant, en réalité, une angoisse profonde. Coupure, abstraction (au sens de ce processus d'éloignement du sensible et de l'immédiat), *vigie intérieure* et pas seulement extérieure, telles sont les conséquences psychologiques qui s'ensuivent de la mise en place du bracelet électronique.

D) L'opposition de l'orthographie et de l'ichnographie : de la surveillance à l'hypersurveillance

La manière dont s'opère l'emprise de la punition sur le condamné est différente, au regard du type de peine concernée. Dans le cas d'une peine d'emprisonnement ou de réclusion, la personne qui est enfermée est assujettie à un mode de surveillance stricte : ses déplacements (vers le parloir, le médical, la cour de promenade…) sont pilotés par des surveillants de l'Administration pénitentiaire, ses mouvements sont contrôlés, même à l'intérieur de la cellule, par le moyen du judas ou de cette espèce d'œilleton qui permet de voir sans être vu, son courrier peut être examiné par les agents, sa cellule peut être fouillée à tout moment, etc. Le mode opératoire de la garde est celui de la *chaîne*, c'est-à-dire que tout se passe comme si le détenu était relié par une chaîne imaginaire (quoiqu'elle ait réellement existé dans un passé relativement proche ; qu'il suffise, pour s'en convaincre, de songer au boulet du bagnard ; sous l'Ancien Régime, il n'était pas rare non plus que les prisonniers de la paille ou du commun, c'est-à-dire les détenus désargentés, soient enchaînés au mur pour éviter les évasions) au poste de contrôle du surveillant ou au surveillant lui-même. A la manière d'un chien qu'on tient en laisse et dont on infléchit les orientations, le détenu est de part en part dirigé par le surveillant à qui il revient la responsabilité d'organiser ses déplacements, non seulement à l'intérieur d'une aile, d'un étage ou d'un bâtiment, mais encore au sein de l'ensemble de l'établissement. Cette chaîne permet aux surveillants d'anticiper le passage du détenu d'un bâtiment à un autre, suivant la règle de *l'enchaînement* des points relais. Le pouvoir du surveillant sur le détenu

15 George Orwell, *1984*, Gallimard, coll. Folio, 1972, p. 16.

est celui de la *clef*, celui de l'ouverture et de la fermeture des portes, des judas. Le lieu d'exercice de ce pouvoir est la détention, qui est bâtie selon un modèle favorisant le panoptique (voir sans être vu) et l'enchaînement (celui des condamnés, des informations entre surveillants et équipes). Tant et si bien que nous sommes tentés de dire que le plan d'un établissement pénitentiaire est d'ordre géométrique ou cartésien, en ce sens que, de même que Descartes privilégie une méthode de concaténation, de déduction dans son discours, de même la détention s'organise selon une méthode d'enchaînement et de mise en place de points relais reliés entre eux selon une logique implacable. Voilà ce qui nous fonde à dire que le plan d'un établissement pénitentiaire est celui de **l'orthographie**, si l'on entend par là l'idée d'un édifice construit idéalement selon une vue *de face ou de profil* (idéalement, c'est-à-dire que son idéal-type est de permettre au surveillant de voir *de profil*, à partir de son poste de contrôle, toutes les cellules d'un bâtiment, ce qui rejoint, en quelque manière, l'idée du panoptique benthamienne à quoi il manque seulement ici la configuration circulaire et la présence des murs en verre). La mise sous le regard en détention s'accomplit donc au moyen d'une coupe perpendiculaire représentant, sans perspective, la façade ou le profil d'un bâtiment. Cette orthographie devient une scénographie, lorsque l'on veut adjoindre à cette coupe les règles de la perspective.

Avec le Placement sous surveillance électronique, on assiste à une déformation ou une transformation du mode de surveillance. La personne assujettie à ce type de peine n'est plus, à proprement parler, enchaînée. Ce n'est pas avoir « une chaîne à la patte ». Tout d'abord, ce qui est notable, c'est que le Placement sous surveillance électronique n'obéit pas à un plan, mais à un programme. Il ne s'agit pas ici d'une simple nuance de mots. Ce dont il s'agit, c'est, non pas de construire des bâtiments ou de se faire architecte, mais seulement de programmer le bracelet, c'est-à-dire d'y fixer une puce électronique et de la paramétrer. D'autre part, dans l'exacte mesure où un tel dispositif permet le Placement d'un nombre indéfini de personnes, il en résulte que la surveillance s'effectue, on l'a vu plus haut, au moyen du réseau. Cette mise en réseau de la surveillance d'une part, et le raccordement *à distance* de ce réseau à une centrale de surveillance informatisée d'autre part, correspondent à l'idée de *constellation*. Placer quelqu'un sur le dispositif de surveillance électronique, c'est l'intégrer à un nouveau type de surveillance fondée sur l'organisation en étoile, c'est l'incorporer, non plus à un ordre géométrique comme dans le cas d'un établissement pénitentiaire, mais à un ordre combinatoire. A l'intérieur de cet ordre combinatoire, les Placés ont une certaine liberté de mouvement : ils peuvent, en théorie ou en droit, se croiser, permuter, emprunter différents chemins équipollents (le Placé peut, par exemple, se rendre à son travail par le chemin le plus court ou le plus long, s'arrêter en chemin au bureau de tabac, etc.), arranger son itinéraire, se satisfaire de la multilinéarité…Tandis que, dans l'ordre géométrique de la surveillance, le détenu ne peut rebrousser chemin et doit suivre un parcours défini à l'avance et *a fortiori* le même, dans l'ordre combinatoire, le Placé emprunte des routes réversibles, interchangeables, commutables. D'un côté, il n'y a place que pour une seule voie possible (comme dans la concaténation, il n'y a qu'une déduction possible faisant écho à l'unité et à la cohérence de la pensée), d'un autre côté, il y a place pour une pluralité de chemins possibles, pour la multiplicité des applications ou des séries (comme, en mathématiques, le nombre, par exemple, peut être utilisé de différentes manières, selon des approches à la fois variables et complémentaires)[16]. Tant et si bien que nous sommes conduits à poser que la programmation du dispositif de surveillance électronique est d'ordre leibnizien, si l'on entend par là l'idée d'une surveillance en réseau ou en étoile, s'effectuant à distance et dont les chemins empruntables sont multiples, équivalents, permutables. Dans ces conditions, le programme (plutôt que le plan) du P. S. E. est celui de **l'ichnographie**[17], en ceci qu'il s'autorise de ce dispositif électronique pour pister, débusquer, filer. On a affaire ici à la logique de la traçabilité, selon laquelle le système de surveillance peut anticiper et suivre les mouvements des Placés, sans avoir à les diriger. Ce système de surveillance fonctionnant en réseau et en étoile, selon une logique programmatique, un ordre combinatoire, et un impératif de la trace ou de la piste, est ce que nous appelons l'hypersurveillance.

---

16 Sur ce point, on consultera avec profit l'ouvrage de Michel Serres, *Le Système de Leibniz et ses modèles mathématiques*, Paris, P.U.F., coll. Epiméthée, 1968, et en particulier p. 13.

17 L'ichnographie consiste, étymologiquement parlant, à décrire la trace ou l'empreinte, à la manière de celle laissée par un pied dans le sable.

Chapitre deuxième : La mesure de Placement sous surveillance électronique

A) Les conditions qui régissent la mesure de Placement sous surveillance électronique

Le Placement sous surveillance électronique est essentiellement une mesure, relativement récente, d'aménagement de peine, qui a été fixée par la loi n° 97-1159 du 19 décembre 1997. Cette loi prévoit la possibilité, pour le condamné, d'être écroué ailleurs que dans un établissement pénitentiaire. Par où l'on voit qu'une mise sous écrou, symbolisant, par excellence, la mise à exécution d'une peine d'emprisonnement, n'équivaut pas nécessairement à une incarcération. Une peine « ferme » peut donc être exécutée à l'extérieur d'un établissement pénitentiaire, en milieu « ouvert » ou « libre ». Les conditions légales d'octroi d'un Placement sous surveillance électronique, sous la forme d'un aménagement de peine, sont les suivantes :

1) Les conditions pénales :

Pour qu'un Placement sous surveillance électronique puisse être effectif, il importe, au préalable, de recueillir l'avis et le consentement du condamné à qui cet aménagement de peine est proposé[18]. Il est nécessaire d'informer le condamné des modalités d'exécution de cette mesure, des contraintes qui y sont associées, du cadre légal. De plus, étant donné que cette mesure consiste dans l'envoi et la réception de signaux entre le lieu d'assignation du condamné et le centre de supervision, il est parfois recommandé que le Juge de l'application des peines recueille également l'avis d'un médecin pour s'assurer qu'il n'y a pas de contre-indication médicale ou d'incompatibilité entre l'état de santé de la personne concernée et le dispositif électronique. La consultation d'un médecin de la part du condamné est de droit, et la pièce sera alors versée au dossier et servira aussi de base à la décision du Juge.

Pour faire l'objet d'un Placement sous surveillance électronique, il est nécessaire, selon le Code de procédure pénale, que la personne concernée

---

18 La Loi n°2004-204 du 9 mars 2004, portant adaptation de la justice aux évolutions de la criminalité, a supprimé, en l'article 723-7 du Code de procédure pénale, l'impératif de recueillir le consentement du condamné promis au Placement sous surveillance électronique -, consentement prévu par ce même article à l'issue de la Loi n° 2000-516 du 15 juin 2000, renforçant la protection de la présomption d'innocence et les droits des victimes. Voici ce qu'initialement prévoyait cet article : « La décision de recourir au Placement sous surveillance électronique ne peut être prise qu'après avoir recueilli le consentement du condamné, donné en présence de son avocat ». Toutefois, il est à remarquer, ici ou là, que la pratique d'enregistrer la demande ou le consentement du condamné, qui souhaite voir sa peine aménagée sous la forme du Placement sous surveillance électronique, demeure.

ait été condamnée à une ou plusieurs peines privatives de liberté dont la durée totale n'excède pas deux ans, ou que la durée totale du reliquat de peine(s) lui restant à accomplir ne dépasse pas deux années.

2) Les motifs d'octroi :

- l'exercice d'une activité professionnelle ;

- la participation à un enseignement, une formation ou un stage ;

- la participation à la vie de famille ;

- la prescription d'un traitement médical.

Lorsque le Placement sous surveillance électronique a été accordé, la personne concernée voit le motif d'octroi devenir une obligation dans l'exécution de la mesure. De plus, les obligations particulières que devra remplir le condamné peuvent être celles prévues pour les Sursis avec mise à l'épreuve.

3) Les procédures d'octroi :

Historiquement, on dénombre, en milieu fermé, trois grandes procédures d'octroi d'un Placement sous surveillance électronique – procédures qui tantôt se complètent, tantôt se substituent les unes aux autres :

- la procédure du débat contradictoire, qui consiste dans l'examen, par le Juge de l'application des peines, de la demande du condamné à faire l'objet d'un tel Placement, dès lors qu'il remplit les conditions légales d'octroi et que sa demande est assortie d'un projet ;

- la N.P.A.P. (= la Nouvelle Procédure d'aménagement de Peine, qu'on appelle aussi la P.R.A.P, la Procédure Rapide d'Aménagement de Peine, ou encore « sas de sortie »). Cette nouvelle procédure a été fixée par la Loi n° 2004-204 du 09 mars 2004, portant adaptation de la justice aux évolutions de la criminalité. Cette nouvelle procédure d'aménagement de peine, entrée en vigueur le 1er octobre 2004, prévoit une instruction systématique des dossiers des condamnés en fin de peine, à l'initiative du Directeur des services pénitentiaires d'insertion et de probation (D.S.P.I.P.). Nous reviendrons plus loin sur les nouveaux pouvoirs accordés aux D.S.P.I.P., et donc à l'Administration pénitentiaire, et aux conséquences que de tels pouvoirs impliquent. Pour l'heure, il est d'ores et déjà nécessaire de restituer, sommairement, le cadre légal de cette nouvelle procédure d'aménagement de peine et de rappeler que celle-ci concerne les condamnés pour lesquels ils restent à subir : a) soit trois mois d'emprisonnement et qui doivent exécuter une ou plusieurs peines d'emprisonnement supérieures ou égales à six mois, mais inférieures à deux ans ; b) soit six mois d'emprisonnement et qui doivent exécuter une peine ou plusieurs peines d'emprisonnement supérieures ou égales à deux ans, mais inférieures à cinq ans. Les condamnés qui remplissent donc ces conditions d'ordre temporel peuvent prétendre à la N.P.A.P., depuis le 1er octobre 2004. On dit alors qu'ils sont « éligibles ». Cette nouvelle procédure s'adresse, on le voit, aux personnes qui doivent purger une peine courte ou moyenne d'emprisonnement, et qui forment le plus grand nombre des condamnés à une peine ferme. Les aménagements de peine possibles sont : le Placement sous surveillance électronique, le Placement à l'extérieur et la Semi-Liberté. Enfin, les motifs de refus de ces aménagements, dans ce cadre-là, sont les suivants : refus du condamné d'en « bénéficier », mauvaise conduite de la part du condamné, impossibilité matérielle de mettre en œuvre tel ou tel aménagement et absence de projet sérieux de réinsertion ;

- la S.E.F.I.P. (= la Surveillance électronique de fin de peine), qui a été instaurée par la Loi pénitentiaire du 24 novembre 2009 et mise en œuvre à compter du 1er janvier 2011, est un dispositif subsidiaire d'aménagement de peine utilisé lorsqu'aucune mesure d'aménagement de peine n'a été ordonnée ou retenue six mois avant la date d'expiration de la peine. Autrement dit, à supposer que la situation générale des individus concernés le permette, ce dispositif consiste à orienter vers la surveillance électronique les personnes qui ont été condamnées soit à des peines d'emprisonnement d'une durée inférieure ou égale à cinq années à qui il reste encore quatre mois d'emprisonnement à purger, soit à des peines d'emprisonnement inférieures ou égales à six mois à qui il reste encore les deux tiers de la peine à subir. Il s'agit donc d'une modalité d'exécution de fin de peine.

En milieu ouvert, il y a la procédure émanant de l'article 723-15 du Code de procédure pénale. Celui-ci prévoit la possibilité d'aménager la peine d'incarcération d'une personne, dès lors que sa condamnation est inférieure ou égale à 24 mois d'emprisonnement (12 mois avant la Loi pénitentiaire du 24 novembre 2009). Cette personne est alors convoquée par le S.P.I.P. (Service Pénitentiaire d'Insertion et de Probation) à compétence départementale pour que soit examinée, par un Travailleur social (Conseiller pénitentiaire d'insertion et de probation ou Assistant social) l'opportunité d'un aménagement de peine, reposant sur une plus large palette de choix que ce qu'autorise la N.P.A.P. (notamment, sous certaines conditions, la Libération conditionnelle et le Sursis-Travail d'intérêt général ou Sursis-T. I.G.).

Ces points étant posés, il importe de souligner que le Placement sous surveillance électronique a pour cadre général l'interdiction qui est faite, pour le condamné, de s'absenter de tout lieu désigné par la Juge de l'Application des peines, en dehors des périodes fixées par celui-ci. La plupart du temps, les obligations de présence et d'assignation en un lieu précis, et à des horaires fixés préalablement, concernent le domicile de l'intéressé : le P.S.E. est une forme de prison à domicile.

B) Les raisons avancées en faveur du Placement sous surveillance électronique (P. S. E.)

Le législateur a mis en exergue de « bonnes raisons » pouvant expliquer l'intérêt du Placement sous surveillance électronique. Même s'il ne nous appartient pas d'en dresser ici une liste exhaustive, il n'est cependant pas inutile de reprendre les grandes tendances de l'argumentation des autorités compétentes :

- pour lutter contre les effets désocialisants de la prison, le Placement sous surveillance électronique permet de rendre possibles et plus faciles les relations entre le condamné et sa famille : c'est ce que l'on appelle, dans la sphère du travail social pénitentiaire, le principe du maintien des liens familiaux. Le condamné peut continuer à éduquer ses enfants, à participer à la vie de famille, etc. ;

- tandis que la prison conduit à une séparation nette et radicale entre l'extérieur (le monde « libre ») et l'intérieur (le monde carcéral) - deux mondes qui, pour ainsi dire, ne se touchent pas ou ne communiquent pas -, le Placement sous surveillance électronique permet au condamné d'être maintenu sur son activité professionnelle ;

- vis-à-vis de l'inflation carcérale, en France, il est alors apparu urgent au législateur de permettre l'exécution des peines en dehors de ces établissements pénitentiaires connaissant une situation limite ou critique d'engorgement. Le Placement sous surveillance électronique a alors été perçu, dans une telle optique, comme pouvant favoriser une tendance déflationniste du taux d'occupation des prisons, ce qui n'équivaut pas, au demeurant, à une diminution du nombre de condamnations. Le fait de réduire le nombre de prisonniers n'est pas synonyme du fait de revoir à la baisse le nombre des condamnations, et ces deux considérations peuvent même s'articuler en sens inverse : on peut espérer obtenir un résultat déflationniste du taux d'occupation des prisons tout en multipliant les condamnations, ce n'est pas contradictoire ;

- tout système punitif ayant un coût et des répercussions sur la santé financière d'un pays en fonction des orientations des politiques économiques, il est apparu moins coûteux au législateur d'envisager une mise sous écrou à l'extérieur des prisons, en prévoyant qu'il revienne à la charge du condamné de se loger et de se nourrir ;

- le législateur a estimé que, dans une perspective de réinsertion des condamnés, le Placement sous surveillance électronique était indiqué pour favoriser l'aide à la stabilisation sociale des individus qui lui étaient confiés et pour prévenir la récidive. C'est ce que l'on a appelé l'effort pour lutter contre les « sorties sèches », ces dernières consistant à mettre dehors les condamnés, une fois qu'ils ont effectué leur peine d'emprisonnement, sans aide ni assistance, sans accompagnement ni suivi. Cette volonté d'éviter les « sorties sèches » s'inscrit dans le double registre de l'humanitarisme et du sécuritarisme, en ceci qu'elle doit permettre d'offrir l'aide nécessaire aux condamnés (le législateur est bon) et d'anticiper les causes de la récidive (le législateur est prévoyant). Bref, il y aurait ici deux types de justice qui se télescoperaient, à savoir une justice de liberté et une justice de sûreté.

Les raisons avancées par le législateur consistent, on s'en doute, à montrer la pertinence de sa politique pénale, et à parler de ces évolutions en des termes positifs, à savoir, notamment, que la personne placée sous surveillance électronique devient un « bénéficiaire » d'un aménagement de peine. C'est à l'interrogation de tous ces réquisits et à la présentation de l'envers de ces arguments qu'il convient de faire droit, dans le cadre de cette étude.

C) La tendance à l'augmentation des mesures de Placement sous surveillance électronique

Depuis ces dix dernières années, les politiques pénales, se targuant d'être soit plus humanistes soit plus sécuritaires, revendiquent, tour à tour, le monopole de l'efficacité judiciaire. Elles se traduisent globalement par une augmentation constante du nombre d'aménagements de peine, en particulier du nombre de Placements sous surveillance électronique.

D'après la Direction de l'Administration pénitentiaire française[19], l'augmentation du nombre des P.S.E, entre le début de l'année 2011 et le début de l'année 2012, est de 38%, étant donné précisément que le nombre de condamnés bénéficiant d'un aménagement de peine sous la forme du Placement sous surveillance électronique est de 7889 au 01/01/2012 et de 5706 au 01/01/2011. Si l'on ajoute le nombre de P.S.E. de fin de peine, on observe qu'on passe de 61 à 528 condamnés admis à ce régime, entre le 01/01/2011 et le 01/01/2012. Si l'on considère maintenant le début de l'année 2008 et le début de l'année 2006, on constate encore un écart, puisque le nombre de condamnés admis au régime du Placement sous surveillance électronique est exactement de 2506 au 01/01/2008, tandis qu'il est de 871 au 01/01/2006[20].

D) L'encouragement aux aménagements de peine : une politique volontariste en matière de Placement sous surveillance électronique

Les politiques pénales mises en œuvre depuis une décennie n'ont de cesse de marteler un discours volontariste en faveur des aménagements de peine. Le 18 avril 2002, J.–L. Warsmann, alors député des Ardennes, est invité,

19 Cf., *Statistique mensuelle de la population écrouée et détenue en France (*situation au 1er janvier 2012), source : D.A.P.

20 Cf., *Statistique mensuelle de la population écrouée et détenue en France (*situation au 1er janvier 2008), source : D.A.P.

par le Premier ministre de l'époque, à élaborer un rapport[21], pour faire l'état des lieux de ce qu'il en est des peines alternatives à l'incarcération. Il s'agit d'une enquête parlementaire destinée à réfléchir sur les modalités d'exécution des peines, sur les possibilités de consolider les peines restrictives de liberté, ainsi que sur les moyens de mettre en œuvre plus rapidement les décisions de justice et de prévenir la récidive par une politique qui répudie les « sorties sèches ». Le programme, on le voit, est hautement ambitieux. Voici ce qu'écrit J.–L. Warsmann : « La sortie de prison, quelle que soit la durée de la peine purgée, est un moment difficile à vivre. La personne libérée sans préparation ni accompagnement risque de se retrouver à nouveau dans un environnement familial ou social néfaste, voire criminogène, ou bien au contraire dans un isolement total, alors qu'elle aurait besoin de soutien pour se réadapter à la vie libre. Tout ceci peut l'amener à la récidive ».

Le texte de J.–L. Warsmann est éloquent à plus d'un titre. Il utilise des mots forts et pénétrants, comme « néfaste » ou « criminogène », qui sont des termes très connotés. Ce que suppose ce texte, c'est l'idée que la prison produit des effets de désocialisation et de renforcement de la posture délinquante. Plusieurs points méritent ici d'être relevés, tant ils engagent à la fois l'héritage et l'avenir de la pénalité :

- d'une part, le processus d'entrée dans la délinquance ne saurait trouver un terme par le moyen de la prison qui, du reste, apparaît encore aujourd'hui comme la modalité la plus forte de l'exécution des peines. Si l'on se souvient que le terme de délinquance renvoie, au point de vue étymologique, à l'idée de scission entre celui qui est inséré socialement et celui qui est exclu de la société des hommes, on constate que la prison apparaît bel et bien comme « l'école de la délinquance ». De l'aveu même du député des Ardennes, la prison n'est pas la voie royale vers la réinsertion, mais plutôt, pourrait-on dire, le tremplin vers des formes de délinquance plus graves et plus inquiétantes pour le législateur ;

- d'autre part, il s'ensuit que deux conceptions de la pénalité s'affrontent : en effet, tantôt il convient de prendre en charge le phénomène délictuel ou criminel en mettant hors d'état de nuire la délinquance avec son cortège de conduites déviantes, menaçantes et contraires à la sécurité, « mettre hors d'état de nuire » n'étant pas autre chose que ce geste politico-juridique qui consiste à exclure, à éloigner, à mettre en retrait, à dissimuler ou enfouir ce provocateur de troubles qu'est l'infracteur ; tantôt il importe, selon la même perspective, d'aménager la peine, de lutter contre les peines fermes systématisées en favorisant des peines alternatives à l'incarcération, bref, en

21 Cf., J.–L. Warsmann, *Rapport sur les peines alternatives à la détention, les modalités d'exécution des courtes peines, la préparation des détenus à la sortie de prison,* 28 avril 2003.

déployant tout un arsenal de moyens et de techniques propres à réinjecter le délinquant au sein de la société. La première tendance s'inspire de considérations de justice de sûreté fonctionnant selon le couple notionnel sécurité/répression : le moyen le plus sûr, pour éviter un retour des mêmes troubles, est de bannir le délinquant de la communauté des hommes. La seconde tendance prend très exactement le contre-pied de la première, et s'enracine dans une justice de liberté, qui s'associe à la conviction selon laquelle seul le couple liberté/réinsertion vaut, et qui insiste sur la nécessité de réintroduire le délinquant dans l'espace social pour s'assurer qu'il ne recommencera pas.

Par où l'on voit que ce qui caractérise la pénalité d'aujourd'hui, c'est ce sempiternel balancement entre la défense du principe d'exclusion consistant en une nécessaire incarcération (à titre de prévention et de répression) et le constat d'échec de cette mise au ban de la communauté poussant le législateur à réfléchir sur d'autres modalités d'exécution des sentences pénales. Schizophrénique et dissocié, tels sont les caractères du système punitif moderne tiraillé entre une conception liberticide de l'enfermement et une conception libératrice de l'aménagement. A y regarder de plus près, loin d'être foncièrement antinomique sur tous les plans, ces deux conceptions bicéphales des politiques pénales reposent sur de mêmes et profonds réquisits, ceux-là même qui concernent le sens de la peine.

Chapitre troisième : qu'est-ce que punir ?

A) La sentence pénale met aux prises des intérêts divergents et antinomiques

L'action de la justice légale et pénale poursuit un triple objectif :

- défendre les intérêts de la société ;

- protéger les intérêts de la victime ;

- préserver les intérêts du délinquant.

Ce triple objectif ou cette tripartition des intérêts (les fins) selon les logiques sociale, victimaire et délinquante trouve un écho dans une économie également tripartite du pouvoir de punir (les moyens) :

- la défense des intérêts de la société s'exprime par **l'exemplarité** de la peine. Pour dissuader les hommes de commettre des infractions à la loi, celle-ci doit être sévère et intimidante pour éviter les redites et les reproductions. Dans un langage plus moderne, on peut dire qu'il y a donc ici, au regard du principe de l'exemplarité, un objectif de prévention de la récidive et d'anticipation de commission de nouvelles infractions ;

- la protection des intérêts de la victime passe par l'idée de **vengeance** (ou raison d'État). L'État est cette instance politique qui permet à la victime d'être garantie que l'infracteur ne restera pas impuni. Lorsque cette vengeance d'État ou cette vengeance qui est « médiée » par l'État n'apparaît pas, aux yeux de la victime, comme suffisante, elle crie au scandale et vocifère des injures contre la justice des tribunaux, et demande à faire justice elle-même. Cette notion de vengeance n'est pas sans lien avec l'idée du justicier qui veut faire justice lui-même : cette vengeance de l'État, qui est au cœur de notre système punitif, évoque, d'une certaine manière, cette barbarie consistant dans l'élimination des prisonniers par des soldats vainqueurs ;

- la préservation des intérêts du délinquant repose sur le dogme ancien et religieux de **l'expiation** (= la réparation de la faute), qui permet à celui-ci d'obtenir, le cas échéant, l'autorisation de réintégrer le groupe ou le corps social. L'expiation forme le point de jonction entre le pénitentiaire et le pénitentiel, entre la notion de sanction pénale dans la sphère temporelle et étatique et celle de réparation des fautes ou de rémission des péchés dans la sphère divine et religieuse. Les notions de faute, de condamnation faisant écho, soit dit en passant, à la thématique de la damnation religieuse, de sentence, etc., appartiennent au registre du pénitentiel avant d'appartenir à celui du pénitentiaire, ce qui signifie qu'un lien très fort unit les deux domaines et que la différence ne saurait consister seulement dans une nuance de quelques lettres. (Sur le plan terminologique, pénitentiel et pénitentiaire ont la même racine, et font d'abord écho au registre moral et religieux du terme « repentir »). Dans cette optique, le délinquant a tout avantage à expier ses fautes, pour obtenir soit le pardon de Dieu, soit une réhabilitation sociale, sources de reclassement dans la communauté des hommes. Du point de vue du seul auteur des faits, cette tripartition se présente sous la forme d'une triple dette qu'il doit payer et qui justifie sa punition, à savoir :

- une dette envers la société. La sanction d'emprisonnement, de réclusion ou de Placement sous surveillance électronique, n'est que le corollaire, dans cette optique, de l'obligation qui est faite au condamné de payer son « juste » dû à la communauté. Cette dette s'articule autour de la notion de souffrance : la transgression de la loi, le trouble causé à l'ordre public doivent être payés par la souffrance que le condamné doit endurer et qui est censée rétablir l'équilibre antérieur ;

- une dette envers la victime. Lorsqu'il y a constitution de parties civiles, le condamné se voit imposer le paiement de dommages et intérêts, et on attend de lui qu'il demande pardon ;

- une dette envers lui-même. Le condamné est invité à chercher à se racheter et à entrer dans une perspective de reclassement social.

B) Le droit pénal objectif et le droit pénal subjectif

Ces intérêts divergents ou antinomiques, s'excluant apparemment les uns les autres, et s'inscrivant dans la pénalité moderne, trouvent leur plus parfaite expression dans le bipolarisme du droit pénal, scindé en droit pénal objectif et en droit pénal subjectif. Pour le dire autrement : afin de permettre d'atteindre les objectifs poursuivis propres à satisfaire les intérêts de la société, de la victime et du délinquant, le droit pénal s'est constitué en deux versants, un pan objectif et un pan subjectif. Ce clivage du droit pénal ne signifie pas, naturellement, qu'il y aurait un droit universel valable pour tous, en tous temps et en tous lieux et un autre droit particulier pour lequel le relativisme serait de mise et communément admis dans la pratique de la punition. Cette différenciation ou brisure en deux du droit pénal tend à répondre à deux questions, à savoir :

- à celle du quoi. Il s'agit ici d'identifier le crime, les faits commis. C'est la partie du droit pénal objectif qui privilégie les questions liées à la matérialité des faits ;

- à celle du qui. Il s'agit là de s'attacher à la personnalité de l'auteur des faits. c'est la matière du droit pénal subjectif, soucieuse de cerner au mieux les représentations et les intentions de la personne mise en cause.

Ce clivage du droit pénal (objectif/subjectif) fait donc partie intégrante de l'économie du pouvoir de punir. Explicitons davantage ce point :

- la conception objectiviste du droit, en mettant l'accent sur le crime lui-même, interroge les correspondances qu'il convient de mettre en place entre le crime commis et la sentence prononcée. Il s'agit, en un mot, d'établir un rapport de proportionnalité entre les délits et les crimes, d'un côté, et les peines, d'un autre côté. Ici, la référence est faite aux théoriciens objectivistes du droit, qui, de Beccaria à Bentham, n'ont eu de cesse de souligner l'importance qu'il y a, selon eux, à prévoir et garantir un rapport de proportionnalité entre l'infraction et la punition, et donc à définir un certain nombre d'invariants pénaux : la sanction pénale est invariable, elle est identique pour les mêmes faits commis, quels que soient le contexte et les circonstances ;

- la conception subjectiviste du droit, en s'appuyant exclusivement sur la personnalité de l'auteur, s'emploie à examiner l'intention, la sphère affective, la place et le rôle des instincts dans le passage à l'acte, le degré de responsabilité de l'auteur.

Ces deux conceptions du droit pénal s'affrontent sur le terrain de la question de la liberté. En premier lieu, pour le droit objectif, il n'y a pas de demi-liberté, la liberté est pleine et entière ou n'est pas. Ce qui sous-tend cette conception, c'est le présupposé de l'imputation de la responsabilité au délinquant, au nom d'un libre-arbitre et d'une prétendue dignité humaine (cf., sur ce point, la thématique kantienne de la dignité humaine). En second lieu, pour le droit subjectif, la liberté doit pouvoir, en revanche, admettre des degrés ou des variations : l'humain est plus ou moins libre, il agit selon un état psychologique particulier, selon des antécédents liés à ses expériences, selon une subjectivité qui n'est pas transparente à elle-même (ce qui nous conduit à renoncer à la thématique cartésienne de l'identité du sujet), en fonction, par conséquent, de déterminismes psychologiques ou sociaux. De cet affrontement, il ressort que le droit pénal fonctionne selon une double exigence : 1) établir la matérialité des faits, c'est-à-dire s'interroger sur les faits commis, sur leur degré de gravité, sur l'effroi du passage à l'acte et l'horreur du sang . Cette première exigence cherche à répondre à la question du quoi (quel crime a été commis ?) et à la question du comment (avec quelle arme et suivant quel acharnement le crime a-t-il été exécuté ?) ; 2) définir les conditions du passage à l'acte, circonscrire les déterminismes psychologiques et sociaux mis en œuvre dans l'exécution de l'action délictuelle ou criminelle (avec quelle intention, dans quel but l'infracteur a-t-il commis ces faits ?). Cette seconde exigence correspond à la question du pour quoi (dans quel but ? Dans un but crapuleux, criminel ?...) et à celle du pourquoi (quels sont les mécanismes impliqués dans le passage à l'acte ? Quelles en sont les causes ?).

C) L'école classique *versus* l'école italienne ou positiviste

Les tenants de l'école classique sont ceux-là même qui défendent une conception objective ou objectiviste du droit pénal. Dans le registre philosophique, cette école peut être désignée comme celle des partisans de la conception du libre-arbitre. La conception de la liberté, pour l'école classique, se pense, en effet, sur la base de la définition du libre-arbitre, et trouve son point d'ancrage principal chez Descartes. La liberté cartésienne se fonde, en effet, sur l'idée d'après laquelle la volonté humaine est si « ample » ou si « vaste », à l'image de celle de Dieu, qu'elle possède une puissance quasi infinie, sans bornes. En outre, parce que l'homme est libre et que sa volonté est puissante, il en résulte qu'il est responsable de ses choix et actes. Responsable, c'est-à-dire qu'il est tenu de répondre de ses actes devant autrui, les institutions et Dieu (la liberté cartésienne, à la vérité, fait suite à la pensée de la volonté en théologie chrétienne depuis Saint Augustin). Dans cette perspective, la liberté véritable consiste dans le fait de s'autodéterminer et de fonder ses actes, dans une parfaite transparence à soi (= le *cogito* cartésien). Ajoutons que l'humain est alors un commencement, une rupture avec les lois de la mécanique, comme s'il y avait quelque chose de nouménal en lui, même s'il ne peut en faire une démonstration. Car s'il pouvait démontrer qu'il est libre, l'humain contredirait sa liberté, car elle inconditionnelle : c'est par elle qu'il se détermine à penser et à agir, elle est originelle. Telle est la vision kantienne de la liberté. Expliquer la liberté, c'est la détruire. (cf., sur l'opposition entre la déduction transcendantale et la déduction empirique, Kant, *Critique de la raison pure*, « De la déduction des concepts purs de l'entendement », P.U.F., coll. Quadrige, p. 100). La liberté s'éprouve, se ressent dans l'expérience, mais ne se prouve pas. Elle est utile comme Idée ou principe régulateur de la raison, ainsi que comme exigence de la morale qui touche aux actes du devoir. Enfin, il n'est pas hors de propos de rappeler ici le statut de la liberté d'indifférence chez Descartes. Loin d'être purement superflu, ce rappel permettra de cerner, à la lumière des thèses de l'école classique du droit pénal, la place qu'occupe l'acte criminel gratuit ou sans raison sur lequel achoppent tant les pénalistes et les juges. La liberté cartésienne d'indifférence désigne :

- soit cette situation-limite selon laquelle la volonté se détermine en dehors de tout mobile ou motif identifiable (sans motivation) : c'est l'acte gratuit par excellence ;

- soit cette décision prise en dehors de l'éclairage de l'entendement (par exemple, en choisissant le mal en pensant que c'est le bien) : c'est l'acte accompli sans jugement ni discernement.

Dans les deux cas, il s'agit d'une liberté réduite à sa plus simple expression, le degré le plus bas ou le degré zéro de la liberté. Car être libre, c'est se déterminer selon des raisons. Et lorsqu'on se détermine alors qu'on commet une erreur de jugement, on est encore pleinement responsable, attendu qu'on avait toujours la possibilité de s'abstenir de choisir. La conception cartésienne de la liberté justifie la notion de responsabilité : je suis autant libre d'être dans la vérité que de me tromper. La liberté, c'est aussi celle de se tromper, et, en ce sens, *négativement*, la possibilité de la tromperie révèle la liberté. Au point de vue de la pénalité, le droit de punir se fonde sur cette pensée de la libre détermination (affirmation ou négation, selon les termes de Descartes) de ses actes. La liberté de la détermination est donc au cœur de la problématique classique de la responsabilité pénale. L'infracteur ne saurait échapper à l'imputation de la responsabilité de ses actes, parce que ceux-ci émanent de lui et qu'il avait la possibilité de ne pas se résoudre à les commettre. Dans cette optique, de même qu'il n'y pas de demi-liberté, de même il n'y a pas de demi-peine : la sanction pénale doit être à la mesure de l'infinité et de l'invariabilité de la liberté humaine, tel est le point de vue de l'école classique, eu égard à la question de la responsabilité pénale.

Par opposition à l'école classique, l'école italienne a insisté sur l'influence d'une pluralité de déterminismes dans le comportement des individus. Un criminel ne choisit pas sa criminalité, mais il est lui-même emporté par sa « nature », sa morphologie, lorsque son comportement manifeste une dérive (vis-à-vis de la norme sociale) ou une illégalité (vis-à-vis de la loi). La naissance de la criminologie, au début du XIXe siècle, s'inscrit dans un mouvement de pensée marqué par la conviction indéracinable qu'il existe un rapport entre le physique et le moral qu'il s'agit d'analyser et de décrypter. Dans cette perspective ouverte par la « première » criminologie, c'est-à-dire par la première étape de cette discipline, il est d'ores et déjà acquis que le criminel laisse transparaître, à son insu, son caractère criminel, sa dimension criminogène qu'il suffit de révéler à travers un ensemble de techniques et de savoir-faire issus de l'observation et de la classification des connaissances. C'est ainsi qu'émergent deux disciplines à prétention scientifique, comme la physiognomonie et la phrénologie, à travers les publications de *La physiognomonie ou l'art de connaître les hommes d'après les traits de leur physionomie, leurs rapports avec les divers animaux, leurs penchants, etc.* de Lavater en 1778, et de la somme de connaissances constituée par *Anatomie et physiologie du système nerveux en général et du cerveau en particulier* de Gall et Spurzheim en 1810-1819, qui aboutira à la création de la Société phrénologique de Paris en 1831. Les thèses développées par ces nouvelles sciences reposent sur l'idée qu'un lien unit le domaine physique et physionomique d'un côté et le registre moral et caractérologique de l'autre, et que l'on peut être conduit à celui-ci par celui-là. Gall n'aura alors de cesse d'élaborer des mises en rapport, de montrer les constances qui existent entre les deux registres, de procéder à des localisations fonctionnelles dans le cerveau humain, d'en dégager des lois afin de prévenir l'acte criminel. Ce qui ressort de ces thèses avec acuité, c'est le principe d'une « naturalité » des actes délictuels et criminels. L'apogée de cette pensée naturaliste du droit pénal est marquée par l'essor de l'anthropométrie et de l'anthropologie criminelle à la fin du XIXe siècle. En effet, à l'occasion de la parution de *L'homme criminel* de Cesare Lombroso en 1876[22], la science d'une nature du criminel ou du criminel-né connaît une extension et un retentissement sans pareil : il suffit dorénavant de décrire « l'apparence » du criminel, la morphologie de son crâne, sa taille, les ressemblances de son corps et de son comportement avec le monde animal, etc., pour que soit mis en exergue son penchant au crime, son inclination à l'attitude déviante. La science de Lombroso ravale la sphère de l'éthique à celle de l'éthologie humaine, et cette dernière au domaine de l'éthologie animale pure et simple. Le droit pénal de la fin du XIXe siècle est traversé par l'influence de ces thèses naturalistes ou animalistes de Lombroso qui va jusqu'à dresser à la fois une classification et un portrait des criminels[23]. Ce qu'explique, au fond, Lombroso, c'est l'idée que le délinquant, c'est-à-dire cet individu qui s'éloigne du communautaire ou qui détruit le lien social, celui qui opère une rupture du pacte social, est délinquant en vertu de lois naturelles qui le poussent à agir de telle ou telle manière, sans qu'il puisse y résister. Dès lors, dans cette optique, et s'agissant de l'effort pour comprendre le passage à l'acte criminel, non seulement il ne saurait y avoir de considération pour le libre arbitre - qui se trouve systématiquement rangé dans l'armoire des métaphysiciens -, mais on ne peut raisonnablement envisager de punir une personne sans mesurer au préalable le degré de folie associé à l'acte déviant. Le criminel est, selon Lombroso, né fou ou déviant, et c'est pourquoi il importe de traiter sa folie pour prévenir l'acte criminel. Et si le criminel est moins coupable que fou, il s'agit donc de faire entrer dans l'économie du droit de punir une dimension scientifico-médicale.

D) Cartésianisme juridique et positivisme juridique

Où l'on voit que ce qui est au cœur du débat entre l'école classique et l'école positiviste italienne, c'est la question de la responsabilité pénale et celle du traitement pénal et social des groupes dangereux. Pour le droit pénal classique, ce qui compte, c'est donc l'élément intentionnel qu'il convient de rechercher dans la liberté du sujet. Et lorsque cet élément est identifié, le crime peut être imputé à celui qui l'a commis, qui est qualifié, du même coup, de criminel. Pour le droit pénal italien du XIXe siècle, ce qui est étudié, ce n'est plus l'élément intentionnel, mais l'élément déterminant, celui qui a poussé le criminel à agir honteusement. C'est alors

---

22 C. Lombroso, *L'homme criminel, étude anthropologique et psychiatrique*, Paris, éd. Félix Alcan, 1887 [1876].

23 Voir, à propos de l'idée de portrait-type du criminel, par exemple, C. Lombroso, *La femme criminelle et la* prostituée, éd. Jérôme Million, 1991 [1896].

par un examen des correspondances de l'attitude du criminel avec un certain atavisme comportemental que s'établit la criminalité du criminel : il ne pouvait agir autrement (on dirait volontiers aujourd'hui, dans un langage plus moderne, que c'était inscrit dans ses gènes). Le positivisme juridique italien de C. Lombroso et la phrénologie ont été abandonnés à ce jour, rappelant trop des formes condamnables de l'eugénisme, au profit du droit pénal classique qui non seulement résiste, mais connaît encore un bel avenir devant lui. Le législateur ne peut, en effet, s'empêcher de penser que l'auteur des faits a toujours la possibilité de ne pas faire le choix du crime commis et que, hormis les circonstances qui peuvent être atténuantes ou aggravantes, le sujet agit toujours librement. Le droit pénal classique est cartésien, et c'est à partir d'un tel cartésianisme juridique que les pénalistes ont dressé les catégories des groupes dangereux qui demeurent valables, intelligibles et audibles aujourd'hui.

Il y a trois grandes catégories de délinquants qui reviennent sans cesse dans la pensée des pénalistes :

- premièrement, les aliénés, qui sont considérés comme des fous irresponsables ;

- deuxièmement, les irrécupérables et les incorrigibles, qui manifestent une normalité intellectuelle, mais une anormalité morale ;

- troisièmement, les délinquants ouverts à la moralisation, et qui sont sensibles à la peine qui leur est infligée et qui est susceptible de faire sens pour eux.

Selon cette tripartition, les deux premières catégories représentent celles des « dissemblables », terme qu'utilise R. Saleilles[24], en ce sens qu'aucune peine ne saurait impliquer un changement d'attitude chez ces délinquants qui n'entrevoient pas l'immoralité de leurs crimes. La troisième catégorie est celle des délinquants réhabilitables, celle des « semblables », qui sont accessibles à une peine. Par suite, il n'est pas inutile d'évoquer ici la distinction fondamentale existant entre la dangerosité psychiatrique et la dangerosité criminologique, telle qu'elle a été établie à l'intérieur et à l'occasion du rapport, déjà mentionné, du Député Georges Fenech, sur le projet de loi relatif à la rétention de sûreté et à la déclaration d'irresponsabilité pénale pour cause de trouble mental. En effet, la dangerosité psychiatrique y est définit comme « le risque de passer à l'acte à un moment donné, en raison de troubles mentaux ». Elle se situerait dans le « champ médical » : « C'est le risque, à un temps T, de passage à l'acte auto ou hétéro-agressif ». De ce fait, ce passage à l'acte représente « un danger

24 Sur ce point, voir R. Saleilles, *L'individualisation de la peine. Etude de criminalité sociale* (la première édition date de 1899), réédition *in L'individualisation de la peine, de Saleilles à aujourd'hui*, éd. Erès, 2001, en particulier les pages 100-101.

pour soi ou pour autrui ». Autrement dit, la dangerosité psychiatrique aurait pour fondement une « maladie mentale précise ». *A contrario*, la dangerosité criminologique se situerait dans le « champ pénal » : « Dans son acception criminologique », la dangerosité criminologique se présente comme « un phénomène psychosocial caractérisé par les indices révélateurs de la grande probabilité de commettre une infraction contre les personnes ou les biens ». Elle y est définie comme étant « fortement influencée par un ensemble de facteurs sociologiques, environnementaux et situationnels, susceptibles de favoriser le passage à l'acte : les traits de personnalité, l'âge de la personne, son profil social, son environnement immédiat… ». En d'autres termes, ce qu'il y a d'abord de commun entre la dangerosité psychiatrique et la dangerosité criminologique, c'est la tendance irrépressible au passage à l'acte, la distinction ensuite se situerait davantage au niveau de l'arbre des causes : dans le cas de la dangerosité psychiatrique, la cause est la maladie mentale, et la personne dangereuse, en tant qu'elle est reconnue comme malade, peut être accessible à des soins. En revanche, dans le cas de la dangerosité criminologique, la cause est avant tout sociale et environnementale, et le passage à l'acte ne repose pas sur une maladie mentale. Dans ce cas de figure, la personne est perçue comme dangereuse, parce qu'elle n'est pas accessible à des soins et présente, de ce fait, une propension à la récidive. C'est cette dichotomie quasi idéale-typique qui traverse l'économie du droit de punir depuis l'aube du XIXe siècle, et qui a permis, comme l'a bien vu M. Foucault, que le pouvoir médical vienne se greffer sur le pouvoir judiciaire, au moyen notamment de l'appel usuel fait aux expertises par les Juges, et ce tant dans le domaine pré-sentenciel que dans le registre post-sentenciel. Le Juge fait usuellement appel aux experts médicaux pour déterminer la cause du passage à l'acte. De quelle nature est ce passage à l'acte ? Se situe-t-il dans le champ psychiatrique et médical, ou dans le champ pénal ? L'auteur est-il accessible à une sanction ? Est-il accessible à des soins ? Telles sont les questions-types que peuvent adresser les Juges aux experts médicaux. Dans le domaine de l'application des peines proprement dit, le Juge de l'Application des peines a toute latitude pour ordonner les expertises qu'il estime utiles ou nécessaires. L'article 712-16 du Code de procédure pénale le pose ainsi clairement : « Dans l'exercice de leurs attributions, les juridictions de l'application des peines peuvent procéder ou faire procéder, sur l'ensemble du territoire national, à tous examens, auditions, enquêtes, expertises, réquisitions, y compris celles prévues par l'article 132-22 du Code pénal, ou autres mesures utiles ».

Dès lors, il est aisé de percevoir que les analyses de R. Saleilles sont d'une criante actualité, attendu que le critère de démarcation entre le semblable et le dissemblable est défini par lui selon le rapport à la normalité. Au fond, R. Saleilles, reprenant les thèses du cartésianisme juridique sur la question de la responsabilité pénale, réintroduit l'idée de normalité au principe du système punitif. Le sujet normal, c'est le sujet cartésien, libre et transparent à lui-même dans les choix qu'il fait et les actes qu'il produit. Voici donc comment le corps politique doit traiter la délinquance, selon Saleilles : contre les dissemblables, ce que le législateur doit prévoir, ce sont des mesures de sûreté consistant dans l'ostracisation pure et simple des délinquants irrécupérables ou fondamentalement immoraux. Contre les semblables, c'est la sanction pénale qui doit prévaloir, puisqu'elle elle revêt un sens pour eux qui en sont les destinataires. La peine concerne seulement les personnes dites normales, tandis que la mise à l'écart de la société doit être appliquée à ceux qui manifestent une pathologie, sinon psychologique ou intellectuelle, du moins morale. Tel est le fondement du droit pénal depuis la Révolution française jusqu'à nos jours. Cette tripartition catégorielle des infracteurs illustre parfaitement le thème foucaldien de la *médicalisation* croissante du pouvoir de punir et de la peine. « On punira des individus, souligne Foucault, qui seront désormais toujours référés à l'horizon virtuel de la maladie, des individus qui seront jugés en tant que criminels, mais jaugés, appréciés, mesurés en termes de normal et de pathologique[25] ».Toute infraction est le signe d'une pathologie plus ou moins grave, allant de l'atténuation ou de l'indifférence de la conscience du sujet au moment des faits jusqu'à son altération totale ou l'état de démence.

D'où vient le phénomène criminel ? Comment l'expliquer ? A compter de la Révolution française, la notion qui voit le jour et qui préfigure toute la criminologie naissante du XIXe siècle est, selon Foucault, celle de raison d'intérêt. Par cette raison d'intérêt, il s'agit d'élucider le jeu des intérêts individuels, rechercher la cause qui détermine ou pousse un homme à passer à l'acte criminel. C'est à ce moment-là qu'apparaît l'idée d'une nature pathologique du criminel qui ne sait pas réfréner ses pulsions ou ses poussées délinquantes, et qui préfère servir ses propres intérêts contre ceux de la société. Le symptôme de la pathologie criminelle est la rupture du pacte social engendrée par l'acte criminel du hors-la-loi qui, en s'affirmant à titre individuel, contredit l'instance collective ou le corps social. Ce qui apparaît au début du XIXe siècle, en même temps que la psychiatrie émergeante, c'est la problématique de l'instinct qui va venir recouvrir tant le système pénal que le système médical, et opérer le trait d'union entre ces deux systèmes. Ce qu'il y a de déroutant dans un crime, c'est non seulement son caractère monstrueux, mais aussi sa dimension inintelligible, irrationnelle, inexplicable. Si l'on se souvient, en effet, que le cartésianisme (et *a fortiori* le cartésianisme juridique) élève au rang de dignité et de valeur suprême la raison humaine (le sujet, en tant que *sub-jectum*, est au fondement de ses pensées et de ses actes, il est guidé par sa conscience et les lumières naturelles de sa raison), alors il faut convenir que l'introduction de la notion de crime sans motif, sans raison, l'idée de crime gratuit a pris

25 Michel Foucault, *Les Anormaux*, *op. cit.*, p. 85.

une place singulière dans l'économie du pouvoir de punir, et a permis de réserver un espace conséquent à la psychiatrie criminelle La *ratio* a un double sens complémentaire :

- d'abord, elle correspond à l'idée de calcul. Elle calcule, par exemple, ce qui est bon et utile pour elle ;

- ensuite, elle se rapporte à l'idée de justification, d'explication. Par la raison, tout un chacun est capable de justifier ses choix et ses actes, d'en rendre précisément raison.

Avec l'émergence de la notion d'instinct comme principe d'explication du passage à l'acte, il n'est plus possible de justifier *rationnellement* les crimes ni d'expliquer ceux-ci par l'idée de responsabilité. La notion d'instinct révoque la grandeur humaine symbolisée par l'aptitude rationnelle, et introduit une sorte de finitude supplémentaire dans l'humain : l'instinct est désormais ce qui me *limite* dans ma volonté et ma raison. Dès lors, pour le dire en termes heideggériens, être-au-monde, c'est non seulement être dans un monde qui me borne de toutes parts (par opposition à Dieu, cet être infini qui est par-delà le monde qu'il a créé), c'est se trouver dilué dans l'immanence (par opposition, là encore, à Dieu, cet être transcendant, selon la théologie chrétienne), mais encore c'est être commandé par l'instinct qui m'empêche d'agir autrement que je n'agis et conformément à la raison. Il y a comme quelque chose en moi qui parle à ma place (« ça cause », diront les psychanalystes, au double sens d'une forme de discours et de la génération d'un acte). A une époque où la raison humaine est venue occuper une place de premier choix, en particulier au sortir de la Révolution française et durant le XIXe siècle, la notion d'instinct est apparue d'abord comme un mécanisme perturbateur à l'intérieur du système pénal qui cherchait à comprendre et à expliquer les crimes. En de telles conditions, parallèlement à l'essor de l'anthropométrie et des techniques d'investigation criminelle, parallèlement à la création du service de l'identité judiciaire d'Alphonse Bertillon en 1879[26] (et on pourrait en dire de même aujourd'hui avec le Service de la police scientifique et les Laboratoires de recherche sur l'A.D.N., car c'est le même principe rationnel qui est à l'œuvre ici), il a été accordé à la psychiatrie criminelle un pouvoir authentique, une influence réelle sur les décisions de justice. A cet égard, le Cours de M. Foucault, du 12 février 1975, est révélateur de cet étonnement et de cette interrogation

26 Le bertillonage ou l'anthropométrie judiciaire a permis l'identification des criminels à partir de leurs mesures anthropométriques. Celles-ci reposaient sur l'évaluation de la taille en position debout du délinquant, la longueur des doigts de sa main, les dimensions de son tronc, sa hauteur en position assise, la mesure de sa tête, les dimensions de son oreille droite, la longueur du pied et de l'avant-bras gauches. Il s'est agi aussi, pour A. Bertillon, de consigner les signes particuliers du délinquant, à savoir la couleur des yeux, le port de lunettes, les marques comme les cicatrices ou les tatouages, les difformités éventuelles. Enfin, l'usage de clichés photographiques est venu compléter les donnés recueillies qui étaient classées dans un répertoire particulier, en fonction du critère de la longueur de la tête.

qui portent sur la globalisation du savoir et du pouvoir psychiatriques : « Le problème que je voudrais essayer de résoudre aujourd'hui est celui-ci : comment cette pièce épistémologiquement régionale et mineure [= l'instinct] a-t-elle pu devenir une pièce absolument fondamentale, qui est arrivée à définir à peu près, à recouvrir à peu près la totalité du champ de l'activité psychiatrique [27] ? ». Cet élément instinctif s'est à ce point déployé qu'il fait aujourd'hui partie intégrante du pouvoir de punir, ce qui signifie que le domaine de la santé mentale est désormais intrinsèquement impliqué dans l'évaluation de la personnalité des criminels et les décisions de justice, qu'il s'agisse des expertises psychiatriques ou de la catégorisation taxinomique des groupes dangereux, comme, par exemple, ceux qui sont maintenant appelés les psychopathes (les états-limites ou *borderline* d'une part, et les pervers d'autre part). Historiquement, ce chevauchement des deux registres pénal et médical s'est exprimé exemplairement par la circulaire Chaumié de 1905, qui est allée jusqu'à demander à l'expert de préciser, dans l'hypothèse où le mis en cause ne souffre pas de démence, si des anomalies physiques, psychiques ou mentales sont venues altérer son jugement et si elles doivent tenir lieu de circonstances atténuantes.

E) La loi du 30 juin 1838 sur les aliénés et le contenu de cette loi, selon R. Castel et M. Foucault

Il a appartenu à Robert Castel, dans *L'Ordre psychiatrique*[28], de montrer avec un luxe de détails le rôle qu'a pu jouer la loi de 1838, qui porte sur la création de la « médecine sociale », sur l'intrication de la médecine mentale et du système pénal. M. Foucault et R. Castel s'accordent d'ailleurs sur ce point : la loi de 1838 scelle définitivement le devenir commun de la psychiatrie et de la pénalité, en ceci qu'elle attribue au médecin le pouvoir de déclencher, sur la demande du Préfet, l'enfermement d'une personne repérée comme provoquant des troubles à l'ordre public. Cet enchevêtrement des deux registres, médical et pénal, ou, plus particulièrement ici, psychiatrique et administratif, a pour conséquence de placer la médecine mentale au cœur de la protection sociale et de réunir indistinctement folie et dangerosité[29]. La démonstration de R. Castel peut

27 M. Foucault, *Les Anormaux*, *op. cit.*, p. 129.

28 Robert Castel, *L'Ordre psychiatrique*, *l'âge d'or de l'aliénisme*, Paris, les Éditions de minuit, 1976.

29 Parmi les nombreux apports et changements issus de la Loi du 30 juin 1838 sur les aliénés, on trouve en particulier la création de différentes modalités d'internement en hôpital psychiatrique, à savoir, d'une part, le Placement volontaire et, d'autre part, le Placement d'office qui peut être réalisé soit à la demande d'un tiers soit à la demande préfectorale. Avant la mise en œuvre de ces divers types de Placement, l'internement en asile reposait sur l'arbitraire des demandes et des procédures : n'importe qui pouvait faire interner n'importe qui. La Loi sur les aliénés a mis un coup d'arrêt à ce type de pratique, et a eu recours à la figure du médecin comme élément capital de la décision de Placement. Enfin, à l'occasion de cette Loi, a été mise également en place la départementalisation des prises en charge par l'institution psychiatrique.

être restituée de la manière suivante : durant la première moitié du XIXe siècle, et notamment sous l'impulsion de Philippe Pinel, aliéniste de renom, la psychiatrie devient une pratique médicale à part entière (en ceci qu'elle se distingue désormais de la médecine en général) et *assistancielle*, en ce sens qu'elle devient un relais important dans la prévention sociale et le traitement des classes dites dangereuses. La loi de 1838, en prévoyant la médicalisation de la folie, vise par-dessus tout à organiser une véritable médecine sociale et à prévenir ce fléau que représente la multiplication des insensés vis-à-vis de l'ordre social. Bien que la folie apparaisse désormais comme la figure emblématique de la criminalité, le glissement du traitement social du fou vers celui des pauvres, des mendiants, des vagabonds, des prolétaires, des vieillards ne s'est pas fait attendre. « Le criminel, l'enfant, le mendiant, le prolétaire et le fou, précise R. Castel, ont un statut social particulier, à part » (*Ibid.* , p. 39). Dès lors, avec la loi de 1838, la voie est dorénavant ouverte à l'imbrication de la punition et du traitement thérapeutique : les criminels, et, de manière générale, les hors-la-loi se verront traités comme des malades qu'il faut d'abord enfermer, soigner, maîtriser et remettre ensuite à disposition de l'économie par le travail et la participation à la productivité.

La volonté de domestiquer ou de dompter le hors-la-loi se révèle donc, selon R. Castel, avec cette loi de 1838 corrélative au développement de l'économie de marché et à l'essor du contractualisme : en effet, l'État devenant le garant des nouvelles libertés d'échange et de circulation des biens, le protecteur de la propriété privée, etc., il en a résulté que tous ceux qui pouvaient nuire à la libéralisation des échanges devaient être punis et que ceux qui répugnaient à travailler (les pauvres, les mendiants, les vagabonds…) devaient être remis au travail plus sûrement : « Cette reconnaissance de la valeur-travail transforme la place que l'indigent et les autres improductifs doivent occuper dans la structure sociale. Au lieu de les exiler dans un espace clos pour les moraliser, il faut les rebrancher sans coupure sur les circuits productifs » (*Ibid.* , p. 128). En d'autres termes, la logique qui sous-tend la création de la loi de 1838 n'est que l'aboutissement d'un double projet :

- celui de commencer à uniformiser *légalement* (= à travers une loi) le traitement des catégories de personnes dites dangereuses ou hors-la-loi. Cette uniformisation passe par l'attribution, en faveur du psychiatre, d'un pouvoir indéfini de protection sociale qu'il n'avait pas avant ;

- celui de mettre l'exclu ou l'*Outlaw* (le pauvre, le mendiant, le vagabond, l'infracteur…) dans une relation de dépendance vis-à-vis de l'État qui, assurant une forme d'assistance, demande en contrepartie à cette tranche de la population assistée de remplir un devoir de travailler[30].

Pour R. Castel, la loi de 1838 a donc une genèse à la fois politique (protectrice, sécuritaire et assistancielle) et économique. La philanthropie (on parle aujourd'hui plus volontiers d'humanisme) a permis, d'un point de vue politico-économique, d'organiser la société plus solidement autour du travail et de l'idée de contrat. Le principe est simple : n'est payé que celui qui travaille. Toutefois, l'État peut se montrer bienveillant en accordant des possibilités d'assistance, et c'est là le piège pour R. Castel : « La philanthropie a représenté un laboratoire d'idées et d'initiatives pratiques d'où sont sorties les techniques d'assujettissement des masses indispensables à la domination de classe de la bourgeoisie » (*Ibid.* , p. 135). Ceux-là même qui tombent sous le coup de la loi de 1838 ont donc une dette infinie vis-à-vis de l'État-providence. Cette logique de la dette autorise à garder les exclus dans un rapport de dépendance économique, mais aussi à les surveiller, à les manipuler, à les domestiquer, car ils doivent rendre des comptes : aujourd'hui, à titre d'exemple, si le chômeur ne remplit pas son « contrat », il peut facilement être rayé de la liste qui ouvre droit à la perception de l'allocation chômage ; de même, le condamné placé sous surveillance électronique peut rapidement être contraint à réintégrer la prison s'il ne respecte pas ses obligations (notamment celui de travailler). Dans cette perspective, les classes opprimées ou laborieuses subissent un chantage : ou elles remboursent leur dette infinie ou elles finissent dans l'abandon le plus total. Et R. Castel ajoute : « *Alors que la dureté de cœur des possédants pousse les malheureux à la révolte, la générosité à leur égard est la racine politique de leur assujettissement* [souligné dans le texte]» (*Ibid.* , p. 137). Et de préciser enfin : « L'octroi des secours étant mesuré à la docilité des pauvres, toute aide entretient et reproduit le processus d'assujettissement (Cf. , De Gerando, *Le visiteur du pauvre*, cité *in L'Ordre psychiatrique*, *op. cit.*, p. 139). Au bout du compte, la loi de 1838, relative à l'hygiénisme et à la santé mentale, a permis d'associer à la connaissance médicale une technique de double maîtrise de l'ordre social :

30 R. Castel souligne avec beaucoup de subtilités que l'État a, peu à peu, défendu un droit à l'assistance, mais pas un droit au travail. La différence est de taille, car : 1° si un droit au travail était accordé, il pourrait conduire à l'insurrection, lorsqu'il ne serait pas rempli pour l'ensemble de la population (l'État étant le garant de l'égalité des droits) ; en revanche, 2° s'il existe un droit à l'assistance, il en résulte que les bénéficiaires se trouvent alors placés dans une relation de dette quasi infinie vis-à-vis de la générosité de l'État, et que, en conséquence, ils peuvent plus facilement être amenés à accepter en retour n'importe quel travail à n'importe quel prix. Ce principe de la dette, appliqué au domaine pénal et carcéral, pourrait permettre de regarder, sous un autre jour, les raisons de la création des bagnes au XIXe siècle et, plus récemment, des ateliers privés en détention où les condamnés travaillent à moindre coût. Sur la question de la contrepartie des allocations d'aides demandées par l'État, nous suggérons également au lecteur de se reporter à l'intéressant ouvrage de Loïc Wacquant, *Les Prisons de la misère*, Paris, éd. Raisons d'agir, 1999, notamment aux pages 67-68.

- une maîtrise sécuritaire par l'enfermement des *Outlaws* ;

- une maîtrise providentielle (on dirait « insertionnelle » aujourd'hui) par l'assistance et la remise au travail des *Outlaws.*

D'un point de vue historique, l'intérêt de la démonstration de Castel est de souligner les mutations engendrées par la création de cette loi de 1838, et de marquer la rupture avec la procédure de l'interdiction, en vigueur sous l'Ancien Régime, qui relevait du familialisme. En effet, durant la période pré-révolutionnaire, l'enfermement, qu'on appelait alors la « séquestration », pouvait s'effectuer soit sur ordre de justice (prononcé en particulier par les parlements, les tribunaux de bailliage et sénéchaussées, les prévôtés), soit sur ordre du roi (prononcé par la fameuse lettre de cachet). Sous l'Ancien Régime donc, on avait affaire à une dualité des instances responsables de la séquestration. Le juge rendait des arrêts, et le roi délivrait des lettres de cachet. Les commandements de la séquestration s'effectuaient à l'initiative ou bien des familles (= la procédure dite de l'interdiction) ou bien de l'autorité publique (= l'ordre de placement par lettre de cachet). Lorsque les familles avaient recours à la procédure de l'interdiction pour que soit enfermé un de leurs proches, elles étaient contraintes d'assumer les frais de justice et parfois la honte qui pouvait résulter d'une telle demande. Lorsque le roi délivrait un ordre de placement, il le faisait à la demande des services de police de l'époque (les services de l'intendance en province, et les services de la lieutenance de police à Paris) : en retour, intendants et lieutenants exécutaient l'ordre du roi et imposaient la séquestration aux trouble-fête et importuns de toute sorte. Sous l'Ancien Régime, l'exécutif et le judiciaire avaient donc un même droit de prendre des ordres justifiant l'enfermement. Après la Révolution française, avec l'abolition des lettres de cachet, seul le judiciaire, au détriment de l'exécutif, est devenu le centre des décisions de l'enfermement. Le droit de punir s'est, dès lors, trouvé à nouveau fondé à partir de la logique contractualiste et du nouvel ordre juridico-économique. Pour Castel, répétons-le, l'État garantissant les échanges marchands et la propriété privée, il s'ensuit que toute transgression de la loi devait l'autoriser à exercer, par le biais des tribunaux, une violence sur le transgresseur. On comprendra maintenant sans peine que, avec cette nouvelle configuration du droit d'enfermer post-révolutionnaire, la loi de 1838 a pu représenter une forme de retour aux lettres de cachet, par la voie de l'administratif au service de l'exécutif : le Préfet peut dorénavant ordonner un placement d'office, et son ordre va être légitimé par l'implication des médecins dans la décision prise. Pour Castel, il ne fait aucun doute que la loi de 1838 sur les aliénés élabore les conditions d'organisation et d'accomplissement d'une véritable médecine sociale. C'est ainsi que, en vue de procéder à l'enfermement, le Préfet interpellera désormais le médecin afin d'évaluer la dangerosité de tel ou tel individu, de proposer des traitements, et de prévenir ce fléau que représente pour l'*establishment* la multiplication donnée ou supposée des insensés, des pauvres, des mendiants, des vagabonds, des vieillards, des prolétaires... Avec Pinel, la psychiatrie du début du XIXe siècle devient une pratique authentique de médecine assistancielle. Pour Foucault, on l'a déjà suggéré, la loi de 1838 marque les débuts de l'entremêlement du pouvoir pénal et du savoir psychiatrique dans le système de la peine et de la protection de la société, et ce à travers la naissance de la notion d'instinct : « Qu'est-ce que c'est, l'instinct ?, demande Foucault. C'est cet élément mixte qui peut fonctionner sur deux registres ou, si vous voulez encore, c'est cette espèce de rouage qui permet à deux mécanismes de pouvoir de s'engrener l'un sur l'autre : le mécanisme pénal et le mécanisme psychiatrique ; (...). Ces deux machineries sont arrivées à s'enclencher l'une sur l'autre, pour la première fois, d'une manière efficace et qui va être productive tant dans l'ordre de la pénalité que dans l'ordre de la psychiatrie, à travers cet élément de l'instinct, qui est à ce moment-là constitué[31] ». La notion d'instinct apparaît donc, selon Foucault, comme le point de jonction entre pénalité et psychiatrie. Car, avec cette notion d'instinct, un accusé pourra être jugé, en dépit de sa pathologie mentale, dans l'exacte mesure où son comportement pourra, certes, être reconnu comme perturbé, mais seulement à un niveau partiel, et où il pourra être, malgré tout, désigné comme responsable de ses actes : autrement dit, le sujet dysfonctionne, il souffre d'une pathologie mentale, mais il a conscience que c'est mal. Le cas de la perversité, au plan psychiatrique, offre une parfaite illustration, aujourd'hui, de cette immixtion de la notion d'instinct dans le registre psychiatrico-pénal et dans l'appréciation du déroulement d'un procès. Cette immixtion ou cette irruption d'un mécanisme sur l'autre se fixe, pour la première fois, selon l'auteur de *La Folie à l'âge classique*, autour de la loi de 1838 sur les aliénés. Notons au passage que c'est en ce sens qu'il parle d'efficacité et de productivité : il va, en effet, résulter de cette solidarité de savoir-pouvoir psychiatrico-pénal des bouleversements tant législatifs que sociaux. Sans entrer dans les détails de cette loi historique, eu égard au traitement de l'aliénation mentale, en France, on peut se contenter de mentionner ici, pour le point qui nous occupe, la conséquence de cette nouvelle procédure que constitue le placement d'office. Schématiquement, avant la promulgation et l'application de cette loi de 1838, on a vu que la procédure d'internement reposait sur celle de l'interdiction. C'était à la suite de la demande des familles que la configuration mentale d'une personne était examinée, que son état de démence potentielle était apprécié, et cela dans une perspective d'allégement de la prise en charge familiale. Avec la loi de 1838, la grande nouveauté vient de ce que l'Administration préfectorale peut décider, sur avis médical, de l'internement d'une personne, non pas seulement en raison de son état de démence supposé ou donné, mais en raison du trouble à

31 M. Foucault, *Les Anormaux*, *op. cit.* , p. 128.

l'ordre public, du danger qu'elle représente pour la sécurité des personnes. La conséquence majeure de ce dispositif est que le psychiatre se voit impliqué dans le processus d'internement (ou de placement d'office), *en devant se prononcer sur l'état de dangerosité du sujet* : le psychiatre devient, dès lors, un agent de sûreté publique, une espèce de contrôleur social, un policier médical. Cette loi marque donc les prémices de la *médicalisation* de la société, thématique, au demeurant, bien connue de M. Foucault, selon laquelle, à partir de la première moitié du XIXe siècle, le pouvoir médical s'insinue dans tous les espaces, privés et publics, de la société, pour réguler tout ce qui n'apparaît pas comme faisant partie de la norme, pour traiter la marginalité dans son ensemble. Le pouvoir médical s'est donc doté, petit à petit, d'un pouvoir généralisé de normalisation : à titre d'exemple, si l'on considère la valeur-travail, le médecin est aujourd'hui investi du pouvoir de prescription d'arrêts de travail, du pouvoir d'évaluation et de reconnaissance du travailleur handicapé, etc.[32]. En d'autres termes, la médecine a désormais, selon M. Foucault, partie liée avec l'organisation de la société.

---

32 De manière générale, on peut se demander si la réclamation grandissante de médicalisation procède du sujet/patient lui-même, qui aurait quelque chose en lui de « déréglé », ou des conditions de travail et de vie elles-mêmes. Notons que le patient tend à se culpabiliser, à croire que c'est lui qui « dysfonctionne », alors que c'est peut-être la vie sociale qui crée les conditions de la maladie. Autrement dit, à l'intérieur de ce processus de médicalisation sociale à outrance (les personnes alcooliques sont dites malades, les enfants « hypernerveux » sont perçus également comme malades...), la question qui mérite d'être posée est celle-ci : est-ce le sujet qui s'adapte mal à la société ou, au contraire, est-ce la société qui est génératrice de troubles ?

Chapitre quatrième : la sotériologie pénitentiaire

A) Autopsie du système carcéral : une genèse éminemment religieuse. Un contexte historique révolutionnaire : subversion politique – perpétuation religieuse

Nous avons déjà souligné que la Révolution française marque le passage de la prison comme lieu d'attente (du procès, de la condamnation) à la prison comme peine en tant que telle. Beccaria symbolise au plus haut point ce passage, par le fait qu'avec lui se met en place la réforme révolutionnaire de 1791 définissant le principe de la proportionnalité des crimes ou délits et des sanctions : apparaît donc avec Beccaria la codification du droit pénal et le principe de l'égalité de tous devant la loi.

Le Code pénal de 1791 se présente comme une véritable subversion de l'ancien système politico-pénal. L'ancienne Monarchie avait pour référence l'ordonnance de 1670 pour conduire les procédures criminelles et appliquer le droit de punir. Cette ordonnance prévoyait tout de même une échelle des peines, eu égard à la gravité des crimes, et les peines allaient des moindres aux plus redoutables : l'admonestation, l'amende, le bannissement, les peines afflictives et infamantes (par exemple, l'amende honorable qui, comme peine infamante, consistait dans le fait d'avouer publiquement, devant une juridiction ou dans la rue, une faute ; le pilori et le carcan étaient aussi des peines infamantes) et corporelles (le fouet se présentait comme le châtiment corporel le plus typique), les mutilations (on pouvait, par exemple, mutiler les lèvres de l'auteur d'un blasphème qui, rappelons-le, appelle tout de même une sanction bien moins grave pour l'ancienne pénalité que le sacrilège qui conduisait à la mort certaine), la question (le nom d'Ancien Régime pour qualifier la torture), les galères (qui, comme peines, pouvaient être prononcées à titre perpétuel), enfin la condamnation à mort avec actes de barbarie. Le pire des crimes d'Ancien Régime était celui de lèse-majesté qui devait conduire à la mise à mort inéluctable précédée d'une longue et redoutable agonie, à savoir l'écartèlement. En poursuivant l'objectif de marquer les esprits par des sanctions sévères, le droit d'Ancien Régime cherchait, à travers le discrédit ou le déshonneur jetés sur le coupable et sa famille, à donner des exemples épouvantables de mises à mort : son droit d'exception était sans limite. L'ordonnance de 1670 précisait également les modes d'arrestations et d'interrogatoires, l'usage de la question pour extorquer des aveux et le respect du caractère secret de l'instruction qui, comme on le voit, précédait les institutions démocratiques. La procédure criminelle d'Ancien Régime s'appuyait donc sur :

- un mode d'investigation inquisitoriale, inégalitaire et non contradictoire ;

- un droit de punir consciencieusement gardé par les juges et la coutume, d'où résultait le caractère arbitraire des peines prononcées.

La justice était rendue au nom du roi, par les juges occupant les Parlements et les Tribunaux : les baillis occupaient leur charge dans les tribunaux de bailliage et les sénéchaux dans les tribunaux de sénéchaussée, et ces derniers étaient appelés à s'occuper d'un plus grand territoire de juridiction. La Monarchie Absolue a rendu une justice en vertu d'un droit divin incarné par le roi et appliqué par les juges. La démesure, l'excès et l'abus sont la règle du droit d'exception accaparé par la puissance souveraine d'Ancien Régime qui, à travers la barbarie des châtiments, visait à maintenir les fondements de la société monarchique et à pérenniser le pouvoir royal. Sur le plan historique, Pierre Deyon résume bien, dans son essai consacré aux origines du système pénitentiaire, le but visé par les châtiments : « On avait inventé de nouveaux tourments, alterné, conjugué les châtiments habituels, au gré d'une imagination complètement déréglée : poing brûlé, tenaillement aux membres et à la poitrine, usage du plomb fondu, de l'huile bouillante, de la cire, de la résine et du soufre. (...) On trouve aussi dans les sentences condamnant Ravaillac ou Damien des dispositions destinées à frapper l'imagination des peuples et de la postérité d'une terreur magique. Non seulement les cendres du supplicié dispersées sont privées de sépulture, mais encore sa maison est rasée, ses autres biens confisqués, ses parents, femme et enfants bannis à vie, son nom même est condamné à disparaître et chaque membre de sa famille doit l'abandonner [...] Ce sont autant de formes de la vengeance collective, destinées à répandre l'effroi, et à rétablir par l'horreur d'une punition sans exemple, le respect dû à la personne sacrée du roi[33] ».

Au XIXe siècle naît la *prison pour peine*. Les historiens s'accordent pour estimer que, si la prison en tant que mesure de sûreté (et de prévention) est répudiée au profit de la mise en œuvre de la prison pour peine[34], c'est parce qu'il s'est agi pour le régime économique émergeant de gérer le fléau représenté par les pauvres. L'Ancien Régime s'est attaché à combattre le fléau de la pauvreté et de la marginalité, non pas tant en portant secours aux démunis, mais en les enfermant. Les dépôts de mendicité ont été créés en 1767 pour désengorger les hôpitaux généraux encombrés de pauvres, de vieillards, de valétudinaires. Rappelons que, durant cette période, le vagabondage et la mendicité étaient des délits. Comme les vagabonds et les mendiants ne travaillaient pas, ils étaient, de ce fait même, très mal perçus par un régime qui commençait à considérer la valeur du travail. Le processus de l'enfermement a servi à mettre au travail les pauvres et les exclus : « L'assistance n'était qu'un élément du programme, il restait à mettre au travail les indigents valides, et pour des raisons d'efficacité et d'économie, le projet conduisit bien vite aux tentatives d'un enfermement

33 Pierre Deyon, *Le Temps des prisons, Essai sur l'histoire de la délinquance et les origines du système pénitentiaire*, Éditions universitaires, Lille III, 1975, p. 21.

34 Sur la prison comme mesure de sûreté, Pierre Deyon précise en effet, dans *Le Temps des prisons*, *op. cit.*, p. 31, que : « Dans les registres qui conservent les sentences prononcées par les juridictions laïques, les condamnations à des peines de prison représentent l'exception ».

général des pauvres[35] ». Pour devenir, selon l'expression de l'éminente historienne Michelle Perrot, la « prison triomphante[36] », durant la première moitié du XIXe siècle, l'enfermement a donc poursuivi un double objectif :

- inventer une peine qui puisse permettre de corriger et d'amender le condamné, en lieu et place des techniques de torture destinées seulement à éliminer du corps social les individus dangereux ;

- sous couvert de protéger la société contre notamment les indigents, il s'est agi en réalité d'utiliser la force de travail des pauvres et des inutiles, et de les soumettre à une discipline de fer.

Dans sa passionnante *Histoire du personnel des prisons françaises, du XVIIIe siècle à nos jours*[37], Christian Carlier va, avec un luxe de détails très intéressants, dans le même sens. En substance, il y insiste aussi sur le fait que la prison représentait, sous l'Ancien Régime, une peine marginale et qu'elle s'est appliquée avant tout aux pauvres : les criminels n'étaient pas condamnés à des peines de prison, et seuls les pauvres subissaient l'enfermement dans ces endroits appelés jadis les « enfermeries ». Enfermer a donc consisté, à cette période, à nettoyer la maréchaussée et les villes des indésirables et des nuisibles sociaux : « La prison, répètent inlassablement les historiens du droit, n'était pas une peine, elle ne figure pas à ce titre dans la fameuse ordonnance criminelle de 1670 qui dresse l'inventaire des principales pénalités d'Ancien Régime, depuis la peine de mort (la reine des peines) jusqu'à l'amende (généreusement distribuée par les juridictions inférieures), (...), sans oublier les deux grandes pénalités de loin les plus décernées en matière criminelle, le bannissement et les galères[38] ».

Vers la fin de l'Ancien Régime, rappelle C. Carlier, ont existé deux types de prison : les prisons dites ordinaires ressemblant à nos actuelles maisons d'arrêt, et les maisons de force et de correction s'apparentant aux maisons centrales ou aux Centres de détention d'aujourd'hui. Dans les prisons ordinaires - qui se déclinaient en conciergeries et en géôleries, les premières pouvant accueillir un plus grand nombre de détenus -, se trouvaient, de manière très éclectique, toutes sortes d'individus soumis au principe de sûreté, qui étaient dans l'attente de leur jugement ou de leur transfert vers d'autres lieux de peine, comme les galères par exemple, ou qui s'apprêtaient à subir le bannissement. On y trouvait donc une variété d'individus comme

35 Pierre Deyon, *Ibid.*, p. 38.
36 Cf., Michelle Perrot, *Délinquance et système pénitentiaire en France au XIXe siècle*, Annales ESC, n° 1, p. 81. S'agissant de la Révolution française, Michelle Perrot indique aussi, *op. cit.*, p. 68 : « En faisant de la peine privative de liberté la clef de voûte du système pénal, elle tisse les premières mailles de cet immense réseau – maisons de justice, d'arrêt, de correction, centrale, départementale… - qui allait peu à peu couvrir tout le pays ».
37 Christian Carlier, *Histoire du personnel des prisons françaises du XVIIIe siècle à nos jours*, Les Editions de l'atelier/ Editions ouvrières, 1997.
38 Christian Carlier, *Ibid.*, p. 15.

des miséreux, des mendiants, des vagabonds, des infirmes, des fous, des criminels promis à de lourdes peines ou à la mort, des prostituées et ce qu'on appelait alors les dettiers qui étaient placés en prison par leurs créanciers pour les contraindre à rembourser leurs dettes. Ce processus d'enfermement des pauvres a débuté avec ce qu'il est convenu d'appeler le « grand renfermement » émanant du fameux édit du 27 avril 1656 qui crée l'établissement de l'hôpital général. Les hôpitaux généraux les plus connus à Paris sont la Salpêtrière pour les femmes, et Bicêtre pour les hommes. La finalité affichée de cette création d'établissements est, dans un premier temps, de porter secours aux mendiants invalides, aux malades et aux vieillards esseulés, et cela par pure charité. Peu à peu, cette charité fut occultée par une visée strictement policière et régulatrice. Il s'est alors agi de mettre au travail les mendiants valides qui étaient accusés d'oisiveté. Ils se trouvèrent enfermés dans les quartiers de force des hôpitaux généraux, afin d'être soumis à un régime plus ou moins dur de détention et à l'obligation de travailler pour des manufactures qui s'y implantèrent au fil du temps. Ils pouvaient être libérés entre-temps, s'ils faisaient preuve d'ardeur au travail. Mais s'ils étaient repris en flagrant délit d'oisiveté dans la rue, ils étaient à nouveau transportés dans ces quartiers de force des hôpitaux généraux, afin d'y être plus sévèrement réprimés ; et s'ils étaient pris une troisième fois à mendier et à paresser, ils encouraient alors l'enfermement *à perpétuité* dans ces quartiers. C. Carlier ajoute que : « Le caractère pénal de l'hôpital général ne commence de s'affirmer qu'avec la déclaration du 23 mars 1680, valant règlement général, qui prévoit l'enfermement en son sein des mendiants valides de plus de seize ans trouvés en état d'oisiveté [...] Les récidivistes se voient soumis à un régime particulier : *il leur sera donné uniquement ce qui sera absolument nécessaire à la vie, et y seront employés aux travaux les plus rudes qu'il sera possible, et que leurs forces pourront supporter* [souligné dans le texte][39] ». L'objectif clair du grand renfermement est donc devenu celui d'assurer la mise ou la remise au travail de la population oisive, et de contraindre celle-ci aux durs labeurs, à l'intérieur même des hôpitaux généraux : « Dans les années 1770, ajoute C. Carlier, le système de travail qui prévaut à la Force de Bicêtre est celui d'ouvrages apportés par des entrepreneurs privés. Les bâtiments de la Force accueillent jusqu'à dix ateliers : trois de boutons de métal, un de cordonnerie, un de bonneterie, un de tissage, un de tailleurs, un de tresse de paille (pour les chapeaux de femme), un de tabletterie[40] ». Les détenus sont modestement payés par leur travail. A Bicêtre, ils pouvaient être aussi employés à tirer l'eau du puits qui s'y trouvait, et étaient rétribués au sceau d'eau : deux sous et demi du seau. Ils ne pouvaient pas jouir de la totalité de ce qu'ils gagnaient. Leur rémunération propre ne représentait qu'un tiers de ce qu'ils gagnaient, car

39 Christian Carlier, *Ibid.* , p. 39.
40 Christian Carlier, *Ibid.* , p. 41.

un autre tiers était destiné à l'établissement, et un autre tiers revenait à l'entrepreneur généreux qui leur proposait du travail pour survivre[41]. A partir du « grand renfermement », le pouvoir royal va mettre à disposition des sergents et des lieutenants de la maréchaussée les moyens répressifs nécessaires pour qu'ils puissent faire amplement le guet, et commettre des « enlèvements » d'indigents[42]. Pierre Deyon a des mots durs pour qualifier cette nouvelle politique répressive: « N'était-il pas plus facile pour les mettre [les pauvres ; T. F.] réellement au travail et les soumettre à une discipline, de les reléguer dans de grandes manufactures publiques, analogues à la fois aux pénitenciers et aux hospices ? A la porte de ces institutions, les maîtres et les marchands pourraient au surplus se procurer des salariés dociles et peu exigeants[43] ». Et plus loin, il ajoute : « C'est le pouvoir royal qui de plus en plus prend directement la responsabilité de cette politique du paupérisme et de la mendicité. Administration ou plutôt police de l'assistance, même lorsque les dévots et les clercs donnent à ces interventions la caution de leur patronage, il s'agit d'une extension de la compétence de l'État absolutiste avec tout ce que cela comporte de contrainte anonyme[44] ».

B) Genèse de la prison pour peine et régime de détention

Les maisons de force et de correction étaient destinées à accueillir les condamnés à une peine de prison qui reste, insistons-y, exceptionnelle sous l'Ancien Régime. Ce sont des prisons pour peines. Il y a ceux qui y sont soumis par force, les irrécupérables en quelque sorte, (maisons de force) et ceux qu'on appelle les correctionnaires qui sont considérés comme amendables par le travail, les récupérables par conséquent (maisons de correction). Le point crucial est que ces maisons de force et de correction étaient dirigées :

- soit, *essentiellement*, par un ordre religieux, les plus connus étant les Bons Fils (à Armentières, Lille et Saint-Venant) ; les Frères des Écoles chrétiennes (à Angers, Maréville de Nancy et Saint-You de Rouen) ; les Frères de Saint-Jean-de-Dieu (à Charenton et Pontorson) ;

---

41 Cette tripartition du compte du détenu se retrouve aujourd'hui, quoique de manière différente, dans les prisons françaises : un tiers lui est réservé pour qu'il « cantine », c'est-à-dire pour qu'il puisse acheter des menues denrées supplémentaires, un autre tiers est destiné aux parties civiles quand le condamné doit en payer, enfin un dernier tiers est placé sur le pécule dit, couramment, « libérable », c'est-à-dire le pécule qui servira au détenu à sa sortie de prison.

42 Les historiens parlent aussi communément de « rafles » de pauvres. Voir, par exemple, Jacques-Guy Petit, *Ces peines obscures, La prison pénale en France (1780-1875)*, Paris, éd. Fayard, 1990, p. 160 : « Dans les galères de louis XIV, à côté des criminels rament des esclaves, bientôt remplacés par les gueux, vagabonds et mendiants condamnés ou *raflés* [c'est nous qui soulignons ; T. F.] par une justice royale sévère et expéditive ».

43 Pierre Deyon, *Le Temps des prisons*, *op. cit.* , p.39.

44 *Ibid.*, p. 41.

- soit par la puissance publique, c'est-à-dire par l'État comme la prison d'État la plus connue, à savoir La Bastille, qui s'intéressait davantage aux indociles politiques.

Le point important à souligner est donc que la prison pour peine a une origine fondamentalement *religieuse*, qu'elle était initialement placée sous l'autorité des ecclésiastiques à qui il revenait la charge de gérer la détention et le régime de vie des détenus. A la veille de la Révolution française, les maisons de force religieuses s'occupaient de près de quatre mille prisonniers ou correctionnaires. (Dans les années 1770-1780, il y avait deux cents détenus à la Conciergerie, et trois cents au Grand Châtelet et à La Force, ces trois prisons ordinaires faisant partie des lieux de l'enfermement parisiens les plus célèbres). Dans ces prisons de congrégations religieuses, les Frères vont instaurer un itinéraire progressif ou régressif de régime de vie et de détention, c'est-à-dire qu'ils vont s'employer à instituer une discipline de fer, à l'intérieur de leurs établissements, destinée à rendre dociles les individus les plus réfractaires. La conduite du prisonnier est déterminante dans le traitement que vont leur réserver les Frères : si le condamné est respectueux des règles d'usage, s'il cherche à s'amender et à se moraliser par le travail, il pourra bénéficier, le cas échéant, d'avantages comme, par exemple, des autorisations de sortie. Dans le cas contraire, il sera soumis aux pires tortures physiques et morales. A titre d'exemple, les Frères de Saint-Venant étaient réputés pour la dureté du régime de détention qu'ils imposaient aux prisonniers[45]. Les détenus qui arrivaient à Saint-Venant devaient passer plusieurs semaines aux fers, c'est-à-dire qu'il étaient attachés et entravés dans des cachots. Ils étaient ensuite conduits dans des quartiers de grande pénibilité, comme dans la salle appelée le « chauffoir » qui réunissait tous les indésirables, à savoir des fous, des alcooliques, des blasphémateurs, des sodomites, etc. D'autre part, les Frères de Saint-Venant, qui étaient reconnaissables à leur tenue faite de robe grise comportant un cordon blanc, se livraient eux-mêmes aux pires cruautés : certains d'entre eux pratiquaient la sodomie, qui était pourtant considérée par l'Église comme coït contre-nature passible de peine de mort par la justice royale, et prenaient au sérieux le devoir d'infliger des punitions corporelles comme la fustigation, les déculottées, la désinfection des plaies au gros sel, etc. Ils obéissaient à des rites et des usages repoussants, en s'auto-fustigeant trois fois par semaine, en dormant sur des paillasses et en se levant à quatre heures du matin. Bref, dans les maisons de force religieuses, en cas d'indiscipline ou de mauvaise conduite, les pires sévices attendaient les prisonniers récalcitrants ou rebelles, et étaient accomplis par des fidèles aguerris à des modes de vie peu banals, voire effrayants.

45 C. Carlier note avec effroi, dans son *Histoire* du *personnel des prisons françaises du XVIII*e *siècle à nos jours*, *op. cit.* , p. 36, que : « A Saint-Venant comme à la Grande-Trappe, les mêmes causes produisirent les mêmes effets : manque d'hygiène, pédophilie des frères, énurésie des prisonniers, brutalités, suspicion, hypocrisie, en un mot, l'horreur ».

Durant la première moitié du XIXe siècle, deux modèles d'enfermement seront examinés et s'affronteront, à savoir : le modèle d'Auburn et celui de Philadelphie. Ces deux modèles ont été importés des États-Unis et portés à la connaissance du public français par Alexis de Tocqueville et Gérard de Beaumont. Entre 1830 et 1850, un débat eut lieu en France sur la question du meilleur régime de détention. Tandis que le modèle auburnien défend un régime fondé sur la vie communautaire durant la journée, en particulier dans les ateliers et les réfectoires, avec l'observation stricte de la règle du silence, et préconise l'encellulement individuel pendant la nuit, le modèle de Philadelphie plaide, lui, en faveur de l'enfermement individuel diurne et nocturne : selon ce second modèle, les détenus doivent prendre leur repas et travailler seuls. Ce modèle avait la préférence de Tocqueville et de Beaumont, parce qu'il apparaissait, selon eux, comme le plus radical et le plus propre à conduire le condamné à éprouver du remords : « Est-il une combinaison plus puissante pour la réforme, demande Tocqueville, que celle d'une prison qui livre le criminel à toutes les épreuves de l'isolement, le conduit par la réflexion au remords, à l'espérance par la religion, le rend laborieux par les ennuis de l'oisiveté (...) ?[46] ». Ces deux types de régime d'enfermement sont, à bien y regarder, commandés par un seul et même principe, à savoir celui de l'introspection. Il s'agit de favoriser, dans les deux cas, la méditation du sujet sur lui même, un face-à-face du prisonnier avec sa propre conscience. En France, c'est le modèle d'Auburn qui sera privilégié, et la règle du silence dans les ateliers et les réfectoires sera mise en place en 1839. Le silence se donne comme un instrument utile pour réformer la conscience des condamnés, et l'encellulement individuel comme une de ses modalités. Il n'est donc pas apparu comme nécessaire de faire travailler les détenus seuls, dès lors que la règle du silence fut appliquée *stricto sensu*. Ce modèle présentait au moins l'avantage de concilier la perspective religieuse du rachat, par la méditation, l'abnégation et le remords, avec une organisation rationnelle du travail répondant aux exigences du développement de l'économie de marché. J. Bentham, en élaborant son projet de panoptique, ne visait pas seulement la mise au point de l'architecture d'un pénitencier, mais aussi, et peut-être même d'abord, les conditions de la mise en place d'une surveillance économique, efficace et rationnelle des travailleurs dans les ateliers et les manufactures. De sorte que la « ruche de verre » avait de nombreuses applications possibles, et servait d'abord un principe foncièrement économique. En effet, l'idée de Bentham est que, en imaginant un dispositif de surveillance qui consiste à voir sans être vu, un établissement pour peine peut bien fonctionner presque tout seul, selon le principe anglo-saxon bien connu de la main invisible appliqué particulièrement ici au système de la peine et, de manière plus générale, à la surveillance de tout type d'établissement, et cela par le fait

46 Cf. , A. de Tocqueville, *Écrits sur le système pénitentiaire en France et à l'étranger*, Paris, Gallimard, tome IV des œuvres complètes, p. 200.

que les surveillants peuvent très bien abandonner leur poste, sans que les surveillés n'en sachent rien. Autrement dit, que les surveillants s'absentent ou non de leur poste, cela ne change rien au comportement des surveillés qui s'auto-disciplinent par l'impression durable qu'ils ont d'être constamment surveillés. Système ingénieux, on en conviendra, qui, si l'on opère une translation de ce dispositif vers l'époque d'aujourd'hui, connaît des applications majeures. Par exemple, la présence d'une vidéo-surveillance dans les magasins est souvent justifiée aujourd'hui par la nécessité de prévenir les vols ; il n'empêche que, de manière plus souterraine ou inavouable, on peut soupçonner qu'il s'agit aussi là de contrôler la manière de travailler des employés, leur rapidité dans l'exécution des tâches, leur rentabilité[47].

L'origine de la prison pour peine est donc, pourrait-on dire, non seulement religieuse, mais *monastique* ou *monacale*. Il s'agit avec ce régime monastique de contraindre les criminels, par la solitude et l'isolement, la discipline et le travail, à entrer dans la voie de l'amendement. Il existe un rapport indéniable entre les procédures d'ordre religieux, comme la démonstration du repentir et la requête de pardon, et les procédures laïques de démonstration de la possibilité de la réhabilitation : dans les deux cas, ce qui est visé, c'est la réintégration dans le groupe communautaire ou social de celui qui a commis un péché ou un crime. En écartant les dispositifs d'élimination brutale des criminels par le châtiment, le système pénal a, au sortir de la Révolution française, introduit l'idée de réhabilitation et d'amendement - ce qui deviendra, au XXe siècle, l'idée de réinsertion. Ce qui fait le trait d'union entre les procédures religieuses de la punition et les procédures laïques de la peine, ce n'est rien de moins que la conception pénitentielle de la faute et de son traitement (conception qu'on dénommera, dans le monde laïc, par l'adjectif substantivé « la pénitentiaire », en référence à l'administration pénitentiaire). Et cette conception pénitentielle du système de la peine a été fortement élaborée et minutieusement perfectionnée par l'Inquisition, vers le XIIIe siècle: « Très tôt, affirme Nicole Castan, l'Église use de pratiques destinées à faire école. Dans les communautés religieuses en particulier, chacun se doit d'avouer ses fautes (les coulpes) à ses frères ; à défaut ceux-ci y suppléent par la délation et la

47 Sur cette question du rapport entre panoptique et bénéfices économiques, on se reportera à la post-face de Michelle Perrot, intitulée *L'inspecteur Bentham*, au *Panoptique* de Bentham, Paris, éd. Belfond, 1977, en particulier pp. 178-179 : « Cet homme [= Bentham ; T. F.], qui refusait la gratuité de l'ascétisme religieux et voulait récupérer jusqu'au rêve, fut l'exemple même de la valeur-travail intériorisée : les sens domestiqués, la fantaisie reniée, le plaisir soupçonné et, s'il n'y avait eu le diable des grand-mères, l'imagination rognée. Le travail fait homme, le corps fait travail [...] On rappellera seulement la conjoncture pénitentiaire dans laquelle il s'inscrit [= le texte du *Panoptique* ; T. F.]. Autour des années 1770, la question des prisons est, en Europe en général et en Grande-Bretagne en particulier, à l'ordre du jour. Besoin d'ordre d'une société dont la rationalité tolère de plus en plus difficilement les improductifs et pourchasse vagabonds et mendiants ».

correction engage le coupable dans la voie du repentir avant d'obtenir son pardon et sa réintégration. A cette fin, il peut être enfermé dans 'un logement séparé', aussi bien cachot obscur où il est maintenu enchaîné au régime de l'isolement et d'un jeûne sévère. (...) : la peine n'est pas seulement châtiment, mais aussi rachat et promesse d'amendement du coupable. (...). Cette conception pénitentielle fondée sur l'usage très discrétionnaire de la détention, prend une extension et un relief extraordinaires quand elle est reprise par l'Inquisition au XIIIe siècle[48]». C'est ainsi que, dès l'instant où apparaît l'idée d'amendement de l'humain, la prison pour peine se substitue au châtiment. Pourquoi, en effet, éliminer des hommes qui sont peut-être, en tant qu'humains et créatures de Dieu, dignes de respect et amendables ? La prison pour peine, ou ce qu'on pourrait appeler le « pénitentialisme », fondé sur les principes de la pénitence – terme emprunté au latin *paenitens* et émanant du verbe *paenitere* qui signifie « se repentir » -, a pénétré tout le corps politique sur la base d'un mouvement humaniste, mouvement qu'on désignait au XVIIIe siècle plutôt par le vocable « philanthropique ». Autrement dit, la conception pénitentielle de la peine a retenti petit à petit, sur le plan politique, comme une leçon de philanthropie. Il n'y a pas de réforme morale possible pour les condamnés, sans une réforme préalable du système de la peine qui va se voir investi par un véritable processus de christianisation. L'avènement de la prison pénale est fondamentalement indissociable de l'émergence de l'idée d'amendement. A cet égard, la relation entre christianisme et humanisme est, rappelons-le, étroite : d'une certaine manière, on pourrait dire que l'humanisme est un christianisme laïcisé[49]. Le caractère précisément

48 Cf., l'excellent ouvrage collectif signé notamment par Jacques-Guy Petit, Nicole Castan, Claude Faugeron, *Histoire des galères, bagnes et prison, XIIIe-XXe siècles,* éd. Privat, 1991, Ière partie « Archéologie de la privation de liberté », chap. 1er « la préhistoire de la prison », p. 26. Soulignons, au passage, que le Tribunal inquisitorial sera, au XIIIe siècle, confié aux ordres mendiants, c'est-à-dire aux dominicains, qui auront pour tâche d'évangéliser, de propager l'enseignement du Christ et de pourchasser l'hérésie. L'hérésie qui, par définition, renvoie à l'activité libre de l'individu qui choisit de ne pas suivre les principes de vie chrétiens, fut d'abord combattue par l'Église par la sanction de l'excommunication, puis, dans des temps de fanatisme, par la condamnation au bûcher appliquée par l'État. J. Delarue précise, dans *Le Métier de bourreau, op. cit.*, pp. 108-109, que : « *On pouvait le subir vif ou mort [le bûcher]. Par exemple, un pendu, ou un décapité, pouvait être condamné à être brûlé après son exécution. On condamnait les auteurs de certains crimes, jugés spécialement odieux, à être brûlés vifs. Le condamné, vêtu d'une chemise soufrée, était attachée à un poteau solidement planté en terre, et le bourreau construisait autour de lui un bûcher en carré composé de fagots, bûches et paille alternées* ».

49 Ce qu'il convient de noter ici, c'est que l'idée d'homme se développe avec le message christique de rachat de *tous* les hommes : la passion du Christ a, en effet, consisté à racheter l'humanité entière de ses péchés. L'Antiquité ne connaissait pas l'idée d'homme, en ce sens qu'il n'y avait pas de conception *universelle* de l'homme. L'Antiquité grecque, par exemple, déclinait l'humain en Athéniens, Spartiates, etc, ou plutôt en Grecs et barbares, et, à l'intérieur même de la communauté grecque, on trouvait la séparation entre l'élite et les

répressif de l'emprisonnement, en tant que peine, procède originellement de l'Église. C'est pourquoi J. Imbert et G. Levasseur ont raison de rappeler l'originalité ecclésiastique de la peine de prison dans leur impressionnante étude intitulée *Le Pouvoir, les Juges et les Bourreaux, 25 siècles de répression* : « Le droit romain refuse tout caractère répressif à l'emprisonnement ; le droit germanique, les pratiques franques l'ignorent totalement. Au Moyen Age, (...), on pratique largement l'emprisonnement préventif et coercitif. Mais connaît-on l'emprisonnement en tant que peine ? C'est l'Église qui, la première, montre la voie : la recherche de l'amendement des coupables, l'horreur du sang et des autres peines corporelles expliquent la place de choix qu'elle va réserver à l'emprisonnement [50]». On ne peut être plus explicite sur ce point.

Les moyens mis en œuvre par le système punitif révolutionnaire et post-révolutionnaire se fondent sur un régime monastique de l'exécution de la peine, à savoir :

- l'ostracisation, non par la mort, mais par l'éloignement des condamnés (prisons, bagnes ; rappelons que le bagne, en tant que condamnation aux travaux forcés, est l'héritier de la peine de galère) ;

- l'imposition de l'isolement et d'une vie de solitude (le terme de moine a pour étymologie le grec *monos*, seul), et ce dans une perspective de rachat et de reclassement.

Avec Saint Benoît de Nursie, fondateur du monastère du Mont Cassin et père de l'ordre bénédictin, le monachisme du VIe siècle a jeté les bases de la pratique pénitentielle, qui sera reprise et cultivée tout au long de l'époque médiévale. Le silence devient la règle de vie communautaire au sein du monastère, les moines sont astreints à vivre confinés dans ce qui est appelé, non une chambre, mais une « cellule », et entretiennent un rapport particulier à la nuit, propice justement au recueillement et à la méditation[51]. Ceci n'est pas sans évoquer les descriptions des prisons comme lieu d'encellulement qu'on dit aujourd'hui devoir être individuel, et comme endroit où circule difficilement l'air (ce qui s'est d'abord traduit, à l'époque médiévale, par la peine de cachot mise en œuvre par les religieux).

Le monachisme a insisté sur les bienfaits du travail et les rapports que celui-ci entretient avec la vertu morale : « Le moine, dit Saint Benoît, doit toujours 'être occupé' (Règle, 48, 8). Pourquoi ? Non pas seulement parce

---

esclaves. Bref, les Grecs ignoraient les concepts d'humanité et d'universalité. Ceci a été intelligemment rappelé par Robert Legros, *L'idée d'humanité, Introduction à la phénoménologie*, Paris, Grasset, coll. 'Le collège de philosophie', 1990, p. 24.

50 J. Imbert, G. Levasseur, *Le Pouvoir, les Juges et les Bourreaux, 25 siècles de répression*, Paris, Hachette, 1972, p. 295.

51 Sur la question du monachisme, on consultera avec utilité les travaux de Michel Covin, *Petit dictionnaire de la vie monastique*, Paris, l'Harmattan, 2004, notamment pp. 294-295.

que le travail met à l'abri de la pauvreté et du besoin, mais parce que, de manière plus fondamentale, il éloigne de l'âme tous les maux spirituels auxquels elle se trouve exposée si elle reste oisive[52] ». Par où l'on voit la parenté ténue qui existe entre le monachisme et la prison pour peine : la clé de voûte du système pénal post-révolutionnaire repose fondamentalement sur la valeur-travail. Car travailler répond non seulement à une exigence d'ordre spirituel, dans l'exacte mesure où l'activité qui en résulte permet la réformation, mais, en outre, à un devoir d'indépendance et de vivre en autarcie. A partir du début des années 1800, se met en place petit à petit, en France, une unification des différents lieux de la séquestration (dépôts de mendicité, maisons de force et de correction, hôpitaux généraux) pour aboutir à la création des premières maisons centrales de détention, notamment à Gand et à Vilvorde, qui auront la particularité de fonctionner selon une relation tridimensionnelle entre le chef de détention (le représentant de l'État), l'entrepreneur et le prisonnier. Celui-ci devra répartir l'argent qu'il gagne en prison entre ces trois figures, et n'empochera à lui seul qu'une somme dérisoire, au prix de gros efforts. Au commencement de cette nouvelle organisation des prisons, qui furent d'abord appeler « maisons de répression », avant d'être nommées « maisons centrales de détention » ou « centrales », et qui concernent avant tout les dépôts de mendicité, les entrepreneurs privés auront la responsabilité de nourrir les condamnés, tandis que le paiement des geôliers et gardiens incombera au gouvernement. Si bien que ces entrepreneurs retiendront au moins un tiers du salaire gagné par les reclus. Ce nouveau système d'organisation de la peine, indexé, de manière plus officielle et radicale que sous l'Ancien Régime, sur le processus de développement des manufactures pénales, visera à « vouer le crime à l'industrie[53] », c'est-à-dire à vouer la mentalité des criminels à la réformation et à l'éducation par le travail.

C) L'inscription de la sotériologie pénitentiaire dans la notion philosophico-juridique de « capacité » ou de sujet capable (Paul Ricœur)

L'idée de capacité juridique, au sens où l'on dit que la personne n'est pas déchue de ses capacités, fait écho à la notion de sujet de droit. Dans une première approximation, un sujet de droit, c'est un individu qui entretient des rapports avec autrui selon la règle du droit (État de droit), par opposition aux rapports de force qu'il pourrait avoir et qui sont régis par le principe de la loi du plus plus fort (État de non-droit). Mais, à bien y réfléchir, qu'est-ce que l'on veut dire, lorsqu'on pose que tel individu n'est pas sujet de droit, qu'il a perdu toute capacité ou qu'il est « incapable » ? A y regarder de plus

52 Cf., Michel Covin, *Petit dictionnaire de la vie monastique, op. cit.* , pp. 316-317.
53 Voir Jacques-Guy Petit, *Ces peines obscures*, *op. cit.* , Première partie : « Émergence de la prison pénale (1780-1815) », en particulier le chap. VII : « Vouer le crime à l'industrie : la naissance des centrales », pp. 143-180.

près, pour qu'advienne la reconnaissance de l'homme comme sujet de droit, il faut que soient réunies au moins trois conditions[54] :

1° le sujet (philosophico-juridique) doit être l'auteur et le porteur de ses énonciations, il doit être celui qu'on repère comme le référent du discours. Cela veut dire que l'ensemble des énoncés doit être rapporté à un seul et même référent ou pôle, à un « je » : sur un plan strictement transcendantal, cela suppose, écrira Kant, que : « Le *je pense* doit pouvoir accompagner toutes mes représentations[55] ». Un sujet de droit doit donc être identifiable, posséder une identité individuelle à partir de laquelle il peut dire ou se dire, raconter ou se raconter. Un sujet de droit est le *locuteur* de ses énonciations, et suppose la possibilité du dire à la première personne ;

2° le sujet doit être le vecteur et le responsable de ses actions. Il doit non seulement être capable d'agir, c'est-à-dire de se poser comme agent, mais aussi être en capacité de répondre de ses actions devant autrui ou les institutions (la responsabilité comme *respondere*, répondre de ses actes). Un sujet de droit est donc aussi celui à qui est assignée telle ou telle action, celui qui se voit impliquer au regard de l'agir. En d'autres termes, le sujet de droit fait écho au processus de l'imputation, en ce sens que ses actes, ses droits et ses devoirs lui sont imputables. Un sujet de droit est l'*agent* de ses actions, et suppose la possibilité du faire à la première personne ;

3° le sujet capable est celui qui se constitue à travers l'altérité et les institutions. Cela signifie que les idées de bien, d'obligation, de légalité, etc., réclament la médiation de formes interpersonnelles (un « moi » et un « toi », dira Fichte) et de formes institutionnelles (un non-moi, diront Fichte et Sartre). Pour le dire autrement : les jugements prescriptifs supposent le partage de valeurs communes, la référence à un « tiers », à une réalité extérieure au moi. Un sujet de droit est donc le sujet de la relation, et surtout de l'interrelation, il exige comme sa condition l'intersubjectivité. Un sujet de droit est le « composite » d'un « je », d'un « tu » et d'un « il », et suppose la nécessité d'être-au-monde[56].

L'exigence de l'altérité, pour le sujet, peut se comprendre, au point de vue de la locution, comme celle d'une interlocution, et, au point de vue de

54 Ces considérations s'inspirent, en partie, du remarquable recueil de conférences de Paul Ricœur, rassemblées dans *Le Juste, 1*, Paris, éd. Esprit, 1995, notamment pp. 29-40 : « Qui est le sujet du droit ? », et pp. 41-70 : « Le concept de responsabilité. Essai d'analyse sémantique ».

55 *Critique de la raison pure,* P.U.F., « Analytique transcendantale », Liv. I, chap. 2, 2e section, §16, 'De l'unité originairement synthétique de l'aperception', p . 110.

56 Sur cette question d'être-au-monde, qu'on veuille bien me permettre de renvoyer le lecteur à mes travaux de recherche antérieurs, à savoir : *Sartre et le concept d'être-au-monde*, mémoire de maîtrise sous la direction d'Alain Renaut, Sorbonne Paris-IV, 1997 ; *Berkeley et la question du monde*, mémoire de D.E.A. sous la direction de Michel Fichant, Sorbonne Paris-IV, 1999.

l'action, comme celle de l'interaction. C'est sur fond de monde, diront les phénoménologues, là où se situe, à l'arrière-plan, la langue comme parole commune et léguée, qu'un sujet advient pleinement sujet et, qui plus est, un sujet *capable* de dire, de faire et de se représenter un monde. La notion de capacité doit être réfléchie comme celle qui rend possible et explique la question de l'imputation. M'est imputable ce que je dis et fais, c'est-à-dire que cela doit m'être attribué, rapporté : imputer une action à quelqu'un, c'est la mettre sur son compte. Si bien que le sujet de droit est supposé *se rendre compte* (s'apercevoir) de ses choix et de ses actions, mais aussi être engagé à *rendre des comptes* (comme justifier ses dettes et ses recettes, ses manques ou manquements et ses mérites). La conséquence directe de ce que le sujet capable se donne comme le sujet de l'imputation (du fait qu'il doit à la fois se rendre compte et rendre des comptes de sa conduite), est qu'il est tenu pour responsable, dans la sphère juridico-pratique, des torts qu'ils peut commettre vis-à-vis d'autrui : si le tort m'est imputable (logique de l'attribution), je dois en répondre en réparant ou en subissant une peine (logique de la rétribution).

Par où l'on voit que, à partir de cette tentative d'explicitation du concept de capacité et de celui d'imputation, la justice empirique des tribunaux a pu trouver, à l'époque moderne (subjectiviste) les fondements de son organisation et de son fonctionnement dans l'idée qu'un coupable, ayant commis des torts à quelqu'un, doit payer sa dette envers la société, l'État ou la victime, en subissant une peine. Ce qui jette une passerelle entre le tort commis et la peine subie, c'est le principe méritocratique de l'attribution/rétribution : je mérite la peine que j'ai à subir, du fait même que le tort m'est imputable.

D) La cérémonie du procès

A quoi sert un procès ? D'aucuns diront qu'il consiste dans la gestion « pacifiée » des conflits entre personnes. Par l'établissement du procès, il s'agit de substituer la parole à la violence, la raison à l'aveuglement : à l'intérieur des institutions démocratiques, il est dit qu'il doit y avoir débat et droit à la contradiction. L'objectif du procès pénal est donc de dissocier justice et vengeance, de distinguer la figure du juge de celle du justicier. Bref, le procès élève à un autre niveau les situations concrètes de conflits, et ce niveau est celui du droit. A terme, le procès met fin à la gestion du conflit en *tranchant* de manière impartiale, c'est-à-dire en prononçant une sentence (sanction, acquittement ou relaxe). La sentence met proprement un terme au procès. D'un point de vue plus global, le procès cherche à pérenniser la paix sociale.

A quoi il peut être intéressant d'ajouter que, dans le cadre d'un procès pénal, les relations entre les parties adverses sont *méta-personnelles*, en ce sens que :

- d'une part, les parties en présence sont mises à distance par le visage ou le personnage du juge. Cela signifie qu'il y a une séparation incompressible entre les protagonistes, et que cet écart se retrouve, *in fine*, sur le plan symbolique du moins, entre le crime et le châtiment. Infliger, par exemple, trois mois de prison ferme à un voleur nous conduit à nous demander quel est le lien ou le rapport, qui n'est d'abord pas évident, entre le délit et la peine, car on pourrait imaginer un autre prononcé de la peine. Mais l'écart se situe aussi à un niveau temporel : il n'est pas rare que, entre un crime et la peine qui lui est assortie, plusieurs années se soient écoulées. Donc, on a affaire à une absence de proximité spatio-temporelle entre les parties ;

- d'autre part, les parties adverses ont comme moyen terme ou dénominateur commun la figure du tiers, c'est-à-dire le juge lui-même. Donc, on assiste également à une absence de réciprocité entre les parties ;

- enfin, le procès est orchestrée, au-delà du juge, par l'institution qui met l'individu aux prises, non pas avec autrui, mais avec chacun[57]. Plus fondamentalement encore, la relation n'est pas de moi à toi, mais de chacun à chacun. Car la loi concerne quiconque. Donc, on a affaire, en dernière analyse, à une absence de personnalisation stricte.

Notons, au passage, que la mention de ces trois conditions du procès pénal est ce qui autorise P. Ricœur à le distinguer, avec beaucoup d'intelligence, de l'amitié, en laquelle justement les exigences de proximité, de réciprocité et de personnalité doivent être, au contraire, réunies[58]. Ceci a, au moins, le mérite de replacer le procès pénal dans son contexte, et de rappeler qu'un procès n'est pas affaire de sentiment. Ce qu'il convient de souligner, c'est que, lorsqu'un individu est amené à comparaître devant un tribunal, il y est conduit en supposant toujours déjà qu'il est un sujet capable. La condition de possibilité du procès pénal est la capacité juridique. Le fait qu'un sujet soit perçu comme « incapable » ne peut permettre le déroulement du procès. Ce réquisit est proprement occidental et moderne, en raison de l'idée singulière de subjectivité, et on a déjà vu qu'un tel présupposé s'enracine dans ce que nous nommons le cartésianisme juridique. Dans ces conditions, une personne appréhendée comme « anormale » n'est pas ou n'est plus un sujet capable, et, dans le cas de la commission d'une infraction, ne relève pas de l'institution judiciaire, mais de l'institution hospitalière : ce qui veut dire que, d'emblée, cette personne n'a pas à être jugée, mais soignée ; elle ne relève pas de la justice, mais de la thérapie. Ce constat nous invite à insister sur le fait que la gestion des personnes dites dangereuses, au sens où elles constitueraient un mal ou un malheur potentiel pour la société, s'opère entre pénalité et thérapie. L'infracteur qui demeure capable et responsable,

---

57 Voir l'Avant-propos de Paul Ricœur, *Le Juste, 1, op. cit.*

58 Cf., Paul Ricœur, *Le Juste, 1, op. cit.* , et *Soi-même comme un autre*, Paris, éd. Le Seuil, 1990.

parce qu'il menace l'équilibre de la société, est perçu comme un être asocial ou dangereux, et, comme il relève d'abord de la pénalité, il sera confronté, dans le mal qu'il incarne, à une triple totalité :

1° celle formée par l'autorité. L'autorité, étant détentrice de la violence légitime, possède une puissance asymétrique et verticale vis-à-vis de l'individu, et traduit la volonté du corps politique. Cela ressemble à la force du plus grand nombre ou du tout (totalité politique) ;

2° celle constituée par l'ordre établi, l'*establishment*, qui est formé, à son tour, par l'ensemble des valeurs ou normes qui font consensus (totalité sociale) ;

3° celle incarnée par le Juge qui se trouve en position de tiers, et qui est investi du mandat judiciaire de l'arbitrage. Le Juge est transi par cette totalité, en représentant l'ensemble des lois écrites et des codes (totalité juridique).

Dans cette perspective, on le voit, le procès pénal est le lieu de cette tension entre la partie et le tout, et le système de la peine se fonde sur cette triade de totalité. Dès lors, au terme du procès, et, par conséquent, en aval de la condamnation, ce dont il va s'agir très précisément, c'est d'examiner les possibilités de réconciliation, et ce dans le cadre de la prise en charge pénitentiaire. Le sujet condamné, et déchu d'un certain nombre de ses droits, peut-il recouvrer son entière capacité ? Comment et dans quelle mesure peut-on lui laisser retrouver le plein exercice de sa souveraine capacité ?

E) Archéologie du travail social pénitentiaire : vers la redécouverte de l'héritage chrétien

Il n'est pas hors de propos de rappeler le rapprochement sémantique qui existe entre les termes de « pénitentiaire » et de « pénitentiel ». Loin d'être fortuite, la similitude terminologique donne ici, incontestablement, à penser. C'est à déplier la racine commune de ces deux termes qu'il convient de faire droit maintenant, et cela afin de mieux appréhender les enjeux du travail social pénitentiaire. Pour ce faire, la réflexion s'appuiera d'abord sur le cours de M. Foucault du 19 février 1975[59], qui porte sur l'analyse féconde et instruite, du double point de vue philosophique et historique, de la notion de pénitence. Ensuite, il sera question d'examiner le concept de culpabilité qui, dans son acception propre, permettra d'approfondir la question du travail social pénitentiaire.

Dans ce texte mentionné, extrait des *Anormaux*, M. Foucault interroge la question du rituel de pénitence, et observe que, d'un point de vue historique, il a évolué. En effet, du début du christianisme jusqu'au VIe

59 Cf. , M. Foucault, *Les Anormaux*, *op. cit.* , pp. 155-186.

siècle, ce rituel, qui n'en était pas encore tout à fait un, consistait dans une pratique irrégulière d'ordre sacrificiel, c'est-à-dire que le pénitent devait montrer, lorsqu'il en avait la force et le courage, son aptitude à supporter privations, épreuves et sacrifices. Ces pratiques pouvaient prendre la forme, par exemple, du jeûne, de l'interdiction des relations sexuelles, du pèlerinage, du port du cilice. Or, c'est à partir du VIe siècle qu'est apparue la pénitence « tarifée » qui repose, quant à elle, selon Foucault, sur un modèle « laïc, judiciaire et pénal ». Le point important est qu'on passe d'une pénitence libre et volontaire à celle revêtant le caractère de la nécessité ou de l'obligation. Elle est tarifée, en ce sens qu'il existe une correspondance entre la pénitence devant être accomplie et les péchés commis, en vue d'aboutir à l'effacement de ces derniers. Mais ce qui est notable, c'est que Foucault insiste également sur le fait que le principe de l'aveu se trouve au cœur de la procédure de pénitence : c'est à partir de l'aveu du fidèle que le prêtre va conclure au devoir de remplir telle ou telle pénitence, autrement dit qu'il va en donner le tarif. L'aveu fonctionne ici comme un symptôme, souligne Foucault : de même que le médecin fait reposer son diagnostic sur les symptômes apparents, de même le prêtre ordonne ce qu'il convient de faire à partir des déclarations du fidèle. L'aveu est au prêtre ce que le symptôme est au médecin. D'où la première efficacité de l'aveu : il est en lui-même déjà une peine, car c'est pénible d'avouer, de dire son intimité. Parce qu'il provoque honte, humiliation, mortification, l'aveu est déjà une peine. Si l'on voulait faire une autre analogie avec le registre médical, il serait bon de rappeler ce que Freud n'a eu de cesse d'évoquer, à savoir que, pareillement à l'aveu du fidèle, le malade qui va voir son psychiatre ou psychanalyse éprouvera les mêmes difficultés à dire ses fantasmes. Au XIIIe siècle, la position de l'Église se radicalise en ce qui concerne l'aveu. Il s'agit maintenant pour les fidèles de se confesser selon un rythme et une fréquence prédéfinis : les laïcs doivent se confesser au moins une fois par an, tandis que les curés doivent se confesser, sinon une fois par semaine, du moins une fois par mois. Il s'agit donc maintenant de *tout* dire, et ce *régulièrement.* Ce qui est dit, doit être dit au même prêtre, qui assure donc la continuité du suivi, et garantit le secret de la confession. Par où l'on voit une autre parenté avec le domaine médical, eu égard à *la continuité du suivi* et à la question du *secret* (qu'il suffise d'évoquer, pour s'en convaincre, la place et le rôle du médecin traitant aujourd'hui, ainsi que l'importance du secret médical). Le prêtre aurait donc une mémoire qui vaudrait, en quelque manière, le carnet de santé… Foucault indique que la pénitence devient, au XIIIe siècle, un sacrement, ce qui veut dire que :

- seul le prêtre est habilité à absoudre un fidèle ;

- le prêtre peut désormais choisir la peine, indépendamment des tarifs préétablis. En raison des pouvoirs qui lui sont conférés par Dieu, il est le détenteur du pouvoir de la rémission des péchés et de l'effacement de toute trace fautive ;

- le prêtre se voit détenir un pouvoir considérable sur la conscience des fidèles. Il procède à l'examen de leur conscience, leur prescrit des directives (la direction de conscience), et évalue la satisfaction qu'ils ont pu donner eu égard à la pratique pénitentielle.

Au XIIIe siècle donc, on n'a plus affaire à la confession libre, mais à la confession obligatoire, selon un rythme et une fréquence que les fidèles doivent rigoureusement respecter. C'est la période de l'acquisition d'un pouvoir extraordinaire pour les prêtres qui sont les référents incontournables de la pénitence :

- *primo*, le confesseur acquiert un sacerdoce, un ministère dû à l'ordination. Sa fonction émane d'une habilitation délivrée et accordée par l'évêque ;

- *secundo*, le confesseur possède des qualités altruistes. Il sert Dieu et l'intérêt des fidèles. Il fait preuve d' « amour » et de « zèle », précise Foucault ;

- *tertio*, le confesseur est perçu comme saint et vertueux. Il est en dehors de la sphère des péchés et n'est pas atteignable, de par sa sainteté, par ce qu'il entend dans le confessionnal ;

- *quarto*, le confesseur doit être savant. Il doit être savant en tant que juge, c'est-à-dire qu'il est requis qu'il connaisse les lois tant divines et ecclésiastiques qu'humaines et civiles, et qu'il sache trancher. Il doit, enfin, être savant en tant que médecin, puisqu'il doit reconnaître les maladies de l'âme et leur apporter des remèdes, en distinguant les péchés mortels des péchés véniels.

En d'autres termes, le rituel de la pénitence marque un double mouvement : celui de l'avènement de la confession-aveu comme technique de savoir-pouvoir ; et celui de la nouvelle position particulière du prêtre investi par un savoir-pouvoir considérable, dû à son expérience, à ses connaissances, à son habilitation symbolique et à ses qualités de confesseur (altruisme, sainteté). La conséquence majeure qu'implique un tel nouveau dispositif de savoir-pouvoir que constitue la confession est l'invention, selon Foucault, de la *pastorale pénitentielle*. Qu'est-ce à dire ? Il s'agit d'une technique du gouvernement des âmes, qui s'opère en vertu de la « scrutation », de l'écoute attentive et de l'examen de conscience. Le prêtre devient un guide, en ceci qu'il doit montrer le chemin à prendre, rappeler les écueils et les égarements qu'il convient d'éviter en maintes occasions.

F) Radiographie de la pratique sociale pénitentiaire

A partir de ce texte éclairant de M. Foucault, il est possible de dresser un certain nombre de parallélismes entre la pastorale pénitentielle et le travail social pénitentiaire, entre la prise en charge du pénitent et celle du condamné. Les qualités attendues, nécessairement plurales, d'un travailleur social pénitentiaire, sont :

- la capacité d'écoute. Le travail social s'effectue en particulier à partir des déclarations de l'intéressé, de son positionnement vis-à-vis des faits et de sa condamnation, de la manière dont il envisage l'avenir, etc. ;

- la relation d'aide, en ce sens qu'il s'agit d'exhorter le condamné à s'amender et à se réinsérer (ainsi que le prêtre doit faire preuve de bienveillance vis-à-vis du pénitent ; notion chrétienne d'altruisme). Il convient de rechercher à favoriser ou à susciter de bonnes dispositions chez l'intéressé ;

- la faculté de solidité, en ce sens qu'il peut être parfois difficile d'entendre l'énonciation des faits pour lesquels il y a eu condamnation (de même que ce doit être une vertu du prêtre, indique Foucault, que d'être en mesure de ne pas se laisser influencer par les propos fautifs du pénitent ; notion chrétienne de sainteté) ;

- la capacité d'accompagnement, dans la mesure où il s'agit de soutenir le condamné dans des démarches de réinsertion sociale et professionnelle, de la même manière qu'il s'agit, pour le prêtre, d'*accompagner* le fidèle dans la voie de l'expiation. La continuité du suivi, qui est nécessaire sur le plan de la pénitence comme sur celui, déjà évoqué, des soins médicaux, concerne également le condamné qui est généralement suivi par une seule et même personne : le suivi est continu, et l'accompagnateur est nominativement identifiable, ce qui n'est pas toujours le cas dans l'univers des administrations où, souvent, règne l'anonymat ;

- l'aptitude à l'accueil, ce qui signifie ici le fait d'être en mesure de recevoir, dans un lieu particulier, ce type de population prise en charge : de même que le confessionnal caractérise, d'un point de vue matériel et symbolique, la qualification ou le pouvoir du confesseur, de même le bureau d'entretien désigne l'espace de l'exercice professionnel du travailleur social pénitentiaire. Un parallèle avec le cabinet du médecin pourrait être fait également ;

- l'intérêt accordé à la prévention de la récidive. Un des buts de la peine est de prévenir la possibilité de la reproduction des mêmes faits par le condamné, semblablement à l'effort, initié par le confesseur, pour rechercher à préserver le fidèle d'une *rechute* possible ou probable ;

- la relation de confiance (qui n'est pas celle de complicité). Les travailleurs sociaux pénitentiaires sont sensibles à la *sincérité* des confidences du condamné, de même que les confesseurs attendent des fidèles qu'ils parlent, précise Foucault, « à cœur ouvert ». Et inversement, les personnes suivies misent sur la discrétion des travailleurs sociaux pénitentiaires, qui sont tenus au secret professionnel (comme le prêtre est tenu au secret de la confession, et le médecin, soit dit en passant, au secret médical) ;

- la relation de conseils. Les personnels pénitentiaires d'insertion et de probation donnent des conseils sur les démarches à suivre, sur ce que les condamnés peuvent ou doivent faire en termes de réinsertion, de respect des obligations, de comportement en société. Il en va de même, pour le prêtre, qui est chargé de faire des recommandations s'agissant de la conduite à l'égard du prochain. Les travailleurs sociaux pénitentiaires sont, comme les curés, des *directeurs de conscience*, expression qu'il convient d'entendre au sens foucaldien, c'est-à-dire au sens de *celui à qui on communique son intérieur.* « Il faut donc traiter avec le directeur, souligne Foucault, de ce qui regarde la personne et l'intérieur » (*Ibid.*, p. 170). Le travail social pénitentiaire repose donc aussi sur un travail éducatif de correction et de guidage, et cela passe par l'investissement de l'*intériorité* ou de la *conscience* des condamnés. Il n'est pas inutile d'attirer l'attention, au passage, sur le sens moral de la notion de prescription, et sur son avatar constitué par l'acte de prescription médicale. En tout état de cause, et en un sens général, le travailleur social, le prêtre et le médecin ont en commun de faire un travail de prescription, à l'issue d'un tête-à-tête ou d'un face-à-face. Précisons, en toute dernière analyse, qu'un statut similaire habilite le Juge de l'application des peines à émettre des *ordonnances*, au même titre que le médecin, en se conformant aux articles prescriptifs des Codes.

Ce qui est au cœur de la pratique du travailleur social pénitentiaire est, en particulier, une sorte de *pédagogie du suivi* à travers la technique des entretiens, car c'est à partir du positionnement de l'intéressé, eu égard à sa condamnation (comment va-t-il se saisir de cette peine ? Va-il se déterminer à reconstruire quelque chose à partir de cette dernière ?, etc.), qu'il sera possible d'aider le condamné à se réinsérer et de prévenir la récidive. L'entretien entre le Conseiller pénitentiaire d'insertion et de probation et le condamné s'attache donc particulièrement à évaluer les perspectives d'avenir de celui-ci, à élaborer un projet, à l'orienter vers des structures de droit commun concernant, par exemple, la santé ou l'emploi, tant pour l'aider à se réinsérer que pour l'exhorter à s'acquitter de ses obligations. Ceci suppose qu'il consente à l'entretien, qu'il s'investisse dans des démarches relatives à l'exécution de sa peine et qu'il soit dans de bonnes dispositions pour réparer et « se » réparer. C'est pourquoi, la question de l'intériorité du condamné, la question de la mesure ou de la prise de conscience des faits, loin d'être indifférentes, concernent proprement la pratique sociale pénitentiaire : on pourrait dire, avec Foucault, que la personne et l'intériorité du condamné concernent le travailleur social pénitentiaire. En d'autres termes, le travailleur social pénitentiaire *se mêle de ce qui le regarde*. Par suite, il est évident que la manière dont le condamné s'éprouve comme coupable aura un retentissement sur la façon de le prendre en charge. Le *sentiment de culpabilité* constitue un point de départ à partir duquel la pratique sociale pénitentiaire se donne comme un travail de prévention de la récidive. Pour le dire simplement, la personne qui ne reconnaît pas les faits pour lesquels elle a été condamnée n'offre pas immédiatement de gages sérieux ou certains contre la récidive.

G) Les trois formes de la culpabilité

Le système pénal a partie liée avec un effort d'évaluation de la culpabilité. La sentence, qui met fin au procès (le juge émet un « arrêt », qui met donc un terme au procès ou l'arrête), énonce un verdict en termes, non pas de méchanceté, mais de culpabilité : « La Cour ou le Tribunal vous reconnaît *coupable* des faits qui vous sont reprochés » est une phrase, pour le moins, typique. S'agissant du post-sentenciel, le sentiment de culpabilité constitue, on l'a signalé, un point de départ ou une base pour le travail social pénitentiaire. Pour le bien comprendre, il n'est pas inutile de dissocier trois formes de culpabilité, afin de percevoir non seulement les liens entre elles, mais aussi les divergences. Car comparer ne consiste pas seulement à mettre côte à côte des choses qui se ressemblent, mais aussi à marquer les différences :

- 1° la culpabilité religieuse : c'est la culpabilité de type *ontologique*, en ce sens qu'elle indique que la nature humaine est viciée par le péché originel. Il s'agit de la culpabilité du péché. Elle exprime un type de finitude qui se mesure sur fond de divinité. Dans le langage de la métaphysique, Descartes affirmera en ce sens que : « Je suis comme un milieu entre Dieu et le néant ». La nature humaine est donc limitée par son imperfection qui se réfléchit par rapport aux attributs divins classiques (infinité, perfection, etc.). Elle incarne le mal radical, symbolisé par la possibilité ou la perspective de la mort. Cette culpabilité est une condition d'existence ;

- 2° la culpabilité morale : c'est la culpabilité *axiologique* par excellence, en ce qu'elle souligne que l'on n'est coupable que parce qu'on a commis une faute. Il s'agit de la culpabilité de la faute, au sens où l'on est fautif d'un manquement au devoir. Cette culpabilité est, d'une certaine manière, de type kantien. Elle s'enracine dans la condition raisonnable de l'humain qui est toujours susceptible de faillir, à cause de la disjonction ou du conflit entre sa dimension libre désintéressée (la liberté) et sa dimension naturelle faite de penchants égoïstes (la nature) ;

- 3° la culpabilité pénale : elle désigne la culpabilité *culturelle ou sociale*, celle d'avoir commis une infraction (délit ou crime) qui a causé un trouble à l'ordre social. C'est la culpabilité du fait commis. La dimension culturelle de cette culpabilité évoque l'impossibilité de fonder en droit ou rationnellement la totalité de la peine. Si les crimes et les délits sont culturels, cela veut dire qu'ils ne seront pas perçus de manière identique dans le temps et d'une culture à une autre. Et plus encore, le traitement des infractions est différent, en fonction du système de représentations des valeurs communes. A titre d'exemple, le parricide n'est plus perçu, de nos jours, comme le crime le plus barbare (qu'il suffise de se rappeler la manière dont étaient traités les parricides sous l'Ancien Régime pour se trouver saisi d'effroi par le fait que, avant d'être exécuté, on leur tranchait symboliquement la main[60]). De même, le blasphème, la fornication, l'adultère, la sodomie, le vol domestique, l'incendie d'une maison, le vol sur les grands chemins ont perdu leur caractère ignominieux que se représentait alors la conscience populaire et qui faisait de ces délits ou crimes des infractions passibles de la peine de mort[61]. La pédophilie, au contraire, est désormais appréhendée comme la barbarie par excellence. Pour prendre un autre exemple, il n'existe plus aujourd'hui de crimes dits de lèse-majesté. En revanche, on parle de crimes contre l'humanité (cf., le tribunal de Nuremberg) ou de lèse-humanité (cf., les déclarations des otages libérés des Farc en 2008), et on ne parle plus, en revanche, de crimes contre nature.

Ces trois formes de la culpabilité expriment trois aspects de la finitude humaine. La culpabilité du péché est, on l'a vu, originelle, et traduit la finitude de l'être. La culpabilité de la faute concerne l'action, et exprime la finitude de l'agir. Enfin, la culpabilité de la peine est factuelle, elle est de l'ordre du fait reproché, et caractérise la finitude du faire. Finitude de l'être, finitude de l'agir, finitude du faire sont les trois formes de la finitude humaine ; et de la première à la troisième, on passe de l'universel pour aller vers le particulier, de la culpabilité universelle pour descendre vers la culpabilité particulière ou singulière.

Dans *Philosophie de la culpabilité*[62], Jean Lacroix distingue la culpabilité pénale de la culpabilité morale. Cette distinction se fonde, chez lui, sur le degré de connaissance de l'intériorité de la personne jugée. En d'autres termes, au cours d'un procès ou du déroulement des débats, plus la Cour cherche à connaître les motivations profondes de l'accusé, plus elle devient, selon lui, morale et inquisitoriale. Il s'attache à souligner qu'il importe de connaître le criminel, et pas seulement le crime, de manière à ne pas basculer dans une sorte d'automatisme de la sanction (= une même sanction pour le même crime). Mais il s'agit, pour lui, de le connaître du dehors, et pas intimement, à travers un examen de la personnalité qui n'établit aucun jugement moral : « Ainsi apparaît-il déjà clairement que le châtiment, sur le

60 Rappelons que la coupure du poing infligée aux parricides ne disparaît que dans les années 1830.

61 La peine à être brûlé vif était monnaie courante encore à la fin de l'Ancien Régime, et obéissait à un cérémonial précis. C'est ainsi que le mentionne nettement Jean Imbert et Georges Levasseur dans *Le Pouvoir, les Juges et les Bourreaux, 25 siècles de répression, op. cit.*, en particulier aux pages 255-256.

62 Jean Lacroix, *Philosophie de la culpabilité*, P.U.F., 1977.

plan pénal, ne saurait être assimilé à une expiation. Si j'ose dire, le coupable peut l'*utiliser* ainsi : cela le regarde. Mais la culpabilité pénale, en elle-même, ne peut d'aucune manière atteindre ou toucher la culpabilité morale, la personne dans son intimité profonde. En réalité, le fondement de la justice pénale ne peut être que la défense sociale : le reste ne la regarde pas[63] ». C'est ainsi que J. Lacroix s'inspire du mouvement dit de la nouvelle défense sociale, hérité des thèses du magistrat Marc Ancel, pour penser la culpabilité pénale. Dans cette perspective, le Tribunal doit dire, non pas Untel est méchant (jugement moral), mais Untel est coupable (jugement pénal). Il ne s'agit pas d'énoncer un quelconque jugement de valeur sur les qualités qu'aurait ou n'aurait pas tel ou tel accusé, mais de défendre les normes sociales. De sorte que, selon la nouvelle défense sociale, la destination du système pénal est triple :

1° celui-ci ne consiste pas à condamner une personne pour ce qu'elle est, mais pour ce qu'elle a fait. C'est en cela qu'une personne soupçonnée, ou présumée avoir eu part dans la commission d'une infraction, doit être *inculpée*, c'est-à-dire amenée à rendre des comptes sur les faits commis ayant heurté, non pas la morale, mais la société. L'inculpé est donc punissable, sur le plan strictement social. La pénalité ne s'occupe pas de morale, mais s'intéresse au social ;

2° il vise à faire du social, en ce sens précis qu'il s'agit de se donner les moyens de rééduquer le condamné, afin qu'il puisse retrouver sa place dans la société. Cette démarche cherche à servir à la fois l'intérêt du condamné et celui de la communauté. En raison du trouble social causé, il convient que le condamné répare et soit soutenu dans son travail d'amendement. Réparer ici consiste à restaurer les intérêts qui ont été mis en cause ;

3° la peine ne doit pas frapper aveuglément le condamné, elle doit avoir un sens pour lui et être adaptée à sa personnalité. Sa valeur repose sur le fait qu'elle doit consister à « traiter » le mis en cause, et non pas à « se venger » contre lui, sur le fait qu'elle doit se présenter comme « curative », et non pas comme « exemplaire ».

Par où l'on voit que, pour tâcher de compléter sa caractérisation, la théorie de la nouvelle défense sociale suppose un double réquisit :

- d'une part, si la condamnation d'un criminel est nécessairement culturelle, et qu'elle ne saurait renvoyer à l'application d'une morale universelle rigoureuse, il est alors absolument impossible d'émettre un quelconque jugement moral définitif sur lui et, par voie de conséquence, la personne jugée n'est, en amont comme en aval du procès, ni bonne ni mauvaise, elle est, pour parler comme Nietzsche, par-delà bien et mal. C'est une personne neutre, sur le plan moral, et coupable, sur le plan pénal, qu'il convient

63 *Ibid.* , pp. 96-97.

d'aider à se réinsérer (à retrouver la place qui est la sienne dans la société qu'elle a pourtant troublée). La nouvelle défense sociale se moque de la dichotomie entre les bons et les méchants ;

- d'autre part, l'objectif consistant à favoriser le reclassement du condamné dans la société implique l'idée que celle-ci serait de part en part commandée par un principe d'ordre organique. Il y aurait comme une loi organique à l'origine de l'existence de la société, qui fonctionnerait alors sur le modèle du corps biologique. Tout individu fait partie de la société, comme un membre ou un organe fait partie du corps, et chaque partie est destinée à avoir sa part dans la configuration du tout. L'entité politique est comparable à un organisme naturel : de même que, lorsqu'un membre infecté risque de corrompre tout le corps, il convient de l'assister médicalement ou de l'amputer, de même, lorsqu'un criminel menace la société, il convient de le soigner ou de l'éliminer. L'analogie entre la sphère politique et la sphère médicale est ici éclairante, parce qu'elle permet de rappeler que, pour le mouvement de la défense sociale, toute communauté politique est perçue comme naturelle. Le réquisit fondamental de la nouvelle défense sociale consiste, on le voit, à souligner la nécessité de penser la société comme unité organique, comme totalité vivante, bref comme « nature».

Chapitre cinquième : l'institution pénitentiaire comme institution de la mort

A) Le glissement de la surveillance vers l'hypersurveillance

Par le passage vers le XXIe siècle, on est entré aussi dans un nouveau millénaire. Les années 2000 ont vu se mettre en place, s'agissant de la pénalité contemporaine, un nouveau dispositif, qui s'appelle, comme on l'a vu, le Placement sous surveillance électronique, et qui est d'abord et avant tout une mesure d'aménagement de peine. Dorénavant, le système pénal du deuxième millénaire se caractérise par le fait que deux régimes de pénalité s'affrontent, se télescopent, et entrent en concurrence, à savoir le régime de la détention et ce que nous nommons le *régime de l'hypersurveillance*. Si le premier régime s'inscrit, selon une thématique foucaldienne, dans une démarche de stricte surveillance, de quadrillage, de discipline et de punition des délinquants (cf., sur ce point, les travaux passionnants de M. Foucault, *Surveiller et punir*, 1975), le second pourrait être qualifié par les notions d'hypersurveillance et de contrôle.

Dans un premier temps, ce que nous entendons par régime de l'hypersurveillance, c'est l'apparition d'un nouveau lieu d'exécution de la peine, à savoir la société elle-même. Tandis que la prison faisait figure de pénalité fermée, fonctionnant sur le mode d'une stricte clôture, la Placement sous surveillance électronique (et ses avatars, comme le Placement sous surveillance électronique *mobile*) implique une pénalité ouverte et l'ouverture de la pénalité sur le monde commun ou le corps social. Ce que ces deux régimes ont en commun, c'est de viser à réintégrer les condamnés dans la société, soit en les gardant et en les amendant en prison (peine ferme), soit en les accompagnant à l'extérieur ou, plus exactement, en les suivant (les « suivis » en milieu ouvert). Le Conseiller pénitentiaire d'insertion et de probation, qui est le bras droit du Juge de l'Application des peines, est avant tout un professionnel de la réinsertion, il est aussi désigné, comme on l'a vu, par l'expression de « Travailleur social » par le Code de procédure pénale, expression se justifiant notamment par le fait que ce fonctionnaire cherche à favoriser, à l'égard de la personne condamnée, la reconstruction du lien social. En revanche, les modalités d'exécution de ces deux régimes de peine s'opposent en de nombreux points que nous entendons souligner maintenant.

L'ouverture de la peine sur la société, l'apparition d'une fenêtre d'exécution de la peine sur le monde, le franchissement de la barrière lourde et concrète que représente la porte d'une prison requièrent, pour le droit pénal, la mise en œuvre de nouveaux dispositifs d'observation et de vérification, bref de nouvelles techniques de contrôle.

Dans le régime de la détention, le commencement de la surveillance s'opère par la procédure que nous nommerons l'immatriculation, par laquelle le condamné entrant en prison se voit doté d'un numéro d'écrou. Cette mise sous écrou sert à faciliter le travail du greffe, et à repérer ou désigner la personne détenue par un dossier où figurent des informations sur son identité, son état civil, les motifs pénaux de son incarcération, les incidents qui émaillent sa détention, certains éléments relatifs à son état de santé, les directives du Juge d'instruction (par exemple, l'interdiction de communiquer pour tel ou tel prévenu), etc. L'immatriculation est un système de numérotation qui permet de consigner dans un seul et même dossier, sous un unique numéro personnel, les données précises et concises de chaque détenu. L'immatriculation est donc un dispositif efficace de fichage des détenus, et – le point est important- elle concerne chaque prison et fonctionne en circuit fermé, en ce sens qu'il n'existe pas de partage d'informations entre les lieux de détention.

Le régime de l'hypersurveillance, sans être tout à l'opposé de cette forme de fichage qu'on vient de voir, complète et affine l'immatriculation qui devient, en réalité, ouverte, expansive et communicative. Un élément fondamental vient illustrer cet état de fait : l'apparition d'un système relativement récent de contrôle informatique des personnes condamnées, et qui est désigné par le sigle A.P.P.I. (= Application des Peines/Probation et Insertion), système en perpétuel évolution et perfectionnement. Cette application introduit une nouveauté sans précédent dans le système de fichage, à savoir qu'il permet le partage des informations entre les différents services de l'application des peines et les divers services pénitentiaires d'insertion et de probation. Dans cette application se trouvent enregistrés, sous un numéro de dossier, mais aussi sous le nom du condamné, les différents événements qui concernent le suivi d'un délinquant, si bien qu'il est possible de savoir à tout moment, en particulier pour les professionnels de l'application des peines et du post-sentenciel, par exemple quelle est la situation de la personne suivie, si elle remplit ses obligations, si elle fait l'objet d'une audience pour incident ou si elle est à nouveau incarcérée. On y trouve également des données confidentielles ayant trait, par exemple, à la vie privée ou à l'état de santé. Ce type de contrôle se présente comme une véritable révolution, puisqu'il fonctionne en réseau. Il peut être supposé, à terme, que ce dispositif fera disparaître les dossiers existant au format papier dans les hamacs, au profit du développement d'une information virtuelle et impalpable se présentant sur un écran d'ordinateur. Bref, on peut gager que les professionnels de la peine auront à disposition, petit à petit, un outil ou un support de travail complètement dématérialisé. Notons que ce partage d'informations, sur l'ensemble du territoire national, peut aussi choquer, parce qu'il permet la diffusion, à un large public de fonctionnaires, de données confidentielles qu'ils ne sont pas censés connaître ou devoir utiliser. A cette remarque, il est possible d'objecter qu'il s'agit d'une affaire de sécurité nationale, qu'il importe, en conséquence, d'accorder la priorité à la connaissance (par la diffusion de l'information) et à la prévention (par la rapidité de cette diffusion), et que, en dernière analyse, cela n'a rien de choquant, attendu que les professionnels de l'application des peines tombent tous sous le coup de la règle de l'observation du secret professionnel. Cette objection, bien que non négligeable et forte, feint d'ignorer les libertés individuelles, la liberté d'accès à l'information par ceux qui sont directement concernés, les règles déontologiques élémentaires de délimitation de ce partage d'informations et les possibilités d'intrusion dans le système par ceux qu'on nomme aujourd'hui les *hackers*. L'infiltration dans un réseau informatique, ou son sabotage, demeure nécessairement possible et à tout moment envisageable, en dépit des discours sécurisants martelés en faveur d'une impénétrabilité de ces systèmes. Ce qui est notable avec cette nouvelle application informatique, en dernière analyse, c'est qu'elle se donne comme davantage qu'un super-répertoire ou un super-registre. En effet, lorsque l'on répertorie des données dans un registre au format papier, il importe de ne pas le perdre, parce qu'il est le seul garant des informations qu'il contient. Il en va de même avec un ordinateur vis-à-vis duquel il est nécessaire de veiller à ce que le contenu de sa mémoire ne se trouve pas effacé. En revanche, lorsqu'une machinerie fonctionne en réseau - c'est le cas aujourd'hui, comme chacun sait, des ordinateurs à l'heure d'Internet ou d'Intranet -, il n'est plus utile de stocker des informations dans la mémoire du disque dur par exemple, parce que le support mémoriel dépasse l'ordinateur lui-même qui se voit, dès lors, dépossédé de ses privilèges de fonctionnalités d'enregistrement et de stockage de données. Ce n'est donc plus le registre ni l'ordinateur qui sont les supports des données, mais le réseau à l'intérieur duquel on peut trouver, à l'infini, d'autres réseaux, d'autres nœuds de réseaux. Le papier comme l'ordinateur ne sont donc plus que des instruments d'accès à l'information, et non plus des supports matériels ou des substrats de l'information.

De ces observations découle une conséquence majeure : en effet, cette nouvelle modalité d'enregistrement des données, sensiblement différente de celle qui a cours en prison, est influente et décisive sur l'individu. Tandis que la prison, sur le plan pénal, par la réalisation de la mise sous écrou, individualise ou, pour le dire de manière aristotélicienne, *individue*, selon le principe d'individuation, le condamné qui se voit muni d'un numéro d'écrou (matricule), le régime de l'hypersurveillance va plus loin, en divisant l'individu de l'intérieur. Un condamné soumis au régime de l'hypersurveillance devient, pour reprendre un terme de Gilles Deleuze, un « dividuel[64] ». Le passage de l'homme individué à l'homme divisé engage,

64 Cf., Gilles Deleuze, *Post-scriptum sur les sociétés de contrôle*, reproduit *in Pourparlers (1972-1990)*, éd. de Minuit, p. 244.

en effet, une nouvelle configuration de la domination. L'homme individué est, en quelque manière, séquestré, il est mis hors d'état de nuire par cette mesure d'éloignement qu'est l'emprisonnement ou la réclusion. L'institution pénale « rafle » les délinquants et les place dans un espace clos qu'est la prison. Le régime de la prison procède donc par déportation, relégation, expulsion. C'est une forme d'exil, ou plutôt de bannissement[65], qui s'applique à l'individu vis-à-vis de la société. L'enfermement qui s'ensuit est plein et entier, il concerne le corps propre de l'individu qui, en tant que représentant un seul et même être, est identifié intégralement comme « voyou » ou délinquant. Avec le régime de l'hypersurveillance, on assiste, non plus à la relégation de l'individu et de son corps propre dans l'institution carcérale, mais au déplacement de cette dernière vers la société. La pénalité devient, en ce sens, mobile. Il ne s'agit plus de punir en emmenant, en emportant, mais en se déplaçant et en se transportant d'un lieu à un autre. Même si la mesure de Placement sous surveillance électronique nécessite, encore à l'heure actuelle, de la part du condamné, le passage vers un lieu de détention pour l'accomplissement des formalités de mise sous écrou, il n'en demeure pas moins que cette mesure s'exécute en milieu ouvert. Cela signifie que les techniques de contrôle ne sont plus les mêmes entre les deux régimes de pénalité (prison et hypersurveillance). La particularité du régime de l'hypersurveillance est que la suppression des barreaux de la prison fait intervenir, insidieusement et paradoxalement, la mise en œuvre d'autres barreaux. Pour le dire simplement, les barreaux ne sont plus visibles ou matériels comme ceux qu'on trouve classiquement en prison, mais deviennent invisibles et immatériels, c'est-à-dire qu'ils sont dorénavant dans la tête du condamné. En milieu ouvert, celui-ci emmène avec lui l'institution pénale et pénitentiaire, à cause, d'une part, de la disposition à sa cheville du fameux bracelet électronique, et en raison, d'autre part, de la censure que ce nouveau dispositif exerce sur lui qui sent comme derrière lui la présence invisible d'une « patrouille ». Parce que l'hypersurveillance génère une activité d'autocensure de la part du condamné – et ce émanant du fait qu'il se sait épié, du fait qu'il comprend que la dimension temporelle de sa vie, par le contrôle des heures d'interdiction de sortie du domicile, est assujettie, dans le cas du Placement sous surveillance électronique, à la télésurveillance, et, enfin, du fait qu'il sait, dans le cas du Placement sous surveillance électronique *mobile,* qu'il peut être localisé à tout moment et que, par conséquent, ce contrôle s'exerce également sur la dimension spatiale de sa vie -, il s'ensuit qu'il se trouve

65 L'exil et le bannissement sont parfois maladroitement confondus. Bien que ces deux peines aient en commun d'expulser l'individu de la Cité ou du territoire où il demeure, l'éloignant ainsi de sa famille et lui faisant perdre la possession de ses biens et son honneur, il reste que, contrairement au bannissement qui était totalement subi, l'exil supposait le consentement du condamné. De surcroît, il était d'usage de proposer l'exil à des individus dont le rang social était élevé et de bannir, sans autre forme de procès, ceux dont la condition sociale était pauvre.

comme divisé de l'intérieur, comme si ses pensées pouvaient être décodées à distance, à partir de l'activité de l'observation éloignée et virtuelle qu'on nomme la télésurveillance. En d'autres termes, l'idée que le condamné devient un dividuel, cela ne signifie pas autre chose ici que ce n'est plus son corps propre qui est enlevé ou arraché à la vie sociale, mais que ce sont ses pensées, son intériorité qui sont sous l'emprise du contrôle permanent et invisible. Par où l'on retrouve l'idée de panoptique qui, à travers les formes de surveillance électronique, n'est plus, tant s'en faut, un vain mot. Arrêtons-nous un instant sur ce point.

Nous avons déjà insisté sur le fait que la prison est la clef de voûte du système pénal du XIXe siècle. A la fin du XVIIIe siècle, rappelle Michelle Perrot, « sans être encore la pierre angulaire d'un système pénal qui cherche au contraire à se diversifier, la prison cesse d'être un dépôt, une voie de garage ou de passage, pour devenir un lieu de salut et de dressement[66] ». La prison vise donc bien à réformer les condamnés par des techniques de dressement du corps, par la mise en œuvre d'un rythme de vie en détention, par la constance de l'horaire d'extinction des feux, par la régularité métronomique du travail dans les ateliers, etc. La notion de salut, terme éminemment religieux, apparaît - une fois n'est pas coutume - sous la plume de l'historienne. Il s'agit de « sauver » les individus condamnés, de les réformer par des techniques de soumission du corps à des souffrances, à des privations (notamment affective et sociale), à des comportements considérés comme bons parce que homogènes (ce qui renvoie à la thématique foucaldienne de la *normalisation*). Plus subtilement, avec le régime de l'hypersurveillance se déploie tout un arsenal ou un appareillage de mise en pièces détachées des individus qui ne forment plus une totalité ou une masse agglutinée dans un lieu de détention ou de rétention des corps. Ce que le régime de l'hypersurveillance engendre, c'est un phénomène que nous nommerons de « tomisation », de division à l'infini des corps qui sont en permanence contrôlés par un hypersurveillant. L'individu hypersurveillé est détaché de lui-même, il ne s'appartient plus, parce que ses pensées, sa volonté, son intentionnalité sont subordonnées au regard et à l'opinion d'une instance ubiquiste, qui se trouve toujours partout et jamais nulle part. Si les actes traduisent les pensées, si le *cogito* sartrien a quelque valeur (= « j'agis, donc je suis », c'est par mes actes que je me réalise et que je me définis), il en résulte que le filage ou la traque, que recouvre le dispositif de l'hypersurveillance, influe fatalement sur la conduite des condamnés qui s'autocensurent, construisent eux-mêmes les murs de leur propre enfermement, et qui se trouvent, par là même, comme enfermés dehors. L'idée subtile et ingénieuse du panoptique est là : elle se trouve dans la surveillance que vont exercer sur eux-mêmes les Placés sous surveillance

66 Voir Michelle Perrot, *L'inspecteur Bentham*, Post-face au *Panoptique* de J. Bentham, Paris, éd. Belfond, 1977, p. 181.

électronique, qui se sentent sans cesse transis, pénétrés et divisés par l'instance électronique de super-contrôle. Bentham avait justement réfléchi à l'invention d'un système de surveillance judicieux qui, en droit, ne réclamerait pas la présence effective et continue de surveillants, dans l'exacte mesure où les surveillés opéreraient sur eux-mêmes une vigie fatale pour eux, et où ils allumeraient d'eux-mêmes l'éclairage qui les mettrait constamment en pleine lumière paralysante ou pétrifiante, les condamnant, de ce fait même, à un immobilisme destructeur : « Il est évident, précise Bentham, que (...) le but de l'établissement sera d'autant plus complètement rempli que les individus qui doivent être surveillés seront le plus constamment sous les yeux de ceux qui sont affectés à cette surveillance. La perfection idéale (…) étant impossible, le mieux que l'on puisse souhaiter est que, à tout instant, ayant motif de se croire surveillé, et n'ayant pas les moyens de s'assurer du contraire, il *croie* qu'il en est ainsi [souligné dans le texte ; T. F.] [67]». Tant et si bien que, pour des raisons d'économie et d'efficacité tout à la fois, le système de surveillance issu du panoptique, s'appuyant sur le principe de mise en visibilité permanente et unilatérale des prisonniers (voir sans être vu), permet de se représenter la possibilité fonctionnelle d'un établissement qui s'autogérerait, sur le plan de la surveillance, sans que soient nécessairement présents les surveillants. Théoriquement, selon le plan de l'édifice imaginé par Bentham (construction circulaire, un surveillant placé en son centre qui voit sans être vu, des lampes braquées sur les cellules la nuit), une seule personne peut suffire à la surveillance et même, à l'occasion, aucun surveillant n'est requis tout le temps : selon le principe, très anglo-saxon, de la main invisible, la surveillance peut s'accomplir ici automatiquement, grâce au type de configuration et d'organisation de l'établissement. Le pragmatisme de Bentham est frappant : « Plus un individu donné se trouvera, à un moment donné, sous surveillance, et d'autant plus fort, d'autant plus *intense* sera son *sentiment* qu'il en est ainsi [mots soulignés dans le texte ; T. F.][68] ». Autrement dit, à l'intérieur du panoptique, l'efficacité de la présence du surveillant est telle que celui-ci peut s'absenter de son poste, sans entraîner un préjudice. Dans une telle architecture, la « *présence réelle* », c'est-à-dire efficace, du surveillant, peut être combinée, précise Bentham, avec une « *omniprésence apparente* », sans que le système de surveillance en souffre de quelque manière[69]. Avec cette nouvelle pénalité naissante, ce qui est en jeu maintenant, ce n'est plus seulement l'emprise de la prison sur les corps, mais l'ascendant exercé par le dispositif de contrôle électronique sur les esprits qui se trouvent sans cesse coupés ou transis par une *impression durable* de surveillance. Cette impression de surveillance est plus redoutable et effective qu'une surveillance réelle, parce qu'elle laisse

67 Cf., J. Bentham, *Le Panoptique*, éd. Belfond, 1977, p. 98.
68 *Ibid.*, p. 110.
69 *Ibid.*, p. 111 [expressions soulignées dans le texte ; T. F.].

l'imagination et la crainte de la sanction produire un effet de censure systématique sur ceux qui y sont assujettis. Le panoptique a une valeur économico-politique indéniable, parce qu'il opère une surveillance active et énergique (= une veille au-dessus de) qui ne coûte pas cher. Le panoptique met en relation la question du pouvoir et celle de son coût, à travers le dispositif du regard et le processus d'intériorisation : « Là, nous parlons de deux choses, souligne Foucault dans *L'œil du pouvoir* : le regard et l'intériorisation ; et, au fond, n'est-ce pas le problème du coût du pouvoir ? Le pouvoir, en effet, ne s'exerce pas sans qu'il en coûte quelque chose. Il y a évidemment le coût économique (...). Combien, par conséquent, la machine coûtera-t-elle ? Mais il y a aussi le coût proprement politique. Si on est très violent, on risque de susciter des révoltes ; ou bien, si on intervient d'une façon trop discontinue, on risque de laisser se développer dans les intervalles des phénomènes de résistance et de désobéissance d'un coût politique élevé [...] En revanche, on a le regard qui, lui, va demander très peu de dépenses. Pas besoin d'armes, de violences physiques, de contraintes matérielles. Mais un regard. Un regard qui surveille et que chacun, en le sentant peser sur lui, finira par intérioriser au point de s'observer lui-même ; chacun ainsi, exercera cette surveillance sur et contre lui-même[70] ». Foucault rappelle, dans ce texte, que Bentham pense avoir trouvé, s'agissant de la pénalité nouvelle, « l'œuf de Colomb » dans le registre de la politique, car, contrairement au pouvoir monarchique où la peine était éclatante, démesurée et ponctuelle, le pouvoir du panoptique n'a pas besoin d'exemples violents pour s'installer et répandre sa puissance. C'est ainsi que le régime de l'hypersurveillance ne peut se développer que dans une société technologico-démocratique où l'opinion, la mise en lumière de tout par tous, la transparence et l'anonymat sont au cœur de l'organisation et du fonctionnement du pouvoir.

La réduction deleuzienne de l'individu au dividuel s'exprime également, et peut-être plus fondamentalement chez Deleuze, d'une autre manière. Il ne s'agit pas seulement de diviser l'individu de l'intérieur, de l'aliéner (= de le rendre étranger à lui-même) ou de le déposséder de ses pensées et de ses sentiments, il s'agit aussi et avant tout de l'isoler des autres. En ce sens, le dividuel est celui qui ne rencontre plus ses semblables, ses seconds pareils, en l'occurrence ici les autres condamnés. La différence est, sur le plan politique, de haute importance. Dans le régime de la détention, en effet, les individus sont enfermés ensemble, dans un espace clos, où ils se fréquentent immanquablement les uns et les autres, et où ils font parfois même des trafics (de tabac, de médicaments, etc.), soit pour en tirer quelque avantage, soit pour aider le codétenu. Il s'avère qu'ils en arrivent quelques fois à se liguer pour provoquer des mutineries à l'intérieur de la prison, en refusant,

70 Cf., *L'Œil du pouvoir*, Entretien avec Michel Foucault, reproduit *in Le Panoptique*, *op. cit.*, p.19.

par exemple, de réintégrer leur cellule. Les mutineries des années 1970, dans les prisons françaises, offrent, à cet égard, un excellent exemple de la manière dont les détenus peuvent faire, en commun, entendre leur voix, en vue d'obtenir des améliorations et de nouveaux droits, et afin de protester contre leurs conditions de détention[71]. Et comme le refus de réintégrer la cellule vaut, selon la réglementation intérieure, une sanction disciplinaire, c'est-à-dire le transfert du récalcitrant vers le quartier de discipline (le « Q.D. », disent les surveillants, ou le « mitard », qui est souvent, encore aujourd'hui, un quartier sombre, dégoûtant et silencieux), après son passage en commission de discipline pilotée par le directeur de l'établissement pénitentiaire ou son représentant, les mutineries ou les révoltes du plus grand nombre contrecarrent en fait l'application de ladite sanction, puisque le mitard, on l'aura compris, n'est pas extensible, mais est un simple quartier très délimité qui ne peut accueillir qu'une poignée de détenus. Au final, le régime de la détention procède par enfermement des individus qui, s'ils sont isolés de l'extérieur, se côtoient habituellement à l'intérieur de la prison, ce qui a pour conséquence de rendre possibles les rassemblements claniques, les coalitions en tous genres, les alliances, en vue d'exercer une sorte de contre-pouvoir lié à la protestation commune. En revanche, dans le régime de l'hypersurveillance, ces groupements d'individus sont impossibles ou, du moins, très difficiles à mettre en place, ne serait-ce qu'en raison de l'éparpillement des condamnés assujettis au dispositif de surveillance électronique. Les Placés sous surveillance électronique sont des dividuels, en ce sens qu'ils sont séparés non seulement des autres détenus, mais aussi les uns des autres qui connaissent pourtant les mêmes contraintes et les mêmes souffrances, de sorte qu'il n'y a pas d'alliance possible à l'intérieur d'un tel régime. Les protestations sont d'emblée annulées par cela seul qu'elles ne sont pas relayées par d'autres dans le même temps et au même endroit. Le régime de l'hypersurveillance opère par isolement ou détachement, ce qui correspond, par référence à un maître-mot très répandu, à l'individualisation des peines. Les condamnés peuvent effectivement avoir un traitement différent de leur peine, en fonction de leur comportement, des gages de réinsertion, des relais ou des appuis, en particulier familiaux, et de leur projet. Il résulte de ce traitement différencié de la peine un effet de séparation et un sentiment d'indifférence des uns à l'égard des autres, dont le corollaire est qu'ils ne peuvent plus exercer un contre-pouvoir ou une forme de résistance, ni se reconnaître comme semblables. Marx avait insisté sur le fait que la condition première, *sine qua non*, de la révolte ou de la révolution est que les protestataires se reconnaissent comme appartenant à

71 Les mutineries, parfois sanglantes, des années 1970, ont permis l'octroi de nouvelles avancées (ou de nouveaux droits) aux détenus au début des années 1980, en particulier : l'abandon de l'uniforme pénal, la suppression du dispositif de séparation entre les détenus et leur famille à l'intérieur des parloirs (le mégaphone), l'accès à l'information par la presse écrite et l'usage de la télévision.

une seule et même classe d'hommes, c'est-à-dire qu'ils prennent conscience d'appartenir à un groupe possédant les mêmes *intérêts* de classe et manifestant les mêmes caractéristiques de conditions matérielles d'existence. Or, ce processus, propre au régime actuel de l'hypersurveillance, de mise en œuvre du découpage des individus en dividuels, implique l'éclatement des intérêts de classe et l'impossibilité que se réunissent des hommes dont, pourtant, la trajectoire et la destination existentielles convergent indiscutablement. Par-delà le nouveau régime pénitentiaire de la peine (l'hypersurveillance), notons que ce processus de « tomisation » concerne bien d'autres domaines, comme le milieu professionnel, qu'il s'agisse d'ailleurs des entreprises ou de la Fonction publique en général, où la mise en place de la prime au mérite, modulable, découpe les employés comme les cadres à l'infini, les renvoyant dos à dos, et cela dans une espèce de concurrence exacerbée qui leur est pourtant fatale : ne comprenant pas ce qui les rassemble ou les rapproche, ils œuvrent eux-mêmes en faveur de ce qui les éloigne et les écrase. Ainsi la notion d'individu se pense-t-elle à travers une double caractéristique : d'abord à partir de l'idée de monade ou de totalité fermée, pour laquelle l'individu se donne comme unique et séparé. C'est cette première idée qui vole en éclats avec le processus de tomisation, en ce sens que l'individu est désormais divisé de l'intérieur et qu'il ne forme plus une totalité à lui seul ; ensuite, dans la mesure même où l'idée d'individu ne se pense comme telle que parce qu'elle s'oppose à l'idée d'altérité, d'autrui ou de société, il en résulte que c'est cette seconde idée d'opposition traditionnelle (individu/société) qui est mise à mal par le processus de tomisation, puisque l'individu se trouve, dès lors, comme dilué ou dissous dans le social. En d'autres termes, la notion de dividuel ruine :

- d'une part, la conception classique de l'individu pensé comme transparence à soi et maître de son destin, au profit d'une sorte de révélation du processus de fission nucléaire ou de division interne incessante ayant cours à l'intérieur de l'individu lui-même ;

- d'autre part, l'opposition traditionnelle du couple notionnel individu et société, en mettant en évidence, pour utiliser une métaphore, la liquéfaction ou la gazéification infinie de l'individu qui se répand dans la société comme un être informe, éclaté et dissous. Ici, le dividuel n'exprime plus son être, il est comme tout entier absorbé par l'espace social indéterminé, et se trouve dans l'incapacité de révéler une quelconque résistance ou consistance.

B) L'inertie de l'institution pénitentiaire

On trouve dans l'ouvrage-maître de J. Howard des considérations éclairantes sur l'état des prisons en Europe, et en particulier en France, sous l'Ancien Régime. J. Howard propose, en effet, un état des lieux qui, s'il considère que la situation française est bien meilleure que celle existant, par exemple, en Angleterre à cette époque, sur les plans de l'hygiène et des conditions tant organisationnelles que matérielles de détention, peut néanmoins servir à mesurer, rétrospectivement, le très faible écart se dégageant de la comparaison entre la situation carcérale du XVIIIe siècle et celle d'aujourd'hui. Autrement dit, à partir de l'étude et de l'extraordinaire témoignage que constitue *L'état des prisons, des hôpitaux et des maisons de force en Europe au XVIIIe siècle* se trouve singulièrement mise en lumière l'idée que, au fond, l'Ancien Régime a incontestablement jeté les bases de la pénalité d'enfermement, aussi bien eu égard à son principe que s'agissant de ses modes de fonctionnement, et l'on peut, du même coup, être surpris d'observer combien, en de nombreuses occasions, les prisons françaises offrent, en ce début de XXIe siècle, le même spectacle de désolation et d'arriérisme, où se trouvent enfermés les parangons de la plèbe. L'examen du texte de J. Howard ne peut manquer, en effet, de confronter le lecteur au constat de l'immobilisme de l'institution pénitentiaire qui se révèle à la lueur de ces quelques points ou parallélismes :

- d'abord, sur le plan de l'organisation générale, J. Howard souligne le principe de la promiscuité entre les prisonniers et les « geôliers » ou « concierges » dans les prisons françaises : « A la question que je posai quasiment à chaque fois : le geôlier ou le concierge réside-t-il sur place ?, je me suis toujours entendu répondre par l'affirmative[72] ». Or, il est aujourd'hui si usuel de voir les directeurs ou les gradés logés à proximité de la prison que l'on peut se demander si, au-delà de la volonté de « bien soigner » des fonctionnaires, cette disposition ne puise pas sa justification dans le fait de favoriser une vigie 24h/24 sur des détenus qui se voient davantage privés encore de tout recours de l'extérieur : en effet, si la prison est cet espace de relégation par excellence, ce lieu renvoyant à une singulière hétérotopie, n'est-il pas logique qu'en construisant des prisons à la périphérie des villes, dans des endroits mal indiqués ou éloignés, s'y trouve également placé un personnel tout aussi coupé du monde extérieur ? La règle de la stricte promiscuité n'est-elle pas le corollaire du principe de la relégation et de l' « antimonde » ? Autrement dit, on peut sans peine mettre en exergue que les personnels de direction ou de surveillance sont d'autant plus « proches » des prisonniers que le milieu carcéral est coupé du monde. Depuis le XVIIIe siècle jusqu'à nos jours, les principes organisationnels de la promiscuité et de l'antimonde, au sein du milieu carcéral, n'ont pas trouvé de raison suffisante de se tarir ;

- ensuite sur le plan du fonctionnement interne, deux règles majeures peuvent être dégagées :

---

72 *L'état des prisons, des hôpitaux et des maisons de force en Europe au XVIIIe siècle,* éd. De l'Atelier, coll « Champs pénitentiaires », 1993, p.114.

- d'une part, la règle du silence est imposée dans la cour de promenade : « La plupart des prisons disposent, écrit J. Howard, d'un effectif de cinq ou six guichetiers ; deux ou trois contrôlent le passage des portes et des grilles, un guichetier est de service sur la cour des hommes, *où il a pour mission de surprendre les conversations* [c'est nous qui soulignons], ceci afin de déjouer les complots ou les préparatifs d'évasion (…), un autre encore à en charge la surveillance de la cour des femmes[73] ». Par où l'on voit que la règle du silence, qui a eu cours officiellement en France entre 1839 et 1972, est plus qu'ancienne et connaissait déjà une application pratique à la fin du XVIIIe siècle. Cette règle, qui était destinée à déminer d'éventuels complots entre prisonniers, n'a pas pour autant complètement disparu à partir des années 1970, mais s'est trouvée, bien plutôt, remodelée sous une nouvelle appellation apparemment plus correcte, à savoir : l'encellulement individuel. Car, bien que ce type d'encellulement repose sur différentes motivations, comme celle poussant à séparer les diverses catégories de détenus, il est, cependant, aisément possible de trouver un lien entre l'abrogation de la règle du silence et l'émergence de l'exigence, plus récente, de l'encellulement individuel, l'objectif implicite étant de faire usage, dans un cas comme dans l'autre, d'un dispositif empêchant les relations et les complots entre détenus... Encore une fois, rappelons ici que, à sa naissance, cette règle reposait avant tout sur un principe religieux de réformation des âmes par le silence et la méditation perçus comme favorables à l'apparition du remords. Dans la culture chrétienne, grande est la place accordée à la question du doute, du solipsisme, de l'intériorité. C'est à partir de ce repli sur soi que peuvent se penser les trois niveaux du questionnement intérieur, à savoir le regret, le remords et le repentir. Notons d'abord l'antagonisme entre la notion de regret et celle de remords. En effet, si la première consiste à éprouver une peine pour soi-même, à regretter donc son geste pour soi-même (si j'avais su !), la seconde, elle, porte sur un chagrin éprouvé pour ou en direction de l'autre, et, par conséquent, incite à regretter son geste par altruisme, par le fait de ressusciter le visage de l'autre : le remords est, pourrait-on dire, le fait de vivre ou de revivre « la mort d'autrui » . Le repentir, enfin, fait signe vers la notion chrétienne de pardon : celui qui éprouve du repentir demande pardon, s'engage dans la voie du rachat, et se tourne vers Dieu comme arbitre. Tandis que le domaine pénitentiel s'attache à élever et à soutenir le repentir dans le cœur des hommes (le fidèle doit abjurer ses fautes et expier), la spécificité pénitentiaire s'emploie à travailler autour du remords (le condamné doit regretter le mal qu'il a fait et réparer) ;

- d'autre part, la règle de la discipline est de mise dans les prisons. A cet égard, J. Howard précise que : « Un prisonnier qui exigerait un présent d'un arrivant, sous un prétexte quelconque, qui cacherait les vêtements du

73 *Ibid.*, p.114

nouveau venu ou lui ferait subir quelque autre désagrément, serait puni d'un enfermement solitaire de quinze jours dans un cachot obscur. Les injures, les coups, etc., sont réprimés de la même manière[74] ». La rigueur de cette règle, vis-à-vis des prisonniers récalcitrants ou rebelles, s'exprime à travers la punition à la peine de « cachot obscur », qu'on appelle aujourd'hui le « quartier disciplinaire » ou, selon l'usage verbal des détenus, le « mitard ». Remarquons que, quand apparaît le principe de la pénalité d'enfermement au XVIIIe siècle, ce principe s'étend à toutes les sphères de la société, à partir du noyau familial et de la punition infligée par une mère à son enfant (la célèbre punition exprimée par un « va dans ta chambre, et restes-y ! »), jusqu'au système pénitentiaire, à tel point que ce dernier mettra rapidement en place ce même principe à l'intérieur des murs de la prison : le Q.D. n'est autre qu'une prison dans la prison, et obéit à tel point au même principe de l'enfermement au sein de l'enfermement lui-même qu'on peut s'interroger s'il pourrait y avoir une limite à ce principe : un Q.D. supérieur ou plus répressif encore dans le Q.D. lui-même, et cela à l'infini. Cette règle de la discipline est si caractéristique du système pénitentiaire que J. Howard ajoute : « La discipline est si exactement observée que, lors de l'incendie qui ravagea la Conciergerie[75], les prisonniers furent évacués en bon ordre sans qu'aucun ne s'échappât[76] ». Que cette règle de la discipline soit de fer ou non, elle revêt donc une efficacité certaine, et se prolonge jusqu'à nos jours, où un détenu peut encore encourir jusqu'à 45 jours de mitard pour avoir commis une des fautes jugées les plus graves. La discipline est véhiculée par un règlement intérieur de rigueur, et nul ne saurait l'enfreindre ou l'ignorer : « Le prisonnier surpris à déchirer ou endommager ces documents [= ces règlements ; T. F.] est passible d'un châtiment corporel[77] ».

Le principe fondamental qui commande la question de l'enfermement est le principe de l'abandon. Dans sa conception initiale, nul doute que l'enfermement obéit à un principe général de délaissement et de relégation. « L'humanité, qui préside à toutes les règles et pratiques que je viens d'évoquer, note avec effroi J. Howard, semble avoir déserté l'espace des cachots, ce que je ne peux que déplorer. Les cachots demeurent souterrains et totalement obscurs, ces lieux d'effroi et d'horreur sont tels qu'ils défient l'imagination. De pauvres êtres y sont confinés nuit et jour, pendant des semaines, voire des mois[78] ». Deux traits distincts caractérisent deux des « grandes » prisons françaises du XVIIIe siècle, à savoir l'insalubrité et la pauvreté. J. Howard note, en effet, concernant la Conciergerie : « Les

74 *Ibid.*, p. 116.
75 Cet incendie a eu lieu en 1776. J. Howard précise que la Conciergerie était alors la plus grande prison de Paris (*Ibid.*, p. 116).
76 *Ibid.*, p. 117.
77 *Ibid.*, p. 117.
78 *Ibid.*, p. 118.

cachots sont obscurs et insalubres[79] » ; et, à propos de Bicêtre : « Les prisonniers contractent le scorbut dans la première ou la deuxième année qui suit leur arrivée, l'origine du mal étant dans le confinement où on les tient : aucun prisonnier n'est admis à sortir de la salle où il est détenu. La plupart perdent alors l'usage de leurs membres[80] ». Ces conditions de détention, que dénonçait déjà J. Howard, pourraient paraître surannées et celles d'un autre temps, si le rapport du Contrôleur général des lieux privatifs de liberté, rendu public le 08/04/2009, n'avait pas produit l'effet d'une bombe sur la scène médiatique et politique. Ce rapport est, en effet, accablant pour l'Administration pénitentiaire, et, disons-le tout net, ne peut que raviver une polémique sur le système carcéral français caractérisé par Jean-Marie Delarue - qui, soit dit en passant, a été nommé Contrôleur général le 11 juin 2008 et dont l'équipe, composée d'une vingtaine de personnes, a visité, durant le second semestre 2008, plus de 52 sites -, par un manque de respect de la dignité humaine, l'impératif sécuritaire (« l'ogre sécuritaire »), une absence d'hygiène et le rejet du droit à l'intimité. Cette situation alarmante, quant à l'état des prisons françaises, n'est évidemment pas nouvelle. Peut-être sous l'action d'une mode, ou à l'occasion d'un séisme médiatique, on assiste parfois à la dénonciation publique des conditions de détention qui sont décrites comme indignes d'un État de droit. Malgré l'indignation générale qu'elles suscitent, rien n'empêche pourtant la pérennisation de cet état de fait. Pour s'en convaincre, qu'on se souvienne, à titre d'exemple, de l'électrochoc provoqué par la parution du livre de Véronique Vasseur, en 2000[81]. Le chemin parcouru depuis semble n'être qu'un plat piétinement sur place. Véronique Vasseur a, en effet, dressé un portrait au vitriol de l'Administration pénitentiaire, par la description qu'elle fait des conditions de détention, au sein de la Maison d'arrêt de Paris-La Santé, prison vue comme ce qu'on pourrait appeler un « bidonville » ou une « *favela* » d'État. Elle y dépeint, d'une part, la vétusté de l'établissement, en raison de la présence abondante de rats, en raison également du suintement des murs et du caractère archaïque et poussiéreux du matériel mis à disposition des professionnels, ainsi que, d'autre part, une symptomatologie ou un marquage du corps des condamnés qui connaissent, par exemple, des troubles de la vue (parce que l'enceinte des murs leur bouche durablement la perception de l'horizon), qui ont constamment des boutons ou des bubons, etc. Elle y raconte des suicides, en rappelant que certains sont réalisés à l'aide de fourchettes (elle y évoque effectivement les « avaleurs de fourchettes »). Dans ce livre se dégage singulièrement l'idée selon laquelle une incarcération est lourde de conséquences sur les plans physiologique et psychologique ; et, loin d'être une solution à la gestion de la délinquance, le

79 *Ibid.*, p. 119.
80 *Ibid.*, p. 122.
81 Véronique Vasseur, *Médecin-chef à la prison de la Santé*, Cherche Midi éditeur, 2000 (rééd. LGF Livre de Poche, 2001) .

lecteur ne peut s'empêcher d'être hanté par la question de savoir si la prison, décidément, n'aggrave pas le phénomène de la délinquance, de la pauvreté et de l'abandon, plutôt qu'il ne le résout, en y laissant pourrir ou mourir des hommes[82]. Jacques Lesage de la Haye, qui a passé onze années de sa vie derrière les barreaux, principalement dans les années 1960, a également attiré l'attention sur les effets physiologiques néfastes impliqués par une incarcération, ainsi que sur la désocialisation ultime qui en résulte. Citons-le : « Tout est à l'avenant. Je suis complètement perdu avec l'argent. Le passage des anciens aux nouveaux francs s'avère une acrobatie insupportable pour moi. Je ne connais ni les billets ni les pièces. Quand il faut pousser une porte, je la tire. Quand il faut tirer, je la pousse. Je n'imagine d'ailleurs pas qu'il puisse exister des portes transparentes. A tous les coups, je rentre dedans la tête la première. (...). Les feux aux carrefours me terrorisent littéralement. J'ai peur de traverser. Les voitures foncent à toute allure et dans tous les sens. Elles me saoulent tellement que je dois calculer longtemps avant de m'élancer. Mais j'ai bien raison d'être aussi prudent. Un de mes copains s'est fait écraser quelques semaines après sa sortie[83] ». Mais une question se pose : comment lutter contre l''antiquité' de l'institution pénitentiaire, lorsque l'on sait que, parmi ceux-là même qui s'accordent à penser que la prison est la pire des solutions, voire qui s'insurgent contre elle, on trouve aussi ceux qui, dans le même temps, et faute sans doute de solution de rechange, la défendent ou l'utilisent ?

Au-delà des dénonciations intempestives et résurgentes du tout carcéral, ce qui se joue là n'est pas autre chose que la question du statut de la prison, tant vis-à-vis de l'économie du pouvoir de punir, que vis-à-vis d'un régime politique qui se vante d'être un catalyseur ou un véhicule de démocratie. En réalité, les problèmes liés aux conditions de détention et, d'une manière plus générale, au milieu carcéral, s'agissant notamment de la place et du rôle de la prison comme institution punitive, ne sont pas un simple effet de mode ni une pure fiction destinée à dramatiser une situation existante : ces problèmes sont conduits, en définitive, à réapparaître de façon récurrente, parce que, d'une part, ils ne sont que l'expression du constat d'une sempiternelle reconduction d'un mode d'organisation et de fonctionnement institutionnel caractérisé par un immobilisme déconcertant vivant sur ses pesanteurs et ses archaïsmes, et parce que, d'autre part, la prison, comme mode de punition, pose davantage de problèmes qu'elle n'apporte de remèdes à la question de la délinquance. Si les médias se saisissent, de

82 Observons ici que la prison est un élément et l'expression du droit d'exception, en ce sens que, ne revêtant aucun fondement universel ultime, et étant seulement historiquement advenue, elle fait signe vers le pouvoir souverain dont le propre est précisément d'avoir le droit de suspendre le droit, et donc de posséder un pouvoir exceptionnel qui ne se partage pas.

83 Jacques Lesage de la Haye, *La Guillotine du sexe, La vie affective et sexuelle des prisonniers*, Ivry-sur-Seine, Les Editions de l'Atelier, 1998, p.70.

temps à autre, du problème des prisons, c'est que, en tant que « baromètre du climat social », ils évaluent les lacunes et les défaillances d'un système punitif pris dans un fonctionnement institutionnel où l'absoluité de la répression à « tout-va » et le caractère sacré du principe sécuritaire font ressentir aux citoyens, bon an mal an, l'idée que nul n'est finalement tout à fait assuré de ne pas « goûter » un jour aux malheurs d'une incarcération. Car, au fond, il n'est pas hors de propos de se poser la question de savoir si l'inflation carcérale procède d'une croissance de la délinquance en tant que telle ou, au contraire, d'une augmentation de la sévérité de la répression. Autrement dit : aujourd'hui, y a-t-il plus de délinquants qu'hier ou y a-t-il plus d'interdictions et d'intolérance qu'auparavant ? Nos parents et nos grands-parents vivaient-ils une époque moins « délinquante », ou moins rigoureuse, sur le plan institutionnel, que la nôtre ? Quelle que soit la réponse qu'on voudra apporter à ce type d'interrogation, il est nécessaire de percevoir que le noyau de la question demeure centré sur le sens et la portée de l'institution judiciaire qui, si elle n'est pas réinvestie par un questionnement de fond et réajustée sur une exigence d'équilibre entre la répression et la tolérance, menace de s'essouffler décisivement. Mais, en toute dernière analyse, comment faire évoluer la Justice vers plus d'équilibre, comment réintroduire un espace de concertation entre la société et l'institution pénale et pénitentiaire, lorsque, d'un côté, les médias tirent, de manière cyclique, à boulets rouges sur l'institution carcérale et lorsque cette dernière se défend bien maladroitement au risque d'être insolente ? Dialogue de sourds ou mauvaise foi, reste que la question de la souffrance - perçue tantôt comme inutile, tantôt comme scandaleuse -, provoquée par la détention, ne pourra être résolue, tant que le problème de l'inertie des prisons ne sera pas affronté à bras-le-corps par une politique volontariste. Entre l'état des lieux dressé par J. Howard au XVIIIe siècle, lors de son périple pour visiter les prisons européennes, et la fronde qui se lève épisodiquement encore aujourd'hui, ne serait-ce qu'au plan médiatique, contre le scandale que constitue le milieu carcéral, il semble bien que rien ne permette d'affirmer décisivement que les prisons ont radicalement changé. Rappelons qu'entre-temps, au XIXe siècle, la question pénitentiaire avait encore attiré l'attention de réformateurs convaincus de la nécessité de transformer les prisons et de permettre enfin aux détenus de pouvoir s'y amender. Sous la Restauration, époque où la Société royale des prisons a été constituée sous l'impulsion du duc de La Rochefoucauld-Liancourt, la prison apparaissait bien comme le lieu de l'apprentissage du crime, alors même qu'une des préoccupations majeures de cette période était déjà celle de prévenir la récidive et de lutter contre les classes dites « dangereuses ». Plus tard, avec la IIIe République, sous l'autorité d'Haussonville, les spécialistes de la question pénitentiaire, soucieux d'améliorer la condition carcérale, n'ont fait que dépoussiérer les ambitions initialement affichées par la Monarchie de Juillet et qui avaient été mises en sommeil par l'Empire. Dans *La Prison républicaine*, Robert Badinter a magistralement réveillé les nettes inquiétudes de cette période républicaine partagées notamment par le vicomte d'Haussonville et l'avocat Charles Lucas. Notons que ce qui a conduit R. Badinter à écrire ce livre est, de son aveu même, la question de l'immutabilité et de la parfaite paralysie des prisons : « Le projet dont ce livre est issu remonte à 1983. Je mesurais alors combien la prison, telle qu'elle était, se révélait foyer du crime plus que lieu d'amendement, et source de récidive plus que de réinsertion. Je constatais les difficultés de sa gestion et les résistances que rencontrait toute amélioration de la condition carcérale : (...). Cette contradiction permanente entre la finalité proclamée de la prison, punir mais aussi amender, et sa réalité me semblait appeler des recherches et une réflexion détachées des obligations qui pesaient alors sur moi (...). Mais si la connaissance de la prison progressait, les questions essentielles demeuraient posées : pourquoi la prison, toujours dénoncée, toujours critiquée, était-elle si difficile à transformer ? Pourquoi, après deux siècles d'existence, l'échec de la prison apparaissait-il comme inhérent à l'institution[84] ? ». On ne peut plus nettement résumer la paralysie du système pénitentiaire et le caractère cyclique des dénonciations et des questions à propos du système carcéral. Ces allégations sont d'autant plus percutantes qu'elles émanent de l'éminente figure d'un défenseur acharné de l'abolition de la peine de mort et d'un ancien garde des Sceaux, ministre de la Justice. C'est pourquoi, il convient de se demander si, à toutes fins utiles, cet immobilisme pénitentiaire - qu'il soit accidentel en raison d'une absence de volonté politique en faveur d'un changement, ou essentiel en tant qu'il est une des conditions de possibilité de toute détention punitive - n'apparaît pas finalement comme un horizon indépassable. De sorte que, sur la question du devenir et de l'avenir de la prison, il n'y a pas deux poids deux mesures : ou bien ou la conserve et la perpétue dans son état intrinsèquement sclérosé, inerte et mou, ou bien on la supprime totalement. Car, décidément, rien ne semble pouvoir venir fissurer les murs de la Babylone carcérale.

Mais il ne s'agit pas de la fissurer, mais bien de la raser, car la prison se donne emblématiquement comme une institution de la mort. Dans un très beau texte intitulé *Les deux morts de Pompidou*, Foucault ira justement jusqu'à dire que : « La prison n'est pas l'alternative à la mort, elle porte la mort avec elle[85] ». Qu'est-ce à dire ? En quoi la prison a rapport à la mort ? A cela au moins trois raisons :

- d'abord parce que la plupart des personnes incarcérées demeurent des individus déshérités ou honnis, des paumés. Ainsi que le note Loïc Wacquant, les établissements pénitentiaires sont des « prisons de la misère ». A titre d'exemple, un individu livré à lui-même depuis son plus

---

84 R. Badinter, *La Prison républicaine*, Paris, éd. Fayard, 1992, *Avant-propos*, p. 9.
85 M. Foucault, *Dits et Écrits op. cit.*, p. 1255.

jeune âge, se trouvant à la rue, se réfugiant dans la drogue, peut typiquement se retrouver incarcéré pour une affaire de toxicomanie, ou pour des faits de vols effectués pour payer sa dose. La misère tend, en effet, à fabriquer les profils de délinquants dont le système pénal et pénitentiaire raffole ;

- ensuite, parce que le prisonnier libéré ne se retrouve pas en meilleure posture, bien au contraire. Ainsi que le souligne M. Foucault, « à la sortie, il y aura le casier judiciaire, le chômage, la récidive, l'indéfini recommencement jusqu'au bout, jusqu'à la mort. Disons en tout cas jusqu'à la réclusion pour vingt ans ou à perpétuité –' à vie', comme on dit. 'A vie' ou 'à mort', les deux formules veulent dire la même chose[86] ». Demandons-le tout net : une personne incarcérée, qui avait déjà du mal à trouver un emploi avant son incarcération, pourra-t-elle davantage espérer vaincre le chômage à sa libération, et ce malgré le fichage par le casier judiciaire ? Le délinquant, qui a brisé le pacte social en commettant une infraction, pourra-t-il parfaitement se resocialiser, et ce en dépit des effets profondément désocialisants de la prison ? ;

- enfin, parce que la peine de prison se présente comme un avatar de l'*exilium*, en ce sens qu'il s'agit, d'une part, d'une peine de relégation, puisque le condamné doit quitter l'espace social auquel il est habitué, et, d'autre part, d'une peine du moindre mal, puisqu'elle permet d'échapper à un châtiment plus redoutable encore. En effet, de même qu'aux origines de la peine d'exil, à l'époque romaine, un condamné pouvait échapper à un procès débouchant sur une condamnation à mort s'il consentait toutefois à l'exil, de même l'abolition de la peine de mort a pour corollaire aujourd'hui le durcissement des sanctions et l'allongement de la peine de prison. La peine de prison, comme la peine d'exil, se présente donc comme un chantage entre une mort rapide (la peine capitale) et une mort lente (la peine de prison, l'exil). Car si les exilés pouvaient garder la vie sauve, ils perdaient néanmoins leur patrimoine qui leur était confisqué, leur honneur, leurs droits civils et civiques, ils perdaient leur citoyenneté à l'intérieur même de la juridiction romaine compétente d'appartenance. Mais en est-il autrement avec la prison ? Les prisonniers peuvent-ils exercer leurs droits civils/civiques, et ce dans de bonnes conditions ? Peuvent-ils conserver leur honneur, en dépit d'une incarcération ? Peuvent-ils continuer le paiement de leur logement depuis la prison ? La prison, en définitive, ne confisque-t-elle pas un patrimoine, si réduit soit-il ? Entre la prison et la peine capitale, il ne semble pas y avoir de différence de nature (différence qualitative), mais seulement une différence de degré (différence quantitative), attendu que c'est de mort qu'il s'agit dans les deux cas, quoique l'emprisonnement ou la réclusion s'apparentent à un processus de mort lente, à une mise à mort, non pas instantanée, mais qui s'inscrit dans la durée.

86 M. Foucault, *Ibid.*, p. 1254.

C) La prison comme institution totalitaire (E. Goffman)

Dans *Asiles,* E. Goffman a tenté de dégager les traits caractéristiques des institutions totales ou totalitaires. Au fond, en tant que sociologue des « institutions spéciales », il pose la question fondamentale suivante : quelle est l'unité des *total institutions* ? Dans cet ouvrage, sa démarche est donc analytique, puisqu'il s'efforce, à partir de la caractérisation des éléments distinctifs propres à ce type d'institutions, d'en saisir comme l'unité substantielle. A la lumière de ses analyses, nous comprendrons mieux, par suite, en quoi un lien subsiste entre la prison et l'appellation d'institution totalitaire ou totale, et saisirons pourquoi il est possible de maintenir cette dénomination qui peut concerner aussi les régimes démocratiques. Pour conduire au mieux sa réflexion et guider le lecteur dans une interrogation portant sur l'instauration de l'univers totalitaire, il distingue cinq types d'établissements à vocation totalitaire, à savoir :

1° les maisons de retraite, les orphelinats, les foyers pour aveugles ;

2° les hôpitaux psychiatriques ;

3° les établissements pénitentiaires et les camps de concentration ;

4° les casernes et les camps de travail ;

5° les communautés religieuses, comme les abbayes, les monastères et les couvents.

Il est utile d'indiquer ici que ces cinq types d'établissements ont été distingués par Goffman pour des raisons de clarté d'exposition, et donc de commodité. Il n'en demeure pas moins que cette classification préliminaire offre l'intérêt de mettre en relief l'idée que ces institutions ont en commun la vocation d'encadrer des groupes d'hommes, de leur attribuer un cadre de vie univoque, réglé tant administrativement que hiérarchiquement. Remarquons avec Goffman que cette gouvernance et cet encadrement s'appliquent à des groupes d'individus tantôt *dépendants et vulnérables*, comme les vieillards et les valétudinaires, tantôt à des groupes d'individus *dépendants et involontairement dangereux*, comme les aliénés, tantôt encore à des groupes d'individus *autonomes et intentionnellement dangereux*, ainsi des prisonniers, tantôt enfin à des communautés de personnes dont le principe de fonctionnement est de servir des intérêts supérieurs et de posséder quelque utilité, comme l'univers des militaires et celui des moines (dont la cause supérieure est ici de défendre la patrie et là de servir Dieu).

Ceci étant rappelé, que relève précisément Goffman vis-à-vis de l'organisation et du fonctionnement de ces institutions ? Ce qu'il souligne d'emblée, c'est que la première caractéristique essentielle propre aux institutions totalitaires est de transformer l'individu en « reclus ». Cette dimension de la réclusion vient de ce que l'individu, pris dans les mailles de l'institution, est complètement régi, orienté par un cadre fixe et permanent ne permettant aucune distraction ou détournement : au fond, il n'y a pas de distinction possible entre vie privée et vie commune, intimité et collectivité. Tous les individus de ces institutions sont des reclus, en ce sens qu'un seul cadre inflexible détermine irrévocablement le traitement qui les attend, et ce conformément au projet que poursuit l'institution.

La deuxième caractéristique notable est l'opposition existant entre les dirigeants et les dirigés au sein de ces institutions. Les dirigeants, en nombre inférieur, ont un pouvoir hiérarchique et administratif sur les reclus, ce qui leur confère un sentiment de supériorité très remarquable, note l'auteur d'*Asiles*. Il observe, en effet, que le personnel de proximité, comme les infirmiers en hôpital psychiatrique ou les surveillants de prison, par opposition au personnel d'encadrement, a un rôle de filtrage des conversations, des relations et des requêtes qu'exigent souvent les reclus à l'égard des directeurs (= les médecins en hôpital psychiatrique, les chefs d'établissement au sein de l'administration pénitentiaire). Le fossé existant entre le personnel et les reclus tient au fait que l'institution cherche à gouverner de larges communautés de gens, des masses. Pour Goffman, cela correspond ni plus ni moins à la dimension bureaucratique des institutions totalitaires dont l'objectif est d'encadrer et de border le maximum d'individus dans un espace réduit contrôlable.

Avant d'aller plus avant dans la caractérisation des traits distinctifs de ces institutions, il n'est pas hors de propos d'observer ici, avec Goffman, que l'abolition de la frontière entre la vie privée et la sphère commune ou professionnelle, au sein de telles institutions, a pour conséquence de provoquer des réactions de démotivation et de démoralisation vis-à-vis du travail. L'explication est, en effet, patente : tandis que, ordinairement, lorsque tout un chacun a terminé son travail et perçoit sa rémunération, il peut faire usage de son salaire avec sa famille comme il l'entend, il en va tout autrement au sein des établissements fermés à vocation totalitaire. Car le travail y est inéluctablement perçu comme une activité de pure occupation, dans la mesure où le travailleur ne peut jouir librement des fruits de son labeur. En de telles conditions, le travail ne saurait échapper à un processus de lente occupation, d'apprivoisement du temps, lorsqu'il n'est pas utilisé par le personnel comme un simple châtiment, comme dans le cas des corvées punitives (ainsi, par exemple, des casernes, des hôpitaux psychiatriques, etc.). Autrement dit, au sein de ces institutions, le travail se déploie comme quelque chose de contraire à un projet d'épanouissement. Mais il y a une autre conséquence grave notée par Goffman : si la tendance enveloppante des institutions totalitaires s'exprime à travers l'interpénétration de l'univers familial et de l'univers communautaire, cela revient, certes, à caractériser l'absence de vie de famille authentique en leur sein. Or, cette impossibilité de vivre une vie de famille suppose et implique tout à la fois l'interdiction d'une ouverture à un dehors, à ce qui est extérieur à l'organisation communautaire. Dès lors – et c'est là qu'apparaissent les dangers liés aux effets de dépersonnalisation -, dans la mesure où le dedans n'est plus jaugé à la lueur d'un dehors qui viendrait le relativiser, ce dedans devient le nouvel univers familier du reclus qui apprend à le domestiquer. Le changement de contexte social conduit le reclus à entrer dans un processus de « déculturation », c'est-à-dire qu'il est contraint à désapprendre ce qu'il a assimilé auparavant en dehors de l'institution qui le submerge désormais totalement. Par où l'on voit que, en définitive, la conséquence majeure de la fusion entre la vie de famille et l'organisation communautaire, l'intimité et la vie collective fortement réglementée est la modification du moi. Le propre de l'institution totalitaire, observe Goffman, est de travailler à la dissolution du moi dans la vie communautaire, impliquant, dès lors, un processus de dépersonnalisation et des effets de dépouillement des propriétés individuelles.

Goffman explique, avec un luxe de détails, que toute nouvelle recrue admise au sein d'un tel établissement est en proie au dénuement maximal à la suite de toute une série d'usages et de dispositifs qu'il nomme les « techniques de mortification ». Ces techniques peuvent être rapportées de la manière suivante :

Primo : la technique de l'isolement. Elle se définit par la coupure qu'expérimente le reclus avec le monde extérieur. Cela se traduit notamment par l'éloignement du noyau familial, par l'interdiction ou la limitation des visites, par le port de l'uniforme et par la tendance à l'effacement progressif du passé personnel. Goffman illustre ce point à travers le fonctionnement d'une caserne militaire, où l'élève-officier n'est aucunement autorisé à quitter la base et est obligé à porter l'uniforme, etc. L'intérêt de cet isolement est de contribuer à former ou réformer les comportements des reclus en un sens homogène et régulier, de sorte que tous aspirent à jouer un seul et même rôle, celui précisément que leur confère l'institution, au détriment de tous les rôles sociaux antérieurement connus d'eux. Notons, au passage, que l'abolition du port de l'uniforme des prisonniers, dans les années 1980, en France, a constitué une nette et franche amélioration des conditions de détention et, à cet égard, se donne comme un progrès significatif.

Secundo : les cérémonies d'admission. Elles consistent dans le fait d'amputer la personnalité de ses propriétés, de ses différences, dès l'admission de l'individu au sein de l'établissement, et ce par le moyen d'une sorte de « rites initiatiques ». En fonction des établissements, on observe, ici ou là, qu'au moment de leur arrivée, les nouvelles recrues (en détention, on dit : les arrivants ; on parle du quartier des arrivants ou des entrants) sont privées de leurs objets personnels, elles sont pesées, photographiées et doivent donner leurs empreintes digitales, et elles se voient dotées d'un numéro matricule. Elles subissent la séance de la coupe de cheveux (en particulier en caserne), du déshabillage (en particulier en détention) ou de la douche. Ces rites initiatiques apparaissent, aux yeux de Goffman, comme autant de « mises en condition » des reclus livrés à « la machine de l'établissement » caractérisée par un règlement homogénéisant et nivelant. Le fait de soumettre l'individu à la pesée ou de lui assigner un numéro matricule implique une limitation des mesures identificatrices : le reclus se laisse, en effet, identifier par des caractéristiques générales et insuffisantes au regard de ce qui constitue proprement sa personnalité. C'est ainsi que, souligne Goffman, en se faisant appelé « bizuth » ou « bleu », le reclus n'est plus que l'ombre de lui-même : « Les formalités d'admission peuvent être caractérisées par une séance de déshabillage, suivie d'un re-habillage avec, entre les deux, un temps de nudité intégrale. Le déshabillage fait naître un sentiment de dépossession intense, car on investit généralement dans les effets personnels l'idée que l'on se fait de soi-même. De toutes les possessions, la plus chargée de sens est sans doute le nom dont la perte peut constituer une grave mutilation de la personnalité, (...)[87]. ».

Durant les cérémonies d'admission, ajoute Goffman, il n'est pas rare que le personnel mette en place, ici ou là, un test d'obéissance pour mesurer, d'entrée de jeu, la tendance à la soumission ou à la révolte du nouvel arrivant. Ce test d'obéissance est, en réalité, destiné à briser immédiatement la volonté des plus réfractaires ou à les placer *illico* dans un état de conditionnement à l'obéissance, à la déférence, au respect de la hiérarchie et des règles, à la nécessité d'obtempérer en toutes circonstances.

Tertio : le dépouillement. Il exprime le processus par lequel les reclus perdent peu à peu la maîtrise de l'image qu'ils veulent ou peuvent donner aux autres. N'ayant plus d'accessoires pour se parer, et devant, la plupart du temps, se vêtir d'une étoffe grossière en guise d'uniforme, les reclus n'ont plus la possibilité de s'inventer librement des comportements ou de se donner telle ou telle apparence. D'un point vue strictement matériel, Goffman expose que, en l'absence d'objets personnels, les reclus sont confrontés à rien de moins qu'à une défiguration de leur personne. Il illustre d'ailleurs ce point, en citant la Sainte-Règle de Saint-Benoît selon laquelle il est requis de défier l'instinct de propriété et de réduire l'acte de posséder au strict nécessaire : « Ensuite, et sur-le-champ, dans l'Oratoire même, on devra lui ôter ses vêtements personnels et lui donner ceux du monastère. Les anciens vêtements seront rangés et conservés dans la garde-robe, de sorte que si, par hasard, il se laissait circonvenir par le diable et quittait le monastère (Dieu l'en garde !), il pût être dépouillé de son habit monastique et jeté dehors[88] ».

87 E. Goffman, *Asiles*, Paris, Les Éditions de Minuit, 1968, p. 61.
88 *The Holy Rule of Saint Benedict*, ch. 58., *in Asiles, op. cit.*, p.63.

Quatrièmement : la dégradation de l'estime de soi. Elle procède des gestes et des postures que doivent assumer les reclus et qui détériorent l'image qu'ils ont d'eux-mêmes. Placés dans des situations infantilisantes ou humiliantes, il est d'usage qu'ils doivent demander la permission pour exécuter une action pourtant anodine et innocente. Demander la permission pour aller aux toilettes, ou se rendre à la selle au milieu du regard des autres, voilà des exemples de situations dégradantes. Les actions quotidiennes qui rythment la vie de la collectivité livrent les reclus au ridicule et à l'humiliation : le baise-pieds dans les monastères ou le garde-à-vous militaire qui n'en finit pas devant les officiers dans les casernes en offrent une illustration emblématique. Enfin, cette dégradation de l'image de soi passe par les noms souvent injurieux utilisés contre les reclus par ceux qui détiennent un pouvoir hiérarchique et fonctionnel sur eux. La perte de son nom propre est vécue comme dépersonnalisant et déshumanisant.

Cinquièmement : la contamination physique. Elle représente symptomatiquement la violence exercée par l'institution sur la sphère intime des individus. Elle définit la manière dont l'institution empoisonne la vie des reclus, salit leur image. Non contente de détruire la frontière existant entre l'univers intérieur et le monde extérieur en provoquant des effets de promiscuité, non contente de profaner le moi intime en confisquant les biens personnels, en encourageant toute forme d'indiscrétion et en consignant les éléments personnels relatifs à la vie antérieure du reclus dans des dossiers, l'institution totalitaire s'emploie à placer ces derniers dans des conditions de réclusion épouvantables : souvent, les objets prêtés par l'institution sont sales, les vêtements exhument l'odeur des anciens usagers, les ustensiles de cuisine ne sont pas correctement nettoyés, les accessoires médicaux ou chirurgicaux ne sont pas stérilisés ; tout objet est continûment exposé à la palpation par un tiers ou à la poussière. Le cas-limite, rapporté par Goffman à l'aide de témoignages, est celui du mélange ou de la promiscuité des cadavres et des vivants dans les camps de concentration : « Nous étions couchés à deux dans le même lit, et c'était très désagréable. Par exemple, lorsqu'un homme mourait, son cadavre n'était généralement pas enlevé avant vingt-quatre heures, parce que, naturellement, le responsable du bloc voulait toucher la ration de pain et de soupe du mort. Le décès était donc annoncé avec vingt-quatre heures de retard pour que la ration fût encore distribuée, et nous devions rester couchés tout ce temps avec le cadavre[89] ». Et encore : « Nous occupions la rangée du milieu. C'était une situation extrêmement macabre, surtout la nuit. D'abord, les morts étaient on ne peut plus décharnés, ce qui leur donnait l'air terrible. Dans la plupart des cas, ils se souillaient à l'instant de leur trépas, et cela n'avait rien de très

89 Cf. David P. Boder, *I Did Not Interview the Dead*, Urbana, University of Illinois Press, 1949, p.50, *in Asiles, op. cit.*, p. 70.

esthétique[90] ». La palpation corporelle, la fouille à corps, l'examen rectal constituent d'autres motifs de mortifications et de souillures du corps au sein des institutions totalitaires.

Sixièmement : la contamination morale. Elle est également très répandue dans les institutions totalitaires, et se donne à voir à travers le mélange des différentes catégories sociales, le brassage des deux sexes, etc., les reclus ayant des âges variés et étant conduits en établissement pour des motifs divers. Cette contamination procède de ce que les reclus sont contraints de se côtoyer, de ce que ce type d'établissements favorisent les contacts indésirables, en plaçant dans la même cellule, la même chambrée, le même bloc, etc., des personnes ayant des parcours de vie très différents, n'ayant pas la même éducation ni le même niveau d'instruction. Un exemple type de la contamination morale peut se laisser voir à la lecture du courrier, que reçoivent les reclus, par les personnels. Bien que pouvant être d'ordre privé ou affectif, ces lettres peuvent être lues, censurées ou ridiculisées. De même, les visites se déroulent sous la surveillance aiguisée des personnels. D'autre part, il peut être utile de rappeler avec Goffman que l'usage de la thérapie de groupe, où les reclus sont appelés à dévoiler leurs secrets intimes, à parler d'eux-mêmes et à en débattre en public, constitue une autre forme de contamination morale. En outre, les encouragements aux dénonciations placent les reclus dans des situations plus qu'inconfortables. En toute fin d'analyse, citons un passage d'*Asile* où les camps de concentration offrent, ici comme ailleurs, des cas d'école en la matière de contamination et de destruction morales : « Un juif de Breslau, nommé Silbermann, fut contraint de rester présent, sans bouger, devant le sergent S.S. Hoppe qui torturait son frère jusqu'à la mort. Ce spectacle rendit fou Silbermann qui, tard dans la nuit, causa une panique générale en hurlant comme un possédé que le baraquement était en flammes[91] ».

Face à l'emprise des institutions totalitaires sur le moi, il existe, note Goffman, deux attitudes antagonistes réactives, deux sortes de réponse, à savoir celle de l'engagement et celle de l'opposition. Dans le premier cas, le reclus s'intègre sans heurts à l'institution et y exécute des tâches avec un soin remarquable. De là vient que, consciemment ou pas, la manière dont la personne recluse exprime son aptitude à l'obéissance, voire son total dévouement pour l 'établissement, son encadrement, ses personnels et son règlement (à titre d'exemple, on peut désigner les « auxis » en détention), témoigne d'un besoin de reconnaissance et de traitement de faveurs, et ce à l'intérieur d'une organisation dont le propre est qu'elle confronte singulièrement l'individu à une vie dure faite de craintes et de frustrations. Dans le second cas, au contraire, le reclus met sur pied des mécanismes de

---

90 *Ibid.* p. 50, *in Asiles, op. cit.*, p.70.

91 Eugen Kogon, *The Theory and Practice of Hell*, New York, Berkeley Publishing Corp, p. 160, *in Asiles, op. cit.*, p.78.

défense se traduisant, très souvent, par un repli sur soi, une indifférence à l'environnement ou la volonté de jouer un rôle d'insubordination. Cette seconde attitude, marquant une opposition nette à l'institution, se donne comme une opération de détachement, par opposition à celle de l'engagement. Dans un cas comme dans l'autre, il apparaît que le reclus vise à sauver son identité, à lutter contre la dissolution de sa personnalité, soit par une recherche de reconnaissance à travers l'engagement, soit par un besoin d'affranchissement de l'univers qui le tyrannise à travers le détachement. Toutefois, observe avec raison Goffman, dans les faits, le maintien de l'identité du moi, ainsi que le processus de formation ou de reformation de la personnalité, se met en place au cours d'opérations de construction ou de reconstruction identitaires intermédiaires, médianes, à mi-chemin entre l'attitude de l'engagement et celle du détachement. Les mécanismes d'affirmation de soi, les opérations de défense identitaire se déploient sur fond d'entremêlement de la double attitude de l'engagement et de l'effacement. Car tenter de se détacher complètement des liens qui nous unissent à un groupe, à une communauté ou à une organisation est dangereux pour l'équilibre du moi qui a besoin d'une altérité pour se constituer et exister (cf., sur ce point, les apports de la psychologie cognitive contemporaine et ceux de la phénoménologie) ; de même, s'engager tout entier dans un comportement de soumission à l'autorité est pernicieux pour le maintien de sa singularité et la possibilité de l'insubordination constitutive du moi (cf., sur ce point, les travaux de l'idéalisme allemand à travers Fichte et Hegel, selon lesquels le moi s'affirme en s'opposant, et ceux de Sartre sur la liberté s'exprimant ne serait-ce que par la possibilité du refus.). Voilà pourquoi Goffman n'hésite pas à conclure que, au regard de la formation du moi et de la définition de l'individu, il convient de relever que le moi se caractérise comme « un être capable de distanciation, c'est-à-dire capable d'adapter une position intermédiaire entre l'identification et l'opposition à l'institution, et prêt, à la moindre pression, à réagir en modifiant son attitude dans un sens ou dans l'autre pour retrouver son équilibre. C'est donc *contre quelque chose* que le moi peut s'affirmer[92] ». La possibilité de prendre du champ par rapport à son environnement immédiat ne veut pas dire qu'il s'agit de s'en extraire totalement – ce qui serait une gageure et, au fond, une pure abstraction -, mais suppose, en réalité, tout un jeu de nuances, de variations et de réserves quant à l'attitude à adopter en vue du maintien de son intégrité ne serait-ce que morale.

La force de l'étude de Goffman est de montrer que les régimes démocratiques ne sont pas exempts de dérives totalitaires, au sein même de leurs institutions. Car il y a, selon lui, à l'intérieur même des démocraties modernes, des institutions dont le mode d'organisation et de fonctionnement est totalitaire, puisqu'elles visent, on l'a vu, à mettre en œuvre des

92 *Asiles, op. cit.*, p. 373.

opérations fréquentes de mortification et de défiguration de la personnalité et que ces opérations sont prisées ou encouragées par l'ensemble des personnels. L'intérêt de ces procédures mortifiantes reposent entièrement sur le fait qu'elles sont susceptibles de permettre d'atteindre des buts ou des idéaux que les établissements, qui les mettent en œuvre, poursuivent. Le gain est que, en rationalisant les techniques de mutilation de l'identité, il en résulte la possibilité de justifier les raisons pour lesquelles les ordres communiqués aux reclus sont de telle ou telle nature et revêtent un caractère absolu, non négociable. Ce sera au nom de l'hygiène et de la santé mentale que les corvées les plus humiliantes seront ordonnées ou l'électrochoc administré dans les hôpitaux psychiatriques ; ce sera en vertu de l'impératif sécuritaire de protection de la société que les prisons se verront dotées d'un règlement oppressant, répressif ; ou encore ce sera en vue de la formation de solides soldats, dont la nation a besoin, que des exercices militaires les plus farfelus ou des tâches les plus mortifiantes seront exécutés. S'agissant des établissements religieux, il va sans dire que la perspective du salut, de la purification de l'âme et de l'amour de Dieu constitueront les éléments déterminants de la motivation des reclus à se soumettre aux techniques de mortification. D'une manière générale, l'importance accordée aux opérations de mutilation, dans les établissements totalitaires, tient à l'instauration de principes prétendument idéaux qui sont présentés comme ce qu'il convient d'atteindre et de porter avec soi continûment. Cette importance affichée a pour objectif d'inscrire, dans le cœur et l'esprit des reclus, le bien-fondé des opérations courantes de mortification et d'amener ces derniers à y consentir au maximum.

Par où l'on voit que de telles institutions sont définitivement closes et sclérosées. La raison se laisse apercevoir sans peine par le caractère tautologique des principes et des objectifs, des causes et des effets révélé par la machinerie totalitaire. En effet, il n'y a pas place pour une quelconque spontanéité de la part du reclus, il n'y a pas, pour lui, de perspective d'échappatoire possible : ou bien le reclus se soumet au règlement intérieur et se résout à se livrer aux procédures de défiguration identitaire (par le consentement, la confession), ou bien il y renonce et, dans ce cas, ces actes de renoncement sont interprétés comme des actes de désobéissance - comme des « *symptômes* » du statut de reclus, explique Goffman -, qui, du coup, appellent et justifient les opérations mises en œuvre. A titre d'exemple, l'attitude réfractaire du malade mental sera perçue comme le symptôme de sa maladie qui appelle encore des soins, et celle du délinquant comme une preuve de sa propension à la récidive. Bref, les actes de désobéissance, allant du renoncement à la révolte en passant par l'insubordination, sont interprétés comme des éléments caractéristiques de la personnalité du reclus justifiant l'internement/la réclusion dans des établissements dont la vocation est pour le moins de veiller à leur redressement. Car les personnels ne vivent pas nécessairement les opérations qu'ils mettent en œuvre comme des procédures de mortification, mais bien plutôt et bien souvent comme des techniques permettant d'élever les reclus tantôt vers la voie de la guérison, tantôt vers la voie de la réformation de la conduite, tantôt encore vers la voie de la purification de l'âme. Les personnels se comportent, selon Goffman, comme s'ils étaient convaincus que ces techniques utilisées se fondaient sur un « *statut* inférieur » des reclus. Cette infériorité statutaire du reclus prend des proportions démesurées et revêt un caractère infiniment arbitraire dans les camps de concentration, où l'attitude devant être adoptée un jour n'est pas conforme à celle devant être adoptée un autre jour. C'est ainsi que, dans un camp de concentration, un reclus pourra se voir infliger un châtiment, tantôt parce qu'il est sale ou mal rasé (signe d'un manque de respect vis-à-vis du chef), tantôt parce qu'il est trop bien soigné ou propre (preuve d'une absence d'ardeur au travail).

D) La prison comme *topos* du corps captif

La prison comme institution totalitaire ou totale apparaît d'autant plus archaïque qu'elle s'organise autour de l'annihilation du *bios*, autour de l'élimination de toute forme de vie à l'intérieur de l'enceinte de la prison. L'infracteur, ayant été « capturé » et jeté en prison, est pris au piège par son corps qui devient, dès lors, le moyen par lequel se réalise la mise au tombeau que constitue toute incarcération. Qu'est-ce à dire ? Il est usuel de déclarer que la prison est le lieu de la privation de la liberté de mouvement, le lieu de la négation de la possibilité d'aller et venir à sa guise, et rien de plus. Bien qu'incontestable dans les faits, cette remarque ne doit pas tromper ni recouvrir ce qui constitue, en réalité, la base essentielle du geste de l'incarcération. Car incarcérer consiste à prendre un corps et à lui ôter ses fonctions tant vitales qu'humaines. En effet, le détenu, en tant qu'il est réduit à un corps captif par le coup de force institutionnel que donne à voir toute incarcération (la prise de corps violente), ne jouit alors plus de la disposition de lui-même, il n'a plus, en raison du caractère captif de son corps, la capacité d'agir en tant qu'être libre et autonome. Le prisonnier ne s'appartient plus, il est comme coupé de « l'autonomie de sa volonté », pour reprendre les termes de Kant, ou de ses « finalités propres », pour utiliser ceux d'Aristote, ou encore de son « intentionnalité » pour évoquer ceux de Sartre et des phénoménologues Il n'y a plus place pour les formes de la représentabilité, en ce sens que le détenu n'est plus à même de se représenter le désir ou la promesse d'une autre vie qui lui est totalement interdite dans l'enclos carcéral. Ayant perdu son indépendance, se trouvant placé dans une situation de complète hétéronomie et jeté dans le gouffre de l'abîme, il n'est plus maître de sa destinée, et devient un corps assujetti à une altérité répressive, oppressante, et contraignante, un corps soumis au droit d'exception. L'avenir dans l'univers carcéral se donne comme plus qu'incertain, comme presque impossible, en raison de l'évanouissement de toutes les formes d'ouverture habituellement révélées par l'espoir ou l'espérance, la foi dans un projet, la volonté de construire son chemin, l'interrelation humaine. Le corps incarcéré est aux prises avec la montée des sentiments d'angoisse et de désespoir, le corps s'appesantit (en raison notamment des pesanteurs du système carcéral), se déforme et se défait (en raison des effets d'érosion du corps par l'enfermement) et se remplit d'une inertie si lourde qu'il se chosifie, se réifie. Selon une thématique existentialiste bien connue, il ne serait pas exagéré de dire que le détenu, en raison de son statut de captif légitimé par les discours ambiants de dévalorisation et de disqualification tenant à sa condition d'infracteur, n'a plus, en milieu carcéral, de visage humain, et y perd décisivement son humanité pour n'être plus qu'une chose, pleine et entière, inerte et immobile, sans avenir ni devenir. « La prison, ça casse ! », dit le prisonnier : autant dire que nul n'en sort tout à fait indemne.

Ce corps captif, qui ne saurait échapper à sa condition carcérale, se retourne contre lui-même à l'occasion de séries d'actes allant de l'automutilation fréquente aux tentatives avortées ou réussies de suicide. Ce corps dont le prisonnier est dépossédé – dépossédé dans l'exacte mesure où, en tant que détenu, c'est l'institution qui *détient* ou retient son corps – se révèle, par suite, comme le pire des fardeaux, il est comme le prolongement des barreaux et des murs de l'enclos : il n'est plus qu'un objet atone, dévitalisé, dépouillé de sa faculté de désirer au sein de la froide institution de la mort. Le corps captif est un corps moribond qui porte les stigmates de sa condition carcérale et qui laisse entrevoir la trace de la souffrance infinie tenant à l'enfermement et à l'absence d'horizon. L'élimination de tout horizon de vie ternit considérablement et décisivement la *valeur* d'une existence. Citons J.-P. Sartre : « L'humain est un plein existentiel que la réalité humaine retrouve à perte de vue à l'horizon. L'homme retrouve partout son projet, il *ne* retrouve *que* son projet (...) Cela signifie seulement que la réalité humaine est d'un type existentiel tel que son existence la constitue sous forme de valeur à réaliser par sa liberté. C'est ce que Heidegger exprime en disant que l'homme est un être des lointains [93]». Autrement dit, en dehors de l'exercice de la liberté, il n'y aucune chance d'exister en tant que cette existence mérite d'être vécue, en tant que cette existence vaille. Ce qui est en jeu ici, c'est bel et bien la *valeur* de l'existence. Que vaut un corps réduit à sa captivité ? Dans ces conditions, il n'y a rien d'étonnant à ce que le taux de suicides dans les prisons françaises ait côtoyé de si inquiétants sommets en 2008. Les pouvoirs publics auront beau exhiber la bonne volonté d'y apporter remède, ils auront beau jeu de se réclamer des droits de l'homme afin de tenter d'humaniser les « lieux privatifs de liberté », rien de cette volonté louable affichée ne subsistera,

93 Cf., J.-P. Sartre, *Les Carnets de la drôle de guerre*, Paris, éd. Gallimard, 1983, p.137.

sinon l'apparente bonne conscience et l'éloge verbeux des bienfaits d'une prison républicaine en réalité introuvable. Car, *mutatis mutandis*, il n'y a pas d'antidote contre ce système sclérosé, stérile et verrouillé de l'intérieur, contre ce dispositif d'ordre et de mise à mort lente et programmée qu'est la prison. Le corps incarcéré, associé à un numéro d'écrou ou de matricule, s'intègre nommément à un cimetière. Une cellule qui porte un numéro et qui se trouve dans tel bâtiment et dans telle aile est comme une sépulture dont l'emplacement obéit au principe des abscisses et des ordonnées. L'inscription du numéro d'écrou du détenu sur une carte apposée sur la porte de la cellule est comme la mention de l'identité d'un mort sur une tombe ou un caveau. L'organisation bureaucratique de l'administration pénitentiaire exige une cartographie du site, et requiert indéfiniment, pour sa gestion, l'ouverture de dossiers, l'exécution des formalités de mises sous écrou, la transmission de rôles, la mise en œuvre d'une visibilité des déplacements des prisonniers, la consignation de toutes sortes de données afférentes aux détenus. Cette procédure vise à les étiqueter, à les identifier, à les trier, à les orienter, par exemple, vers tel bâtiment, tel quartier, tel atelier. Le fonctionnement d'un établissement pénitentiaire est marqué par son puissant ancrage administratif, c'est ce qui en fait un monstre redoutablement froid :

- le corps du détenu est la masse organique vers laquelle tous les yeux convergent, que ce corps se trouve dans une cellule, au parloir, sur la cour de promenade, dans un atelier, etc. C'est comme un *mobile* en déplacement qui obéit aux lois de la mécanique classique et de la dynamique des mouvements ;

- le corps captif est comme un élément distinct au milieu d'un univers hostile et étranger. Cela est d'autant plus vrai que le détenu est un détenu « entrant » et conduit au quartier des arrivants. Il se trouve jeté là « en pâture », dans un monde incertain et étouffant dont il se méfie ;

- les rapports entre l'administration et le corps en captivité sont abstraits, distanciés, désincarnés. Cette distanciation hautaine est comme celle qui est manifestée entre un vivant et une dépouille que l'on n'ose pas approcher, de peur d'être contaminé ou souillé. Le décès d'un détenu est réglé par la mention « DCD » apposée sur son dossier, ce qui s'apparente à une mort administrative, sans lien affectif ;

- le corps incarcéré se trouve placé dans un univers qui le bâillonne et l'enferme dans l'oisiveté : car, à bien y regarder, en prison, le détenu ne peut rien faire ni vis-à-vis de lui-même, ni vis-à-vis des autres, sinon attendre que le temps, qui n'en finit pas de se dilater indéfiniment dans ce lieu clos, passe. Que ce soit en vertu des plaisirs ou au nom de Dieu, rien de ce qu'accomplit le détenu ne peut se conformer à un modèle d'action. La captivité du corps rend, en effet, impossibles les deux grandes règles qui peuvent être dégagées de la praxis humaine qui recherche le bonheur, à savoir la recherche des plaisirs et la quête du salut, et ce par référence aux modèles matérialiste et chrétien.

C'est en référence à Kierkegaard que nous serons à même de mieux appréhender d'abord la perspective chrétienne de l'accomplissement du devoir d'agir ici-bas *hic* et *nunc.* Brillant par son antiphilosophisme, l'auteur du *Traité du désespoir* écrit ceci : « Le simple sage de l'Antiquité [= Socrate ; c'est nous qui soulignons] qui, tout au service de la connaissance, jugeait le paganisme, était maître dans l'art d'interroger ; il savait par ses questions surprendre en état d'ignorance quiconque lui répondait. Mais le propre du christianisme, qui n'envisage pas la connaissance, mais l'action, est de répondre et, par sa réponse, d'atteler chacun à la tâche (…). En vain un téméraire chercherait-il à rapporter telle ou telle réponse de Christ comme une anecdote : cette réponse s'empare de qui la reçoit et l'oblige à la tâche[94] ». Dans ce texte, on le voit, Kierkegaard - après Pascal et son fameux : « Se moquer de la philosophie, c'est vraiment philosopher » -, oppose le christianisme à la philosophie occidentale, et soutient qu'une de leurs différences notables est que, alors que la philosophie, en tant que discipline du discours, consiste à « couper les cheveux en quatre », paralyse totalement l'agir, en réalité seul le message christique fraye véritablement un chemin vers l'accomplissement du devoir et stimule l'action. Concrètement, tandis que le philosophe se demande encore ce que sont, par exemple, le bonheur et le malheur, le chrétien, tout investi qu'il est par le message du Christ, ne perd pas son temps à attendre de trouver la réponse qui ne vient pas (rappelons que, par la figure de Socrate, l'ensemble des dialogues platoniciens, en tout cas et exemplairement ceux dits de la jeunesse, s'achèvent par une aporie et la reconnaissance que, finalement, au terme de longs détours, nul ne sait), mais travaille à accomplir immédiatement la tâche et à aimer le prochain comme soi-même. Le lien de ce texte avec ce qui nous occupe ici est maintenant clair : le corps incarcéré est captif d'une inaction imposée et irrémédiable. Le lien social étant coupé, l'a-relation étant au principe de toute incarcération, le détenu est aux prises avec une solitude destructrice : la brisure des liens familiaux, l'encellulement individuel et le manque de confiance dans les autres suffisent à marquer l'esseulement et la paralysie de la conduite. Le corps captif est, en ce sens, un corps qui ne peut agir *pour les autres*. Il est condamné à une oisiveté ruinante. Or, le christianisme fonde sa thématique du rachat dans la nécessité de l'action conforme à l'autorité divine.

Arrêtons-nous un instant sur la notion d'espoir. L'espoir est toujours à l'optatif, il s'enracine dans le souhait du sujet. C'est parce que celui-ci souhaite tel ou tel événement, telle ou telle aventure, telle ou telle chose

94 Cf., Kierkegaard, *Les Œuvres de l'amour*, Paris, Les éd. de L'Orante, 1980, p. 88-89.

qu'il espère que cela se réalisera. Nul n'espère ce qu'il ne souhaite pas. Celui qui espère est ainsi dans une situation où il souhaite voir ses désirs s'accomplir, et se place dans une situation d'attente, voire d'impatience ou d'insatisfaction. C'est justement par là, par son caractère éminemment optatif, que pèche celui qui espère. Espérant tant que l'événement se réalise, il est en situation d'attente, de prière et d'angoisse. Il se heurte, du même coup, à la possibilité diabolique d'être déçu. Or, le corps incarcéré se signale par l'absence d'expression du désir qui est comme mis en sommeil ou tu par la circonstance de la captivité. Le contexte carcéral prive le détenu de vivre de son corps. Le détenu ne peut rien désirer, tant et si bien qu'il ne peut, certes, avoir aucune déception, mais il ne peut rien espérer non plus : sa vie est comme mise entre parenthèses, car son corps ne lui appartient plus : il est la propriété de l'institution carcérale. Sans espoir ni déception, sans illusions ni désillusions, le corps captif est jeté en prison, il se vit sur le mode de l'abandon le plus total, et éprouve un sentiment de déréliction si affligeant qu'il n'est pas rare qu'il conduise aux automutilations, au suicide. Toutefois, le désespoir peut aussi se penser à l'optatif, et c'est ainsi qu'aiment à le concevoir les philosophes matérialistes, tels qu'Épicure ou Lucrèce. Celui qui n'espère rien ne peut être déçu. Il vit le moment présent, sans espérer autre chose que de profiter de ce qu'il est et de ce qu'il a, ici et maintenant. Dans ces conditions, lorsque l'événement survient, il ne peut contrarier un espoir qui n'a jamais été réfléchi, formulé, formé. L'événement peut être accueilli pour ce qu'il est (cf., la thématique de l'*amor fati* comme amour ou acceptation du destin), non seulement sans révéler aucune négativité dont les caractères procéderaient de l'incomplétude, ni posséder, *a contrario*, la positivité de faire signe vers quelque chose comme la plénitude, mais en revêtant uniquement les caractères de la neutralité du réel. Le désespéré à l'optatif ne saurait souffrir d'aucune déception, insatisfaction ou privation, parce que, précisément, il n'attend rien de particulier. Pour approfondir ce point, le recours ici à la contribution de V. Jankélévitch est conceptuellement utile. En effet, dans *La Mort*, il souligne la distinction entre l'espérance et l'espoir, en désignant celui-ci comme le fait d'espérer un « quelque chose » nécessairement inscrit dans le temps, et en définissant celui-là comme le fait d'éprouver un espoir qui est sans objet et qui fait signe vers l'intemporel, l'immuable. L'espérance consiste à espérer, à rester ouvert au devenir sans en attendre rien de particulier : « Landsberg et Gabriel Marcel ont parlé en termes si admirables de la distinction entre l'espoir clos et l'espérance ouverte qu'il ne nous reste rien à dire sur ce sujet. Précisons pourtant, dans notre langage, que l'espoir espère toujours la chose concrète (*res*) : le bonheur même qu'il espère est une simple eudémonie majorée ; il est donc un peu mercenaire, annexionniste et 'pléonexique'... (...). L'espoir espère toujours un futur temporel (...) L'espoir fait crédit, en outre, à la fécondité du temps ; il faut garder confiance, et parfois contre toute vraisemblance, dans les vertus fructifiantes du devenir et de l'évolution (...) L'au-delà, lui, n'étant rien de rationnel, est *désespérément souhaité* plutôt que passionnément espéré (...). L'espoir espère la chose espérée, *speratum*, il est lui-même cet objet, ce participe-passé-passif ; mais l'optatif désespéré, qui n'espère rien de particulier, désigne l'acte d'espérer, *sperare*, en général. Celui qui doit renoncer à un espoir se rattrapera sur un autre, se consolera en espérant autre chose, se réadaptera à sa petite désespérance épisodique. Mais celui qui doit abandonner l'espérance en général ne peut plus vivre[95] ».

Il y a lieu justement de rendre hommage ici à G. Marcel et de s'en remettre à ses analyses fécondes sur la question de l'espérance, consignées dans son lumineux essai *Être et Avoir*[96]. En effet, il y rappelle combien l'espérance ne s'attache aucunement à la réalité concrète, mais au monde invisible, qu'elle ne porte pas sur un futur ancré dans la temporalité, mais sur un au-delà, une transcendance atemporelle, anhistorique. « Ce qu'il faut marquer immédiatement, avance-t-il, c'est à quel point l'espérance déborde l'affirmation d'un '*Sollen*' ; c'est en réalité une puissance prophétique ; elle ne porte pas sur ce qui *devrait* être, ou même sur ce qui *devra* être ; simplement elle dit : cela sera. C'est peut-être la réflexion sur l'espérance qui nous permet de saisir le plus directement ce que signifie le mot transcendance, car l'espérance est un élan, elle est un bond[97] ». L'espérance est un acte, sinon d'amour, du moins de confiance, elle est d'une positivité ontologique qui dépasse le cadre des supputations et des possibles : « En ce sens, l'espérance n'est pas seulement une protestation dictée par l'amour, poursuit-il admirablement, elle est une sorte d'appel, de recours éperdu à un allié qui est amour lui aussi [98]». Mais il y a lieu de se demander comment et dans quelle mesure le vertige provoqué par la prison, la chute conduisant au gouffre de la détention autorisent, malgré tout, la possibilité de s'en relever. La preuve de l'impossibilité de l'espérance, en prison, vient sans doute du phénomène du suicide. Car, comme le signale magistralement G. Marcel, la différence entre le suicide et le sacrifice tient tout entière dans l'espérance. En l'absence d'amour et d'espérance, on se suicide, car « il n'y a pas et il ne peut pas y avoir de sacrifice sans espérance, et un sacrifice qui exclurait l'espérance serait un suicide [99]». Rappelons, à toutes fins utiles, qu'en prison on ne se sacrifie pas, mais on se suicide...

L'espoir, le désespoir optatif et l'espérance ne sauraient exister en prison, car le milieu et les circonstances qui l'accompagnent, étant des données incontournables, sont tenaces : en effet, le corps « est-au-monde » selon le

95 V. Jankélévitch, *La Mort*, Paris, éd. Flammarion, 1977, « L'espoir et l'optatif désespéré », pp. 380-383, notamment. p. 381.
96 G. Marcel, *Etre et avoir*, Paris, éd. Montaigne, 1935.
97 G. Marcel, *Etre et avoir*, *op. cit.*, p. 115.
98 *Ibid.*, p. 115.
99 *Ibid.*, pp. 127-128.

langage de la phénoménologie, il est « en situation » ou « englué » dans un univers, par référence aux termes de l'existentialisme sartrien, autrement dit il est en interaction constante avec l'environnement et évolue à partir d'une interrelation, d'une relation interpersonnelle constitutive de son être. Le corps incarcéré n'est pas synonyme d'un corps en vacances, l'établissement pénitentiaire de Fleury-Mérogis n'est pas la même chose qu'un corps sur une plage des Seychelles. La morale matérialiste pèche par un excès d'ignorance du contexte de vie. Paradoxalement, elle se veut si près du concret, du sensible, de l'immédiat, en un mot du corps, qu'elle en oublie étrangement le terrain où se déploie précisément ce corps et minimise l'espace environnemental et circonstanciel. L'espoir et le désespoir optatif sont impensables en détention, qui n'offre aucune possibilité de bonheur, aucune chance d'ataraxie, ce pourquoi la prison reste un scandale. Quant à l'espérance, elle ne trouve pas à s'exprimer pleinement, puisqu'elle est coupée des autres. En d'autres termes, ni l'espoir, ni le désespoir optatif ni l'espérance n'ont de chance de trouver à s'appliquer en détention. Car l'espoir suppose la liberté du corps, l'expression libre des désirs ainsi qu'un contexte qui ne soit pas si redoutable, si hostile. Le contexte carcéral est puissance de nihilisation des désirs, agressivité vis-à-vis du corps, et c'est pourquoi il n'y a pas d'espoir, mais absence de vie. Le désespoir optatif se donne, lui, comme une vaine boursouflure, un impossible orgueil dans un univers où les restrictions et la souffrance ont quotidiennement cours. Tout au plus le prisonnier peut-il être dans l'espérance, au sens religieux, c'est-à-dire espérer un avenir meilleur de l'autre côté de sa condition humaine, un au-delà de sa condition carcérale. La place qui est laissée à l'espérance, quand il n'y a plus rien à espérer (entendre ici : à attendre), se traduit, en détention, par le singulier succès des cultes religieux[100]. Mais cette espérance - nous l'avons vu avec Kierkegaard -, privée de ses moyens d'expression et d'action lui permettant d'exécuter la tâche *hic* et *nunc*, au milieu des autres, perd, de fait, de sa valeur, de sa consistance, de son intérêt. Elle se dessèche pour n'être plus qu'un mot verbeux ou de l'occupationnel comme le fait de jouer à la belote. Les activités de divertissement et d'occupation proposées en détention (comme le culturisme qui y est répandu) sont des activités débilitantes, en ce sens qu'elles ne permettent pas l'élévation de l'espérance. La captivité du corps se reconnaît à son état de dégradation, de décrépitude, de pourrissement. Plus un corps est longtemps captif, plus il porte les stigmates de la déchéance. Le corps incarcéré est un corps qui s'enfonce dans l'inaction, l'ennui, le vide, l'oisiveté, le sentiment d'inutilité, l'impression d'être traité comme un déchet, le désespoir, voire la désespérance. Le corps incarcéré se signale par un processus d'enlaidissement qui tient à l'absence de miroir

100 D'une manière générale, l'espérance conduit aux pratiques cultuelles, aux prières, aux superstitions, en raison du sentiment de l'inflexibilité du destin. Mais cette espérance, qui, dans l'univers carcéral, ne se nourrit pas d'une relation aux autres, est insipide et creuse.

intégral (aucun détenu ne peut se voir de la tête au pied ; au quartier disciplinaire ne se trouve aucun miroir du tout, ni petit ni grand, ce qui est censé favoriser la confrontation du détenu avec lui-même, avec sa conscience), à l'impossibilité, à l'inutilité de chercher à entreprendre un jeu de séduction à l'égard d'une femme, à la défamiliarisation d'avec le sourire (à qui peut sourire le détenu ?), etc. Le temps y est vécu par lui comme extrêmement dilaté et long, comme une torture qui serre et broie le cœur d'un homme. L'incarcération est comme une tenaille qui s'exerce sur le corps captif. Comme il n'y a pas place pour l'espoir, il n'y a pas place pour la vie. La sagesse populaire dit que « l'espoir faire vivre ». Le détenu n'a pas le loisir d'espérer, car le sentiment de l'espoir ne trouve pas à s'exprimer ici. Le détenu est dans l'attente, il attend que l'attente s'achève, il meurt d'attendre. Là encore, Kierkegaard peut être d'un grand secours conceptuel. Dans le *Traité du désespoir*, il écrit, en effet, à propos du désespoir, qu'il consiste à « éternellement mourir, mourir sans pourtant mourir, mourir la mort. Car mourir veut dire que tout est fini, mais mourir la mort signifie vivre sa mort ; et la vivre un seul instant, c'est la vivre éternellement[101] ». Le corps captif meurt de la mort, en ceci que, quoique déjà mort, il est à peine, mais suffisamment quand même, maintenu en vie, comme sur le fil du rasoir, pour éprouver sans arrêt la mort qui le pénètre de part en part. En définitive, un corps captif est un corps qui n'en finit pas de mourir, qui est condamné non seulement à mourir, mais encore à vivre sa mort, sans pouvoir la faire cesser. Le site Internet lemonde.fr a proposé, durant l'été 2009, un web-documentaire intéressant et bouleversant, intitulé *Le Corps incarcéré*, dans lequel des détenus racontent leur quotidien. Ce documentaire lève le voile, parfois un peu crûment, sur la dégradation du corps suite à une incarcération, et laisse entrevoir quelque chose comme une symptomatologie du corps captif qui se déforme : les dents se déchaussent, des troubles de la vue apparaissent, les cheveux tombent, la sexualité devient souffrante (les détenus y racontent que l'absence de relations sexuelles « normales », l'onanisme, le recours à la seule pornographie rendent difficiles, voire impossibles les relations sexuelles avec une femme au sortir de la prison). Non seulement l'incarcération contribue à l'accélération du vieillissement, mais rend malade. Et cette maladie qui ne guérit pas, c'est déjà l'expression de la mort. Mais il n'y pas d'antidote contre la mort et ses avatars.

Si l'on convient qu'exister, ce n'est pas seulement avoir un corps, mais être son corps - le corps propre se révélant par le fait irréductible que toute sensation, tout sentiment traduit l'indissoluble coïncidence substantielle de soi avec son corps -, il en résulte que la douleur de l'incarcération est une infinie douleur qui « colle à la peau » du détenu et de laquelle il ne peut se

101 Kierkegaard, *Traité du désespoir*, Paris, trad. par Knud Ferlov et Jean-J. Gateau, Gallimard, collection « Idées », 1963, p. 66.

débarrasser que par la mort comme acte de tuer la mort. En l'absence de toute futurition véritable à l'intérieur des murs de l'enclos, en l'absence d'un devenir qui fait advenir, jaillir des possibles, se dissimulent et s'unissent, au sein de la nuit et du brouillard de la forteresse inexpugnable, deux processus destructeurs : le processus de l'altération et celui de l'aliénation. Le processus de l'altération est ce qui fait devenir autre dans le temps : le détenu ne saurait plus sereinement coïncider avec lui-même, il perd tous repères, son corps se défait, se délite, il ne se reconnaît plus. Le processus de l'aliénation est ce qui fait dépendre l'individu d'un autre ou d'autre chose : le détenu, ne s'appartenant plus, devient la chose du système carcéral. Au même titre qu'il existe un processus de médicalisation[102], il convient de relever ici l'existence d'un processus que nous pouvons nommer de « carcéralisation » consistant dans l'annulation pure et simple du soi de l'individu détenu. En effet, l'emprisonnement, la réclusion comme processus de carcéralisation transforment les individus en objets carcéraux. Dès lors, les individus devenus objets doivent se conformer à ce que le milieu carcéral veut bien retenir d'eux. L'élimination du soi de l'individu détenu vient de ce que l'institution l'aliène à autre chose, à une machinerie comportant ses règles comme la prison. En étiquetant le détenu comme individu condamné ou coupable, l'institution l'objective et lui vole sa subjectivité. Mettre un individu en prison , c'est ôter, extirper la chair de son corps, et le réduire à un simple objet d'étude et de surveillance. Le surveillant de prison, par son regard, garde précisément celui qui est re-gardé et le fige par son regard. Un détenu est d'abord emprisonné par le regard qui nie la valeur tant individuelle qu'humaine. Par son statut de captif, l'individu détenu est plus banal que tous, il est remplaçable, récurrent, commun. Tant et si bien que le geste de l'incarcération met en cause les conditions même de sa possibilité et contredit sa prétendue raison d'être : loin de réformer l'âme humaine, soit en stimulant le remords, soit en aidant à la réinsertion – ce qui suppose la capacité pour l'individu de s'éprouver comme chair et comme soi d'une part, et comme être capable d'autonomie et de jugement d'autre part-, le processus de « carcéralisation » élimine la chair de l'homme et le réduit, au mieux, à une bête en cage, au pire à un animal-machine ou à une chose. Par où l'on voit que la prison fabrique sa propre crise.

Mais ce n'est pas tout. Ce processus se laisse aussi apercevoir par la dissolution qu'il opère vis-à-vis du nom au profit du chiffre ou du numéro. La réduction du nom au nombre par l'exécution des formalités de mise sous écrou, et donc l'octroi d'un numéro d'écrou au prisonnier, et l'action de (con-)fondre l'individu dans la masse par quoi il fait nombre, reviennent à retrancher à celui-ci ses caractéristiques propres, à lui ôter sa singularité et à

102 Que le lecteur me permette de le renvoyer ici à mon roman à thèse, T. Ferri, *Le Répit*, Paris, Publibook, 2001.

le jeter dans ce qui lui est précisément et par excellence impropre, à savoir l'abstraction et la banalité du quantitatif. Les techniques de mise sous écrou, d'enregistrement et de numérisation par la saisie des données des individus détenus qui se trouvent identifiés à des codes et des nombres, sont les outils de prédilection de la désindividualisation et de la séparation des hommes d'avec les non-hommes. En figeant dans une essence extérieure et administrative une identité singulière, en gravant dans le marbre une nature prétendument quantitative de l'individu détenu qui n'est plus qu'un numéro parmi tant d'autres, en fixant de toute éternité une définition des détenus sous l'effet d'une objectivation des données (quantification, numérisation et informatisation), voilà le plus sûr moyen d'en finir, non seulement avec la singularité de ces individus, mais encore avec l'humanité de ces hommes : déterminer un individu par le nombre, qui est l'acte de dénombrer, n'est pas autre chose qu'en terminer déjà avec lui[103].

Au final, la situation dans l'enclave pénitentiaire est telle que la désespérance qui la caractérise confine au grotesque. Cette idée de grotesque est ici utile pour qualifier à la fois l'absurdité du système et sa laideur. Il y a une extravagance odieuse, hideuse, indigne de la désespérance qui, sur les plans moral et esthétique, incite au dégoût le plus intense. On ne peut être que saisi par l'effroi du grotesque de la prison qui, en raison de son invraisemblance exacerbée et de son obscénité ridicule (elle annihile pour le détenu toute possibilité de vivre son intimité, et défend bec et ongles la violation de la pudeur de l'être par la crudité des fouilles, la trivialité des œilletons, l'indiscrétion des écoutes téléphoniques, la présence, « en fond d'écran », des surveillants aux parloirs, etc.), pousse si loin la désespérance qu'il ne reste plus que le sentiment redoutable, surtout pour ceux qui la

103 Sur ce point, on se reportera au récit « historique » mené avec discernement par Primo Levi sur sa survivance au camp d'Auschwitz, *in Si c'est un homme*, Paris, éd. Julliard, 1987, notamment p. 32 (notons que ce récit autobiographique *Se questo è un uomo* a été publié pour la première fois en Italie en 1947, et a connu véritablement le succès durant sa deuxième édition en 1958, avant d'être traduit en différentes langues) : « Ce n'est que beaucoup plus tard que certains d'entre nous se sont peu à peu familiarisés avec la funèbre science des numéros d'Auschwitz, qui résument à eux seuls les étapes de la destruction de l'hébraïsme en Europe. Pour les anciens du camp, le numéro dit tout : la date d'arrivée au camp, le convoi dont on faisait partie, la nationalité ». Au Lager, le numéro dit tout, en effet, puisqu'il fixe les caractéristiques propres des individus déportés, leur identité. Par lui se coagule effroyablement le destin des individus perdant leur singularité, jusques et y compris leur humanité. On ne peut guère faire mieux quant à l'entreprise de définition de l'homme et, par voie de conséquence, du non-homme. D'un simple coup d'œil, la valeur du numéro tatoué sur le bras indiquait l'origine géographique des individus et le nombre de personnes ayant déjà transité par le camp, et révélait la poignée d'individus qui avait réussi à y survivre durant plusieurs mois : plus ce nombre était grand, plus il était évident que la quantité des prédécesseurs était massive. Cette exigence de traçabilité interne à l'administration nazie se trouve toutefois réemployée aujourd'hui, dans les sociétés modernes, dans le domaine des techniques d'élevage des animaux de boucherie ou celui des abattoirs – domaine qui a d'ores et déjà acquis des proportions follement inquiétantes et désastreuses, sur le plan du respect de la vie animale.

vivent de l'intérieur et au quotidien, d'être confronté au grotesque et à un « rétropédalage » permanent. Désespérante, et donc grotesque et rétrograde, la prison l'est en ce que le climat ressenti à l'intérieur des hauts murs, derrière les clôtures Concertina ou les barbelés à lames de rasoirs, derrière les barreaux, équivaut à l'épreuve d'un empoisonnement de la futurition, puisqu'il n'y a pas d'avenir en détention ; à la sortie, il y a le casier judiciaire, la mise à l'index, le chômage, etc. L'obstruction de l'horizon - au double sens où le regard, enfermé, enclavé, ne peut voir au loin, et au sens où les possibles deviennent impossibles par les effets de l'abolition des liens familiaux, des désunions amoureuses et de l'aggravation de l'appauvrissement - est si destructrice qu'elle peut être comparée, en définitive, à l'image apparemment scandaleuse et provocatrice, d'une mise à mort par la diffusion lente du zyklon dans l'ensemble des bâtiments de l'établissement pénitentiaire.

Dès que le corps se trouve enfermé, emmuré, humilié, il se défait. Cette décrépitude du corps est la marque du désespoir et la signature du grotesque environnemental. D. Rousset, qui a connu différents camps de concentration dans l'Allemagne nazie, et en particulier celui de Buchenwald, rejoint les analyses d'E.M. Cioran sur le ridicule de la désespérance, tenant précisément ici, sous sa plume, aux dispositifs diaboliques de l'enfermement concentrationnaire : « Les camps sont d'inspiration ubuesque, souligne-t-il. Buchenwald vit sous le signe d'un énorme humour, d'une bouffonnerie tragique [104]». Et plus loin : « La connaissance de la bureaucratie, c'est la métaphysique des camps. Hauts lieux d'un châtiment impitoyable, les S.S., sacrificateurs furieux voués à un Moloch aux appétits industriels, à la justice bouffonne et sinistre : Ubu-Dieu [105]». Le corps est d'autant plus destiné à un

104 D. Rousset, *L'Univers concentrationnaire*, Paris, Éditions de Minuit, coll. « Pluriel », 1965, p. 23. Notons que la publication de l'impressionnant témoignage de D. Rousset sur sa déportation et sa captivité s'est initialement faite en trois temps, entre décembre 1945 et février 1946, dans la *Revue internationale* dirigée notamment par Maurice Nadeau

105 D. Rousset, *L'Univers concentrationnaire, op. cit.*, p. 113. La déchéance du corps vient de la brutalité avec laquelle il est traité, du degré de captivité auquel il est assujetti et de sa confrontation à l'agonie : « La grande salle du dortoir, avec ses piliers blancs, ses murs hauts, les embrasures fermées par des volets de fer, continue D. Rousset, en s'attachant à camper le décor de l'action. (…) Franz est accompagné du k*ammerkapo* qui porte un pain. (…) D'un seul geste précis, une détente de tout le corps, Franz lance le pain au milieu de l'allée centrale. (…) Franz rit, la tête un peu rejetée en arrière. (…) Deux corps se sont précipités, et, tout de suite, comme une cataracte dans ce vide, la ruée furieuse. (…) D'un bond, Franz et le *kammerkapo* sont venus sur le groupe, et les matraquent se lèvent, s'abaissent, se lèvent, s'abaissent. Des corps se détachent et tombent. D'autres courent. Trois restent accrochés au pain, les gueules folles. Les matraques se lèvent et tombent. Les trois se sont affaissés sur le pain sans le lâcher. Franz rit maintenant d'un grand rire. Il sent en lui comme un apaisement. *Ce soir-là, Franz et le kammerkapo* avaient eu un grand désir de se distraire. […] Franz s'arrête devant un lit. Le garçon s'est levé sur un coude et lui sourit. Les mains de Franz tremblent. Avides, elles caressent la tête blonde, frôlent la poitrine. Franz se penche et prend longuement les lèvres » *in L'Univers concentrationnaire, op. cit.*, p. 155-157. Dans ce passage bouleversant, le champ sémantique utilisé par D. Rousset est celui du corps, de

sort désastreux qu'il est encadré, contrôlé, investi par une machinerie « grotesque », « bouffonne », « ubuesque ». Le corps porte nécessairement les stigmates de son malheur du à sa captivité.

E) La structure militaire de la prison et la dimension non interactive du Placement sous surveillance électronique

En cherchant à caractériser la manière dont les pouvoirs sont exercés en détention, Ph. Combessie a rejoint, d'une certaine manière, les analyses de M. Foucault pour qui la prison et la caserne militaire obéissent à des principes identiques de rationalisation des conduites et de disciplinarisation du corps (il en va de même pour l'hôpital en général et pour l'asile en particulier, ainsi que pour l'école). En effet, la prison s'organise et fonctionne, selon lui, à partir du paradigme militaire[106] :

- 1° d'une part, la militarisation de la détention est d'abord assurée et conduite par le directeur de l'établissement pénitentiaire qui apparaît revêtu des caractères de la Toute-puissance, tant à l'égard des détenus qu'à l'égard des personnels[107]. Dans la mesure où le directeur a pour mission principale de garder des détenus qui ont été mis à l'écart de la société, il lui faut

---

l'attitude corporelle, de la gestuelle quasi mécanique : le rire sardonique du S.S., avec la tête basculant vers l'arrière, le lancer du pain dans un mouvement de détente de « tout le corps », l'espèce de « cataracte » qui s'ensuit, les coups qui sont distribués, les corps qui tombent, le coude servant d'étai au garçon devenu objet d'érotisation, tout ceci révèle parfaitement, et de manière déconcertante, le climat *réel* de violence qui existe à l'intérieur des lieux de captivité absolue. Les individus captifs n'y sont plus que des corps qui s'affrontent et qui s'entrechoquent mécaniquement, telle une mêlée, tel un jeu de quilles.

106 Les remarques qui suivent s'inspirent de l'ouvrage collectif de Cl. Faugeron, A. Chauvenet et Ph. Combessie, *Approches de la prison*, Paris, Bruxelles, De Boeck et Larcier, 1996, et en particulier des analyses de Ph. Combessie, *in* Ière Partie : « Le milieu carcéral », chap. 2 « Ecosystème social et distribution des pouvoirs en prison », pp. 71-99.

107 A la suite de la publication du livre retentissant de Véronique Vasseur, *Médecin-chef à la prison de la Santé*, *op. cit.*, une commission d'enquête parlementaire a été mise en place durant l'année 2000, sous la présidence de M. Laurent Fabius. Dans ce cadre, V. Vasseur a été entendu le 09 mars 2000, et tient des propos similaires à ceux de Ph. Combessie sur la position statutaire de Toute-puissance incontestable détenue par le directeur de prison : « *L'administration pénitentiaire, c'est véritablement l'État dans l'État* [c'est nous qui soulignons]. Dans une prison, le directeur a tous les pouvoirs. J'appartiens à l'Assistance publique, et en tant que telle, je suis extérieure à la structure pénitentiaire. En prison, les médecins et le service médical sont considérés comme des trublions ; nous dérangeons. Pour l'heure, c'est nous qui exerçons quasiment le seul contrôle externe. Chaque fois que nos certificats sont non suivis d'effets, ou que des faits graves se passent, nous les dénonçons ». Et plus loin, en réponse à la question de savoir si le rapport annuel de la commission de surveillance, présidée par le procureur de la République, qui est tenu - rappelons-le -, par le Code de procédure pénale, de garantir le respect de la légalité en détention, pouvait être adressé à la direction de l'administration pénitentiaire, le docteur fait le même constat : « Cela ne servirait pas davantage s'il était envoyé [le rapport annuel, qui est avant tout un écrit statistique] , par exemple, à la direction régionale. Il faudrait qu'il soit envoyé à l'Assemblée nationale par exemple ».

asseoir son autorité, afin de maintenir l'ordre au sein de son établissement. Ph. Combessie précise d'ailleurs que le pouvoir du directeur est d'autant plus important et marqué que l'établissement pénitentiaire dont il a la charge est de grande taille, situé en milieu urbain et récent. En effet, selon lui, lorsqu'il s'agit d'un établissement plus ancien et de plus petite taille, le directeur voit son pouvoir et son leadership quelque peu diminués par l'autorité qu'exerce le chef d'établissement, du fait de son ancienneté et de sa meilleure connaissance des lieux. D'une manière générale, la figure du directeur est telle, à l'intérieur de l'établissement, et ses responsabilités sont si importantes en termes de gestion d'une certaine catégorie de population jugée difficile, voire dangereuse, qu'il est poussé à jouer un rôle rigide de commandant. Son mot d'ordre est celui de la sécurité. Il y a un « intérêt tactique du directeur », souligne Ph. Combessie, à faire croire, à l'ensemble des personnes présentes dans ce lieu nécessairement confiné qu'est la prison, à sa Toute-puissance. De cette manière, il lui est possible, non seulement d'exercer une crainte sur les détenus pour pouvoir mieux les contenir (enjeux de sécurité et de domination), mais également d'apparaître comme influent vis-à-vis des personnels eux-mêmes et de ceux qui sont placés sous son autorité. Tout se passe donc comme si un établissement pénitentiaire avait d'autant plus de chances d'être convenablement géré qu'il est dirigé d'une main de fer ;

- 2° d'autre part, le régime fonctionnel est caractérisé par lui comme militaire, également en raison de la présence des uniformes. Tant les surveillants et les gradés que les directeurs se voient pourvus d'un uniforme particulier. La pyramide hiérarchique qui commande l'établissement est facilement identifiable à ces tenues militaires qui sont le résultat d'un héritage du XIXe siècle. L'auteur de l'écosystème social rappelle, en effet, qu'entre le début du XIXe siècle et la Seconde Guerre mondiale, on trouvait, parmi les surveillants et les directeurs, d'anciens militaires et que ces derniers allaient jusqu'à composer les trois-quarts de l'ensemble des personnels ;

- 3° enfin, ce sentiment de Toute-puissance du directeur se trouve corroboré et accentué en particulier par « l'incohérence des textes réglementaires ». Ph. Combessie attire, en effet, l'attention sur le fait que les dispositions réglementaires varient d'un établissement pénitentiaire à l'autre ; sur le fait que règne, à l'intérieur de chaque établissement, et en raison même de cette diversité et de cette absence d'homogénéité fonctionnelle, un climat arbitraire qui déploie le pouvoir discrétionnaire du directeur. D'ailleurs, à ce titre, une administration a d'autant plus de pouvoirs discrétionnaires qu'elle n'est pas tenue par des textes précis. Les détenus qui sont transférés ou les personnels qui sont mutés font alors la curieuse expérience de ces disparités de réglementation et de fonctionnement. Ce que l'on accorde ici est interdit là, les raisons invoquées ici comme bonnes sont répudiées et discréditées là comme mauvaises, etc. Si la diversité des prisons (Maisons d'arrêt, Centres de détention, Maisons centrales) supposent des écarts de règlements, il n'en faudrait pas conclure à la nécessaire individualisation des règlements et des fonctionnements. Car autrement, en de telles conditions, comment faire légitimement comprendre à une personne condamnée le sens et l'intérêt de la loi qu'il a enfreinte, si l'administration elle-même n'est pas en capacité d'en respecter sa dimension fondamentalement supérieure et générale, qui ne s'inscrit ni dans aucun particularisme ni dans aucun parti pris, mais dans des invariants ? Les différences de fonctionnement d'un établissement pénitentiaire à un autre provoquent forcément un sentiment d'arbitraire et d'injustice, chez les usagers, comme chez les personnels[108]. Il en est de même pour les Services pénitentiaires d'insertion et de probation à vocation départementale pour lesquels il n'existe aucune homogénéité des pratiques professionnelles, aucun cota de dossiers, aucune charge de travail équivalente, aucune ressource identique en termes de dispositifs d'aide à la réinsertion ou à l'aménagement de peine (certains départements sont dépourvus de Centres de semi-liberté, d'autres n'ont pas ou peu développé les dispositifs de Placements à l'extérieur, etc.). Cela retentit tant sur les usagers - qui peuvent être plus ou moins suivis ou convoqués, être en situation d'incident tantôt à la suite de deux absences non justifiées aux convocations ou tantôt à la suite de trois absences -, que sur les personnels eux-mêmes qui peuvent éprouver un certain malaise.

F) Société de discipline ou société de contrôle ?

On a coutume d'opposer la société de discipline à la société de contrôle, comme la première ayant été décrite par M. Foucault et la seconde esquissée par G. Deleuze. Or, dans le cadre d'un travail d'historien de la philosophie, une analyse précise des textes permettrait sans doute de pourfendre cette distinction hâtive, et de montrer combien M. Foucault n'a eu de cesse en réalité de s'attaquer à ce qu'il nomme tantôt société de surveillance, tantôt pouvoir judiciaire (à entendre en un sens global), tantôt encore panoptisme généralisé, expressions faisant écho justement à la notion de contrôle. Mais tel n'est pas notre propos ici. Bien que les techniques de discipline visent, chez M. Foucault, à la normalisation des conduites, et qu'elles servent le

108 Dans le deuxième numéro de *Philosophie Magazine* paru en juin 2006, on relira avec le même plaisir le bel entretien avec Toni Negri intitulé « Le pouvoir peut toujours être cassé quelque part » qui déplore notamment le caractère arbitraire de la vie en détention. Même si T. Negri a en tête ici la détention italienne, un rapprochement avec le milieu pénitentiaire français n'est nullement choquant : « *Si vous avez la capacité de résister au malheur, à la douleur, la prison n'est pas difficile à supporter. J'ai passé quatre ans et demi en détention préventive. Je dirais que le pire n'est pas la privation de liberté, mais l'arbitraire. Subir à chaque instant un règlement absurde, devoir négocier sans cesse avec les surveillants, voilà qui est insupportable. Par exemple, il était établi que je n'avais le droit qu'à deux livres par jour. Des amis apportaient à la prison les documents dont j'avais besoin pour mes recherches. Ces documents étaient stockés dans une armoire spéciale* ».

dessein d'un contrôle généralisé des individus, notre propos s'attachera plutôt d'abord, dans les pages qui vont suivre, à rappeler, sans toutefois s'y appesantir, la thèse foucaldienne, apparemment massive, selon laquelle la société post-féodale et post-révolutionnaire s'est constituée peu à peu sur la base d'un panoptisme universel et homogénéisant ; ensuite il conviendra, plus précisément, de dégager et de mesurer la valeur et les implications de cette thèse, tant en ce qui concerne la modalité d'exécution de la peine qu'en ce qui concerne le travail social pénitentiaire. La question qui sous-tend cette section d'analyse est donc la suivante : le travail social pénitentiaire participe-t-il de la société de surveillance ? L'activité liée à l'insertion et à la probation est-elle une modalité du panoptisme ?

A partir d'une réflexion portant sur les techniques du travail social pénitentiaire (rapports-« expertises », permanences délocalisées et visites à domicile), il s'agira de questionner la manière dont ces personnels de l'insertion et de la probation sont amenés à exercer, à l'intérieur de l'institution pénitentiaire, leur activité professionnelle. Puis, en se fondant sur les textes encadrant et structurant cette profession, il conviendra de déterminer dans quelle mesure et jusqu'à quel point ces professionnels de l'insertion et de la probation possèdent un savoir/pouvoir sur cette catégorie de personnes tantôt appelée vulgairement les délinquants ou les voyous, et tantôt nommée, de manière plus formelle par l'institution elle-même, les PPSMJ (= Personnes placées sous main de justice), qui sont coutumièrement représentées par les détenus en milieu fermé et par les probationnaires en milieu ouvert.

Rappelons les grandes lignes de la thèse foucaldienne selon laquelle le propre de l'époque contemporaine a consisté à voir apparaître une nouvelle forme de pouvoir et de gouvernement à l'égard des individus, appelée panoptisme. Le principe du panoptisme ou, la société de surveillance, comporte, selon Foucault, au moins cinq éléments constitutifs :

- 1° la distinction conceptuelle entre enquête et examen ;

- 2° la constitution d'un savoir/pouvoir ;

- 3° la normalisation des conduites (par la discipline) ;

- 4° le processus de l'inclusion ;

- 5° l'établissement de la notion de dangerosité et de classes dites dangereuses, et la prison comme fabrique de la délinquance.

Tâchons de déplier, à présent, ces divers points. Dans cette nouvelle forme de pouvoir qui naît à l'occasion du développement des sociétés industrielles et capitalistes, on assiste, selon M. Foucault, à la montée en puissance d'investigations inédites sur les individus : il n'est plus question d'accorder un crédit maximal à la procédure de l'enquête, mais à celle de l'examen. La différence entre les deux notions que souligne M. Foucault tient à la manière dont il convient, ici ou là, de se représenter un état, un fait ou un acte. Dans le cas d'une infraction commise, ce qui importe le plus aujourd'hui, ce n'est plus l'événement, l'événementiel, la façon dont l'infraction a été conduite, les circonstances de l'acte (= le comment), mais la personnalité du mis en cause (d'où l'emprise de la psychiatrie sur les tribunaux, la *judiciarisation* de la psychologie), la personne, sa « nature » (Cette personne est-elle dangereuse ? Présente-t-elle un risque réel de récidive ?). Il y a là comme une visée technico-scientifique des investigations qui sont menées à l'égard des individus. Avec le panoptisme comme forme nouvelle de pouvoir, il s'agit de ne rien laisser au hasard, de tout maîtriser et d'anticiper les conduites à risques, les addictions, les récidives. Dans cette optique, le législateur s'apparente à un savant. Rappelons que le terme de récidive (en anglais, *the second offence*) a une origine sémantique appartenant au registre médical, au sens où un patient peut faire une rechute dans la maladie (en anglais, *the recurrence)*. Pour prévenir la récidive, il s'agit, en effet, d'inventer des techniques préventives, de déployer des méthodes rationnelles pour mieux investir le champ des connaissances, d'identifier les causes et de proposer des remèdes. C'est pourquoi l'usage rationnel des connaissances et de leur accumulation permet de prévenir toute forme de récidive, tout risque possible de contagion. Par conséquent, selon le modèle qu'offre la notion de récidive médicale, dans une perspective de prévention des risques ou des menaces, le pouvoir de surveillance s'inscrit dans un registre à la fois *épistémologique*, parce qu'il est question de tout connaître quant aux individus à surveiller et à contrôler, et dans un registre *judiciaire*, puisqu'il convient de réformer et de corriger les rebelles et les récalcitrants, « les anormaux » et les «hors-normes ». La visée de la société de surveillance se donne donc comme scientifique, en ce sens qu'il s'agit - à la manière dont s'est constituée la science à l'ère moderne, en Occident, qui est destinée à permettre aux hommes, selon une thématique cartésienne bien connue, de devenir comme « maitres et possesseurs de la nature » - de contrôler les conduites des individus et d'en prévenir les écarts manifestes et les disparités éventuelles. Cette visée se donne aussi fondamentalement comme technique, compte tenu de l'importance que revêt la mise en place de dispositifs et de procédures dont l'objectif est de dominer les hommes, c'est-à-dire de gouverner la société tout entière selon des schémas uniques et homogènes. Il n'y a pas de connaissances sans techniques de connaissance, il n'y a pas de connaissances efficaces sans instruments ou outils mis à leur service. La tentative de gouvernement des hommes exige des techniques pointues d'analyse, d'examen et de collation de données. Si la démarche scientifique cherche à dissoudre la part de l'inexplicable, en supposant que cette part n'est que provisoirement inexpliquée, la société de surveillance, de son côté, aspire à déterminer la règle absolue de la conduite humaine à laquelle doivent se conformer les individus, en tâchant de gommer les différences et de les absorber toutes dans la norme. Parallèlement au fait que la science vise à dissoudre le domaine de l'inconnu dans celui du connu, la société de surveillance s'emploie à ingérer toute bizarrerie sociale, toute difformité et inconduite dans la norme. Dans cette perspective de panoptisme généralisé, l'époque contemporaine pose qu'il existe une loi humaine qui peut être instituée comme une loi naturelle identifiable, et qu'il importe de la circonscrire. D'où l'émergence des sciences comme la psychologie, la psychiatrie ou la sociologie au cours du XIXe siècle, qui cherchent à mettre en relief les lois de l'esprit comme celles de la société.

Le panoptisme caractérise donc, chez Foucault, cette forme de pouvoir de normalisation des individus, à l'intérieur de toutes les strates ou sphères de la société, à tous les niveaux du corps social. S'il apparaît que la prison en est le paradigme incontestable, il reste qu'un tel pouvoir de surveillance et de contrôle ne saurait, selon Foucault, se borner à la seule institution pénitentiaire, puisqu'on le retrouve à l'œuvre à l'intérieur de toutes les autres institutions de normalisation des masses (crèches, écoles, casernes, hôpitaux psychiatriques, hôpitaux, usines, ateliers, maisons de retraite), si bien que le parcours de tout individu se trouve, au long de sa vie, et de manière isomorphique, pénétré par les mêmes règles, modelé par les mêmes normes, assujetti au principe d'identité (par opposition au principe de différence). Si donc l'on applique cette normalisation au champ pénal et criminologique, lorsqu'une infraction a été commise, il ne suffit plus de se demander comment cela s'est passé, il ne s'agit plus de questionner seulement l'événement qui, en tant que tel, est imprévisible et singulier, mais il importe dorénavant de connaître l'individu (sa personnalité, sa conduite générale) et de le (re)programmer dans le sens de la norme pour qu'il ne réédite pas l'infraction.

Un tel processus de normalisation requiert alors ce que M. Foucault appelle un processus d'inclusion[109]. En effet, tandis que, pour lui, l'Ancien Régime se distingue, d'une manière générale, par le fait que, pour gérer les marginaux et autres asociaux qui ne travaillent pas et nuisent à l'économie de marché naissante, il faut les exclure de l'espace social et les rassembler dans des univers clos comme les ateliers, les corporations, les maisons de force et les hôpitaux généraux (confère la période dite du « grand renfermement » et la politique de mise au travail des pauvres), l'époque contemporaine se caractérise par la tentative progressive de réinscrire ces mêmes catégories de personnes dans la société capitaliste triomphante. A titre d'exemple, il est utile de se souvenir que, sous l'Ancien Régime, la mendicité était un délit, et que nombre de mendiants se sont retrouvés

109 Sur l'antinomie de l'inclusion et de l'exclusion, et sur l'opposition entre réclusion et séquestration, cf., M. Foucault, *Dits et écrits, Ibid.*, p.1482.

enfermés dans les maisons de force ou les hôpitaux généraux pour travailler (processus d'exclusion). Aujourd'hui, les mendiants envahissent les rues et les métros, côtoient les marches des plus belles enseignes commerçantes, jonchent le sol, sans émouvoir personne : ils font partie intégrante de la scène de la vie quotidienne (processus d'inclusion). L'époque contemporaine ne se signale plus par un seul processus de marginalisation, mais aussi par un processus de subversion de l'exclusion, à savoir : l'inclusion, plus connue sous l'appellation classique d'intégration.

Métaphoriquement, si l'on se représente le mouvement de l'expulsion (exclusion) et celui de l'intégration (inclusion) selon une concrétion calcaire, on peut poser que l'Ancien Régime est comme une stalactite qui, en tombant, en suivant une trajectoire allant du haut vers le bas, expulse et écrase les individus . C'est la force centrifuge qui éloigne les individus du noyau central. En revanche, l'époque contemporaine ne se signale plus par le fait de chasser une catégorie de personnes vers l'extérieur sous l'action de la force centrifuge, sous l'effet d'une force d'ex-territorialisation, mais se spécifie par un processus qui, allant du bas vers le haut, telle la formation de la stalagmite, intègre et enveloppe l'ensemble des catégories de personnes. Force centripète, puissance d'in-territorialisation, mouvement de poussée, élévation, voilà ce qui commence à se jouer, selon l'auteur de *Surveiller et Punir*, à l'aube du XIXe siècle. Cependant, bien que M. Foucault établisse une frontière temporelle franche et nette entre ces deux processus (exclusion/inclusion) correspondant à deux périodes historiques, il semble qu'il faille plutôt nuancer cette approche, en attirant l'attention sur le fait que, loin d'être aussi historiquement tranchés, ces deux processus peuvent simultanément entrer en scène et même en concurrence. En effet, à bien y regarder, ce à quoi on assiste aujourd'hui, c'est bien à l'émergence du double mouvement contradictoire et simultané de l'exclusion et de l'inclusion. Le processus de l'exclusion se trouve fortement marqué aujourd'hui par la multiplication des incarcérations et des mises sous écrou. A l'inverse, le processus de l'inclusion s'illustre parfaitement à travers ce que nous entendons par le régime de l'hypersurveillance particulièrement caractérisé par les dispositifs issus du bracelet électronique qui se sont considérablement développés ces quelques dernières années.

De ce panoptisme généralisé, une des originalités de M. Foucault consiste à tirer une conséquence majeure, à savoir que la délinquance en est un pur produit. En effet, loin de se contenter d'apparaître comme un moyen de lutter contre la délinquance, le panoptisme exprime l'intérêt du politique à voir se développer les illégalismes, à fabriquer et à véhiculer dans la société l'image du « voyou », de manière à banaliser les dispositifs de surveillance. Pour le dire autrement : sous couvert de lutte contre la « voyoucratie », le législateur, le politique fomente des peurs, met en place des dispositifs de surveillance et de contrôle, les répand et les banalise : nul n'ira se plaindre d'avoir été filmé en pleine rue, par la vidéo-surveillance, alors qu'il faisait ses courses, si on lui martèle que c'est dans son intérêt vital et qu'il y va de sa sécurité ! M. Foucault y insiste : les délinquants, (surtout en leur figure aiguisée aujourd'hui qui est, par exemple, le pédophile ou le terroriste, bref les délinquants dits dangereux) offrent au politique l'occasion de développer des formes nouvelles de surveillance, d'introduire des dispositifs nouveaux de contrôle, d'instituer dans le cœur de la population le désir de se voir elle-même surveillée au motif de la sécurité, et ce afin d'en tirer un bénéfice qui est autre, en réalité, que le simple fait de favoriser la paix sociale. Le politique a besoin du délinquant, des illégalismes, pour en tirer profit à un niveau supérieur : dans une optique mercantile et consumériste, le politique peut, en toute impunité, élaborer des techniques nouvelles et sophistiquées de domination des populations, expérimenter des nouveaux types de fichages ou mises en fiches (que l'on songe ici, par exemple, aux améliorations notables apportées par l'informatique en termes de performance et d'efficacité dans la mise en fiches et de leur gestion), afin de contrôler les travailleurs sur leur lieu de travail, pour avoir une maîtrise et un empire sur les chômeurs, pour rendre les déshérités dociles, corvéables et malléables au travail, à l'exploitation, aux inégalités sociales. Le « démuni moyen » n'ayant rien ou pas grand-chose se révoltera contre ceux-là mêmes qui sont accusés d'être les fauteurs de troubles, les trouble-fêtes, les individus dits dangereux. La classe dite dangereuse constitue donc un excellent alibi, un parfait prétexte au politique et au législateur pour, d'une part, mettre en œuvre des politiques de « sur-contrôle », et, d'autre part, pour détourner l'attention de ceux qui sont contrôlés du fait même qu'ils sont contrôlés ! La figure du délinquant, du dangereux, du hors-la-loi est, selon M. Foucault, un pur artefact. Vis-à-vis des populations, elle est destinée à permettre la banalisation du régime de la surveillance et du contrôle, c'est-à-dire le panoptisme généralisé. Le fondement de l'illégalisme est d'ordre stratégique : il sert des fins politiques mercantiles, consuméristes, capitalistes. On pourrait donc dire, d'une certaine manière et pour reprendre une fameuse formule de Clausewitz, que l'illégalisme est la continuation de la politique, une manière de faire de la politique par d'autres moyens, des moyens illégaux au sens de ce qui attise justement l'illégalisme. La délinquance relève donc d'un acte de fondation politique qui n'est pas immédiatement perceptible et représentable. Au total, M. Foucault dénombre trois grandes fonctions de la délinquance, en tant que pur produit du pouvoir en place, dont l'objectif souterrain, inavouable est à la fois politique (= consistant en ce que le pouvoir cherche à accroître son pouvoir sur les hommes et la société) et économique (consistant en ce qu'il s'attache à développer des réseaux mercantiles rares et chers) :

- 1° une fonction de *délimitation* du bien et du mal, une fonction de *fondation* d'une morale ;

- 2° une fonction de *commercialisation* et de *marchandisation* des scandales et interdictions ;

- 3° une fonction de *légitimation* des dispositifs de contrôle et d'encadrement.

G) Les conséquences du panoptisme

Première conséquence : la peine s'exécute désormais selon la modalité de la douceur et de la propreté. Avec l'édification de la prison comme principe suprême de la peine, au sortir de la Révolution française, la violence exercée par l'État, pour sanctionner les délinquants, ne privilégie plus les supplices, mais l'enfermement. Il ne s'agit plus de faire couler le sang des condamnés, de les punir par une lente agonie perceptible aux cris qu'ils poussent sur le lieu de l'exécution, ni de théâtraliser la souffrance physique par la mise en scène des exécutions, afin que le prince marque, dans l'esprit des hommes, la puissance et l'inaltérabilité de sa souveraineté, ainsi que c'était exemplairement le cas sous la Monarchie Absolue. Il s'agit, au contraire, de substituer à la souffrance physique l'emprise des consciences, un empire sur le « moral » des condamnés. *La pénalité de l'époque contemporaine est celle de l'incorporel, de l'immatériel, de l'invisible, en ce sens qu'elle frappe avant tout l'âme plutôt que le corps*. Il n'est plus question de tuer, d'éliminer, mais d'avoir à disposition, de rendre malléable, corvéable, docile.

Pour comprendre, d'une part, les mutations de la peine engendrées par les divers types d'instances au pouvoir et par les différentes aspirations de la classe dominante historiquement advenue ; pour se souvenir, d'autre part, de la dimension foncièrement époquale de la pénalité ; pour faire ressortir, enfin, par un effet de contraste, le principe du panoptique, il n'est pas inutile de rappeler ici, même schématiquement, les deux grandes périodes de la pénalité détaillées par M. Foucault lui-même, et déjà exposées ailleurs dans ce livre :

- 1° la féodalité a fait reposer la pénalité sur les supplices et la mort. La démesure et la brutalité sont les principes féodaux de la sanction pénale. Démesure à un double point de vue : a) démesure d'abord sur le plan de la torture et des sévices théâtralisés, ritualisés selon un *modus operandi* bien rôdé et destiné à graver continûment le statut exceptionnel du souverain dans la tête des sujets. Le souverain faisait ainsi montre publiquement de son droit infini d'exception ; b) démesure ensuite au sens d'une extraordinaire disproportion entre la place accordée à la violence physique, au châtiment dans l'économie du pouvoir médiéval de punir et celle accordée, dans le même temps, à la parole, à la défense, à la possibilité de la contradiction. Le Moyen Age ne connaissait pas le principe de contradiction, la présomption d'innocence. Le procès n'était pas destiné à faire jaillir la vérité. Le mis en cause qui était mis sur la sellette à la suite de l'enquête de police ne pouvait protester. Pour s'en convaincre, il suffit de se rappeler le rôle joué par les fameuses lettres de cachet, qui ont été largement diffusées (plusieurs milliers) par les représentants de l'autorité royale, à la suite de dénonciations ou de plaintes. La lettre de cachet avait ceci de particulier qu'elle se présentait comme argument d'autorité, sa valeur était telle qu'elle ne souffrait aucune discussion. Par conséquent, la démesure doit s'entendre ici tant du point de vue du rapport entre les délits et les peines (démesure du châtiment) que du point de vue de l'indifférence ou de l'intolérance à de prétendus droits de la défense (disproportion entre les parties). On peut ici qualifier la société féodale de société *punitive* ;

- 2° la période post-révolutionnaire, dont les prémices ont été en réalité conçues et élaborées à partir notamment du « grand renfermement » du XVIIe siècle, a défendu l'idée d'une peine qui doit avoir rapport aux crimes et aux délits, l'idée d'un rapport de proportionnalité entre les infractions et les peines (ce fut le projet du grand réformateur Beccaria). Dès lors, à partir du début du XIXe siècle, en privilégiant la prison comme mode d'exécution de la peine, il n'est plus besoin d'éliminer les condamnés par la mort, mais de les réintégrer à l'intérieur du corps social après les avoir « réformés », transformés par la prison comme espace de normalisation et de disciplinarisation. La prison n'est donc pas hostile, en son principe, et en particulier à ses débuts en tant qu'institution de répression, au fait de corriger, de donner des coups, d'éduquer et de rééduquer les rebelles à la loi. Bien au contraire, elle fait de l'homogénéisation des conduites son cheval de bataille, comme les hôpitaux, les asiles, la caserne, l'école, les manufactures, etc. La prison met à l'écart les condamnés et tente de les reprogrammer dans le sens de la norme époçale. Pour ce faire, il s'agit d'inventer des techniques d'intériorisation et d'acceptation de la norme, et de les appliquer aux délinquants qui, éloignés de leur milieu quotidien, affranchis de leurs habitudes de vie, réorientés vers les grands principes du bien et du juste qui régissent la société du moment, doivent pouvoir, à terme, réintégrer le corps social et être remis à disposition du système économique de production. En mettant en place des règlements à l'intérieur des prisons, en y définissant le rythme de vie pour travailler, manger, se promener ; en établissant des horaires fixes et réguliers d'exécution des tâches et des obligations (comme celles liées au fait de se laver, de se coucher, de respecter les gardiens) ; en brandissant la possibilité de la sanction à l'intérieur des prisons, ainsi qu'en refusant les permissions de sortir pour « mauvaise conduite[110] », le législateur a tout prévu et organisé pour faire plier, céder les condamnés les plus récalcitrants. De même que

110 Là encore, on retrouve des similitudes avec d'autres institutions comme la caserne, où l'existence du « trou » et le refus des « perms » sont autant de moyens sérieux de pression sur les soldats.

l'armée est destinée, ne serait-ce que dans la conscience populaire, à faire des soldats des hommes, des « durs à cuire », de vaillants combattants, et ce au nom de l'amour de la patrie et de la haine de l'ennemi, de même la prison vise à corriger l'attitude des rebelles, à réimprimer dans leur cœur les valeurs institutionnelles de l'époque, à en faire des sujets dociles[111]. On peut qualifier ici la société post-révolutionnaire de société *disciplinaire*.

Cependant, il est possible de noter que la pénalité d'aujourd'hui ne se résume pas par le seul caractère disciplinaire de la peine. Il est d'ailleurs à remarquer que M. Foucault semble avoir lui-même esquissé les contours d'une seconde forme de la pénalité contemporaine, débordant la première, et qui se trouve impliquée par son concept de surveillance. Il pose, en effet, déjà dans *Surveiller et Punir*, le principe fondamental du fonctionnement de la pénalité : il est historiquement devenu plus rentable, plus efficace, selon lui, de surveiller que de punir. D'où l'apparition des dispositifs de quadrillage, de mise en quarantaine, d'enfermement et de disciplinarisation des corps. Or, dans le même temps, ce qu'il subsume sous le concept de surveillance, dans les *Dits et Écrits* et les *Cours au Collège de France*, n'est pas sans évoquer la société de contrôle. Dès lors, si l'on envisage l'application de cette surveillance au seul registre pénal et judiciaire, il est possible de noter que la période contemporaine est celle qui se caractérise à la fois par l'apparition de techniques de surveillance (au sens du quadrillage et de la discipline des corps individuels), à travers la prison, le système judiciaire, la police scientifique, etc., et par l'émergence de dispositifs de contrôle et d'encadrement. Cette remarque n'est pas gratuite, mais vise seulement à mettre en perspective l'évolution de la pénalité contemporaine, et l'existence de deux formes presque concurrentes de la pénalité : une forme disciplinaire, on la vu avec M. Foucault, qui demeure d'actualité, mais aussi une forme régulatrice, qui semble avoir été également réfléchie par lui, du moins dans son principe. Cette pénalité que nous nommons « régulatrice » est celle qui fait référence à la thématique foucaldienne du panoptique. Quelles sont les déterminations de cette pénalité dite de régulation ? Cette forme régulatrice de la pénalité est celle qui gère les flux, les masses, les migrations et les mutations sociales, c'est celle qui, à partir de l'étude minutieuse des transformations des mœurs et l'examen des nouveaux modes de vie, s'adapte continûment à l'évolution de la société, anticipe ses aspirations et en infléchit ses courants, c'est celle qui permet, en définitive, de gérer les condamnations de masse, de traiter un nombre indéfini de condamnations. C'est la peine qui est appliquée sans avoir à continuer à construire des prisons, sans avoir à gérer un « parc pénitentiaire ». Dans la mesure où l'augmentation constante des

111 La comparaison avec l'école peut être ici évoquée, dans la mesure où il n'est pas rare que la première vertu exigée d'un écolier soit justement la *docilité*, s'exprimant notamment à travers le fait que ce à quoi est conduit l'enfant, c'est précisément à s'appliquer religieusement à faire ce qu'on lui demande.

condamnations rend de plus en plus difficile, voir impossible, d'administrer les condamnés dans un espace clos, il s'agit, pour la pénalité contemporaine, d'envisager un autre milieu ou lieu d'exécution de la peine, quelque chose comme un univers ouvert, libre, ample, presque infini. Pour le dire autrement : à l'heure de la gestion des condamnations prononcées à l'échelle industrielle (fordisme pénal), à l'heure où la pénalité étend son champ d'exercice à tous les niveaux de la société tout entière et où elle n'est techniquement plus limitée, sur le plan quantitatif, par une question de place et de capacité d'accueil, à l'heure où, en dernière analyse, punir ne consiste plus seulement à enfermer, contenir, accueillir, héberger, mais à disséminer, mobiliser, déloger, vider, pister, la pénalité a changé de visage et se donne comme régulatrice[112]. La pénalité contemporaine ne se réduit donc plus à la seule nécessité de l'hébergement, ce n'est plus en termes de logement des condamnés qu'elle raisonne et sanctionne : punir aujourd'hui, c'est précisément, pour l'institution pénitentiaire, déménager/emménager, se déplacer vers, devenir mobile, disparaître à la faveur d'une dilution dans la société tout entière. Ce qui caractérise la pénalité du nouveau millénaire, c'est son aptitude à être partout et nulle part, à être présente ici, mais non identifiable là, à poursuivre les individus jusque sur le terrain de leur intimité, jusqu'à leur domicile, à s'inviter chez les condamnés par la procédure de l'entretien à domicile, ou par la procédure de la vérification des caractéristiques des relations familiales ou intra-conjugales.

Arrêtons-nous un instant sur ce droit à l'incursion offert à l'institution pénitentiaire. Ce point est capital, parce que le Placement sous surveillance électronique, en tant que prison à domicile, est une mesure qui bouscule les fondements même de l'*habitatio*. L'*habitatio*, en tant que *domus* (maison), est le lieu de la protection par excellence contre les agressions extérieures, l'espace où se jouent la vie intime, la sphère privée, le droit au secret et aux pensées inavouables. En tant que symbole de l'enveloppe protectrice, l'*habitatio* est le lieu primitif et originaire de l'être démuni, seul, vulnérable. A ce titre, il représente une protection plus inconditionnelle que celle issue du vêtement (*vestis*), dans la mesure où rien n'empêche un individu de demeurer nu chez soi, alors qu'il ne peut le faire dehors, pour des raisons

112 A l'intérieur de ce nouveau paysage pénal industriel, les aménagements de peine tendent irrésistiblement à devenir la règle, plutôt que l'exception. Bien qu'il soit demandé aux personnels pénitentiaires d'insertion et de probation, conformément à leurs missions, d'évaluer la faisabilité et la pertinence de la mise en œuvre d'un aménagement de peine en faveur d'un condamné, il n'en demeure pas moins que, sur le plan pratique, l'automaticité de cet aménagement de peine ne fait pas de doute, au point que, pour que soit éventuellement enregistré un refus, il faille en motiver expressément les raisons. Autrement dit, la question qui est pratiquement posée aux personnels d'insertion et de probation est, non pas celle de savoir si tel ou tel condamné peut voir sa peine objectivement aménagée, mais celle qui vise à savoir s'il n'y a pas de raisons probantes rendant impossible ou difficile cet aménagement. Sauf mentions contraires, l'aménagement de peine est donc, pour ainsi dire, acquis de droit par le condamné.

liées tant à la froidure qu'à la pudeur et à l'éducation. Lieu de la protection originaire, comme celui du ventre de la mère vis-à-vis de son enfant, selon une thématique psychologique, l'*habitatio* voit son principe même remis en question par l'apparition des dispositifs de surveillance électronique qui fixent les condamnés à leur domicile. Un tel dispositif fait du domicile le théâtre de l'exécution de la peine, le lieu où se joue la pénalité, d'où il résulte l'usurpation du domaine privé par la puissance publique. Par suite d'un renversement complet, l'*habitatio* se présente, dès lors, comme l'espace, non plus du retranchement, mais de l'exposition toujours possible aux attaques extérieures. Les dispositifs de surveillance électronique, qu'ils soient mobiles ou non, ont en commun de faire voler en éclats la distinction entre l'intérieur et l'extérieur, l'hospitalité et l'hostilité, le plaisir et la peine. Bien que lieu originairement propre, l'*habitatio* n'appartient plus en propre au condamné, puisqu'il se trouve investi, jour et nuit, par la puissance publique, ne serait-ce que par la pose du matériel électronique au domicile. Perdant ainsi sa spécificité protectrice et sa plénitude liée au repos et à la sérénité, l'*habitatio* se transforme alors en un lieu de la domination, du contrôle, de l'exécution pénale privant ou restreignant la liberté. Cette privation de la liberté se signale par une double contrainte prévue par les textes :

- primo, le non-respect des horaires d'assignation au domicile constitue une violation du cadre de la mesure préalablement défini, et implique le signalement d'un incident pouvant conduire au retrait pur et simple de la mesure de Placement, ce qui revient donc à mettre en œuvre une incarcération ;

- secundo, la coupure du bracelet électronique entraîne l'activation d'un signal d'alarme et, à ce titre, peut être considérée comme une évasion impliquant des poursuites judiciaires. Les dispositions et le cadre général de fonctionnement concernant la mise en œuvre du Placement sous surveillance électronique sont prévus par l'article R 57-11 du Code de procédure pénale : « (...) La personne assignée porte un bracelet comportant un émetteur. Cet émetteur transmet des signaux à un récepteur placé au lieu d'assignation dont le boîtier envoie par l'intermédiaire d'une ligne téléphonique, à un centre de surveillance, des messages relatifs au fonctionnement du dispositif et à la présence de l'intéressé dans le lieu où il est assigné. Le bracelet porté par la personne assignée est conçu d'une façon à ne pouvoir être enlevé par cette dernière sans que soit émis un signal d'alarme. (…). ». Cet article, qui émane d'une décision par décret, revêt, selon la hiérarchie des normes, une importance capitale. Le procédé de la surveillance électronique y est clairement défini et, si le port du bracelet y est décrit comme obligatoire, l'article 434-29 du Code pénal, en son quatrièmement, pose explicitement que le fait de rendre inopérant le système de surveillance à distance est assimilé au délit d'évasion, et, par voie de conséquence, est passible de sanctions.

Lieu originairement permissif, libre, voire fantaisiste, le domicile est dorénavant, sous l'action de la surveillance électronique, cet espace où se déploient l'interdiction et la méfiance. Loin d'être ce lieu du relâchement vis-à-vis de la pression sociale, l'*habitatio* devient un des rouages du processus de normalisation et de rééducation, un espace de contrainte. Alors même que les associations qui accompagnent les sans-abri et les mal-logés dans leur recherche d'un hébergement ou d'un appartement (un « appartement » est ce qui est précisément à part, divisé, ce qui isole donc des autres), considèrent qu'il n'y a pas de progrès humain sans la protection des plus faibles et qu'une telle protection doit nécessairement passer par un « droit au logement », les promoteurs de la surveillance électronique prennent totalement le contre-pied de cette revendication en s'arrogeant un droit, exactement inverse, à l'incursion. Ce droit à l'incursion est une des caractéristiques majeures des Placements sous surveillance électronique. En définitive, la pénalité contemporaine du nouveau millénaire est celle qui non seulement ne connaît pas de limite dans son processus de prononcés de peine, non seulement c'est celle qui peut, en droit, multiplier le nombre de condamnations sans s'inquiéter de la rétention ou de la détention des individus concernés, mais encore c'est celle qui s'introduit partout, fait irruption là où l'on ne l'attend pas, s'évanouit aussi vite qu'elle est venue pour réapparaître à un autre endroit ou simultanément à des endroits différents : bref, c'est la pénalité de la plasticité, de l'intrusion, de l'accaparement de la famille et de l'*habitatio*, du réseau, du contrôle des esprits. Dans la mesure où cette forme de la pénalité ne détient plus des corps dans un milieu fermé, elle se donne comme plus humaine, plus souple, plus douce. Mais cette apparente souplesse, cette pseudo-douceur ne doit pas masquer ni son efficacité en termes de contrôle des individus, ni les effets qu'elle produit sur les condamnés qui sont placés dans une situation de contrôle permanent et d'auto-observation d'eux-mêmes. Cette pénalité est le résultat de l'invention du nouveau régime d'exécution de la peine que nous nommons l'hypersurveillance et qui présente les caractères du parfait panoptisme[113]. Qu'est-ce que le panoptisme, selon M. Foucault (et non plus seulement maintenant selon Bentham) ? :

« C'est un projet de construction, souligne M. Foucault, avec une tour centrale qui surveille toute une série de cellules disposées circulairement, à contrejour, dans lesquelles on enferme les individus. Du centre, on contrôle toute chose et tout mouvement sans être vu. Le pouvoir disparaît, il ne se

113 L'hypersurveillance est une forme sinon achevée, du moins sophistiquée du panoptisme. En ce sens, elle est s'intègre bien dans le paradigme benthamien du pouvoir institutionnel du regard (l'institution voit sans être vue), et dans la thématique foucaldienne de la société de surveillance généralisée.

représente plus, mais il existe ; il se dilue même dans l'infinie multiplicité de son unique regard. (...). La police, invention française qui fascina aussitôt tous les gouvernements européens, est la jumelle du *Panopticon*. La fiscalité moderne, les asiles psychiatriques, les fichiers, les circuits de télévision et combien d'autres technologies qui nous entourent en sont la concrète application (…). Les lieux dans lesquels on a trouvé la tradition de connaissances qui ont amené à la prison montrent pourquoi celle-ci ressemble aux casernes, aux hôpitaux, aux écoles et pourquoi ceux-ci ressemblent aux prisons[114] ».

Le panoptisme est donc cette sorte de surveillance généralisée, d'observation permanente produite par une instance de contrôle diffuse et relayée par les individus eux-mêmes opérant une vigie continue sur eux-mêmes. Le pouvoir dont la forme est celle du panoptisme produit, au sein de la société, un effet de contrôle ininterrompu, diffus et dilué « dans l'infinie multiplicité de son regard unique ». De même que, chez Leibniz, la monade déploie toutes ses représentations, tous ses états à partir d'elle-même sans être affectée par aucune sensation provenant de l'extérieur (théorie leibnizienne bien connue de l'unité d'une multiplicité exprimée, dans le langage de Leibniz, par l'idée que la monade est sans porte ni fenêtres), de même les individus se trouvant aux prises avec le panoptisme produisent sur eux-mêmes les conditions d'une auto-surveillance. Auto-déploiement de la monade dans un univers régi par Dieu, et auto-surveillance de l'individu pris dans le piège du panoptisme, voilà ce qui peut permettre de comprendre comment, à l'intérieur d'un monde où les individus sont apparemment indépendants les uns des autres et ne communiquent pas, une interaction est toutefois possible : ce sont les individus eux-mêmes qui participent à tout ce qui leur arrive de bien et de mal. Le panoptisme est tel qu'il peut, du haut de son pouvoir de surveillance et de contrôle, imposer aux individus une conduite d'observation intérieure et les contraindre à se laisser voler leur regard. Pour prolonger l'analogie, il est possible de poser que, conformément à la manière dont les monades expriment toutes un point de vue de la Substance infinie, les individus révèlent, à travers leurs yeux, leur comportement, leurs sentiments, le regard du panoptisme. Voilà pourquoi M. Foucault considère le *Panopticon* de Bentham à la fois comme « une forme d'architecture », mais surtout comme « une forme de gouvernement », il est « une manière pour l'esprit d'exercer le pouvoir sur l'esprit[115] ». Dans la perspective ouverte par Bentham, la meilleure manière pour l'institution d'assurer son fonctionnement et sa permanence, c'est d'exercer un pouvoir par capillarité, c'est-à-dire dont la forme est celle qui a la ténuité d'un cheveu, qui est comme invisible, qui imprime dans le cœur

114 M. Foucault, *Dits et Écrits, I, op. cit.*, p. 1597.
115 M. Foucault, *Dits et Écrits, I, op. cit.*, « A propos de l'enfermement pénitentiaire », p. 1305.

des hommes le sentiment d'une nécessaire auto-surveillance et qui se répand à travers les réseaux inextricables et infinis reliant les individus au panoptisme. Dès lors, réfléchissant au passage de la punition à la surveillance, M. Foucault indique que la mécanique du pouvoir issue de cette transition a une « forme capillaire d'exister », et se signale par ce moment où « le pouvoir rejoint le grain même des individus, atteint leur corps, vient s'insérer dans leurs gestes, leurs attitudes, leurs discours, leur apprentissage, leur vie quotidienne[116] ». Il y a donc une corrélation entre la douce institutionnalisation de la pénalité contemporaine et « le régime synaptique du pouvoir[117] ». L'apparente humanité de la pénalité contemporaine - qui s'est d'abord traduite par la disparition des supplices au profit de la guillotine (qui, rappelons-le, bien qu'elle nous apparaisse rétrospectivement comme un appareil moyenâgeux et arriéré, a initialement été accueillie comme la réalisation d'un progrès vers moins de souffrance et plus d'humanité dans l'économie du pouvoir de punir), puis par l'abolition de la peine de mort, en France, en 1981, et enfin par le développement du nouveau régime de l'hypersurveillance à l'aube du XXIe siècle – vient de ce qu'elle a inventé, de fil en aiguille, une forme de peine invisible, microscopique, faussement douce et légère, une peine non visiblement pénible, propre, qui ne se manifeste sans aucune effusion de sang, ni coups ni blessures. Dès lors, comment comprendre la notion de sanction aujourd'hui ? En effet, si la société n'est plus essentiellement punitive, au sens foucaldien, mais disciplinaire, et même plutôt vérificatrice, quel type de peine exécute le condamné ? S'il n'éprouve plus la pénibilité de la peine, est-ce encore une peine ?

De l'analyse ci-dessus menée, il convient de tirer un certain nombre de conséquences sur la modalité de la peine imposée par le régime de l'hypersurveillance, et en particulier sur le plan conceptuel : claustration, endettement et contrôle centralisé ou pôle vérificateur (le pôle d'aménagement de peine).

Premièrement, et tout d'abord, être puni aujourd'hui, lorsque le régime punitif est celui de l'hypersurveillance (Placement sous surveillance électronique/Placement sous surveillance électronique mobile), c'est être contraint, non plus vraiment à l'incarcération, mais à la claustration. Ce qu'il importe de noter d'abord, outre les écarts sémantiques de ces termes, c'est l'idée que l'une et l'autre ont en commun d'être des modalités de l'enfermement[118]. Mais la nuance de taille qu'introduit la claustration, vis-à-

116 M. Foucault, *Dits et Écrits, I, op. cit.*, « Entretien sur la prison : le livre et sa méthode », p. 1609.

117 *Ibid.*, p. 1609.

118 Pour bien comprendre les enjeux liés au couple apparemment antinomique emprisonnement/hypersurveillance, une distinction doit être utilement faite d'abord entre enfermement et incarcération. Si, en effet, le Placement sous surveillance électronique rompt avec un certain type d'enfermement appelé traditionnellement l'incarcération, il n'en

vis de l'incarcération, c'est l'idée que le condamné, qui est amené à exécuter sa peine sous la forme d'un Placement sous surveillance électronique, l'exécute de son plein gré, volontairement et par consentement. Alors qu'une incarcération induit une contrainte totale du condamné à la nécessité de l'enfermement dans une prison, un Placement sous surveillance électronique suppose l'accord du condamné : c'est ce que prévoient les textes initiaux et, dans la pratique, il n'est pas rare que le condamné soit conduit à signer un document attestant son accord et même sa demande : pour faire l'objet d'un Placement sous surveillance électronique, le condamné fait une requête auprès du Juge de l'application des peines, demande à « en bénéficier ». Plus exactement, ajoutons que le Code de procédure pénale a été longtemps sans ambiguïté en son article 723-7, issu de la Loi no 2000-516 du 15 juin 2000 renforçant la protection de la présomption d'innocence et les droits des victimes : « La décision de recourir au Placement sous surveillance électronique ne peut être prise qu'après avoir recueilli le consentement du condamné, donné en présence de son avocat ». Aujourd'hui, bien que la Loi n°2004-204 du 9 mars 2004, portant adaptation de la justice aux évolutions de la criminalité, ait supprimé cette mention de l'article 723-7, la pratique exige de continuer, ici ou là, à enregistrer le consentement préalable du condamné, qui souhaite voir sa peine aménagée sous la forme du Placement sous surveillance électronique. Cette pratique s'inscrit dans une démarche « préventive » et quasi « assurancielle », puisqu'il est recommandé aux personnels de l'institution pénale et pénitentiaire de s'assurer de la motivation « réelle » du condamné, avant même de réfléchir à l'octroi d'une telle mesure. Cette recherche du consentement est donc avant tout procédurale et de bon sens, car elle consiste à écarter au maximum l'éventualité de l'échec d'un Placement sous surveillance électronique, qui met le condamné devant un certain nombre de contraintes liées à cette mesure. En revanche, jamais l'avis d'un condamné sur sa future incarcération ne saurait être pris au sérieux ni en considération. Autrement dit, alors qu'une incarcération ou une séquestration désignent la réclusion imposée par autrui, la claustration est un renoncement à la pleine liberté plus ou moins prolongé, consenti, c'est une réclusion volontaire. Il est possible de maintenir l'idée d'un enfermement ici, même s'il s'agit d'un enfermement dehors, en ce sens que le fait d'être placé sous surveillance électronique attache le condamné à des obligations et à une série de mesures de contrôle. Il peut même être à ce point enfermé dehors qu'il est en permanence susceptible de devoir rendre des comptes, être convoqué ou

demeure pas moins qu'il existe différentes formes d'enfermement : on l'a vu avec M. Foucault, l'asile, la caserne, l'hôpital, l'école, etc., sont d'autres lieux d'enfermement. Mais il appert qu'on peut également être enfermé chez soi, en soi, dans des préjugés, des croyances, dans des peurs, etc. Les barreaux sont aussi dans la tête, si bien qu'il convient d'entendre la notion d'enfermement dans un sens large, et qu'il n'est pas question de se hâter à supposer que l'hypersurveillance se dégage de toute forme d'enfermement ou de confinement, bien au contraire.

visité à tout moment, joint par téléphone, tenu à se manifester, à justifier ses absences, à s'expliquer. Il est à ce point enfermé dehors qu'il ne saurait échapper, ne serait-ce que par la pensée, à l'institution qui, à distance, l'administre. En outre, le port du bracelet électronique, qui est indélogeable durant la totalité du Placement sous peine de poursuite, est autant nocturne que diurne, et le condamné le garde quotidiennement à la cheville (en faisant sa toilette, en dormant, etc.) et, le cas échéant, l'emporte avec lui sur son lieu de travail. Nous assistons là à l'expression de ce que M. Foucault nomme le « gouvernement des esprits », dans la mesure où le pouvoir judiciaire implique le condamné dans la participation active à son châtiment. Dès lors, par sa participation, il s'observe lui-même, et devient un élément actif du rouage du Panoptique[119].

Deuxièmement, il nous faut relever d'autres éléments. En effet, du fait qu'un condamné fasse l'objet d'un Placement sous surveillance électronique, le système punitif se présente comme clément, doux, généreux. Le Placement sous surveillance électronique est un aménagement de peine et, à ce titre, il rend comme « emménageable » ou « habitable » une peine qui présente les caractères apparents de la magnanimité et de l'indulgence. De même que le héros ou le vainqueur d'une bataille peut faire preuve de magnanimité à l'égard du vaincu, du plus faible, de même le système punitif peut apparaître comme plus humain et plus tolérant vis-à-vis du condamné (qui, de part sa condamnation, et devant l'extraordinaire pouvoir judiciaire, se trouve en position de faiblesse). Le rapport entre le pouvoir judiciaire et le justiciable est à ce point asymétrique que, pour apparaître sous un visage plus humain, le système punitif a inventé une peine semblant « habitable », acceptable, une peine douce. Le Placement sous surveillance électronique comme aménagement de peine fait donc signe vers l'indulgence de l'appareil judiciaire, de même que les mesures d'assistance font signe vers la générosité de l'État-providence. Dès lors, si l'on pousse plus loin la comparaison, il en résulte que, à bien y regarder, de même que les mesures d'assistance (R.M.I, R.S.A., A.P.I, A.A.H., etc.[120]) mettent les assistés dans une position de dépendance et d'assujettissement à l'égard de l'État-providence, de même les mesures de Placements sous surveillance électronique « placent » précisément les condamnés dans une relation de subordination infinie. Bien qu'elles se donnent comme plus humaines et

---

119 Ce système de la peine est, pour reprendre le vocabulaire de M. Foucault, extrêmement « perfide ». Le caractère sournois d'un tel dispositif de surveillance électronique consiste dans le fait qu'il s'insinue dans la volonté des intéressés eux-mêmes, à leur insu, pour en remodeler les désirs, en façonner les aspirations. Il agit comme une (re)-programmation des comportements individuels. Sur la « perfidie » de ce dispositif, voir, en particulier, les très belles pages de M. Foucault, *Dits et Écrits, I, op. cit.*, p. 1640.

120 Pour une traduction des sigles, le R.M.I. désigne le Revenu Minimum d'Insertion, le R.S.A. le Revenu de Solidarité Active, l'A.P.I. l'Allocation Parent Isolé et l'A.A.H. l'Allocation Adulte Handicapé.

qu'elles semblent même comme protectrices (un Placement sous surveillance électronique peut être vendu comme une chance, une occasion à saisir, car il vaut mieux qu'une incarcération), ces mesures de Placements sous surveillance électronique propulsent les condamnés vers l'endettement et le surendettement, elle les conduisent à souscrire une dette sinon illimitée, du moins enflée, majorée. La majoration de la dette vient précisément de ce que le condamné, se félicitant d'obtenir la clémence de l'appareil judiciaire, entre volontairement dans la claustration, se soumet aux dispositifs de contrôle, accepte les conditions de son assujettissement., participe à son enfermement. Apparaissant comme le résultat d'un accord entre le pouvoir judiciaire et le condamné, le Placement sous surveillance électronique se donne donc comme consensuel et, à ce titre, plus humain et équilibré. Reconnu comme le fruit d'une sorte de négociation entre l'État et le justiciable - en ce sens que le condamné, répétons-le, n'est pas tenu d'enfiler un bracelet électronique -, perçu comme l'aboutissement d'une prise en compte, par l'appareil judiciaire, des intérêts du condamné, le Placement sous surveillance électronique consolide le sentiment de dette qu'éprouve le condamné à l'égard de la société, et rend comme invisible et introuvable la pénibilité de la peine. Il va sans dire que, pour « vendre » un dispositif, encore faut-il le présenter comme bon et honorable ; et pour le vendre comme tel, il faut qu'il passe pour permette aux « bénéficiaires » d'échapper à ce qui leur semble pire, à savoir la détention. Du moins est-ce ainsi, en termes de gain et de perte, qu'ils doivent appréhender le rapport entre l'emprisonnement et le Placement sous surveillance électronique. Or, ce que recouvre le dispositif de Placement sous surveillance électronique est une technologie de contrôle continu, une relation de dépendance stricte, un chantage à l'emprisonnement, l'exercice d'un « empire » sur l'esprit, l'intrusion de l'institution dans l'intimité du condamné, l'indiscrétion du système informatique du suivi des condamnés (dans la mesure où les fichiers sont partagés par l'ensemble des services du territoire français, services de l'application des peines et S.P.I.P. confondus), l'implication de la famille dans le Placement sous surveillance électronique, la pénalisation même de la famille qui doit accepter l'installation du dispositif émetteur/récepteur à son domicile. En outre, dans la mesure où l'une des conditions principales d'octroi d'un Placement sous surveillance électronique est le fait d'avoir ou de trouver un travail, les condamnés sont souvent conduits à faire n'importe quel « petit boulot », et à consentir aux jobs précaires. Il serait d'ailleurs intéressant que soit menée une enquête statistique et sociologique sur la précarité des emplois des personnes placées sous surveillance électronique et sur la manière dont ils sont trouvés. Toujours est-il que le chantage à l'emprisonnement et la présentation du dispositif comme une indulgence du système pénal impliquent le consentement des condamnés à la claustration (l'auto-enfermement) et leur contraction d'une dette majorée envers l'institution tant pénale que pénitentiaire, se traduisant par la perte de leur autonomie et de leur intimité, par l'irruption de la peine dans le cercle familial (la famille devient solidaire de la peine ; à travers le condamné, c'est la famille tout entière qui s'observe et qui peut participer à la surveillance du principal intéressé), par l'acceptation de n'importe quel travail (qui passe pour valoir mieux que rien, et qui permet d'éviter une incarcération), par la soumission au régime de l'hypersurveillance. Ce qui illustre, en dernière analyse, combien le Placement sous surveillance électronique est conditionné par le chantage à l'incarcération, c'est, non seulement le fait que l'ordonnance de Placement sous surveillance électronique prévoit clairement une incarcération en cas de non-respect des obligations et du cadre horaire d'autorisation et d'interdiction de sortie du domicile de la part du condamné, mais encore le fait que celui-ci, une fois placé sous ce régime de surveillance, est et reste écroué jusqu'au terme de la mesure, au même titre qu'un détenu. Le Placement sous surveillance électronique est donc bel et bien un enfermement, c'est un type d'enfermement que nous nommons, à l'intérieur du régime de l'hypersurveillance, la claustration, puisque : le condamné emporte avec lui les barreaux de la geôle, les installe à son domicile et dans sa tête, contamine sa famille et donne la clé de sa maison à l'institution pénale et pénitentiaire qui peut s'y inviter librement.

Troisièmement, sous le régime de l'hypersurveillance, la question du contrôle devient capitale, et ce bien davantage que celle de la discipline, et requiert des développements technologiques et des réajustements, en fonction du nouveau « milieu » où s'exécute la peine. Lorsque les condamnés font, en effet, l'objet d'un Placement sous surveillance électronique, il sont propulsés, on l'a vu, en milieu libre, dans la société ouverte, et sont encadrés par le mécanisme de l'inclusion. Dans ces conditions, les techniques de contrôle mises en œuvre ici exigent des spécificités et des adaptations nécessaires. Tandis que la discipline joue un rôle de surveillance des corps, dans un milieu clos et limité, le contrôle a pour fonction de maîtriser des esprits, d'établir un empire sur eux, dans un environnement ouvert et quasi infini. Autrement dit : alors que la discipline a rapport à l'extériorité (domination des corps et de l'espace ; rappelons qu'un corps, par définition, occupe lui-même un espace, et a été pensé par Descartes en termes d'*étendue*), le contrôle a, plus précisément, rapport à l'intériorité (domination de la pensée, contrôle et anticipation des désirs ; les caractères de l'indivisibilité et de l'inétendue de l'âme empêchent son quadrillage strict, et nécessitent, de ce fait même, une forme de contrôle inédite, fondée sur l'orientation des intentions, des désirs et des motivations, la direction de la conscience, le mécanisme de l'autosurveillance). Parce que l'intériorité des condamnés ne saurait être quadrillée, délimitée, encerclée, il faut alors l'orienter, en disposer, la canaliser et l'infléchir dans un sens plutôt que dans un autre. Le dispositif de contrôle, par cela seul qu'il existe autour de soi, mais de manière peu identifiable et localisable, suscite de la part des condamnés des réflexes de panoptisme, d'autosurveillance, d'auto-enfermement, de claustration. La force du Placement sous surveillance électronique réside là, dans le fait que les Placés eux-mêmes participent à ce qui les écrase, s'emprisonnent eux-mêmes, et sont conduits à vouloir être contrôlés et vivre sous le joug de l'instrument qui les surplombe, à savoir : le contrôle centralisateur ou le pôle vérificateur. Dans cette perspective, on comprend aisément pourquoi il n'est plus utile de mettre un agent, un surveillant ou un policier, derrière chaque condamné. La mise en œuvre d'un dispositif de contrôle à distance, qui centralise l'information, qui voit sans être vu, qui opère une surveillance accrue sur les mouvements des condamnés exprimant, le plus souvent, les mouvements de leur l'âme et leurs désirs, suffit à rendre efficace et réalisable le système. Le contrôle proprement dit n'a pas besoin de prison, il ne porte plus sur la seule surveillance des corps (pour laquelle, justement, la prison est nécessaire), il requiert seulement la soumission des condamnés à ce contrôle, ces derniers y étant d'autant plus facilement assujettis qu'ils se trouvent « libres », non détenus, non clôturés, et, de ce fait, endettés.

La technologie fondant la possibilité de la surveillance électronique permet une omniprésence du contrôle. En prison, la surveillance est localisable, circonscrite et fermée, et implique, du même coup, une proximité avec les détenus, un rapprochement, une connivence. Avec les dispositifs de surveillance électronique, volent en éclats toute délimitation, toute frontière, toute barrière. Ces dispositifs supposent la possibilité de la surveillance à distance, la télésurveillance et l'ubiquité du contrôle. Le contrôle s'effectue au moyen d'un *repérage* à distance, si bien qu'il n'est plus possible, pour le condamné pisté, repéré, de passer « incognito ». Le contrôle s'exerçant au moyen d'un dialogue entre un émetteur et un récepteur, au moyen de puces électroniques, et selon des paramètres et un langage abstraits, aboutit à développer un sentiment de paranoïa chez les contrôlés eux-mêmes, sentiment qui contribue, du reste, au renforcement de l'adhésion des condamnés aux règles du Placement sous surveillance électronique.

Dès lors, la prison et le Placement sous surveillance électronique obéissent à des exigences fonctionnant comme un chiasme : tandis que le geste de l'emprisonnement a pour traits caractéristiques de déterminer un lieu clos et d'y circonscrire des corps en vue de les garder et de les surveiller ensuite, le geste de la surveillance électronique consiste d'abord à mettre en œuvre une procédure de contrôle, à rendre techniquement réalisable le survol d'espaces infinis par l'institution devenue mobile, transparente, invisible, en vue ensuite de réfréner les désirs des contrôlés, de limiter et de cerner leur intentionnalité (au sens phénoménologique du terme, à savoir le fait pour la conscience, qui n'a pas de contenu, de tendre vers un dehors qui n'est pas elle). Pour caractériser plus simplement encore ce fonctionnement en sens inverse de ces deux mécanismes de surveillance, notons que : l'emprisonnement a pour point de départ un lieu circonscrit (la prison) et va chercher ensuite le condamné pour l'enfermer, le placer en détention (elle le prend, *stricto sensu*) ; quant au Placement sous surveillance électronique, il a pour point de départ, non pas un lieu ou un coin du monde, mais la personne elle-même à contrôler, l'individu, constitué de ses désirs et de ses intentions, pour ensuite le pister, le suivre, se fixer à lui sans le lâcher. La surveillance opérée par la prison appartient donc au domaine du quadrillage, et s'effectue au moyen d'un contrôle originairement géographique, en tâchant de fixer le surveillé à un coin du monde (la prison). La surveillance opérée par le Placement sous surveillance électronique s'exécute à l'aide d'un survol ou d'un effleurement, l'institution pénale et pénitentiaire n'a plus contact avec des corps (elle ne les touche plus à proprement parler, mais les effleure), et ce type de surveillance se rapporte au domaine du contrôle de l'individualité, de l'intentionnalité, et se réalise en cherchant à « se fixer » sur le surveillé, au moyen d'un G.S.M. (= Global System for Mobil), d'une balise ou d'un G.P.S. (= Global Positional System). Par où l'on retrouve le double mouvement, en sens inverse, de la stalactite et de la stalagmite, qui finissent par se rejoindre pour former des colonnes de calcaire appelées, géologiquement, « piliers stalagmitiques », ce qui, sur le plan pénal, correspond à la jointure des deux modes principaux de la pénalité d'aujourd'hui (Prison/Surveillance électronique).

Le système de la pénalité contemporaine obéit donc, à travers les différentes mesures de Placements sous surveillance électronique, au principe d'un décentrement, à la règle du contrôle par décloisonnement et mobilité. Ce décloisonnement n'est possible que parce que s'y trouve associé un pôle unificateur et centralisateur, qu'on nomme parfois, au sein des Services pénitentiaires d'insertion et de probation, le pôle d'aménagement de peine, et qui consiste précisément à évaluer la faisabilité d'un Placement sous surveillance électronique et à contrôler le Placé astreint à ce régime. Le Travailleur social pénitentiaire (Conseiller pénitentiaire d'insertion et de probation et Assistant social) a alors pour mission notamment de veiller à ce que le Placé sous surveillance électronique respecte le cadre de la mesure, remplisse les conditions d'assignation horaire au domicile, et satisfasse à ses obligations particulières. Le pôle de centralisation de la peine collecte donc les informations ressortissant au condamné surveillé électroniquement, et est en relation à la fois avec la détention où se trouve centralisée la réception des données informatiques concernant les mouvements du contrôlé à distance, et avec l'application des peines qui doit être tenue informée de toute inconduite ou dérapage de celui-ci. Le régime de l'hypersurveillance est donc un régime du contrôle, de la note et de la méta-note, de la collecte des données en plusieurs exemplaires (les données existent au format papier et au format informatique, on les trouve dans les cabinets des Juges de l'Application des peines et dans les bureaux des Services pénitentiaires d'insertion et de probation). L'étymologie du terme contrôle est ici éclairante, et trouve sa parfaite illustration dans l'organisation et le fonctionnement du système pénal et post-sentenciel d'aujourd'hui : le mot contrôle vient du latin *rotulus* qui signifie rouleau ou roue, et qui renvoie à l'acte administratif ou juridique consistant à enrouler une feuille. Le latin *cum* vient ici compléter la définition, puisque il détermine l'idée du double exemplaire, l'idée que l'on tient un registre en double (*cum*, c'est-à-dire avec). Par conséquent, contrôler désigne primitivement l'acte par lequel on tient un registre en double, l'un consistant à vérifier l'autre appelé « rôle ». Ce qui sous-tend l'acte de contrôler est donc à la fois une logique de la vérification, l'impératif du double exemplaire et l'obligation de la trace écrite. Le régime de l'hypersurveillance a pour exigence principale celle de contrôler, et donc de centraliser les données écrites et informatiques concernant les surveillés électroniquement.

H) Terreur de l'hypersurveillance ?

Fondamentalement, un aménagement de peine est, quand il prend la forme de la surveillance électronique, un déménagement de la peine, il n'est rien qu'un emménagement de l'institution pénitentiaire au domicile du condamné, une intrusion dans sa tête, une irruption dans l'intimité de ses désirs. Le lien qui unit la télésurveillance électronique et la sphère privée est clair : la télésurveillance est née, historiquement, du souci de surveiller à distance les domiciles des particuliers, en mettant en place des alarmes anti-intrusion. En mettant l'accent sur l'insécurité, les politiques favorisent le développement des techniques de télésurveillance qui sont alors présentées comme des dispositifs permettant une réduction notable des coûts. C'est ainsi que ces techniques ont trouvé un champ d'application dans le domaine commercial. Par exemple, en ce qui concerne le contrôle de la température des réfrigérateurs, des chambres froides ou des vitrines réfrigérées dans les grandes enseignes de l'alimentation, il n'est plus besoin de faire des rondes pour contrôler l'état et le bon fonctionnement des appareils. A l'aide de dispositifs de télésurveillance automatisés, les équipements sont contrôlés à distance et ne réclament donc plus aucune surveillance humaine permanente, puisqu'en cas de défaillance technique, une alerte se déclenche et avertit l'intervenant technique de l'emplacement précis où se trouve la panne, quelle pièce en particulier il convient de changer, etc. La télésurveillance permet la télégestion, et s'applique à tout réseau, que celui-ci soit un réseau d'eau avec ses canalisations, un réseau électrique, un réseau de feux rouges ou encore un réseau d'évacuation souterraine des déchets par aspiration. Dès lors, à l'aide de ces nouvelles technologies, il n'est plus besoin de personnels pour faire des rondes dans les rayons des magasins ni dans les prisons. La disparition de la nécessité de « faire des rondes » vient de ce que, en ce nouveau millénaire, la pénalité a changé de visage, et de ce que son centre de gravité s'est peu à peu déplacé de la prison vers la surveillance électronique. Certes, la pénalité nous offre encore aujourd'hui le double visage de Janus, puisqu'elle se manifeste à travers ses deux modalités d'exécution, qui se réalisent tantôt sous la forme d'une incarcération, tantôt sous celle d'un aménagement de peine. « Janus » est d'ailleurs si ancré dans la pénalité d'aujourd'hui que bien des condamnés, eu égard à la petite et moyenne délinquance, connaissent un parcours entremêlant les deux modalités de la peine. Cette idée de modulation de la peine repose sur le principe d'une variation et d'une adaptation de la sanction, en fonction de l'évolution du condamné, c'est-à-dire sur le principe dit de « l'individualisation de la peine ». En ce sens, le Placement sous surveillance électronique, en tant qu'aménagement de peine, fait écho à un tel principe et peut être rapporté à un « régime progressif » de la peine, ce qui signifie que le condamné, à condition qu'il remplisse les conditions de droit, de comportement et de prospective (projet et gages de réinsertion), peut passer du régime de la détention à celui, par exemple, du Placement sous surveillance électronique. Cependant, en raison et à la suite de l'empilement des textes (lois, décrets, etc.), le Placement sous surveillance électronique peut aussi être octroyé directement, et de manière quasi automatique, ceci émanant tout à la fois, ainsi qu'on l'a vu, d'abord de l'article 723-15 du Code de procédure pénale, ensuite de la Nouvelle Procédure d'aménagements de peine (procédure rapide et automatisée, ou encore « sas de sortie » mise en place par la Loi n° 2004-204 du 09 mars 2004, portant adaptation de la justice aux évolutions de la criminalité), et enfin de la nécessité de désengorger les prisons surpeuplées de France impliquant des difficultés sérieuses de gestion. Mais, sur la base du principe de telles inflexions de la peine, ce qui mérite foncièrement d'être relevé, c'est que, si la création et la multiplication des aménagements de peine ont d'abord été réfléchies sur fond d'emprisonnement - la prison restant la reine des peines, ce qui signifie qu'un aménagement de peine s'articule encore à une peine *ferme* et vient toujours en second -, en revanche, avec le développement de la surveillance électronique, il ne nous semble pas exagéré de poser qu'apparaît là une rigoureuse, une authentique et une « prometteuse » alternative à l'incarcération, et ce n'est pas un hasard si la Loi pénitentiaire du 24 novembre 2009 prévoit une augmentation significative, à la fois prochaine et rapide, du nombre de personnes placées sous surveillance électronique. Autrement dit, bien que réelle et apparemment conflictuelle comme la guerre entre les Romains et les Huns sous l'Antiquité, la bipolarisation de la peine, exprimée par la prison d'un côté, et les aménagements de peine de l'autre, semble pouvoir trouver un arrêt dans l'avènement de la surveillance électronique et ses mécanismes de contrôle. Notons toutefois au passage que la bipolarité de la peine conduit à des situations « schizophréniques », « dissociées », dès lors qu'un balancement permanent s'opère entre la décision d'incarcération imminente et l'urgence de la mise en œuvre d'un aménagement de peine. Cette situation bivalente, ambivalente même, voire amphibie, qui offre deux possibilités contradictoires, est souvent mesurée et vécue en termes d'absence de sens par les Travailleurs sociaux de l'Administration pénitentiaire. Quelle est maintenant la forme de pouvoir qui a remplacé celui de « faire des rondes » ? Le type de pouvoir propre à la surveillance électronique peut être caractérisé, décrit et complété ici, à l'aide de la figure du drone. Cette figure permettra ensuite de comprendre l'impact de la surveillance électronique sur ceux qui en font l'objet. Mais, d'abord, qu'est-ce qu'un drone ? Un drone, c'est un aéronef, un petit avion, sans pilote, par conséquent inhabité, qui est télécommandé ou qui obéit à un système de pilotage automatique pour effectuer des opérations militaires de reconnaissance, de prise d'informations, de surveillance et de détection. Ces opérations se font à distance. Cet appareil est un trésor de technologie, parce qu'il peut prendre des photos aériennes très exactes, détecter la présence d'armes chimiques ou bactériologiques au sol, être utilisé comme une arme authentique d'attaque lorsqu'il est chargé d'explosifs, bref, atteindre des objectifs variés et précis selon la programmation militaire initiale. Outre ses performances, il excelle dans l'art de la discrétion, et se montre peu exigeant, dans la mesure où il ne lui est pas nécessaire de disposer d'un vaste périmètre de sécurité pour décoller et atterrir. Il est donc capable d'aller chercher l'information qui paraît pourtant inaccessible ou introuvable. La comparaison du drone avec la surveillance électronique en matière pénale est intéressante, parce qu'elle met l'accent justement sur une technologie de pointe destinée à atteindre des lieux lointains, inaccessibles, introuvables, voire impossibles, sans impliquer des moyens humains : telle est la finalité ultime du dispositif de Placement sous surveillance électronique qui, à travers ses mécanismes pour pénétrer le corps et faire irruption dans l'esprit, vise à imprégner la vie privée et l'intimité des condamnés, cherche à distiller la crainte irrépressible de sa présence, qui est une présence à la fois omniprésente et repérable nulle part. Le drone illustre parfaitement le régime de l'hypersurveillance, et incarne idéalement la forme panoptique du pouvoir consistant à voir sans être vu, à pister sans répit, à viser un objectif qui est toujours débusqué et mis à jour et, de ce fait même, révélé comme possédant une « traçabilité », comme laissant derrière lui des traces pourtant invisibles à l'œil nu. Le drone, comme le satellite de détection, revêt une dimension effectivement épocale, et permet d'affiner les techniques de surveillance sur de très longues distances, en droit infinies. Tant et si bien qu'il est possible de poser l'analogie suivante : d'une manière générale, le Placement sous surveillance électronique (et le Placement sous surveillance électronique mobile.) est à l'Administration pénitentiaire ce que le drone est à l'État major ; d'une manière plus particulière, le

Placement sous surveillance électronique est aux condamnés ce que le drone est aux soldats ennemis.

Le rapprochement du dispositif pénal de surveillance électronique avec le drone permet peut-être de mieux appréhender le type de terreur exercée par son pouvoir sur les individus. Cette terreur est de celle qui se donne comme une angoisse profonde qui saisit tout un chacun sentant ou pressentant un danger réel ou imaginaire. Placé sous surveillance électronique, le condamné est, en effet, mis dans un état de sujétion permanente, en raison de la pression exercée par le dispositif de contrôle qui puise sa légitimité dans le statut même du Juge de l'Application des peines[121]. Rappelons que, par suite d'une audience juridictionnelle et de l'émission d'une ordonnance, le Juge de l'Application des peines, territorialement compétent, peut décider du Placement sous surveillance électronique d'un individu condamné à une peine ferme, et saisir le Service pénitentiaire d'insertion et de probation à vocation départementale, en vue de veiller à ce que ce dernier respecte les mesures de contrôle et les obligations qui lui ont été notifiées. Sur ce point, l'article D. 576 du Code de procédure pénale est sans ambiguïté : « Le Juge de l'Application des peines :

1° détermine les orientations générales relatives à l'exécution des mesures confiées au Service pénitentiaire d'insertion et de probation ;

2° évalue leur mise en œuvre par le service ». Et l'article D. 577 suivant complète la définition des attributions du Juge de l'application des peines, par ceci : « Le Juge de l'Application des peines et les autres magistrats

---

121 Selon M. Foucault, si l'on veut comprendre le système pénal, il ne s'agit pas de partir de la loi, de ce que dit le droit ou de sa prétendue universalité, mais du crime, de la relativité du crime, et, par conséquent de la particularité du fait. Il ne convient donc pas d'interroger le droit pour savoir ce qu'est le crime, mais de réfléchir le crime pour appréhender ce qu'est le droit et comprendre les mécanismes de pouvoir qui sont à l'œuvre dans la sphère judiciaire. L'historicisme juridique qui parcourt l'œuvre de M. Foucault permet d'opérer un renversement complet de la question de la légitimité : en effet, si le fait est ce qui historiquement inaugure le droit, les instances de contrôle (police, administration pénitentiaire) sont, en réalité, comme par suite d'une dialectique hégélienne, au-dessus de l'institution judiciaire. Cela signifie concrètement que ce sont les magistrats qui sont au service des forces de police et de probation, et que l'inverse n'est affiché que pour donner une apparente légitimité au droit en vigueur, et se traduit, par suite, pour ces administrations, par le fait d'agir sous mandat judiciaire. C'est pourquoi, toute décision pénale peut apparaître, en définitive, comme un oukase, comme un décret arbitraire relevant du droit d'exception, et n'est pas sans évoquer les fameux aphorismes de Pascal : « *Et ainsi ne pouvant faire que ce qui est juste fût fort, on a fait que ce qui est fort fût juste* » (§103, Éditions Lafuma). Et ailleurs, Pascal ajoute : « *Il est dangereux de dire au peuple que les lois ne sont pas justes, car il n'y obéit qu'à cause qu'il les croit justes. C'est pourquoi il faut lui dire en même temps qu'il y faut obéir parce qu'elles sont lois, comme il faut obéir aux supérieurs, non parce qu'ils sont justes, mais parce qu'ils sont supérieurs* » (§66, Éditions Lafuma). Sur cette question de la relativité des valeurs, outre l'œuvre écrite de M. Foucault, on regardera avec profit l'intéressant film documentaire de Philippe Calderon, *Foucault par lui-même*.

concernés communiquent, le cas échéant, pour chaque dossier dont ils saisissent le service, des instructions particulières pour le suivi de la mesure ». Par conséquent, en tant que pouvoir de saisine, d'orientation et de communication des instructions particulières, le Juge de l'Application des peines est institutionnellement, dans le registre post-sentenciel, la figure centrale du suivi des condamnés.

La surveillance électronique est un dispositif d'inspection et de contrôle qui exerce une vigie, non pas sur un espace en particulier, comme dans le cas de la vidéo-surveillance basique et du système de contrôle par caméra, mais sur des individus. Tandis que la surveillance opérée dans les prisons se donne avant tout comme spatiale, par le fait même qu'il s'agit de veiller à ce qu'aucune anomalie de conduite vienne troubler la tranquillité apparente des espaces formés par les cellules, les quartiers, les ailes, la cour de promenade, etc., la surveillance électronique s'intéresse, elle, de prime abord, à l'individualité, à l'intentionnalité et à l'autonomie des personnes, c'est-à-dire au registre de la subjectivité. Une telle surveillance a à voir avec le domaine privé, intime, secret, profond et personnel des individus, par cela seul qu'elle génère des effets d'autoscopie. Qu'est-ce à dire ? Et tout d'abord, que convient-il d'entendre par « autoscopie » ? Nous pouvons citer la définition qu'en donne Michalis Lianos dans son bel ouvrage *Le Nouveau Contrôle Social* : « On pourrait ainsi parler d'une *autoscopie*, un auto-contrôle préalable à l'inspection extérieure qui s'instaure au fur et à mesure du contact avec les structures inspectrices[122] ». Même si les analyses de l'auteur concernent avant tout le domaine de la vidéo-surveillance comme moyen de contrôle social, faisant écho au mécanisme du regard par caméra, elles nous sont utiles et éclairantes pour notre propos. Il y a en effet une relation et une extension possible de ses analyses à la question de la surveillance électronique comme mode de pénalité . Ce que M. Lianos souligne avec âpreté, c'est que, de manière générale, avec les systèmes de surveillance électronique s'opère un déplacement de la centralité des normes : en effet, tandis que celles-ci se donnent ordinairement et spontanément dans les relations intersubjectives, dans les interactions avec autrui, l'avènement de l'ère de la surveillance électronique destitue la figure d'autrui comme lieu de l'instauration des normes au profit de la figure du tiers, de l'invisible et de l'impersonnel : « Si les normes sociales relèvent du point de vue d'autrui et d'une pratique qui en tient compte, l'inspection relève du point de vue d'un tiers suspicieux, et la surveillance électronique d'une pratique qui assimile à l'avance les exigences du regard de la caméra. [...] Autrui, tout comme soi, est à la fois porteur et sujet du normatif et rien ne peut fonder une influence de cette sorte en dehors du rapport interactif. L'arrivée de l'inspection rompt cette étanchéité sociale par l'instauration

122 Cf., Michalis Lianos, *Le Nouveau Contrôle Social, Toile institutionnelle, normativité et lien social*, Paris, l'Harmattan, 2001, p.123.

d'un point de vue extérieur à l'interaction, qui se situe dans un contexte 'tiers'[123] ». Ce déplacement de la centralité normative de la figure d'autrui (le semblable, l'identifiable) vers celle du tiers (le dissemblable, le non identifiable) n'est pas sans conséquences sur les déterminations du sujet regardant qui surveille ou, selon le mot préféré par l'auteur, qui « inspecte ». La distance qui s'institue entre la surveillance et le surveillé n'est pas seulement spatiale et temporelle, mais aussi personnelle, intentionnelle, subjective. Ce n'est plus exactement un sujet en tant que tel qui est le vecteur du regard, mais un système opaque, invisible, éloigné, anonyme et hétérogène : « Le sujet de ce regard, précise M. Lianos, n'est pas participant, mais pas neutre non plus. Avant tout, il est inconnu et inidentifiable. Qui est le vrai porteur du regard d'une caméra ? (…). L'observateur est protéiforme, distant et dispersé dans l'archipel institutionnel et, de ce fait, ne peut pas être constitué par l'individu ciblé. Le regard de surveillance n'est pas seulement trans-spatial et trans-temporel, mais trans-personnel et trans-intentionnel aussi. Il peut cesser au moment de sa création ou se prolonger à l'infini sans pourtant jamais s'activer jusqu'à sa destruction, mais il peut aussi apparaître au journal télévisé de vingt heures. (...). De toute façon, il est impossible d'associer ce regard tiers à une personne, une institution ou un faisceau de normes, c'est-à-dire de situer ses exigences dans un contexte social. Mais ce qui est exigé demeure : une normalité globale et imposée par soi-même, paradoxale en ce qu'elle ne se réfère désormais plus à autrui directement, mais néanmoins rigide et efficace par sa projection dans le futur[124] ». En d'autres termes, la normalité ne s'institue plus, selon l'auteur, au moyen d'interactions directes entre les individus, mais à travers un mécanisme de super-contrôle où les acteurs se trouvent dilués ou indéfiniment médiatisés. Et le regard porté sur cette normalité, ainsi que le contrôle exercé sur elle, n'a pas de nom ni d'identité : ce regard est perdu dans le maquis du réseau électronique et ne peut être directement identifié à sa source. Cette dilution ou dissolution du regard qui surveille revêt un pouvoir sans pareil sur les individus. Son efficacité tient, on le voit, à l'anonymat du contrôle électronique (le contrôleur ne peut plus être désigné par un « qui »), elle tient à la difficulté ou à l'impossibilité de remonter à son origine précise et à la disparition de la responsabilité individuelle. Il est, en effet, d'autant plus facile et efficace de surveiller qu'il n'y a pas de responsables repérables et nominatifs. Le Placement sous surveillance électronique suit une procédure d'implémentation, en ce sens que le bracelet, qui est comme greffé à la cheville du condamné, équivaut à la mise en place d'un système d'exploitation informatique (à titre d'exemple, Windows est le dispositif d'implémentation le plus connu et utilisé dans le monde aujourd'hui), qui est à la fois adapté aux besoins de l' « utilisateur » et déterminant dans la

123 Michalis Lianos, *Le Nouveau Contrôle Social, op.cit.*, p.124.
124 *Ibid.*, p.125.

configuration générale de l'ordinateur : l'utilisateur trouvera une aide dans la gestion et le traitement de l'information grâce à cet outil, mais, dans le même temps, il ne pourra s'en écarter et devra naviguer dans les bornes des compétences de ce système d'implémentation. Il en va de même du Placé sous surveillance électronique qui, bien qu'il puisse trouver un accompagnement aidant dans la voie de sa réinsertion par le biais des personnels pénitentiaires d'insertion et de probation, n'a toutefois pas la liberté de s'autodéterminer, puisqu'il est contraint de régler sa vie (son temps de travail, sa vie de famille, ses loisirs éventuels, etc.) sur les impératifs et les paramètres pré-enregistrés dans l'appareil de surveillance muni d'un module émetteur/récepteur de données informatiques. Nous touchons là aux principes même du système pénal fondé, ainsi qu'on l'a vu, sur le cartésianisme juridique. En effet, attendu que le système pénal fait reposer l'ensemble de son édifice juridique sur l'évaluation de la capacité d'autodétermination du sujet, sur son aptitude ou sa promptitude au discernement – ce que les cartésiens nomment le *jugement* -, à défaut de quoi, s'agissant des faits reprochés pour lesquels l'individu comparaît, sa responsabilité pourrait être amoindrie ou déclarée nulle, et son procès devenir impossible, les mesures de contrôle consistent alors à gérer pour le condamné ses mouvements, ses choix, son devenir durant la période où il est placé sous « main de justice ». Dans la mesure donc, vis-à-vis des faits commis, où la justice reproche au condamné d'avoir agi librement, et en connaissance de cause (selon cette approche typiquement occidentale, la fameuse préméditation est alors perçue comme aggravante), elle met alors en œuvre un dispositif de surveillance destiné à contrôler, à restreindre, voire à abolir dans certains cas, la liberté du condamné. Mais, dès lors, une contradiction patente surgit : comment, en effet, rééduquer le condamné à faire usage positivement de sa liberté d'agir (allant dans le sens de la loi, et combattant les passages à l'acte criminel ou délictueux), de sa propre autonomie, à l'intérieur d'un dispositif qui le prive justement d'en faire usage ou qui ne fait intervenir qu'accessoirement la dimension libre du sujet ? Certes, si c'est la liberté du condamné qui fait problème, puisqu'il ne sait l'assumer sans commettre d'infractions à la loi, il convient, peut-être, de lui demander régulièrement des comptes et d'avoir un œil sur lui. Mais, lorsque ce regard devient un méta-regard regardant qui est une surveillance continue et impersonnelle, lorsque ce regard s'institue précisément sous la forme d'une surveillance électronique (fixe ou mobile), la question se pose de savoir comment l'individu peut se corriger librement, c'est-à-dire ici *par lui-même* (d'un point de vue métaphysique, on dirait ou bien *substantiellement*, puisque la substance est l'instance qui existe ou se détermine par elle-même, ou bien par référence à l'*hypokeimenon*).

Chapitre sixième : la dé-spécification du travail social pénitentiaire

Liminaire

La question de la dé-spécification du travail social pénitentiaire comportera ici deux volets ou deux grands moments clés imbriqués l'un dans l'autre. Il sera autant question d'une approche quelque peu technique, en particulier terminologique et historique, en référence aux vocables longtemps utilisés de « travailleurs sociaux pénitentiaires », que de favoriser un accès philosophique introductif au problème lié à la « dé-spécification » de ce type d'activité professionnelle. En traitant de la question de la « dé-spécification du travail social pénitentiaire », la notion de « dé-spécification » elle-même peut paraître d'emblée maladroite, puisqu'il s'agit d'un néologisme. Le terme de « dé-spécification » ne ne se trouve, en effet, dans aucun dictionnaire (Ni dans *Le Robert*, ni dans *Le Larousse*, ni dans *Le Littré*. Et, pour ce qui concerne les dictionnaires en ligne, il ne se trouve ni dans *Le Trésor* ni dans dans le *Dictionnaire de l'Académie française*). Dans une première approximation, ce qu'il convient d'entendre par « dé-spécification », c'est l'idée d'un processus d'indifférenciation et de globalisation de l'exercice d'un certain type d'activité professionnelle qu'on nomme « travail social pénitentiaire ». Nous avons néanmoins retenu ce terme de « dé-spécification » pour au moins deux raisons :

- d'abord, il exprime logiquement, linguistiquement la négation de quelque chose, il traduit le mouvement d'une négation : en dé-spécifiant, on ôte les caractères propres, on ôte les particularismes, on ôte les différences spécifiques, selon le langage d'Aristote et celui de la Scolastique. On a affaire à un processus de « dé-détermination », de sorte que l'on ne peut plus en terminer avec le travail social pénitentiaire qui devient une activité de plus en plus vague, floue, abstraite, voire peut-être incertaine ;

- ensuite, ce terme est utilisé par M. Foucault lui-même, dans un des rares textes qu'il consacre à l'activité professionnelle du travail social pénitentiaire. Dans ce texte, c'est à l'occasion d'une réflexion sur la question de « l'enfermement pénitentiaire » que le débat glisse asymptotiquement vers les enjeux du travail social qui n'est d'ailleurs pas caractérisé ici par son ancrage absolu dans l'Administration pénitentiaire. M. Foucault y traite de la question du travail social en général. Nous ne pouvons nous empêcher de renvoyer le lecteur au passage en question, tant il nous semble d'une éloquence philosophique précieuse, nourrissant indiscutablement la réflexion, et tant le point de vue, plutôt « modéré » ou favorable ici, de M. Foucault, sur une des catégories des personnels de l'Administration pénitentiaire, à savoir les « Travailleurs sociaux », constitue une sorte d'hapax dans le corpus foucaldien[125]. A partir de ce texte polémique, marqué par la période foncièrement militante de M. Foucault où il avait initié, avec quelques autres, le Groupe d'information sur les prisons et où il travaillait à *Surveiller et Punir,* il convient de faire deux remarques :

- d'une part, malgré les réticences de M. Foucault à l'égard des médecins-témoins, il est possible d'évoquer, l'extraordinaire onde de choc suscitée par la publication, en 2000, du livre de Véronique Vasseur, intitulé *Médecin-chef à la prison de la Santé*[126]. Rappelons que cet ouvrage a fait couler beaucoup d'encre, le journal *Le Monde* y a consacré plusieurs colonnes, et il a généré une commission d'enquête parlementaire, en mars 2000, présidée par Laurent Fabius. Dans ce livre, la prison y est décrite comme moyenâgeuse, c'est un enclos où les détenus sont entassés dans des cellules exiguës, où ils vivent parmi les rats et les punaises. Le manque d'hygiène y est criant, la violence y est quotidienne, des maladies dignes des temps de guerre ou des camps de concentration s'y déclarent comme la gale ou la tuberculose. Le taux de suicide y est inquiétant, le nombre de personnes affectées par le VIH et par l'hépatite C est avancé, la toxicomanie par le trafic de médicaments, à l'intérieur des murs, et l'usage de la « camisole chimique » y sont monnaie courante. Si les conditions de détention sont intolérables (le contenant), les prisonniers semblent constituer, à travers le témoignage de V. Vasseur, une sorte de Cour des miracles (le contenu), puisqu'elle évoque notamment les mangeurs de crottes (coprophagie), les avaleurs de fourchettes et de lames de rasoir, les dérangés psychiques, les épileptiques, etc. La première remarque que ce texte de M. Foucault inspire est donc pour souligner qu'il a fallu attendre plus de trente-cinq ans pour que voie le jour une sorte de pamphlet contre l'institution carcérale écrit de la main d'un médecin ;

- d'autre part, seconde remarque, on observe que la dénomination générique de « Travailleurs sociaux » est ici utilisée par M. Foucault. Il importe de rappeler que les Travailleurs sociaux renvoient à différents corps de métier. D'une manière générale, on trouve :

1° les Assistants-sociaux ;

2° les Conseillers en économie sociale et familiale ;

3° les Éducateurs spécialisés ;

4° les Éducateurs de proximité (de rue, de quartiers) ;

5° les Éducateurs de la P.J.J. (éducation surveillée) ;

---

125 Cf., « *A propos de l'enfermement pénitentiaire* » (entretien avec A. Krywin et F. Ringelheim), *Pro justicia. Revue politique de droit,* t. I, n°s 3-4 : La Prison, octobre 1973, pp. 5-14 (texte reproduit dans *Dits et Écrits,* t. I, éd. Gallimard, pp. 1311-1312 et correspondant au texte n° 127 dans la précédente édition).

126 éd. du Cherche-Midi, 2000 ; rééd. LGF Livre de Poche, 2001.

6° Les Travailleurs sociaux pénitentiaires.

Les agents des quatre premiers corps sont essentiellement recrutés par les collectivités locales et territoriales (les Conseils généraux, les mairies, les associations, les structures médicales comme les Centres d'alcoologie, les dispensaires ou les Centres médico-psychologiques), ce sont des fonctionnaires territoriaux ou des contractuels de droit privé. Les agents des cinquième et sixième corps sont recrutés par le ministère de la Justice, ce sont des fonctionnaires d'État. Notons que l'on trouve également des Assistants-sociaux au sein de l'Éducation nationale, de la Fonction publique hospitalière et de l'Administration pénitentiaire.

Par suite, parmi les Travailleurs sociaux pénitentiaires, il y a :

1° les Conseillers pénitentiaires d'insertion et de probation ;

2° les Assistants de service social.

D'une manière générale, les Travailleurs sociaux ont pour objectif de faire de la prévention sociale (prévention contre les risques d'exclusion sociale, prévention contre la marginalisation, prévention contre le basculement dans la délinquance, prévention contre la récidive), cette prévention passant notamment par l'exercice d'un contrôle social « C'est l'histoire, explique M. Foucault dans le texte précédemment cité, de tous les contrôles sociaux qui ont produit cette catégorie de gens qu'on appelle les travailleurs sociaux » (cf., *Dits et Écrits, op. cit., p. 1312)*. Selon M. Foucault, le contrôle est tout à la fois le vecteur, le point de convergence et la finalité du travail social. Au fond, une telle activité a pour dénominateur commun une forme de police sociale.

A l'époque de la publication de cet entretien avec M. Foucault, le corps des Conseillers pénitentiaires d'insertion et de probation, qui représentent aujourd'hui la part la plus importante des Travailleurs sociaux pénitentiaires, n'existait pas. Les Travailleurs sociaux du ministère de la Justice se déclinaient alors comme suit :

1° les Éducateurs et les Assistants sociaux du milieu fermé ;

2° les Agents de probation du milieu ouvert.

Les Éducateurs et les Agents de probation étaient essentiellement formés par l'Administration pénitentiaire – « essentiellement » parce qu'il y avait aussi des Agents de probation qui avaient reçu initialement une formation d'Assistant social. Les Éducateurs et les Assistants sociaux exerçaient leur profession dans les établissements pénitentiaires, au sein du « service social » de la prison. (Les Éducateurs sont d'abord intervenus, à partir de 1945-46, dans les établissements pour peine, et seulement ensuite, à partir de 1968, dans les Maisons d'arrêt, notamment dans la plus grande prison d'Europe, à Fleury-Mérogis) ; quant aux Agents de probation, ils pratiquaient leur profession au sein des fameux Comités de probation et d'assistance aux libérés (C.P.A.L.) créés en 1958. Les premiers étaient sous la tutelle du chef d'établissement pénitentiaire, les seconds sous l'égide du Juge de l'Application des peines, dont la création, en 1958, en même temps que les C.P.A.L., sous l'impulsion de la Ve République, a démontré que l'État accordait une importance particulière au domaine juridique post-sentenciel. La conviction peu à peu acquise par les politiques est que la pénalité ne s'arrête pas au jugement, mais se poursuit bien au-delà à travers un parcours de peine caractéristique du comportement du condamné. Cette dichotomie entre les Éducateurs et les Assistants sociaux, d'un côté, et les Agents de probation, de l'autre, consacrait la séparation de deux univers, à savoir : le milieu dit « fermé » et le milieu dit « ouvert » ou libre.

A) L'origine du service social des prisons

La création du service social pénitentiaire se fonde sur la circulaire du ministère de la Justice, en date du 29 juin 1945. L'immédiat après-guerre est une période de réforme pénitentiaire (cf., la réforme Amor). Concomitamment à cette création, des conventions sont passées entre l'Administration pénitentiaire et deux institutions privées que représentent la Croix rouge française, d'une part, et l'Entraide française, d'autre part. Précisons que l'Entraide s'inscrit dans l'héritage du « Service des camps et des prisons du Secours national », sous l'Occupation, qui avait initialement pour tâche de ravitailler en denrées et en vêtements aussi bien les internés civils des camps que leurs familles. Notons que, sous Vichy, le Secours national était placé sous l'autorité exclusive de Pétain. Lesdites conventions débouchèrent sur la possibilité d'accueillir et d'intégrer, peu à peu, au sein des prisons, des Travailleurs sociaux issus de ces institutions caritatives. C'est, au fond, la période de l'instauration de l'État-providence qui a permis progressivement la mise en œuvre étatique des institutions comme la Sécurité sociale ou l'Éducation surveillée pour les mineurs, par exemple. C'est sous l'Occupation allemande, entre 1940 et 1945, que la prise de conscience des conditions de détention épouvantables a permis un redéploiement des modalités d'assistance - prise de conscience émanant, pour une bonne part, des prisonniers politiques. Avant 1940, seuls des bénévoles agréés par les Préfets pouvaient venir assister les détenus par des actions de soutien psychologique et d'aide sociale : ces bénévoles étaient majoritairement des visiteurs de prisons (des religieux, des particuliers, des retraités, des enseignants). Plus tard, à ces visiteurs de prisons se sont adjoints les correspondants du « Courrier de Bovet », qui est une association nationale de type Loi 1901 créée en 1950 par sa fondatrice, Mme Bovet -, association qui existe toujours actuellement et qui a pour finalité d'entretenir des échanges épistolaires avec les détenus privés de famille.

B) Les étapes de la « dé-spécification »

Grosso modo, entre 1945 et 2000, il y a trois dates, trois phases historiques à retenir en ce qui concerne le mouvement d'unification, d'homogénéisation et de donc « dé-spécification » des actions menées par les Travailleurs sociaux au sein de l'Administration pénitentiaire :

- D'une part, il y a la circulaire *U111* du 13 février 1979 du garde des Sceaux, ministre de la Justice, qui a pour objet de définir et de « mieux situer l'action socio-éducative dans les établissements pénitentiaires ». Trois grandes orientations sont dégagées. Il s'agit de favoriser :

- 1° « le règlement des problèmes sociaux et familiaux des détenus ». Ces problèmes viennent notamment des conséquences de l'incarcération sur les relations aux autres, de l'éloignement des familles, des divers transfèrements, des violences au sein du couple, de la question de l'autorité parentale, etc. Ces problèmes doivent être recherchés et, si possible, identifiés dès l'accueil des entrants qui consiste à expliquer aux détenus les règles d'usage au sein de l'établissement, à avertir, le cas échéant, familles et employeurs de leur incarcération, à repérer les besoins des intéressés en termes de vêtements ou d'indigence, à répondre à leurs questions et à faire le lien avec le monde extérieur, en leur expliquant en particulier l'organisation et le fonctionnement des parloirs ;

- 2° « la prévention des risques de détérioration de la personnalité des détenus ». Cette prévention prend en compte la séparation des détenus d'avec le monde extérieur, leur isolement, leur inadaptation éventuelle, les déprimes ou troubles psychologiques, la dévalorisation de l'image de soi. Elle s'appuie sur les entretiens individuels menés par les Travailleurs sociaux à l'égard des détenus afin de poser, d'une part, une sorte de diagnostic sur leur situation psychologique et sociale et afin de suivre, d'autre part, l'évolution de leur personnalité et de leur comportement, leur positionnement à l'égard des faits au cours de leur itinéraire carcéral ;

- 3° « la préparation à la réinsertion sociale ». Cette préparation à la sortie passe par le développement, à l'intérieur de l'enceinte de la prison, des possibilités de travailler, d'apprendre, de se former professionnellement. Elle passe aussi par l'insertion par l'économique qui concerne les perspectives d'emploi et les moyens d'hébergement à la sortie.

La circulaire *U111* précise ensuite ceci : « Dans le cadre général ainsi défini, sans revenir sur le rôle, les méthodes de travail, les règles déontologiques des assistants sociaux, la présente circulaire a pour objet de réorienter l'action des éducateurs en vue de réaliser une meilleure interpénétration des tâches entre les différents travailleurs sociaux intervenant en milieu pénitentiaire ». Et ailleurs, dans ce texte, nous lisons que les Éducateurs bénéficient - nous citons - « pour l'accomplissement de ces tâches [la relation d'aide et de soutien ; T.F.], des mêmes règles et conditions de travail que celles reconnues par les textes actuels aux assistantes sociales et assistants sociaux ». Enfin, dernier point, nous relevons également dans cette circulaire que « l'animation collective », c'est-à-dire l'animation des groupes, en complément des entretiens individuels, qui est « organisée jusqu'à présent presque exclusivement par les éducateurs (…) pourrait également être assurée par les assistants sociaux qui le désireraient (...) ». Autrement dit, avec la circulaire *U111*, ce à quoi on assiste, c'est à la première étape d'une tentative de fusion de différents corps (les Éducateurs et les Assistants sociaux) à l'intérieur des prisons, on assiste donc à l'effort pour mettre en place une véritable *interchangeabilité* du rôle et des missions dévolus à chacun de ces corps. La « dé-spécification » est en marche, elle vaut ici comme *assimilation* des deux types de professions ou de personnels au sein des établissements pénitentiaires.

- D'autre part, la seconde grande étape du mouvement d'uniformisation du travail social pénitentiaire se laisse aisément repérer par la mouvance d'une refonte à la fois du corps des Travailleurs sociaux et du cadre dans lequel ils exercent leurs missions. A ce titre, les années 1990 apparaissent décisivement comme dénotant un alignement de la prise en charge des personnes condamnées sur des critères purement territoriaux , et ce pour deux raisons :

- en premier lieu, l'instauration, par le *Décret n° 93-1114* du 21 septembre 1993, du corps des Conseillers d'insertion et de probation, marque un renouveau en ce qui concerne le rôle et les missions des Travailleurs sociaux pénitentiaires. Ceci constitue la tentative d'homogénéiser, de fondre deux catégories de personnels en un seul et même corps, indépendamment de leur lieu d'exercice. Les Éducateurs et les Agents de probation disparaissent au profit des Conseillers d'insertion et de probation ;

- en second lieu, la création, par le *Décret n° 99-276* du 13 avril 1999, des Services pénitentiaires d'insertion et de probation, se donne comme la suite logique et le pendant de l'institutionnalisation des Conseillers d'insertion et de probation. La création d'un seul et même même service au sein des deux univers de prise en charge des condamnés (le milieu ouvert et le milieu fermé) a eu pour conséquence de faire voler en éclats les hiérarchies initialement adoptées et en usage. Le Juge de l'Application des peines a vu disparaître ses prérogatives sur les Travailleurs sociaux dans les Comités de probation et d'assistance aux libérés, et le Chef d'établissement pénitentiaire a été déchu de ses fonctions de responsable du service social à l'intérieur des prisons, et ce au profit de la naissance du Directeur des services pénitentiaires d'insertion et de probation (DSPIP). Le DSPIP devient le directeur départemental, il organise et chapeaute l'ensemble des activités des Travailleurs sociaux pénitentiaires au sein du département.

Par où l'on voit que le rappel de l'évolution de l'encadrement des *Outlaws* permet de dresser un deuxième repérage de la « dé-spécification » du travail social pénitentiaire. Au fond, peu importe la gravité des faits commis, peu importent les singularités des personnes condamnées : ce qui compte désormais, c'est l'unité des prises en charge, le *continuum* des suivis. Le refus de tout hiatus par l'administration a pour corollaire d'effacer les caractéristiques propres de chaque condamné ayant, au demeurant, un parcours de vie singulier ou atypique, une trajectoire délinquante unique. Il s'agit de coller, d'adhérer aux condamnés, quels qu'ils soient, d'investir leur vie dans la durée. Alors qu'un usager d'un service social est pris en charge sur sa demande, le cadre judiciaire préexistant à l'accompagnement social, à l'intérieur des SPIP, fait de celui-ci une contrainte pour ceux qui en font l'objet, une contrainte temporellement croissante. La départementalisation des Services pénitentiaires d'insertion et de probation implique une généralisation de la surveillance et une permanence du contrôle. L'institution pénale élargit son pouvoir de contrôle, en le délocalisant selon un double mouvement : d'une part, ce mouvement s'affranchit des antennes (différents services) au bénéfice d'un territoire administratif plus étendu qu'est le département. Les données concernant les condamnés sont centralisées au sein du siège départemental. La constance et la durabilité des suivis (c'est à-dire le fait qu'il n'y ait pas de solution de continuité entre le milieu fermé et le milieu ouvert) consolident la prégnance de la police sociale. Cette départementalisation est au service de la volonté de potentiellement perpétuer les mesures de contrôle et les obligations. Parallèlement à la chaîne des prisons, se met en place une autre chaîne, plus discrète, insidieuse, sournoise : le contrôle n'est plus local, mais global, il a l'aspect d'une toile d'araignée. Il se glisse partout et prend la forme de l'omniprésence.

En d'autres termes, la départementalisation des Services pénitentiaires d'insertion et de probation est la préfiguration de la mobilité de l'institution pénitentiaire qui ne se contente plus de détenir des corps, mais les investit et les traque, les colle et les submerge. La départementalisation est le prélude, l'avant-garde des techniques de surveillance électronique. Elle en est comme l'élément introductif, elle en prépare le terrain. De là vient que, s'il est permis de recourir à un bestiaire, l'on commence à passer ici de l'ère de l'huître (représentée par la prison) à l'ère de la puce (révélée par les dispositifs de surveillance électronique) qui, en raison de leur antithèse, intéressent métaphoriquement notre propos. Quelles sont les caractéristiques générales de ces animaux ?

Les caractéristiques de l'huître d'abord :

- elle ne se déplace pas ;

- elle ne voit pas ;

- elle a deux parois ou coquilles amovibles permettant l'ouverture de son « corps ». Elle assimile et digère, enferme et se referme (par exemple, sur des perles de nacre).

Les caractéristiques de la puce ensuite :

- elle élit domicile sur les êtres VIVANTS (chiens, chats, et les hommes, bien sûr) ;

- elle se déplace à l'aide d'autres corps en mouvement (c'est un parasite) ;

- elle est quasi invisible, indétectable et pourtant partout toujours présente ;

- sur le plan symptomatique, elle gratte, irrite, provoque des démangeaisons.

La « dé-spécification » du travail social se caractérise ici par le début du passage d'une prise en charge locale, parcellaire, particulière, temporaire, déterminée dans l'espace et le temps, à une surveillance généralisée, globale, promise à être transfrontalière, « a-topologique ». Dorénavant, on s'intéresse tout autant à des espaces qu'à des individus, tout autant à des géographies qu'à des psychologies. Ou plutôt, les psychologies deviennent spatiales et les espaces psychologiques. Il y a là une intrication des deux objets. La conséquence majeure en est que, en tendant à pérenniser les suivis, en allongeant les durées de peine, en « déspatialisant » ou « déterritorialisant » les prises en charge, la pénalité s'arme de nouveaux dispositifs de contrôle qui ne sont plus de l'ordre de l'enfermement *stricto sensu*, qui ne sont plus de l'ordre de la capture. *Comme il n'y a plus de capture, il n'y a plus de fuite possible, c'est son corrélat.* On ne peut, en effet, fuir que si l'on est capturé. On a affaire là aux prémices du panoptique. Les conditions de possibilité du panoptique reposent sur l'élimination des principes de capture et de fuite : c'est un enfermement sans capture ni fuite. Condamner relève désormais d'un autre type d'enfermement, d'un *encagement* transparent d'où on ne s'évade pas. Le condamné est comme placé à l'intérieur d'une cage de verre, d'une cage transparente, qui lui permet de voir à l'extérieur ; il a prise avec le monde environnant, *mais aussi loin qu'il porte son regard, il demeure dans la cage*. La pénalité d'aujourd'hui tend à devenir un enfermement libre, un *encagement,* ce que nous appelons aussi une *claustration*, qui désigne le fait de séjourner librement, volontairement et seul dans sa propre prison, comme on séjourne, de manière plus ou moins prolongée, dans un cloître pour se retirer du monde, ou comme lorsque le schizophrène, atteint de délires chroniques, se réfugie dans sa propre prison mentale.

Dès lors, la « dé-spécification » du travail social pénitentiaire doit se comprendre comme le passage d'une activité relationnelle (la relation d'aide et de contrôle) à une activité électrique ou ondulatoire, une activité de modérateur, (au sens d'Internet), une activité de régulateur à l'égard d'une surveillance généralisée, opaque et méta-pénale. Les Travailleurs sociaux ne sont pas seulement des *amortisseurs de crise* liée à la surpopulation carcérale et à l'inflation pénale, mais des *superviseurs de peine* (au sens de contrôler, d'inventorier, certes, comme on supervise un travail, mais aussi et surtout au sens de voir par au-dessus, à distance). Une telle supervision suppose la cartellisation des antennes de police sociale, et la départementalisation, dont nous avons parlé, y introduit fortement.

- Enfin, la dernière étape, décisive, de la « dé-spécification » a trait à l'alignement de la relation d'aide sur un versant purement criminologique. Cette dernière étape est caractérisée par la *Circulaire n° 113/PMJ1* du 19 mars 2008 relative aux missions et aux méthodes d'intervention des Services pénitentiaires d'insertion et de probation. En lieu et place de la l'accompagnement social apparaît l'impératif catégorique criminologique. Dorénavant, la pénalité fait appel à l'élaboration d'expertises et de diagnostics de la part des Travailleurs sociaux : « A l'issue du premier entretien, indique cette circulaire, les prises en charge réalisées par les personnels d'insertion et de probation reposent sur un ensemble d'actes professionnels adaptés aux personnes, au regard des faits commis, des éventuelles difficultés sociales, du profil psychologique et du risque de récidive ». La question de la « prévention de la récidive » est au cœur des nouveaux dispositifs proposés : « la prévention de la récidive comporte deux composantes, précise la circulaire : une dimension criminologique et une dimension sociale (...) Concernant l'aspect criminologique, la prise en charge doit être fortement orientée sur le passage à l'acte, le repérage et le traitement des facteurs de risque de récidive et les intérêts de la victime ». Cette activité criminologique s'opère à la faveur d'une « invitation » à la mise en œuvre d'une procédure d'orientation vers des « programmes de prévention de la récidive », à la faveur d'une procédure de segmentation, c'est-à-dire d'une procédure à caractère typologique où il s'agit de décrire les formes de la personnalité et les aspects de la réalité criminologique des condamnés. La police sociale fait de plus en plus appel à des techniques de profilage. Ce dont il s'agit, c'est de dégager une classification, de proposer une réorientation des condamnés vers des segments ou des typologies. En affinant les techniques de profilage des condamnés, on en vient à faire des catégories de gestion de flux, des catégories de traitement de la masse délinquante. A tel profil, à telle prosographie correspond tel segment, et donc tel type de suivi. On entre dans une gestion purement quantitative et mécanique des condamnés. *Ce n'est pas le délinquant qui est pris en charge, mais le flux ; ce n'est pas l'individu, mais le nombre.* Il y a là un double danger :

- le premier danger de ce modèle pénal est d'impliquer l'abandon pur et simple des noms propres, des singularités, des projets personnels. De la vient le délaissement du modèle de l'aide à l'autonomisation individuelle au profit de la systématisation des prises en charge. La police sociale est dorénavant de nature *programmatique*, et non plus *relationnelle*. Elle est le nouveau pivot de la réactivation de la machine létale représentée, de manière paroxystique, par la prison. La prison est, en effet, le lieu de l'« indistinction », où sont entassés des détenus qui ont en commun le fait d'avoir commis une infraction. Les mécanismes de gestion de l' « indistinction », du confinement de la masse, du paramétrage de la vie, tous ces mécanismes reconduisent les effets de l'état d'exception et rappellent combien la vie brute (la « vie nue », écrit Agamben dans *Homo Sacer)* est investie par le pouvoir, notamment judiciaire, et son réseau médico-social. L'effet produit sur les condamnés est, certes, celui de la majoration des capacités, la maximalisation des efforts pour obtenir ou conserver, par exemple, un aménagement de peine, mais toujours selon une pente létale. Le condamné, une fois libéré de la prison, n'en est pas davantage libre : il devient prisonnier des réseaux de surveillance généralisée, prisonnier au sens ici où apparaît une relation de forte dépendance. Comment garantir la prévention de la récidive à l'intérieur de dispositifs qui reconduisent, déplacent, déportent indéfiniment les effets de dépendance ? Le toxicomane qui prend sa dose de subutex en devient-il moins toxicomane ? Le traitement et le règlement du problème de la plèbe passent plus que jamais aujourd'hui par les notions cartésiennes d'ordre et de mesure, par lesquels les Travailleurs sociaux sont appelés à jouer un rôle de régulation et de machine à quantifier, cette machine appartenant aux rouages d'une mécanique souveraine et supérieure, à savoir l'État. Cette mise en ordre et en mesure, à travers des dispositifs de programmation et de paramétrages (au moyen des programmes de prévention de la récidive, des groupes de paroles, du P.S.E., de la typologie des prises en charge) se réalise à des fins de maîtrise et de possession de la vie des condamnés ;

- le second danger, non des moindres, résulte de l'inversion des moyens et des fins. Il ne s'agit plus d'adapter les moyens aux fins, mais d' ajuster les fins aux moyens. Il y a deux raisons à cela : d'abord, l'adaptation des fins aux moyens vient de ce que la pénalité contemporaine semble embourbée dans l'impossibilité de dégager du sens. En l'absence de sens de la peine, on s'en remet aux seuls moyens. La seconde raison, ensuite, sans doute la plus prégnante, est qu'il est question de faire du chiffre. Il s'agit, sur le plan politique, de répondre, par exemple, aux attentes d'un public gavé par le sur-investissement des motifs sécuritaires, et, sur le plan économique, d'amortir le coût du stock des bracelets électroniques, les frais occasionnés par les accords passés sur le marché de la surveillance électronique et les dépenses liées aux seuls établissements pénitentiaires. Il y a concurrence entre le modèle de l'individualisation des peines, qui suppose la valorisation de l'autonomie de l'individu, et celui d'une typologie ou d'une taxinomie qui implique d'ériger en systèmes ou en types les traits caractéristiques des individus réduits, dès lors, à de simples objets d'étude. La subjectivité du délinquant devient, du même coup, moins intéressante que son objectivité (ou son « objectité »). Son parcours personnel, son itinéraire de vie, ses choix et ses projets intéressent moins que sa carte d'identité, ses papiers, ses justificatifs, tout ce qui l'objective socialement. *Tout ce qui réduit le condamné à l'impropre tend à devenir le propre du travail social pénitentiaire, ce qui le dé-spécifie outrageusement par le passage du principe de l'individualisation des peines à celui de la technicisation ou de la numérisation de la peine.* On n'individualise plus, on technicise, on numérise toujours indéfiniment. La « dé-spécification » achève de se réaliser par la fracture numérique et technique qu'engendre la pénalité d'aujourd'hui. Dénombrer et nombrer en lieu et place de nommer, voilà ce qui annule définitivement la spécificité du travail social pénitentiaire. Le nombre tue le vécu et l'histoire personnelle des individus desquels il ne reste plus rien[127].

C) Le remords comme garantie de la prévention de la récidive

Sur le plan littéraire, il a appartenu magistralement à F. Dostoïevski, dans *Crime et Châtiment*, de mettre en exergue le sentiment de profond remords qu'inspire l'effroi du souvenir de l'acte commis et les conséquences psychologiques et comportementales qu'il implique : « Pourquoi m'inquiéterais-je de voir mon homme aller et venir librement ?, s'interroge le commissaire Porphyre devant Raskolnikov. Je peux bien le laisser se promener, jouir de son reste, car je sais qu'il est ma proie et qu'il ne m'échappera pas. Où irait-il ? Hé ! Hé ! Il s'enfuirait à l'étranger, dites-vous ? Un Polonais peut s'enfuir à l'étranger, mais pas *lui*, d'autant plus que je le surveille et que toutes les mesures ont été prises en conséquence (...). Fuir ! ce n'est qu'un mot ; non seulement il ne fuira pas, car il n'a pas où aller, mais il m'appartient *psychologiquement*, hé ! hé ! Que dites-vous de l'expression ? C'est pour obéir à une loi naturelle qu'il ne pourra fuir, le voudrait-il. N'avez-vous jamais vu un papillon devant une bougie ? (...). La liberté n'aura plus de charme pour lui ; il deviendra de plus en plus inquiet ; il s'empêtrera de plus en plus, il sera gagné par une épouvante mortelle. Bien mieux, il se livrera à des agissements tels que sa culpabilité en ressortira claire comme deux et deux font quatre (...). Et toujours, toujours, il ira tournant autour de moi, décrivant des cercles de plus en plus étroits jusqu'à ce qu'enfin, paf ! il tombe dans ma propre bouche et se laisse avaler par moi, ce qui ne manquera pas d'agrément. Vous ne me croyez pas ?[128] ».

Comme on le voit dans ce cours extrait, Dostoïevski met en place un double parallélisme : d'une part, il y a le parallèle entre la liberté et le sentiment du

127 Sur cette question de l' « anonymisation », de la numérisation et de la déshumanisation des individus résultant de la transformation de la personne en nombre, on peut consulter avec grand intérêt les pages de Jean-Luc Marion, extraites de *Certitudes négatives*, Paris, Grasset, 2010, pp. 57-59.
128 F. Dostoïevski, *Crime et Châtiment*, Paris, Gallimard, coll. Folio classique, pp. 359-360.

remords qu'elle fait naître ; d'autre part, il y a le parallèle entre l'enfermement et le désir d'évasion qu'il suscite. Ce qui apparaît de façon criante dans ce passage, c'est l'idée que le meilleur moyen de « tenir » un coupable, c'est de le laisser libre avec sa mauvaise conscience, car l'enfermement, comme une incarcération, loin de permettre le sentiment de culpabilité et l'avènement du remords, incite à la fronde et à la vengeance. En laissant libre un coupable, celui-ci ressent plus intensément, et par une sorte de nécessité quasi mécanique, le poids de la culpabilité et du remords. Plutôt que de chercher à s'évader ou à se rebeller, il va de lui-même se rendre à la justice pour écarter le poids écrasant de sa mauvaise conscience, il va consentir à sa propre condamnation. « Il m'appartient psychologiquement », dit Porphyre sarcastiquement. La prison du condamné, de physique, devient psychologique ; de corporelle devient mentale. Il n'est pas besoin de faire usage de fers et de cellules pour mettre un individu dans un rapport de grande dépendance et d'assujettissement ; il suffit, pour cela, de le laisser libre tout en le surveillant, de lui ôter donc ses fers pour que, de lui-même, de sa propre initiative, il accepte de tourner autour du noyau de la surveillance en demeurant à la périphérie de l'observateur. Paradoxalement, en se livrant à la police, le coupable se libère. En cédant sa liberté, il se libère du fardeau de sa mauvaise conscience. Mais ce faisant, sa conscience ne lui appartient plus et se trouve scindée en deux : sa conscience est comme déléguée à cette « autre » conscience qui ne lui appartient plus, comme si, en des termes freudiens, le moi était à la merci, non plus du « ça », mais du « surmoi ».

Cet extrait, tiré de l'univers brûlant de Dostoïevski, qui met en balance ici sentiment de culpabilité et perspective du rachat, se présente comme une introduction intéressante à la compréhension de ce qu'il convient d'entendre par le travail, mené par le Travailleur social pénitentiaire, sur le passage à l'acte qui, dans une optique éminemment criminologique, lui est fortement demandé dans la circulaire de mars 2008. Afin d'identifier les causes qui ont rendu possible la commission de l'infraction et, par conséquent, de travailler à la prévention de la récidive, il importe, pour le Travailleur social pénitentiaire, d'établir une sorte de relevé des facteurs « criminogènes » concernant la nature de l'environnement familial et social et les conditions du passage à l'acte (par exemple, il convient de se demander si l'environnement du condamné est enraciné dans l'alcool, la violence, etc.) ; il s'agit aussi de dresser un bilan sur l'histoire de l'individu, comprenant notamment ses éventuels antécédents judiciaires et ses exclusions des différentes structures comme ceux relatifs à la santé ou à la scolarité ; il convient ensuite d'évaluer le positionnement de l'intéressé, ainsi que son évolution (la reconnaissance de culpabilité étant un préalable nécessaire à un travail de réinsertion, puisque le condamné, commençant déjà par expier par sa reconnaissance, s'engage volontairement dans la voie de la réparation), de l'accompagner dans un projet de réinsertion en l'orientant vers des dispositifs-relais de droit commun, en le conseillant et, le cas échéant, en lui attribuant des aides matérielles ponctuelles ; en dernière analyse, il est requis de travailler avec lui sur le sens et les raisons de la peine, en cherchant à avoir une compréhension globale de sa situation et de son parcours de vie, et en essayant de dégager avec lui des perspectives d'avenir et de reconstruction. Ce travail exige l'instauration d'un espace où se déploie la possibilité d'un suivi individuel, il suppose un face-à-face entre le condamné et son «Conseiller », qui est caractérisé par les entretiens. A cette occasion peut être mesuré, petit à petit, le degré du sentiment de culpabilité éprouvé par l'intéressé à l'intensité du remords. Qu'est-ce qu'éprouver des remords ? Quelle est la différence entre regret et remords ? Il est utile, en effet, de mettre également en évidence la signification du regret, de façon à faire ressortir avec plus d'acuité, et par contraste, celle du remords qui est le terrain privilégié du travail sur le passage à l'acte et la prévention de la récidive.

Dans une première approximation, il est possible de poser que le regret est lié au désir. Le terme grec *Potos* est éclairant, puisqu'il veut dire à la fois regret et désir. Le regret est une sorte de souhait à l'envers, il exprime la volonté qu'un sentiment positif se poursuive, comme le plaisir, la joie ou une satisfaction. Si je regrette de ne pas être allé à tel endroit, c'est parce que j'ai plaisir à m'y rendre ; de même, si je regrette la disparition de quelqu'un, c'est que j'avais plaisir à partager des moments avec lui. En ce sens, le regret est un désir en négatif, un désir indirect ou inversé, et ce ne serait-ce qu'en vertu du cours de la temporalité et de son irréversibilité. En revanche, le remords n'est absolument pas associé au désir. Alors que le regret souhaite que le plaisir revienne ou se poursuive, et cherche, par conséquent, à faire resurgir un passé, le remords, lui, s'obstine à vouloir nier ou « nihiliser » le passé. Loin de louer un passé délicieux ou cher, le remords implique la négation d'un passé épouvantable, qui n'a aucune valeur et qu'il importe d'oublier. Sur le plan psychologique, cette différence est d'une importance capitale, parce que, tandis que le regret tente de faire revenir un passé dont le drame est qu'il ne cesse de s'éloigner et de n'être plus là, le remords, lui, n'a d'yeux que pour l'anéantissement d'un passé qui n'est justement que trop là, quasi obsédant à la conscience. Si le regret soupire à cause d'un passé dramatiquement absent, le remords, lui, déplore un passé tragiquement présent. Dans le remords, la conscience de l'individu est hantée par un souvenir infiniment pénible qu'il ne peut écarter. Dès lors, là où le regret tente de rappeler le passé qui passe et fuit, le remords veut mettre en pièces ce passé qui reste et survit horriblement. V. Jankélévitch indique brillamment en ce sens : « Le remords est la lutte contre une survivance,- ou plutôt il est cette chose même qui survit. Là où le regret et la mémoire essaient de retenir, le remords voudrait, au contraire, dissoudre. Pourtant, le remords se souviendra, quoi qu'il fasse. Cette impuissance est sa marque propre et, si l'on peut dire, sa signature (…). Le remords est le plus stérile, le plus inefficace, de tous les sentiments humains [129]».

C'est pourquoi, alors qu'on peut guérir du regret, par le fait de réorienter ses désirs, d'en substituer certains par d'autres, ou de se réadapter aux nouvelles circonstances de la vie, on ne guérit aucunement du remords qui s'impose à soi, inconsolable et désespérant, en rongeant un être de l'intérieur. La douleur et l'épouvante du remords viennent de son installation dans la conscience, de sa « survivance » comme l'indique avec raison V. Jankélévitch, c'est-à-dire de son obsession qui se traduit par l'image permanente d'un passé qui reste, inoubliable, plein et entier. Dans les termes qui sont ceux du vitalisme, il est possible de poser qu'il y a, paradoxalement, une vitalité du remords, pas au sens de ce qui élève et dynamise la vie, mais au sens de ce qui la désespère toujours davantage par l'action efficace et vivante du souvenir qui est comme une « revivance » ou une résurrection totale du passé. Si se souvenir, c'est se rappeler une image, se la représenter à la conscience, presque involontairement, et dans un rapport d'extériorité, en revanche le remords est plus qu'une image lointaine ou dissociée du moi, mais la conscience elle-même d'une épreuve, l'épreuve en acte. S'il est vrai que l'on peut dire d'un souvenir qu'il revient, il est néanmoins impossible de prétendre que le remords revienne, attendu que sa particularité est qu'il est, non seulement jamais éloigné de soi, mais toujours trop présent, « indélogeable », avec cette propriété qu'il ne saurait jamais quitter la conscience sans s'évanouir, du même coup, en tant que remords. On ne saurait distinguer le remords de la conscience de celui-ci, en ce sens précis où le remords l'annexe totalement, se confond avec elle au point de ne faire plus qu'un tous les deux. Ainsi V. Jankélévitch de préciser : « De là vient ce qu'on peut appeler le *parasitisme* du remords [C'est nous qui soulignons] ; le remords vit de nous, bien qu'il soit nous, il habite notre présent comme un intrus, un visiteur indiscret qui épie, pour les tourner en dérision, tous nos bons mouvements. La mauvaise conscience est une conscience hantée [130]». En allant peut-être un peu plus loin que l'auteur du *Je-ne-sais-quoi et Presque-rien*, il n'est pas faux ou absurde de préciser que la mauvaise conscience, issue du remords, n'est pas seulement une conscience hantée, car le fait de hanter suppose le fantôme qui part et revient justement, mais une conscience qui revit, seconde après seconde, de manière quasi unique, le cauchemar de l'acte irréparable, qui refait donc continuellement et douloureusement le déroulement de l'action, en raison de ce que le remords colle à la conscience et se donne comme idée fixe de la faute commise. Résumons-nous : bien qu'on puisse se soustraire au regret, on ne saurait échapper au remords ; bien qu'on puisse trouver consolation face au regret,

129 Cf., V. Jankélévitch, *La mauvaise conscience*, Paris, Aubier-Montaigne, 1966, p. 61.
130 V. Jankélévitch, *La mauvaise conscience*, *ibid.*, p.61.

on ne peut jamais guérir du remords. Le parasitisme du remords procède de ce qu'on revit sempiternellement la « mort » de l'acte irréparable commis (faute ou péché). D'où le premier des châtiments du condamné qui consiste précisément dans l'épreuve du remords, dont la particularité est d'être tragiquement incurable. Au-delà de son incurabilité, la douleur du remords est aussi insulaire, parce qu'elle me sépare des autres et me faire revivre, dans la solitude et l'absence de partage, un passé abominable et honteux qui va jusqu'à, non pas seulement caractériser un événement passé, mais déterminer mon ipséité, le soi. Le remords est vécu comme un malheur du soi, il se confond, dans le silence et l'insularité de la conscience, avec mon identité, mon âme. Il est d'autant plus intensément insupportable qu'il me colle à la peau, se présente en chair et en os à ma conscience et est dévoilement de mon être intime. C'est pourquoi, il n'est pas exagéré de poser que le travail social pénitentiaire entre dans la composition, sur le plan procédural, de ce que l'on peut appeler l'activité du bourreau de la modernité. En effet, si l'on revisite l'histoire des sociétés occidentales, en tout cas de la société française, il en ressort que l'application de la punition judiciaire, l'acte de châtier relèvent de la responsabilité du bourreau qui est, bon an mal an, « mandaté » par la machine judiciaire, et dont la mission première est d'exécuter les sentences. Que le bourreau participe à l'exécution des arrêts de justice, qu'il ait pour mission de torturer ou de tuer, comme sous l'Ancien Régime, qu'il soit chargé encore, comme ce fut le cas en France jusqu'en 1981, de décapiter les condamnés à mort, ou qu'il soit mandaté, à l'intérieur d'une machinerie administrative et judiciaire où d'autres agents participent également à cette activité du bourreau moderne, pour accompagner les condamnés sur le chemin de l'exécution d'une peine en les contrôlant, en leur demandant des comptes et en travaillant sur le passage à l'acte, c'est encore un seul et même motif général qui est à l'œuvre, à savoir : *l'exécution de la pénibilité de la peine*, que cette exécution soit sanguinaire ou prenne une autre forme. Que le bourreau d'aujourd'hui n'ait plus affaire au sang, mais à l'âme, voilà ce qui ressort déjà assez de notre travail. Le lien du travail social pénitentiaire avec l'activité du bourreau moderne – et il en va de même d'autres fonctions de l'État qui viennent le compléter et le légitimer - procède de son ancrage et de son appartenance pénitentiaires, de ce qu'il exécute des tâches qu'il ne peut effectuer qu'à la faveur de la *professionnalisation* de son activité et de la *reconnaissance* que l'État lui confère. Pour accomplir leurs tâches, les Travailleurs sociaux pénitentiaires sont investis, avec d'autres acteurs de l'État, de la puissance publique. Les Travailleurs sociaux pénitentiaires, en tant qu'éléments des nouvelles figures du bourreau, rappellent insidieusement à la conscience des condamnés ce qu'ils sont, à savoir précisément des condamnés, ne serait-ce que par la contrainte du face-à-face institutionnel, et par l'effet du jeu de miroir consistant à leur renvoyer une image puissamment dégradée d'eux-mêmes. Par le travail autour du passage à l'acte, ils leur rappellent aussi ce qu'ils ne peuvent cesser d'éprouver au-dedans d'eux-mêmes - bien sûr, à des degrés divers -, à savoir le remords. L'absence de verbe pour évoquer le fait d'éprouver du remords témoigne de l'insoluble passivité de ce sentiment que ressent intensément celui qui en est la proie. La passivité du remords, son silence, son épreuve intérieure ont pour conséquence de le rendre incurable, insulaire et incessamment actuel, mais aussi âpre et permanent, tragique et total. Les Conseillers pénitentiaires d'insertion et de probation atteignent l'âme humaine (le « sang » ou la sève de l'âme) par le fait même de convoquer le remords, de le provoquer, voire de l'aiguiser par l'effet du retour relativement constant aux faits commis afin de tenter de les comprendre et de les prévenir. Le remords, comme douleur à vif, cuisante ou inextinguible, ne sert à rien, sinon à châtier l'âme du condamné qui doit sans cesse parler des faits devant les différentes instances institutionnelles et judiciaires (Agents de police, Tribunaux, Experts psychiatres et psychologues, Travailleurs sociaux, etc.). Son simple refus d'en parler est presque systématiquement perçu comme un déni de culpabilité ou un renoncement à réparer. La survivance du remords ne poursuit aucun objectif, sinon celui de servir de gril et de punir inexorablement. Incontestablement, il est un des composants de la pénibilité de la peine. Par où l'on voit que la justice des Tribunaux fonctionne selon une égalité géométrique et proportionnelle, qui est de l'ordre du donnant-donnant, puisque, en sanctionnant, elle vise à rendre pénible la vie du condamné qui a rendu malheureuse celle des victimes.

Dans ces conditions, on le voit, la prison du condamné est d'abord l'épreuve du remords. Sa première sanction est d'éprouver quelque chose de tragique, de subir les regards inquisiteurs des autres, d'être enfermé dans un état d'âme sans pouvoir véritablement en sortir et même agir. Car rappelons-le nettement ici : le remords est une manière d'être vis-à-vis du passé, il est une façon d'éprouver un souvenir qui est indexé sur la conscience et la hante entièrement, et l'absence de verbe qui lui serait associé marque assez l'impossibilité de l'action. En cherchant à comprendre le positionnement de l'intéressé après la commission des faits, le Travailleur social pénitentiaire sonde l'âme humaine et tente de débusquer le remords en le provoquant, en le convoquant sans cesse par la méthode du questionnement. Nous avons déjà indiqué ailleurs la parenté étymologique et sémantique entre le vocable de pénitentiaire et celui de pénitentiel. Nous pouvons, dès à présent, mentionner que repentir et pénitence ont une même racine étymologique. Lorsque M. Foucault montre, dans *Les Anormaux*, que les interrogatoires de police générale ou sociale s'inscrivent dans une perspective chrétienne et une démarche relevant de la confession, il souligne cette parenté et, par voie de conséquence, l'inscription des notions de reconnaissance de culpabilité, de remords et de repentir dans le registre foncièrement chrétien. Le fait de retrouver ces notions dans le registre de la police sociale et dans celui du post-sentenciel ne consiste pas seulement à marquer ce legs, mais donne à penser que, s'il y a une stérilité du remords, en tant que sentiment qui n'ouvre sur aucune action de rachat et qui n'est qu'apitoiement sur soi, le repentir, en revanche, apparaît comme une promesse authentique d'expiation. Comme dans le remords, le repentir concerne la relation de soi à soi-même, à ceci près toutefois qu'il vise à agir et à démontrer sa volonté de réparer. Il n'y a pas de rachat et de réconciliation possibles sans l'émergence du repentir. La première étape vers la réconciliation, dans la perspective chrétienne, c'est précisément le sacrement de pénitence. Le verbe « se repentir » souligne justement l'idée de l'efficacité possible de l'agir humain pour se frayer un chemin vers la voie de l'expiation. Le repentir revêt donc un caractère singulièrement téléologique, voire eschatologique, puisqu'il concerne l'avenir et le destin de celui qui entre sincèrement dans la voie de la reconstruction. Par le repentir, le condamné manifeste une conversion qui a trait à sa vie intérieure, à son âme. En outre, il affiche une meilleure santé de son âme, une sorte de convalescence, puisqu'il brise le cycle sclérosé du remords, son éternel retour ou sa survivance en butte à l'immobilisme. Pour le Conseiller pénitentiaire d'insertion et de probation, le repentir apparaît, vis-à-vis du condamné, comme la garantie maximale contre une situation qui soit celle de la rechute ou de la redite, c'est son matériau de base, sa nourriture, la promesse de la non-récidive.

D) Les personnels pénitentiaires d'insertion et de probation comme éléments du bourreau et rouages de la machine répressive

Les Conseillers pénitentiaires d'insertion et de probation, par leur ancrage dans un rôle et des missions proprement pénitentiaires, apparaissent, à côté et avec d'autres corps de métiers, comme les composants du bourreau des Temps modernes. Bien que ce terme de bourreau soit fortement connoté et n'inspire que frayeur, bien qu'il évoque l'image de l'homme portant un costume rouge comportant des signes distinctifs, comme une échelle ou une potence, et exécutant les mises à mort, bref bien qu'il soit associé aux exécutions capitales[131], il n'est cependant pas excessif de réfléchir aux liens éventuels qui unissent le bourreau des Temps anciens et les modalités

131 J. Delarue précise que le Moyen Age a vu naître le métier de bourreau, et que de cette professionnalisation a résulté, pour l'exécuteur, le port d'un costume particulier et ostentatoire : « *Le bourreau, devenu professionnel, et marqué d'infamie, fut contraint de porter, de manière apparente, un signe distinctif. Au Moyen Age, il devait revêtir une casaque d'une forme et d'une couleur spéciales, généralement rouge (...). Le maître y portait des chausses et un maillot couleur sang de bœuf, parfois orné des armes de la ville, ce qui était le cas à Paris. Ses valets portaient casaques de cuir noir laissant le cou et les bras nus, avec une ceinture, des chausses de drap rouge et un bonnet de laine rouge. Le maître était chaussé de bottes, les valets de sabots . Les jours ordinaires, en beaucoup de villes, le bourreau était tenu d'arborer sur son costume, ou sur son chapeau, la marque de son office* » (*Le Métier de bourreau*, Paris, Fayard, 1979. p. 45).

d'exécution des peines d'aujourd'hui. Trois caractéristiques majeures nous conduisent à mettre en perspective, malgré leurs différences importantes, la figure du bourreau d'Ancien Régime et celle du Travailleur social pénitentiaire :

- d'une part, le premier point commun est que les deux agents se présentent comme des *exécuteurs légaux des sentences de* justice, ils sont les exécutants et le bras droit des juges qui prononcent les décisions de justice ;

- d'autre part, le deuxième point commun est qu'ils ont une même légitimité, une même habilitation à exécuter ces sentences par cela seul qu'ils reçoivent mandat de l'État, c'est-à-dire qu'ils ont une reconnaissance de la puissance publique. Ce mandat s'exprime en particulier à travers la *professionnalisation* de leurs tâches et missions, par leur statut d'agents de l'État. Sous l'Antiquité, rappelons que la figure du bourreau était dissoute dans l'assemblée du peuple. C'était toujours avec l'aide de la population que les sentences étaient exécutées. La lapidation en est un exemple idéal-typique, et même au Moyen Age, des récits rapportent que, dans certains cas, la population était prise à parti pour édifier le bûcher en y apportant une bûche de leurs mains ;

- enfin, le troisième point de convergence est la honte qu'éprouve la justice à punir et le besoin qu'elle a de déléguer l'exécution des peines, jadis au bourreau qui assurait les exécutions répugnantes, et aujourd'hui notamment aux Travailleurs sociaux pénitentiaires qui contrôlent et obligent les condamnés à se conformer à un cadre strict. En outre, l'exercice de tels métiers d'exécution des peines ne jouit pas d'une popularité encourageante auprès du public qui s'imagine que la relation aux condamnés peut être contaminante et sale. De même qu'il y avait jadis un mystère, un secret autour de la figure du bourreau, alimentant parfois les légendes les plus cocasses, de même il subsiste aujourd'hui une méconnaissance et un malaise autour de la profession de Conseiller d'insertion et de probation. M. Foucault souligne en ce sens que le discrédit jeté sur la justice qui inflige une punition aux condamnés a pour conséquence qu'« elle s'en tient donc à distance, tendant toujours à la confier à d'autres, et sous le sceau du secret. Il est laid d'être punissable, mais peu glorieux de punir […] L'exécution de la peine tend à devenir un secteur autonome, dont un mécanisme administratif décharge la justice [132]». Ceci trouve parfaitement à s'illustrer, premièrement, par le fait que les établissements pénitentiaires sont souvent mal balisés, mal indiqués et quasi introuvables, malgré parfois leur taille ; deuxièmement, par l'institutionnalisation des Services pénitentiaires d'insertion et de probation, qui a eu pour conséquence d'évacuer les Comités de probation et

132 Michel Foucault, *Surveiller et Punir, Naissance de la prison*, Paris, Gallimard, 1993 [1975], p. 16.

d'assistance aux libérés des Tribunaux de grande instance ; troisièmement, par l'ignorance déconcertante des missions et de l'existence même des Conseillers pénitentiaires d'insertion et de probation ; et quatrièmement, par le malaise ressenti par ces derniers du fait d'un manque de reconnaissance et de valorisation de leur rôle. Mais posons, à nouveau, la question de M. Foucault : qui peut se vanter honnêtement de l'éminence de la fonction de punir ? Ce rejet des exécuteurs de peine est, au demeurant, immémorial, et leur profession a toujours été entachée de considérations dégradantes. Historiquement, il est éloquent de rappeler que le bourreau était officiellement appelé, en particulier dans les « lettres de provision d'office » - qui étaient signées par les seigneurs du territoire, sur proposition des juges locaux, et qui accordaient la charge d'exécuteur et fixaient le salaire - « maître des Hautes et Basses Œuvres ». Les Hautes Œuvres concernaient les exécutions capitales plus ou moins raffinées, selon la coutume de la région et l'interprétation du juge - ces œuvres étant hautes en ce qu'elles émanaient de la haute autorité du Tribunal criminel -, tandis que les Basses Œuvres désignaient tous les menus offices annexes et toutes les diverses tâches que remplissait l'exécuteur pour vivre. Car, si des dynasties d'exécuteurs fortunés ont existé, comme, par exemple, les Sanson à Paris ou les Jouënne en Normandie, il n'en demeure pas moins que la plupart d'entre eux, mal considérés, étaient peu rémunérés. Tant et si bien que, pour augmenter leur salaire et sortir de la pauvreté, ils accomplissaient, moyennant un paiement, des tâches ponctuelles perçues comme avilissantes, comme celles liées à la boucherie, à l'équarrissage, à la vente discrète, bien qu'interdite, de cadavres aux chirurgiens, à l'enterrement des bêtes mortes, etc[133]. Si un préjugé négatif contre le bourreau a perduré et s'est transmis au

133 Pour arrondir les fins de mois, outre le fait qu'ils étaient exemptés de payer taxes et impôts (tailles et gabelles) et qu'ils avaient le droit dit de havage consistant à prélever une « havée » (c'est-à-dire une poignée, selon le vieux français) sur toutes marchandises étalées dans les halles des villes, les bourreaux accomplissaient différentes tâches moyennant salaire. Aux « Hautes » Œuvres s'ajoutaient donc les « Basses ». A titre d'exemples, jusqu'à la Révolution française, ils pouvaient jouir du droit aux dépouilles des condamnés, c'est-à-dire qu'ils pouvaient disposer du contenu des poches des exécutés, ainsi que de leurs hardes ; ils étaient aussi payés pour nettoyer les voiries des cadavres d'animaux, en les « écorchant » et en les enterrant, et rétribués pour vider les fosses d'aisances. Enfin, profitant des besoins en corps humains de la Faculté de médecine, et tirant parti de l'interdiction des dissections humaines, ils se sont employés à développer un commerce plus ou moins souterrain avec les médecins de l'époque, afin de leur livrer des cadavres d'hommes. S'agissant des « Hautes » Œuvres, mentionnons ici que les bourreaux devaient se montrer habiles lors des exécutions capitales, sous peine de voir la foule se retourner contre eux devant des scènes d'horreur dues à leur maladresse. En outre, ils devaient faire preuve d'une certaine souplesse et d'une maîtrise de certaines techniques, comme, par exemple, dans le cas des exécutions par pendaison, ils n'étaient pas rares qu'ils dussent monter sur les pendus pour leur briser la nuque. « *A Paris, le pendu a presque toujours la tête luxée, parce que la corde, placée sous la mâchoire et l'os occipital, fait une contre-extension et que (horrible détail) l'exécuteur monte sur les mains liées du patient, qui lui servent comme d'étrier. Il agite violemment le corps, de haut en bas, en donnant des secousses, 'puis il fait faire au*

cours des âges, cela vient précisément de sa charge jugée sale et dégoûtante et de son statut de paria qui s'est alors fixement installé dans la conscience populaire et qui s'est traduit, ici ou là, par des agressions et des insultes sur lui et sa famille. Certains bourreaux ont même été tués par la population qui les haïssait démesurément, d'autres ont été contraints à se cacher et à vivre journellement dans la crainte de représailles et de violences[134]. Les surnoms des bourreaux, qui ont survécu jusqu'à la disparition de l'office, témoignent, d'ailleurs, du discrédit dont ils faisaient diaboliquement l'objet. C'est ainsi que J. Delarue évoque, dans *Le Métier de bourreau*, la haine vouée à l'exécuteur des Hautes et Basses Œuvres, ne serait-ce qu'à travers ses différentes appellations puissamment hostiles : « Le bourreau était donc désigné au mépris du public, et ce mépris se manifestait de mille manières. Et d'abord par des surnoms. On l'appela longtemps le 'carnacier' (carnassier), et jusque dans les textes quasi officiels (…). On le nommait aussi le 'Brise-Garot', allusion à la potence, où le bourreau grimpait sur les épaules du pendu pour lui déboîter les vertèbres cervicales ; 'Jean-Cadavre' ou 'Jean-Boulgre' ; 'Charlot-Casse-Bras', allusion au supplice de la roue dans lequel le bourreau brisait, à coups de barre de fer, les quatre membres, puis la cage thoracique du condamné, avant de le placer sur la roue ». Et pour souligner la provenance du prénom Charlot attaché au bourreau, l'historien précise qu' « il venait de la célèbre famille des Sanson, dont les aînés se succédèrent à Paris et portèrent tous, pendant plus d'un siècle, le prénom de Charles (…). Jusqu'aux années 1950, l'un des nombreux surnoms argotiques de la guillotine était la 'bascule à Charlot', alors que depuis 1795 aucun des exécuteurs en chef n'avait porté ce prénom de Charles et que, dans le milieu criminel utilisant ce surnom, personne n'en connaissait plus l'origine. Surtout, on appelait le bourreau : 'bourreau', ce qui lui déplaisait énormément, au point qu'il traînait devant les tribunaux ceux qui l'employaient[135] ».

tronc des mouvements demi-circulaires, alternatifs et très prompts, d'où suit une luxation de la première vertèbre'. A Lyon, par contre, l'exécuteur place le nœud coulant sur la nuque (...). L'exécuteur (détail plus horrible encore) monte sur la tête du 'patient' et tire en avant. Le nœud pèse alors sur le larynx ou la trachée artère, et provoque lacération et déchirure » (*in* J. Delarue, *Le Métier de bourreau, op. cit.*, p. 144).

134 Objet de réprobation et d'opprobre, le bourreau a été conduit à vivre dans la consanguinité et à hériter de l'office du père. En effet, comme il était en proie à la damnation, il ne pouvait trouver une épouse que parmi les prétendantes qui vivaient dans le cercle très restreint composé des familles de bourreaux ou de sa propre famille. En outre, le fils d'un bourreau ne pouvait accéder à un autre métier que celui de bourreau par cela seul qu'il était hostilement revêtu de l'étiquette d'enfant de « Brise-Garot » ou de « Charlot-Casse-Bras »-, étiquette qui l'enfermait, par conséquent, dans la fonction, dès la naissance. Dans la même idée, et pour les mêmes raisons, il était usuel que les épouses des bourreaux devenaient les aides de leurs maris, et donc « bourrelles ».

135 J. Delarue, *Le Métier de bourreau, op. cit.*, p. 48.

Il est, au demeurant, tout à fait possible de faire une triple objection quant à la parenté ici proposée entre la figure du bourreau et celle du Travailleur social pénitentiaire en tant qu'il appartient à la machine répressive :

- celle relevant d'abord de la dissolution du seul métier de bourreau, en raison de la démultiplication et de la division de ce travail d'exécution de la peine, à travers l'émergence de diverses figures comme celles du Surveillant, du Directeur d'établissement pénitentiaire, du Travailleur social, du Juge, du Médecin, etc. Autrement dit, on n'aurait plus affaire aujourd'hui à quelque chose de l'ordre du bourreau, par cela seul que l'existence de différents corps de métiers, à l'intérieur de l'institution pénale, annule l'unicité et désagrège la visibilité de l'exécuteur. Le bourreau serait seul ou n'est pas, serait un seul homme, et en aucun cas un ensemble de corps de métiers participant au même objectif de punir et de faire appliquer la sentence judiciaire. Contre cette objection, il est requis de soutenir que la disparition du bourreau, en tant qu'exécuteur des « Hautes et Basses Œuvres », n'a pas annulé, tant s'en faut, les métiers d'exécution des peines, mais qu'elle a permis seulement la transmutation de l'activité du bourreau en d'autres formes. En lieu et place d'une dissolution totale de cette figure s'est affirmée une répartition de l'exécution des sentences de justice, ayant pour conséquence non seulement de rendre moins visible, moins perceptible et plus souterraine la pénibilité de la peine, mais aussi de dissoudre la responsabilité individuelle à l'intérieur de l'application de la pénalité. A l'exécuteur des « Hautes et Basses Œuvres » s'est substitué l'exécutant des sentences de justice, *la différence consistant dans le fait que l'exécutant se donne désormais comme un mécanisme abstrait de distribution des rôles*. En ramenant l'exécution à un processus d'application des peines, à un mécanisme administratif et à une procédure, le condamné se trouve aux prises avec un système répressif qui n'a plus de nom ni de visage, mais qui n'en est pas moins efficace en ce qu'il peut générer détresse, mutilation, désespoir, suicide. La participation de chacun des corps de l'institution pénale et pénitentiaire à l'exécution des sentences de justice reconstitue donc la figure du bourreau, mais sous une forme euphémique. Croire que notre société est exempte de bourreau est donc un leurre dont il faut se départir. Car si le rapport au sang et à la mort est une des prérogatives de la figure traditionnelle du bourreau, il n'est pas le seul et, en définitive, la question de l'abandon des corps, de l'emprise des esprits, du contrôle généralisé fait écho à la dimension *mortifère* de l'institution judiciaire. C'est en ce sens que M. Foucault précise que « toute une armée de techniciens est venue prendre la relève du bourreau, anatomiste immédiat de la souffrance : les surveillants, les médecins, les aumôniers, les psychiatres, les psychologues, les éducateurs [136]» ;

- celle ressortissant à la disparition de la vue du sang et des peines

136 M. Foucault, *Surveiller et Punir*, Paris, Gallimard, 1975, p. 18.

sanguinaires, bref à la suppression du châtiment. Le bourreau ne serait associé qu'au châtiment. S'il est vrai que la naissance du bourreau a été historiquement marquée par le fait de réaliser les exécutions capitales, il n'en demeure pas moins que ses traits caractéristiques consistent à se conformer au développement de la société et évoluent selon les exigences de celle-ci. En ce sens, le passage à l'industrialisation de la société n'a pas aboli le bourreau, mais l'a adapté aux circonstances et aux nécessités du moment. Au sortir de la Révolution française, il ne s'est plus agi d'exécuter atrocement une poignée de criminels, pour l'exemple, mais d'éliminer proprement le plus grand nombre d'auteurs de faits répréhensibles : au spectacle, à l'exemple et à la lenteur des scènes de châtiments se sont substituées progressivement la rapidité et la quantification des exécutions des sentences. Ce qui prévaut aujourd'hui, ce n'est plus la mise en scène d'exécutions de cas isolés, mais la dissimulation ou la discrétion de la mise en œuvre des peines, le retrait du théâtre des châtiments, à l'échelle maintenant industrielle. Ceci se laisse aisément apercevoir par le fait que les prisons sont, à l'heure actuelle, peu connues du public, et sont souvent reléguées aux confins des villes, et par le fait que les Placés sous surveillance électronique sont mêlés aux communs des hommes, au milieu de la foule. Ce qui prime, ce n'est plus le caractère grandiose de quelques châtiments, mais l'augmentation croissante de la banalité des peines, et l'industrialisation du système pénal. La transition entre ces deux modalités d'exécution de la pénalité s'est précisément opérée à l'aide de la guillotine. Car elle a permis, tout en conservant quelque chose d'effroyable, de mettre à mort proprement, puisque l'habileté du bourreau était moins requise, et de tuer rapidement, attendu que les bourreaux les plus expérimentés pouvaient réaliser la décollation sur des centaines d'individus en moins de deux minutes pour chacun, la période de la Terreur ayant atteint le paroxysme de ce rythme infernal des exécutions ;

- celle concernant l'extinction du caractère sacré de la peine, en raison de l'effacement du personnage du bourreau au profit de l'avènement de la procédure pénale. De ce que le bourreau était un personnage sacré, conclure que les rôles maintenant dévolus aux différents professionnels de l'institution judiciaire marqueraient un processus de désacralisation, voilà qui mérite d'être discuté. En effet, les mesures de justice revêtent une valeur absolue par cela seul qu'elles sont l'avatar du processus de sécularisation, qui n'implique pas du tout la disparition du sacré, mais bien son passage dans l'ordre séculier, disons celui de l'État. Le droit d'exception témoigne encore aujourd'hui de cet héritage des formes de la sacralité au sein de l'univers démocratique, et souligne la permanence de la dimension religieuse de la peine. Le corps, l'individu, les libertés fondamentales ont acquis une valeur transcendante et inviolable aujourd'hui, et c'est bien ce qui fait problème dans le contexte de la pénalité contemporaine, en particulier par référence à la modalité pénale du Placement sous surveillance électronique où l'espace privé, normalement protecteur et intime, est devenu étonnamment insecure et impersonnel. De nos jours, l'individualité est devenue la seule valeur sacrée et inaliénable, et cette valorisation se traduit notamment par la sacralisation à la fois du corps, de la liberté de penser et d'expression, du droit à l'intimité, de la possibilité de mener une vie librement choisie. Philosophiquement, c'est l'individu, en tant qu'il est doté d'un corps et d'une conscience, qui représente le sacré aujourd'hui ; culturellement, c'est l'humain, et non plus Dieu, qui est objet de valeur absolue. D'où la valorisation de l'individualisme, d'où la floraison des Droits de l'homme. Pour tenter d'être davantage complet sur cette question, et bien que nous ayons déjà montré, au cours de nos travaux, l'imbrication du pénitentiel dans le pénitentiaire, il importe de rappeler que l'incarnation du sacré dans le personnage du bourreau[137], qui exprimait alors la toute-puissance du roi (et des seigneurs), acquise sous l'Ancien Régime et symbolisée par la fameuse et terrible lettre de cachet, s'est trouvée déplacée dans les mécanismes administratifs et judiciaires du pouvoir de punir. C'est maintenant la mécanique judiciaire elle-même qui est sacrée, et qui peut se

137 Sur ce point, voir, d'une part, J. Delarue : « *Personnage sacré, il l'est encore [le bourreau] pour d'autres raisons, plus évidentes dans le passé, mais toujours présentes. Son existence était un des signes réels du pouvoir (...). Les fourches patibulaires, essentiellement le gibet, que chaque détenteur de ce droit faisait édifier sur ses terres, toujours aux abords d'un chemin fréquenté, marquaient son pouvoir et son rang ; les corps qu'on laissait accrochés dans le vent jusqu'à ce qu'ils se disloquassent d'eux-mêmes, étaient considérés comme le moyen éducatif et dissuasif le plus efficace. Le nombre de piliers composant le gibet (qu'il ne faut pas confondre avec la potence) variait avec le rang du seigneur justicier (...). Les simples gentilshommes, rarement possesseur d'un tel pouvoir, mais qui l'étaient parfois cependant, avaient droit à deux piliers seulement, les barons en avaient quatre, les comtes six et les ducs huit. Le roi seul pouvait avoir autant de piliers qu'il le voulait, et le gibet de Montfaucon, à Paris, en comptait douze ; ils étaient suffisamment hauts pour supporter deux rangs de traverses superposées. Le tout formait un vaste quadrilatère où, en temps ordinaire, cinquante à soixante cadavres se balançaient au vent et empuantissaient l'air à bonne distance (...). Pour être un vrai seigneur, il fallait donc avoir son bourreau Maître des Hautes et Basses Œuvres* » (*in Le Métier de bourreau, op. cit.*, pp. 33-34). D'autre part, sur ce point encore, se donne comme nécessaire et enrichissante la consultation de l'ouvrage de Jean Imbert et Georges Levasseur, *Le Pouvoir, les Juges et les Bourreaux, 25 siècles de répression,* Paris, Hachette, 1972, notamment. pp. 253-254 : « *Presque partout, le droit de vie et de mort du seigneur « haut justicier » se manifeste par l'installation, à l'entrée de la seigneurie, de potences plus ou moins importantes, sur lesquelles les criminels étaient exécutés et restaient ensuite exposés, pour l'exemple. Dans le ressort de haute justice du roi, le gibet de Montfaucon est resté tristement célèbre : on pouvait y suspendre une soixantaine de suppliciés. La pendaison est, en effet, autant que nous puissions en juger par les documents actuellement étudiés, le supplice le plus commun...* ». La puissance du seigneur s'exprimait bel et bien par son pouvoir sacré de punir (le droit de vie et de mort n'est-il pas un pouvoir de droit divin ?) et par la terreur qu'exerçaient sur les sujets la potence, le billot et surtout le gibet, qui devaient avoir la double vertu d'exemplarité et de dissuasion. Rappelons, à toutes fins utiles, que le terme de supplice vient du latin *supplicium*, qui désigne le fait de courber la tête pour recevoir le coup de hache. Autant dire qu'il n'y a pas de pouvoir authentique sans le pouvoir de faire courber pour frapper.

permettre de faire usage d'un droit d'exception, et la raison en est que ce déplacement du sacré, au niveau de l'organisation et du fonctionnement du pouvoir (ce n'est plus un monarque, mais une machine qui commande au nom du sacré), a pour pendant la valorisation du corps qui se donne dorénavant comme un puissant enjeu de pouvoir. Si on a pu parler d'un « désenchantement du monde » comme recul des croyances religieuses et magiques, ceci n'a pu s'accomplir qu'à la faveur d'un processus de réenchantement, à un autre niveau, sur un autre plan, à savoir celui du corps propre. La montée en puissance des disciplines, à l'époque moderne, résulte précisément de cette sorte de réenchantement du corps, en tant qu'il exprime non seulement une étendue, au sens cartésien, c'est-à-dire une sorte de territoire à conquérir pour le pouvoir, mais aussi et surtout un principe d'inviolabilité, au sens lockien. La notion de corps est devenue une notion inextricablement complexe, car le corps est à la fois objet de sacralisation et lieu de l'exercice du pouvoir. Pour le dire simplement, nul ne doit le meurtrir et, dans le même temps, il est encore enjeu de pouvoir, et donc de lutte et d'emprise, mais non plus au niveau du sang (rappelons que, d'un point de vue ethnologique, le sang est une dimension essentielle du sacré), mais sur le plan de la mobilité impliquant le registre subjectif et intentionnel. Ce déplacement est d'importance. Car le sacré n'est plus le corps, comme jadis, en tant qu'il était une composante de la créature de Dieu, mais il est désormais le corps en tant que puissance et véhicule de liberté (accès à l'indépendance, combat pour l'émancipation, possibilité de construire sa vie librement, lieu de la pleine jouissance, etc.). En définitive, ce n'est plus sur fond de divinité que le corps doit être pensé comme sacré (l'élément de la créature de Dieu), mais sur un principe *intransitif* d'inviolabilité, parce que le corps est corps, *mon* corps. La notion de transcendance est maintenant lue, non plus sur un plan vertical ou incliné menant de l'ici-bas à l'au-delà ou, pour reprendre la terminologie platonicienne qu'a retenue la tradition philosophique, du monde sensible vers le monde intelligible, mais sur un plan tout à fait horizontal. A cet égard, le Code civil, en son article 16-1, est sans ambiguïté, puisqu'il réaménage le sacré au niveau du profane en disposant que : « Chacun a droit au respect de son corps. Le corps humain est inviolable. Le corps humain, ses éléments et ses produits ne peuvent faire l'objet d'un droit patrimonial ». Au niveau européen, l'article 8 de la Convention européenne de sauvegarde des droits de l'homme, que les gouvernements membres du Conseil de l'Europe ont signé le 04 novembre 1950, à Rome, reprend ce principe de l'inviolabilité du domaine privé : « Toute personne a droit au respect de sa vie privée et familiale, de son domicile et de sa correspondance ». Cet article de la Convention européenne de sauvegarde et celui du Code civil traduisent donc, dans la sphère du profane, le double processus de dépolitisation du religieux et de sacralisation de l'État, dont le nœud et le point de jonction sont la valorisation du droit à la propriété et le respect du corps propre en tant qu'il est objet de pouvoir. L'acte d'emprisonner (de capturer et de jeter un corps en prison), l'acte de surveiller à distance (de « tracer » électroniquement un individu, c'est-à-dire ici un corps en mouvement, un mobile au double sens de la physique et de l'intentionnalité), ne sont jamais que la conséquence des tentatives de réappropriation du corps, en tant qu'il occupe un certain espace, se déplace et est doté de motivations, et quoiqu'il ne puisse faire l'objet « d'un droit patrimonial ». Le corps et son principe d'intentionnalité sont totalement imprescriptibles, et c'est pourquoi ils intéressent, au premier chef, le pouvoir contemporain de punir. En d'autres termes, après la religion, il subsiste du religieux, et cette persistance, cette permanence du religieux, se manifestant sous une forme inédite, à savoir sous celle de la corporéité, qui ne doit pas être confondue avec le monde matériel (le corps n'est pas une chose), s'accompagne d'une redistribution des rôles dans l'économie du pouvoir de punir : la mécanique judiciaire (avec son cortège de professionnels, bien que divers, tout à fait complémentaires, et avec ses nécessités administratives) a singulièrement supplanté aujourd'hui, dans le domaine du sacré, la seule figure emblématique du bourreau. Car ce qui est en jeu ici pour le pouvoir, c'est la domination du corps propre, c'est-à-dire d'un corps qui n'est pas réductible à l'anatomique ou au biologique, mais qui se donne comme unité vivante, libre énergie, corps vécu qui ne peut donc jamais être ni tout à fait objet ni tout à fait sujet, à la manière du moi cartésien. Ce corps en tant qu'il est vécu, en tant qu'il est traversé par une éducation, des habitudes, une histoire, revêt les vêtements épais de l'opacité. C'est ce corps qui, dans une perspective d'une l'histoire de l'expérience politique des corps, a fait l'objet d'une étude remarquable d'A. Farge, dans *Effusion et tourment, Le Récit des corps, Histoire du peuple au XVIIIe siècle,* et qui, en tant qu'il est transi par une dimension émotionnelle et passionnelle fondamentale, se donne comme un élément incontournable de structuration de toute action : « Le corps n'est pas un objet, écrit A. Farge ; véhicule de l'être au monde, il se joint aux autres dans une époque précise, s'engage continûment dans la prise sur le réel, en se mouvant de projets en projets. Adossé à l'espace et au temps, il s'implique dans les activités urbaines parce que le politique l'exige pour lui (…).Toute action des corps ne peut s'envisager sans leur dimension émotionnelle et passionnelle qui n'en oblitère ni l'intelligence, ni la dimension politique. De cela, les sciences humaines se sont peu occupées, tout entières attachées à la conviction suprême que l'affect, l'émotion, la prise en compte des sensibilités étaient altération de la connaissance. La (les) science a souvent méprisé la 'chair humaine' (...), en oubliant que les idées traversent les corps et s'enchâssent dans de complexes systèmes d'appropriation et de refus, où, au jour le jour, ils vivent sans exclusive l'étonnement, la surprise, l'enthousiasme, le dégoût, etc., sentiments qui fondent et infléchissent l'acte de comprendre et d'agir.

Sans compter la manière décisive dont le politique s'inscrit en lui [138]». C'est ce corps unique, truculent et riche qui est désormais l'enjeu du régime de l'hypersurveillance. Si, en effet, le corps comme « étendue » est ce que le régime de la prison et les techniques de discipline cherchent à maîtriser, en revanche le corps comme « totalité vécue » est ce que les nouvelles technologies de surveillance électronique visent à dominer et à accaparer[139]. Dans cette perspective, M. Foucault a déjà fortement souligné la distinction entre deux types de technologies de pouvoir, la première concernant le corps et la seconde l'âme. La prison comme mode d'exécution pénale est présentée par lui comme « une technologie de pouvoir sur les âmes », parce que ce que l'institution judiciaire vise par l'emprisonnement ou la réclusion, par le geste d'embastiller, ce n'est rien qu'une emprise sur le sujet juridique, et ce par la suppression de la liberté et des droits. La pénalité issue de Beccaria et des réformateurs du XVIIIe siècle cherche donc à mettre en œuvre « une exécution qui atteigne la vie plutôt que le corps », précise M. Foucault[140]. La prison pénale est une pénalité de l'incorporel, en ce sens précis qu'elle cause la perte de droits et de la liberté. Au demeurant, le corps est aussi la cible de la pénalité d'aujourd'hui, ne serait-ce que par le geste de la capture et de la mise aux arrêts, mais *indirectement*, car ce qui est recherché de prime abord, c'est la domination du registre intentionnel et juridique, en un mot l'ascendance sur le subjectif. Le corps n'est donc plus ici qu'un moyen, un intermédiaire de la sanction. La façon proprement foucaldienne d'appréhender la pénalité contemporaine, à travers l'exemple de la prison, nous paraît puissamment heuristique, et apparaît comme un schéma général d'analyse qui est d'autant plus vrai et fécond qu'il s'applique fort bien, et bien davantage encore, à la pénalité de la surveillance électronique. Car l'enjeu est tel qu'il s'agit aujourd'hui de « ne plus toucher au corps, ou le moins possible en tout cas, et pour atteindre en lui quelque chose qui n'est pas le corps lui-même [141]».

---

138 Cf., A. Farge, *Effusion et tourment, Le Récit des corps, Histoire du peuple au XVIIIe siècle*, Paris, éd. Odile Jacob, 2007, pp. 13-14. Dans la perspective de ce qu'on pourrait appeler une sorte de sensualisme historique, l'intérêt de l'étude d'A. Farge est de brosser originalement l'histoire du peuple français du XVIIIe siècle, en particulier parisien, en partant du vécu et de la concrétude des expériences humaines singulières, et en se fondant sur les archives de police de l'époque qui décrivent minutieusement les gestes, attitudes, postures, cris et rires des « petites gens ».

139 D'une certaine manière, le corps dont a affaire le régime de l'hypersurveillance se rapproche de celui dépeint par M. Merleau-Ponty, c'est-à-dire d'un corps irréductible à un objet : « *Qu'il s'agisse du corps d'autrui ou de mon propre corps, je n'ai pas d'autre moyen de connaître le corps humain que de le vivre, c'est-à-dire de reprendre à mon compte le drame qui le traverse et de me confondre avec lui* » (*in La Phénoménologie de la perception*, Paris, Gallimard, 1945, p. 231). Et d'affirmer : « *Mais je ne suis pas devant mon corps, je suis dans mon corps, ou plutôt je suis mon corps* » (*in La Phénoménologie de la perception*, *op. cit.*, p. 175).

140 M. Foucault, *Surveiller et Punir, op. cit.*, p. 19.

141 M. Foucault, *Surveiller et Punir, op. cit.*, p. 17.

Par-delà ces points de convergence et ce legs entre le bourreau sanguinaire d'Ancien Régime et le bourreau procédural et administratif d'aujourd'hui, il est possible de déterminer plus précisément encore la fonction de ces professionnels de l'insertion et de la probation, en tant qu'*exécuteurs participatifs légaux des sentences de justice*, de manière à faire ressortir les caractéristiques propres de leurs missions, par rapport à celles du bourreau d'hier, et ce en tenant compte des transformations historiques et sociales qui ont donné un nouveau visage au bourreau - un visage apparemment plus propre, plus moderne, plus humain et plus acceptable. Notons au passage que l'emploi même du terme bourreau se donne comme un gros mot, un juron ou une insulte. C'était déjà le cas sous l'Ancien Régime où l'interdiction était donnée de ne jamais utiliser le mot « bourreau », sous peine de poursuites devant les tribunaux menées par le bourreau lui-même qui détestait viscéralement qu'on l'appelle ainsi. Aujourd'hui encore subsiste une frayeur quasi irrationnelle associée à la légende de ce personnage. L'agent de l'insertion et de la probation se présente à la fois comme un expert, un chirurgien et un technicien de l'exécution des peines :

- il est d'abord un *expert*, parce que son travail est orienté vers la rédaction et la transmission de rapports précis et circonstanciés sur la personnalité et le comportement des condamnés, au regard de la peine qu'ils doivent subir et des obligations auxquelles ils doivent satisfaire. De ce fait, la dimension expertale de la fonction de Conseiller pénitentiaire d'insertion et de probation suppose que celui-ci doive à la fois détenir un savoir, à caractère criminologique, sur les personnes condamnées qui lui sont confiées et vis-à-vis desquelles il est mandaté, et exercer un pouvoir sur leur devenir, ne serait-ce que par les conséquences importantes impliquées par la transmission des rapports pour incident, qu'ils sont susceptibles de communiquer à l'autorité judiciaire, lorsque le déroulement des mesures de justice connaissent des difficultés ;

- il est ensuite un *chirurgien*, en ce sens que, par la précision des rapports qu'il rend et la rigueur du contrôle qu'il effectue, il est amené à décortiquer, à disséquer la conscience du condamné, en vue de prévenir la récidive. L'aspect chirurgical de la fonction du Conseiller pénitentiaire d'insertion et de probation se laisse aisément repérer par le travail autour de l'examen des conditions du passage à l'acte, par l'effort de compréhension des mobiles, des intentions et du comportement des condamnés, par l'attention particulière portée à la question de leur accessibilité au remords et de leur volonté de réparer, par l'importance attachée au respect du cadre de la mesure et des obligations qui y sont afférentes ;

- il est enfin un *technicien* de la peine, parce que son activité professionnelle, en perpétuelle mutation, revêt de plus en plus un rôle de centralisation des données ondulatoires et électroniques. Qu'il suffise qu'un

Placé sous surveillance électronique n'entre pas à l'heure à son domicile - domicile entendu ici comme lieu d'assignation, de consignation et d'enfermement - pour que se mette aussitôt en branle le dispositif technique de surveillance et pour que le Conseiller pénitentiaire d'insertion et de probation soit sollicité pour en déterminer les raisons et en rendre compte.

On assiste donc aujourd'hui à une nouvelle forme de la spécialisation du métier de bourreau, révélée par la technicisation croissante de ses missions. La surveillance stricte généralisée, à distance, la rédaction des écrits professionnels, l'impératif bureaucratique, la procédure *stricto sensu* participent du métier de bourreau d'aujourd'hui. Moins qu'un visage, le bourreau d'aujourd'hui ressortit à quelque chose de foncièrement machinique. Les Travailleurs sociaux pénitentiaires prennent en charge, légalement, toute une procédure consistant dans les mesures de contrôle, les visites à domicile, la vérification des adresses, la vigilance continue quant au respect des obligations particulières que doivent remplir les personnes condamnées, etc. De même que le pouvoir judiciaire ne se souciait pas naguère des conditions de garde, d'entretien et de transport de la machine du bourreau, qui était seul responsable de « sa » guillotine, de même il préfère déléguer aujourd'hui la surveillance et le contrôle des mesures de justice, la relation aux condamnés et l'intrusion dans leur domicile, aux seuls Travailleurs sociaux pénitentiaires qui n'exercent plus leur activité sous l'égide des Juges de l'Application des peines et dont les bureaux, en ce qui concerne ceux qui officient en milieu ouvert, ont été désormais transportés en dehors des Tribunaux de Grande Instance. L'emprise sur les condamnés qu'exercent les dispositifs de surveillance et les mesures de contrôle, dont les personnels pénitentiaires d'insertion et de probation sont un maillon, revêt un caractère mental, invisible, ondulatoire. Cette emprise est de deux ordres :

- d'abord, il est de l'ordre du chantage, puisqu'il est clairement indiqué et répété aux condamnés que, à défaut de respecter le cadre de la mesure et de satisfaire aux obligations particulières, ils encourent une incarcération ou un retour à la case prison ;

- ensuite, il est de l'ordre de la confusion entre la notion de culpabilité et celle d'intimité. Qu'est-ce à dire ? Sous couvert de rechercher à identifier le positionnement des intéressés, eu égard aux faits commis, sous le prétexte de sonder le degré et la sincérité du sentiment de culpabilité et leur capacité de reconnaissance des faits, c'est à une sorte de fouille intégrale de leur conscience que se livrent les Travailleurs sociaux pénitentiaires, faisant ainsi fi de la distinction fondamentale entre ce qui relève des faits et ce qui procède de la vie privée et intime. Quelle est la pertinence à ce qu'un condamné doive justifier de ses bulletins de paie, alors même qu'il n'a ni dommages et intérêts à verser ni une obligation de travailler ? Quelle légitimité y a-t-il à ce qu'il soit indiqué dans un rapport - qui, en tant que tel, n'offre pas le droit à l'oubli - que le condamné est affecté par le VIH ou l'hépatite C ? Considérant que le travail social pénitentiaire vise à se faire une idée assez précise de la situation familiale, sociale, professionnelle et pénale du condamné, il en résulte que, sur le plan déontologique, aucune limite n'est clairement fixée quant aux questions qui ne peuvent ou ne doivent être posées en entretiens, excepté la limite à laquelle veut bien consentir le professionnel. Tant et si bien que, en l'absence de pareilles limites objectives, le renoncement à répondre de la part d'un condamné peut être presque automatiquement lu comme un refus d'obtempérer, d'investir la mesure, d'assumer sa culpabilité, etc., alors même qu'il ne s'emploie qu'à préserver son intimité. Si la parole du condamné, en raison précisément du statut de coupable et de condamné qui l'habille, est forcément sujette à caution, il n'en demeure pas moins que ses silences sont également mal perçus et correspondent soit à un déni de culpabilité, soit à un rejet de la mesure et du cadre qui le contraignent.

Dans le système pénal actuel, le Travailleur social pénitentiaire joue un rôle tel qu'il peut être présenté en ces termes : son activité est au croisement de celle du prêtre (par les « sermons » sociaux et juridiques qu'il formule) et de celle du fossoyeur (par la relation qu'il entretient avec la délinquance ou la « lie » de la société). Par suite, se trouvant au carrefour de l'institution judiciaire et du monde de la délinquance, le Travailleur social pénitentiaire joue, vis-à-vis des Juges d'abord, un rôle semblable, pourrait-on dire, à celui de Raspoutine, puisqu'il les conseille et se trouve constamment placé dans leur ombre, et, vis-à-vis des Personnes placées sous main de justice ensuite, un rôle plutôt marqué par sa proximité avec celui de Savonarole, parce qu'il les conseille et les « moralise ».

Chapitre septième : la finalité de l'hypersurveillance

A) La notion de « déchets humains »

Pour appréhender la façon dont se mettent mécaniquement en place les processus d'exclusion au sein de notre modernité, et la manière singulière de produire socialement de la plèbe ou de la bohème, entendue ici comme groupe humain marginal, il est fort utile d'en appeler aux concepts de surnombre, de rebut et de redondance, tels qu'ils sont définis et utilisés par Z. Bauman[142], notamment dans ses étonnants travaux portant sur la fabrique contemporaine de véritables « déchets humains ». Voici ce qu'il écrit, à propos de la redondance, dans son étonnant ouvrage *Vies perdues : la modernité et ses exclus* : « Être redondant signifie être en surnombre, indésirable, d'aucune utilité - quels que soient les besoins et les utilités définissant les critères de l'utile et de l'indispensable. Les autres n'ont pas besoin de vous : ils peuvent faire aussi bien et mieux sans vous. Il n'y a aucune raison évidente pour que vous soyez là ni aucune véritable justification à votre prétention au droit de rester là. Être déclaré redondant signifie que l'on s'est débarrassé de vous parce que vous êtes jetable (...). 'Redondance' partage son champ sémantique avec 'rejets', 'détritus', 'déchets', 'ordures- avec rebut. La destination des *sans*-emploi, de l''armée de réserve du travail', était d'être rappelée dans le service actif. La destination du rebut est la décharge, le tas d'ordures [143]». Soulignons d'ores et déjà que l'approche de Z. Bauman consiste à déplier analytiquement la nature du processus qui produit inéluctablement des séparations, des clivages, des mises en concurrence et des destructions réciproques - processus qui, précisons-le nettement, serait, selon lui, le propre de notre présent social. C'est cette approche analytique que nous privilégierons ici.

Z. Bauman part du constat que la caractéristique majeure de notre modernité est de produire de l'abondance, du surnombre, du « trop », de l'excédentaire. De même que le sentiment de contingence, telle que l'éprouve Roquentin dans la *Nausée* de Sartre est, sur le plan ontologique, de se sentir là comme étant de trop, sans aucune nécessité, de même, le sentiment de l'inutilité correspond, sur le plan social, au fait de lire sa propre image dans les yeux et le comportement des autres comme étant profondément indésirable. Sur le plan économique, cette caractéristique de l'abondance, du surnombre, est visible à travers les mécanismes de surproduction propres à l'économie de marché ; sur le plan démographique, elle se traduit par l'émergence de la surpopulation dans des registres aussi différents que ceux de l'urbanisme, du

142 Le lecteur se reportera positivement en particulier au *Coût humain de la mondialisation*, Paris, Hachette Littératures, 1999, et surtout à *Vies perdues : la modernité et ses exclus*, Paris, Payot, 2006.
143 *Vies perdues : la modernité et ses exclus*, *op. cit.*, pp. 28-29.

marché de l'emploi, du logement, etc. Ces mécanismes de surproduction revêtent donc, selon le sociologue de Poznan, une double caractéristique :

- en premier lieu, ils conduisent à la fabrication quasi inéluctable du « même en surnombre ». C'est ce que Z. Bauman appelle, sur le plan social, le développement et l'installation de la *redondance.* Sur le marché de l'emploi, par exemple, les demandeurs d'emploi, en surnombre, se sentent inutiles et dévalorisés, et ne perçoivent plus ce qui peut les distinguer des autres dans la course vers l'emploi, alors même qu'ils ont conscience qu'ils doivent néanmoins trouver l'élément distinctif incontournable qui les fera sortir du lot ou de la masse ;

- en second lieu, ils se révèlent par la production incessante de déchets, en particulier de « déchets humains », que l'auteur subsume sous le concept de *rebut.* Dans une économie où la concurrence fait rage (les émissions de télé-réalité sont symptomatiques de ces mécanismes de concurrence, d'écrasement de l'autre et de rejet), et où les crises se succèdent, bref dans une économie anémiée, les processus de désolidarisation et d'atomisation du social sont exaspérés, au point de conduire, sinon à une abolition, du moins à une diminution de ce que les physiciens et psychologues appellent, dans leur domaine respectif, la résilience, c'est-à-dire la perte de toutes formes décisives de résistance (la résistance au choc, en mécanique, comme la résistance aux conséquences d'un traumatisme, en psychologie).

Les phénomènes dus à l'abondance favorisent les réflexes de mises au ban et de conduite vers la déchetterie. Le pendant de l'abondance, voire de la surabondance, est la « jetabilité ». Dans un environnement où tout et tout le monde est de trop, il devient impossible de tout gérer et assimiler, de sorte que se mettent en place des processus de gaspillage, de rejet et d'exclusion. Sur le plan humain, les premières cibles de ces phénomènes de redondance sont ceux-là mêmes qui sont en proie à des difficultés d'insertion, qui sont d'ores et déjà déshérités, qui ont, selon le langage de P. Bourdieu, un *habitus* particulier, en tant que principe premier et quasi inconscient d'action des acteurs sociaux, les enfermant et les contraignant dans un univers insipide, indistinct et monolithique. En d'autres termes, dans un monde où globalisation et accélération sont les paramètres majeurs (= la mondialisation), les processus de jetabilité de l'humain ne peuvent être évités. La raison en est que, dans une société où la population est en perpétuelle croissance, où l'idée d'espace devient chaque jour plus préoccupante (la Chine et l'Inde offrent, de ce point de vue, des exemples idéaux-typiques du cri d'alarme démographique), où les ressources naturelles disponibles se raréfient à mesure que la demande augmente, il s'ensuit logiquement que chaque individu s'éprouve, à l'intérieur du processus de la mondialisation, non comme une aide ou une ressource possible pour autrui, mais comme une gêne ou un obstacle sérieux, ou du moins un concurrent potentiel qu'il importe avant tout d'éliminer. Dès lors, dans un monde sur-investi par la redondance et le rebut, est chaque fois saisie l'occasion précieuse de se débarrasser littéralement des autres, en tant qu'« encombrants humains ». Dans une telle représentation du devenir des sociétés modernes, Z. Bauman n'a de cesse d'insister sur un des envers ou revers du processus de mondialisation, à savoir son coût en termes humains, c'est-à-dire en termes de respect de la dignité humaine, en termes de relations d'aide et de solidarité interpersonnelles. Le coût humain de la mondialisation vient de ce que cette marche vers la mondialisation, qui aspire tout sur son passage, est destructrice pour cette catégorie de population rangée sous l'étiquette de « rebut », à l'intérieur de laquelle on trouve tous ces gens qui ne paraissent pas ou plus adaptés à l'évolution rapide de la société et à l'accélération des phénomènes de marchandisation. La figure de *l'Outlaw* est intéressante, parce qu'elle concentre à elle seule l'ensemble des handicaps sociaux que les individus, immergés dans la mécanique de la mondialisation, peuvent rencontrer : l'échec scolaire, le manque de qualifications, l'absence d'emploi, les situations d'illettrisme, les difficultés d'ordre familial impliquées, par exemple, par les violences conjugales ou l'alcoolisation, la rupture totale des liens familiaux, l'étonnante trajectoire de vie pour beaucoup d'entre eux, qui peuvent avoir connus eux-mêmes des violences ou des viols en tant que mineurs, etc., font des O*utlaws* la figure privilégiée du rebut ou du détritus humain

La comparaison entre le représentant du rebut et *l'Outlaw* ne repose pas seulement sur l'idée de handicap social, mais aussi, pour être féconde, sur celle de dangerosité. Bien qu'il soit possible de caractériser ici la prison comme le lieu de stockage, comme l'entrepôt des déchets humains, il est néanmoins utile d'ajouter que cette sorte d'emmagasinage s'apparente au stockage des déchets radioactifs produits par les Centrales nucléaires. Cette comparaison, aussi choquante qu'elle puisse paraître, n'en demeure pas moins éclairante pour notre propos visant à déterminer les liens qui unissent ces deux types de déchets, et qui peuvent être rangés sous l'idée effective de dangerosité. Ces mécanismes de mise à la déchetterie de détritus jugés dangereux pour l'environnement et la société reposent sur la considération, aussi évidente que répandue, selon laquelle ce qui est inutile ou nuisible doit être jeté, enfoui, caché, éloigné pour longtemps, car il en va de la sécurité des personnes et de la survie du lieu. En ce sens, l'acte par lequel on jette un individu en prison vise à produire un effet de *décontamination* de la société. Ce que Z. Bauman caractérise donc par les concepts de redondance et de rebut nous inspire des analyses portant sur l'*homo pœnalis*. En effet, l'homme pénal, l'homme du châtiment, se caractérise aujourd'hui par son enracinement dans une vision de la pénalité ancrée dans une sorte d'hylémorphisme lamarckien, avec cette différence toutefois qu'elle suppose la translation des éléments d'ordre naturel vers ceux d'ordre social. Pour le dire simplement, de même que Lamarck a cherché à démontrer le principe transformiste selon lequel « la fonction fait l'organe » impliquant, par exemple, l'amputation, par les effets de la nature, des pattes du serpent, du fait de leur inutilité, de même la société œuvre en faveur de l'exclusion de l'*homo pœnalis*, en raison de son inutilité ou de sa dangerosité. Car un préjugé demeure, à savoir celui selon lequel « ce qui est inutile est nuisible ». Le processus civilisationnel des sociétés occidentales, enraciné dans une optique insidieusement lamarckienne, a pour conséquence de mettre en garde contre les dangers que peut courir le vivre-ensemble. Et les remèdes à ces poisons sociaux que ce processus de civilisation s'est attaché à mettre en œuvre consistent tantôt dans l'éducation (selon le schéma de N. Elias[144]), tantôt dans l'amputation ou l'exclusion (selon le schéma général issu de Lamarck). C'est pourquoi il est possible d'affirmer que le traitement et la gestion des *Outlaws*, comme êtres-de-trop, n'ont pu être menés à bien qu'à travers des mesures d'éloignement qui ont traversé l'histoire de la pénalité, notamment en France, et de manière générale en Occident (la *relegatio* romaine, c'est-à-dire l'exil et le bannissement, le bagne, la prison et la peine capitale sont des peines typiquement éliminatrices du corps social).

B) Délinquance, hyperconsommation et solitude des *Outlaws*

A l'intérieur du processus de la mondialisation, la fabrication de déchets vient de la prééminence accordée à l'*homo consumens*, en tant qu'être qui, selon l'étymologie, absorbe et accumule tout ce qui provient de l'extérieur. Si rien ne vient faire écran à l'insatiabilité de l'*homo consumens*, il s'ensuit l'impossibilité d'échapper aux mécanismes de mise à la déchetterie d'une partie de ce qui n'est pas consommable, en raison de la surproduction et de la mise à la fourrière de ceux qui sont exclus des circuits de la consommation d'une part, et en raison de la surpopulation et du paradigme concurrentiel d'autre part. D'où l'interconnexion et l'interdépendance entre l'*homo consumens* et l'*homo pœnalis*. Parce que le consommateur ne connaît pas de limite à la logique de l'assimilation qui préside à son comportement, il fait naître l'infracteur, le rebelle au processus de l'exclusion de la consommation et de la mondialisation, et en même temps il en a besoin comme garant de la pérennisation du système d'où il tire des avantages. Les idées de surnombre et de redondance, au sein de l'univers de la consommation, permettent de comprendre - ce qui ne veut pas dire excuser -

---

144 Voir, sur ce point, l'instructif ouvrage de N. Elias, *La Société de cour*, Paris, Flammarion, 1985 (Calmann-Lévy, 1974 ; 1969 pour la publication allemande), où il est montré la manière dont les convenances, les règles de civilité et les usages de la bienséance, se sont progressivement imposés en Occident. Le savoir-vivre et les façons de se tenir en société, de marcher, de manger, de converser, de rire, de recevoir, etc., et, par conséquent et d'une manière générale, le rapport au corps relèvent, selon l'auteur de *la Civilisation des mœurs* (Pocket, 1974) et de *La Dynamique de l'Occident* (Pocket, 1975), d'un processus civilisationnel.

la commission d'un certain nombre d'infractions et l'apparition de la plèbe délinquante. Voler ce qu'on ne peut posséder, commettre des violences sur les autres en tant qu'ils s'offrent à soi comme obstacles ou empêchements dans le processus de l'accumulation des biens, des richesses et des reconnaissances, voilà ce qui est aisément observable au sein de l'institution judiciaire. Dans cet ordre d'idées, G. Lipovetsky a su attirer l'attention sur un point qui paraît indiscutable, à savoir que, dans la mesure où les valeurs individualistes et consuméristes ne touchent plus seulement les classes moyennes, mais aussi la partie de la population victime d'un paupérisme croissant, il s'ensuit que les classes défavorisées, pour rompre avec la logique de la frustration, en viennent tout bonnement à commettre des délits comme des vols. Dans une société d'hyperconsommation, les signes d'appartenance à une identité ne sont pas directement reliés à un groupe, mais à la possession d'objets et de biens, et donc à la culture de consommation de masse. A partir de l'antagonisme entre, d'une part, la nécessité d'accéder à la société d'hyperconsommation pour « exister », ou avoir une reconnaissance sociale et, d'autre part, l'impossibilité de satisfaire aux codes et au cadre en usage à l'intérieur des balises définies par cette même société, en raison d'un manque criant de moyens matériels ou financiers, l'auteur de *l'Ère du vide* souligne combien la petite ou moyenne délinquance naît de cette contradiction générant insatisfactions et frustrations : « D'un côté, les normes et les valeurs consuméristes, écrit-il, sont massivement intériorisées par les jeunes des grandes cités de banlieue. De l'autre, la vie précaire et la pauvreté empêchent de participer pleinement aux activités de consommation et de loisirs marchands. De cette contradiction résulte une poussée des sentiments d'exclusion et de frustration en même temps que des comportements de type délinquant[145]».

Par où l'on voit que ce qui sous-tend ici les analyses de G. Lipovetsky, c'est le postulat suivant lequel les comportements des délinquants sont essentiellement affectés d'opportunisme et d'égoïsme, et suivant lequel, finalement, la délinquance (petite et moyenne, celle du plus grand nombre) n'est pas autre chose que la manifestation d'un fait de consommation qui s'introduit dans toutes les parties ténues des relations sociales et interindividuelles et auquel les délinquants eux-mêmes ne sauraient échapper. Plutôt la proie de cette tendance à l'hyperconsommation que des agents authentiquement libres de leurs décisions, les délinquants n'auraient donc pas d'autre destin, dans un tel univers balayé de part en part par la consommation de masse et la logique de la satisfaction matérielle, que celui de rechercher, comme leurs semblables, l'accumulation des biens et des richesses, en développant à cette fin des stratégies adaptées, ainsi que celui de faciliter pour eux-mêmes le maximum de plaisirs immédiats et de

145 Cf., G. Lipovetsky, *Le Bonheur paradoxal. Essai sur la société d'hyperconsommation*, Paris, Gallimard, 2006, p. 176

jouissances rapides. Le principe d'action repose donc ici sur la la logique de l'avoir, et non pas sur celui de l'être. Dans ce monde infiniment ouvert à la mondialisation et gouverné par la seule tendance à l'hyperconsommation et aux loisirs, la question reste, au demeurant, entière de savoir quelle est la finalité ultime poursuivie par les individus qui se meuvent et agissent à l'intérieur d'une société désormais caractérisée par l'absence de cadre réglementaire strict, par une dérégulation, qu'on le veuille ou non, constante et par un environnement puissamment entaché d'insécurité due à ce que Z. Bauman appelle, par ailleurs, le monde liquide. En effet, la liquéfaction des relations humaines, le relâchement des liens de solidarité et des réseaux d'entraide, la perte du sens de la communauté et l'abandon des modèles traditionnels ont pour corolaire de rendre singulièrement flou et incertain l'avenir des individus pris dans les mailles d'une société où ce qui fait dorénavant défaut, ce ne sont pas seulement les moyens, mais avant tout les fins elle-mêmes. Que recherche-t-on, finalement, à travers la mondialisation et l'excès de consommation ? Si d'aucuns répondent que c'est le bonheur proprement dit, cela ne va pas alors de soi, car ce n'est pas sans poser le problème redoutable de l'accession authentique au bonheur, sans compter celui qui concerne la définition même du bonheur. A bien y regarder, alors même que les Grecs envisageaient le bonheur comme un état de quiétude et de stabilité (que l'on songe, sur ce point, à la notion d'ataraxie des sagesses antiques), le bonheur recherché par ce monde qui procède de la consommation de masse et de la liquidité est comme un horizon qui s'éloigne toujours davantage à mesure qu'on tente de s'en approcher. A cet égard, dans *La Crise de la culture*, H. Arendt a eu le mérite et l'ingéniosité de dégager, en s'employant à analyser les traits distinctifs des processus qui caractérisent tout à la fois la consommation, la fabrication, la création et l'action, le propre du processus de la consommation, et de le désigner comme processus purement cyclique, qui ne possède ni commencement ni fin, et qui s'enracine dans le sous-sol biologique de l'humain. Bref, dans une telle représentation du bonheur et de la coexistence humaine, on n'en a pas fini de consommer et de vivre la tension de l'insatisfaction permanente. Pour Z. Bauman, la liquéfaction des liens interindividuels va de pair avec le processus de globalisation des sociétés où le problème majeur, le défi même d'aujourd'hui, est celui du rétablissement d'un sens et de repères communs, en d'autres termes celui de la refonte d'un vivre-ensemble authentique.

Ces analyses inspirées d'auteurs contemporains ne sont pas sans tirer à conséquences pour ce qui concerne les personnes faisant l'objet d'une mesure de Placement sous surveillance électronique. Car de cette mondialisation, de cet aplanissement et de cette uniformisation des comportements humains, de cette évaporation de la modalité de la coexistence, de cet individualisme consumériste exacerbé, il résulte que le porteur du bracelet pénal est littéralement jeté et propulsé dans un environnement désagrégé où les liens entre les individus sont foncièrement distendus, et où, en l'absence d'une communauté humaine véritable, chacun est tenu à distance de chacun. L'isolement du porteur du bracelet pénal est, en fait, doublement vécu par lui :

- d'abord, il se sent isolé en raison de l'atomisation même du social. Comment, en effet, pourrait-il percevoir le moindre élément relationnel à l'intérieur d'une société littéralement morcelée en autant d'individus qui y existent et s'y agitent intempestivement ? ;

- ensuite, sa solitude est vécue, au moins à ses propres yeux, sur le mode de la différenciation discriminatoire et de la mise à l'écart, par cela seul qu'il porte un signe ostentatoire de disqualification sociale, à savoir le bracelet électronique.

Dans ces conditions, le porteur du bracelet électronique pénal est non seulement enclin à se mépriser lui-même comme un être jetable et de trop, mais encore il ne peut réprimer l'impression durable que les autres se présentent comme des êtres totalement indifférents à sa situation, par suite de leur égoïsme et du discrédit qui colle à sa peau. Une question de cohérence diabolique surgit, dès lors, d'emblée : comment favoriser réellement la réinsertion d'un condamné par le truchement de la mesure de Placement sous surveillance électronique, comment permettre la (re)socialisation du délinquant qui a rompu les liens sociaux, à travers cette modalité d'exécution pénale qui le tient à distance des autres et le place dans un environnement où la proximité interindividuelle ne peut être, au mieux, qu'artificielle et mécanique ? A cette difficulté s'ajoute le fait que l'accroissement de l'anonymat des relations, tenant en grande partie à l'apparition et à l'évolution des nouvelles technologies d'échanges comme Internet et les appareils qui y sont afférents (ordinateurs, i-Phones, etc.), fortifie considérablement le désintérêt pour l'autre, la virtualisation des rencontres et l'incapacité de voir en autrui un être singulier qui n'est jamais plus que réduit désormais à un instrument pour sa propre satisfaction. Si le développement des technologies de l'image ont contribué à effacer la *distance géographique* entre les individus, il n'a toutefois pas permis le *rapprochement intérieur, existentiel* entre eux. En ce sens, la proximité de l'autre par l'image (la télévision, le canal Internet, etc.) varie en sens inverse de la réunion intérieure et immédiate des individus. Mais ce désintérêt pour l'autre, qui retentit inexorablement sur la nouvelle pénalité, ne tient pas seulement à une dimension psychologique. Il se signale également à travers l'organisation des espaces, l'architecture urbaine dominée par la logique de l'hyperconsommation qui introduit un trait gras et net de désunion, une démarcation irrémédiable entre les individus au profit des panneaux et enseignes publicitaires, au bénéfice des hauts lieux des empires consuméristes. De ce point de vue, Ch. Saint-Germain a magistralement et tristement souligné les effets de la pollution des relations interindividuelles par l'image et la consommation[146]. Les espaces sont ainsi faits qu'ils permettent d'abord et surtout la circulation, les déplacements, les situations transitoires de transferts et de mouvements rapides, et non pas les échanges, les rencontres durables, la communication nonchalante, paresseuse et languissante. Dans ce monde constamment en proie à l'urbanisation et au technologique s'articulant autour de l'objectif visant à faciliter la consommation, se précarise et se racornit donc tout ce qui touche au vivre-ensemble authentique. C'est par cet « urbanisme de la condition d'esseulé [147]» que se signalent la déliquescence des rencontres impromptues, le dessèchement des formes de l'improvisation, la décomposition des relations spontanées, car tout est fait pour empêcher que les discussions traînent en longueur et pour séparer les individus les uns des autres par la mise en place de dispositifs médians impliquant le renforcement de la défiance à l'égard d'autrui. Et le dispositif de Placement sous surveillance électronique n'échappe pas à la règle. Le Placé doit rapidement aller travailler ou se rendre sur le lieu où il est autorisé à aller (l'hôpital, par exemple, pour y recevoir des soins), et surtout il doit regagner son domicile selon des horaires fixés préalablement par l'autorité de jugement. Son emploi du temps est initialement programmé, encadré et dirigé, il ne laisse pas place à des conduites à l'improviste et associées à la surprise, il ne saurait laisser surgir rien d'inopiné qui pourrait impliquer le retrait de la mesure de Placement sous surveillance électronique. La conséquence majeure de cette restriction de l'intentionnalité, de la spontanéité et de la libre circulation est la détérioration des expériences de l'autre, l'isolement, l'appauvrissement des lieux d'échanges, l'épuisement des tentatives de (re)socialisation. La contradiction est patente : alors même que le délinquant souffre d'insertion sociale et laisse décisivement percer, par l'infraction commise, une rupture avec les formes de la socialisation, le dispositif de Placement sous surveillance électronique abolit, en réalité, toutes perspectives de reconstruction identitaire du condamné par la reconduction de la mise à l'écart, par la répétition de l'évitement de l'autre et du groupe qui peuvent être perçus à la fois comme un ensemble ouvert à la contamination par la présence même du délinquant et comme, dans le même temps, toujours déjà pollués par l'organisation et le fonctionnement propres à la société urbanisée et consumériste.

Une objection s'élève toutefois. En effet, avec une telle technologie de la pénalité, où ce qui prévaut, à l'intérieur du cadre défini par la mesure de Placement sous surveillance électronique, c'est le procédé de nomadisation de la peine par lequel le condamné peut être laissé sorti des murs de la

146 Cf., Christian Saint-Germain, « De la solitude urbaine », *in La Ville* autrement, sous la direction de Pierre Delorme, Presses de l'Université du Québec, 2005, p. 46.
147 *Ibid.*, p. 46.

prison, la question se pose de savoir comment ce dispositif est compatible avec le panoptique qui requiert justement une technique de fixation destinée à normaliser et à discipliner les comportements. Comme M. Foucault l'a bien perçu, l'idée du panoptique consiste à mettre en place des moyens de disciplinarisation des individus, et suppose, à ce titre, une stabilité du lieu du repérage et du quadrillage des corps: « Un des premiers objets de la discipline, indique M. Foucault entre parenthèses, dans son retentissant *Surveiller et Punir*, c'est de fixer ; elle est un procédé d'antinomadisme [148]». Le dispositif de Placement sous surveillance électronique semble, dans cette perspective, difficilement conciliable avec l'exigence de disciplinarisation des corps et le déploiement du panoptique, alors même que nous nous sommes attachés, au cours de nos travaux, à marquer, au contraire, l'extension du champ panoptique à travers lui, et même son accomplissement suprême. S'il est vrai que les Placés sous surveillance électronique sont comme des « caravaniers de la peine », par cela seul qu'ils peuvent exécuter leur peine en dehors de l'enceinte d'un milieu clos comme la prison, il n'en demeure pas moins que les corps en mouvement, porteurs du bracelet pénal, n'échappent pas au contrôle et au quadrillage, dont le mode opératoire, on l'a vu, ne repose plus sur la délimitation stricte d'un espace clos, mais sur l'annexion du périmètre, *en droit indéfiniment ouvert et abstrait*, où le corps a droit de se mouvoir. Cette annexion procède, on l'a vu, de l'emménagement de l'institution pénitentiaire tant au domicile du condamné que sur son corps par la pose du matériel et du bracelet ou, plus simplement encore, par le repérage satellitaire, et aboutit à la désinstitutionnalisation pure et simple de la prison comme seul lieu typique d'exécution de la peine, au profit d'un réinvestissement du milieu libre, par les agents pénitentiaires, sous la modalité de la télésurveillance. En somme, le nomadisme de la peine a été rendu possible par la technologie électronique et l'adaptation de l'institution judiciaire dans son ensemble (pénal et pénitentiaire) aux nouvelles exigences de notre temps où vitesse et accélération, quantification et efficacité sont les maîtres mots. Ce que permet de mettre en œuvre le dispositif de Placement sous surveillance électronique, c'est la fixation dans le mouvement, le contrôle dans l'instabilité, la permanence dans le changement, bref l'antinomadisme dans le nomadisme. Il s'agit donc d'un réseau virtuel qui se juxtapose à d'autres réseaux virtuels issus des connexions électroniques telles qu'Internet. D'où la constante disparition des relations interpersonnelles que nous avons relevée à tous les niveaux de la vie régie par l'urbanisme et le consumérisme. Sur le plan pénal, la force et la particularité de ce réseau « pénitentiaire » relatif à la surveillance électronique reposent tout entières sur son indépendance à l'égard des autres réseaux, consolidant, si besoin en était, les moyens de « dé-communication », non seulement entre les

148 M. Foucault, *Surveiller et Punir*, Paris, Gallimard, 1975, p. 254.

condamnés et les individus libres, mais aussi entre les porteurs du bracelet pénal eux-mêmes. Aujourd'hui, la virtualisation des relations d'une part, et celle des moyens de contrôle d'autre part, tendent à rendre improbables les rencontres interindividuelles authentiques, et encouragent même les attitudes de zapping et de commutation par lesquelles l'autre, mis à distance par le réseau, est définitivement effaçable d'un seul geste ou d'un seul clic.

C) L'inscription de l'hypersurveillance dans le processus de civilisation

En explorant l'évolution de la pénalité au cours des âges, en particulier en Occident, on observe que les peines privatives de liberté ont progressivement supplanté l'effroi des supplices. Selon des considérations d'ordre civilisationnel et humanitaire, les législations modernes ont peu à peu supprimé les peines corporelles et afflictives de leur arsenal punitif pour ne retenir, en dehors de la peine de mort, que les peines privatives de liberté. Ces observations, déjà relevées ailleurs au cours de nos travaux, ne doivent cependant pas conduire à oublier que les peines privatives de liberté ne sont pas l'apanage de l'époque post-révolutionnaire et contemporaine, mais imposent de reconnaître qu'on les retrouve dans de nombreuses civilisations, en particulier occidentales, dès l'Antiquité même. Pour le bien comprendre, il est indispensable de préciser que les peines privatives de liberté ne doivent pas être assimilées seulement aux peines de prison, qui, en effet, sont devenues, on l'a vu, la règle pénale prioritaire d'usage, au sortir de la Révolution française. Loin que l'époque contemporaine ait inventé les peines privatives de liberté, elle n'a fait que les reconduire sous la seule modalité de la peine de prison, en écartant les autres formes de la pénalité, tant antiques que médiévales, qui portaient pourtant puissamment atteinte à la liberté. Si la notion de liberté devient une valeur essentielle dans la tête et sous la plume des réformateurs comme Beccaria et Lepeletier de Saint-Fargeau, elle n'est toutefois pas totalement neuve.

Quatre formes de peines privatives de liberté sont repérables au cours de l'histoire, à savoir : la servitude, les travaux forcés, la peine de galère et l'emprisonnement. Elles ont toutes en commun le mécanisme qui consiste à éloigner l'individu puni de la société et à le faire travailler gratuitement au profit de la collectivité. Cet éloignement apparaît comme le moyen le plus sûr et le plus efficace d'empêcher l'individu de réitérer son forfait et de nuire à la société. Ce qui les dissocie toutefois, c'est l'exemplarité de la sanction, qui peu à peu s'est assouplie au fil du temps, selon un processus d'immunisation. Car, à l'intérieur de ces sanctions pénales, la différence repose sur la manière de traiter les corps, sur le rapport à la vie et sur les relations aux autres.

Le processus d'immunisation, dans le domaine pénal, se laisse reconnaître, de façon paroxystique, et comme au bout de course, à l'émergence des techniques de l'hypersurveillance telles que celle de la surveillance électronique. Dans la marche vers l'immunisation, le bracelet électronique constitue, en effet, ce qui, exemplairement, immunise les individus contre la propagation du fléau criminel ou délictuel, en fixant, sur le corps même du condamné, un bracelet qui n'est autre que le représentant de l'institution pénale et qui a pour fonction d'instaurer un certain nombre de protections et de garanties contre les passages à l'acte criminel ou délictuel, la récidive, les comportements antisociaux ou indésirables. A ce titre, le bracelet électronique joue le rôle, pour ainsi dire, d'une prothèse médico-pénale, puisqu'il est présupposé que le condamné qui le porte ne peut être laissé totalement libre de ses mouvements et que sa liberté d'action doit être bornée et soutenue par cette béquille qui l'astreint à un certain régime de vie. Comme toute prothèse, le bracelet a une double fonction d'aide et d'astreinte : une fonction d'aide, en ce sens que le condamné ne saurait goûter aux joies de la « vie libre », sans porter à la cheville le bracelet pour étayer ses mouvements et le guider dans les directions qu'il doit prendre (se rendre, le cas échéant, sur son lieu de travail, à l'hôpital, à des convocations pénales, etc.) ; une fonction d'astreinte, puisque le condamné qui porte ce bracelet est assujetti à des contraintes de lieux et d'horaires. De même que le malade qui marche avec une béquille peut profiter du bonheur de marcher à nouveau, sans pour autant pouvoir parcourir de longues distances ou des distances jugées trop pénibles sur le plan de ses capacités motrices, de même le condamné qui est placé sous le contrôle du dispositif électronique peut, malgré tout, vivre en dehors de la cellule, sans pour autant être laissé totalement libre sur les plans du temps et de l'espace, et donc sur les plans de l'expérience et de la vie.

Comment comprendre que le dispositif de surveillance électronique puisse apparaître pénalement comme un moyen sûr et efficace de favoriser l'immunisation ? A bien y regarder, il se présente, à plus d'un titre, comme le paradigme pénal de notre condition immunitaire appelant, de façon croissante, toutes sortes de protections et de sécurisations :

- d'une part, le dispositif de surveillance électronique permet de mettre à distance les uns des autres les condamnés à une peine d'emprisonnement. Un des réquisits peu avouables et souvent tus du bracelet pénal, outre l'effort qui doit porter sur la nécessité de faire des économies (l'entretien du bracelet coûte moins cher que celui de la cellule), est qu'il active une fonction viscéralement séparatrice des corps. Tandis que, en prison, les condamnés sont parqués dans un périmètre délimité (la cellule, la cour de promenade, l'établissement pénitentiaire) et fixés à un cadre réglementant la vie du groupe, l'individu qui est placé sous la surveillance électronique, en revanche, n'entre plus en contact avec d'autres condamnés, de sorte que non seulement il ne les touche plus, mais ne les voie plus, car les autres sortent de son champ de vision. Le réquisit peu ou difficilement admissible par l'institution pénale et pénitentiaire est que la prison ne permet pas de valider l'objectif qui était initialement la sienne, dès sa naissance, à savoir l'amendement ou le reclassement du condamné, c'est-à-dire, dans un langage plus moderne, sa réinsertion, mais favorise le développement des comportements délinquants, parce que, d'abord, le condamné tend à mûrir, derrière les barreaux, un projet de vengeance contre l'institution judiciaire qui le prive de sa liberté et de sa famille ; parce que, ensuite, il est amené à côtoyer d'autres détenus, parfois aguerris au système répressif de l'emprisonnement, à nouer de mauvaises fréquentations et à se trouver alors sous une influence pernicieuse ; et parce que, enfin, plutôt que de chercher à préparer sa sortie de prison et sa réinsertion, il est enclin à développer des stratégies tantôt d'adaptation, tantôt de survie, tantôt de mutinerie au sein de cet univers clos. Le dispositif de surveillance électronique vient précisément tailler en pièces la stricte clôture établie par l'établissement pénitentiaire, ainsi que les relations de promiscuité contraintes entre les détenus, et conduit irrémédiablement à isoler les condamnés les uns des autres. Avec l'avènement du bracelet électronique, on assiste à une nouvelle condition pénale qui s'oppose à la logique de la « prisonisation » décrite notamment par Z. Bauman[149]. La prison ne lave pas le détenu de ses fautes, mais reconduit chez lui les comportements liés aux infractions, en l'enfermant dans un univers dont les seules valeurs reconnues sont celles de la délinquance, et en l'habituant au modèle de vie carcéral : la prison apparaît ici comme la fabrique de détenus, comme le lieu de l'enfermement et de la consolidation du condamné précisément dans sa condition de détenu ;

- d'autre part, le bracelet électronique est un dispositif qui encourage la mise en œuvre de l'autarcie appauvrissante de la part de celui qui en fait l'objet. L' « autarcisation » de l'attitude de l'individu placé sous surveillance électronique, qui découle directement de son assignation à domicile et de son isolement de ses congénères, le conduit subrepticement à considérer comme d'ores et déjà suspectes pour les autres toutes fréquentations, toutes rencontres, toutes expériences qui le mettent aux prises avec le monde extérieur. La peine du bracelet électronique s'exécute selon la modalité de l'éloignement, non seulement des co-détenus, mais des autres en général, jusques et y compris des personnels de l'institution pénitentiaire. Le rapport à l'autre, le contact sont vécus comme impureté et souillure pour les autres, de sorte qu'ils ne peuvent désormais exister qu'à travers la *médiation* d'un dispositif. L'extension du bracelet électronique comme modalité pénale revient à remettre sur pied et à généraliser le dispositif de l'hygiaphone qui était jadis d'usage aux parloirs, c'est-à-dire une technique de filtrage des conversations, des échanges et du contact. Désormais l'hygiène de vie (rappelons que le terme d'hygiaphone, qui est un mot déposé, est construit sur celui d'hygiène) consiste en des rapprochements artificiels qui refusent le contact et le toucher et qui respectent des distances incompressibles. A ce

149 *Le Coût humain de la mondialisation, op. cit.*, pp. 167-168.

titre, le bracelet électronique ne se donne pas seulement comme la marque de l'identification du condamné, à la manière du tatouage des condamnés à la déportation vers les galères, les travaux forcés ou les camps, mais comme un moyen de sécurisation de la société contre des individus sinon potentiellement mauvais ou dangereux, du moins et en tout cas coupables. Un tel bracelet joue le rôle d'un vêtement ou d'un préservatif, qui est censé protéger et que celui qui le porte ne peut ôter sans provoquer, du même coup, la possibilité de la vulnérabilité des autres. La nudité de l'individu placé sous surveillance électronique est impossible, car, une fois nu, il conserve encore son « manteau identificatoire électronique ». En ce sens, la relation qu'il entretient avec l'autre est absolument « médiée » et *transitive* : dans la relation, il n'y a pas la rencontre entre un « je » et un « tu », mais l'interposition d'un incontournable « il », ou même d'un diabolique « ça » qui surveille et protège les autres. Cet individu ne peut recouvrer une partie de sa liberté qu'appareillé et isolé de la communauté de ses semblables, qui ne doivent donc aucunement entrer en contact direct avec lui. C'est le prix qu'il doit payer pour être assuré de la sortie hors des murs de la prison : le prix d'un appareillage absolu, durable et prothétique. Dans une logique fortement marquée par l'importance prise par les exigences assurancielles, le bracelet fait office de défense sociale et d'immunisation collective. Dans son livre *La Démocratie immunitaire*, A. Brossat montre à quel point notre nouvelle condition immunitaire nous conduit à nous méfier spontanément des autres et à éprouver d'autres formes de ressenti qui ne sont plus adossées à un partage de sentiments ou de compassion pour autrui : « D'une certaine façon, la boucle de la civilisation se boucle là où nous en revenons à une sensibilité selon laquelle toute forme de contact physique sera a priori éprouvée comme souillure ou risque de contamination - quand bien même ces sensations seraient, dans notre monde, devenues rigoureusement *profanes* [terme souligné dans le texte ; T.F.] (...). Le processus d'immunisation tend à faire de chaque individu, de chaque corps une forteresse que protègent d'innombrables défenses qui l'isolent des autres, le rendent toujours plus pauvre en *expérience de l'autre* [expression soulignée dans le texte ; T.F.], (...), plus défiant dès lors qu'il s'agit pour lui d'entrer, avec son environnement, dans des relations qui ne soient pas médiées par des dispositifs dotés de capacités ou de fonctions protectrices, séparactrices, sécurisantes [150]».

Par où l'on voit que l'instauration d'un type de contrôle indexé sur le champ invisible des ondes et sur le recours à la programmation électronique dans l'application de la surveillance généralisée, à distance, suscite une poussée de l'insensibilisation aux autres, une montée de la résignation, voire l'installation de la léthargie. Le dispositif de surveillance électronique développe, chez le condamné qui en fait l'objet, des effets d'individualisme,

150 Cf., A. Brossat, *La Démocratie immunitaire*, Paris, La Dispute, 2003, p. 41.

d'indifférence, et d'intolérance à l'égard de son semblable. Contrairement aux manifestations de solidarité qui ont vu le jour, ici ou là, dans certains établissements pénitentiaires - les mutineries des années 1970, dont M. Foucault s'est fait jadis l'écho avec quelques autres, à travers la création du G.I.P. (Groupe d'Information sur les Prisons), en offrent une illustration remarquable -, l'accomplissement d'une peine d'emprisonnement sous la modalité de la surveillance électronique a pour conséquence de renforcer durablement des effets d'isolement, de protection individuelle, d'indifférence à l'égard du semblable qui, au bout du compte, n'est plus perçu par les autres condamnés comme celui qui leur ressemble, comme celui qui offre quelque chose de commun, ne serait-ce qu'à travers l'inscription de la condamnation dans le casier judiciaire et le statut de détenu. L'impossibilité du contact non seulement physique, mais verbal, induite par le dispositif de surveillance électronique, fait voler en éclats les options de regroupement, de rassemblement, de prise de conscience collective et de révolte. Plus encore qu'un simple marquage au sol pour délimiter des frontières et déterminer les mouvements, davantage qu'une simple signalisation servant à fixer des autorisations et des interdictions d'accès, les ondes électroniques de contrôle scindent si bien et invisiblement les condamnés entre eux qu'ils en viennent, non seulement à jamais se connaître ou se côtoyer, mais à redouter le contact de leurs semblables par cela seul que l'emprisonnement qu'ils ont à subir est une espèce d'internement à leur domicile qui ne saurait être aucunement partagé avec les autres. L'emprisonnement domiciliaire est le comble de la condition immunitaire qui éloigne les détenus les uns des autres, en dépit de tout ce qui les rapproche, à savoir notamment leur condition sociale, familiale, professionnelle, leur parcours de vie, leur déserrance, leur statut de prisonnier ou de condamné, etc. C'est là tout l'étonnant paradoxe de notre démocratie : en effet, alors même que ce qui fonde, comme l'avait bien perçu Tocqueville, la possibilité du regroupement démocratique, c'est le sentiment selon lequel l'autre se donne, non pas comme le membre d'une caste, d'une classe ou d'un autre groupe social, comme dans les sociétés traditionnelles, mais comme son semblable, autrement dit alors même que la possibilité de la fondation de la démocratie occidentale, c'est précisément ce sentiment d'appartenir au genre humain pour lequel il n'y a pas d'êtres supérieurs ou inférieurs, mais une égale condition d'existence et une reconnaissance réciproque de l'autre comme étant naturellement et inconditionnellement son second pareil[151], il apparaît, au sein même du régime démocratique, un envers, une attitude ou un réflexe immunitaire qui consiste à éprouver le sentiment tout à fait contraire de répulsion et de renoncement à la proximité : car l'autre est celui qui peut me perdre, déstabiliser mon être, nuire à mon intégrité, voire à ma dignité qui n'est plus seulement référée à l'idée d'homme, mais aussi et de plus en plus à

151 Voir, sur ce point, R. Legros, *L'Avènement de la démocratie*, Paris, Grasset, coll. « Le collège de philosophie », 1999, pp. 7-8.

celle d'individu ou de monade, qui est, rappelons-le, « sans porte ni fenêtres », selon les termes de Leibniz. Si l'égalisation des conditions, à l'intérieur du processus démocratique, a eu pour corollaire, selon Tocqueville, l'instauration d'une homogénéisation des vies et des conduites, l'aplanissement des différences, le nivellement des conditions d'existence, ainsi que la montée de l'indifférence à l'égard des exigences politiques de participation aux décisions souveraines, il n'en demeure pas moins vrai que le pendant de cette attitude est, selon lui, la volonté des hommes de créditer d'une valeur absolue le bonheur personnel, et tout ce qui touche à la sphère privée et à l'individu qui se pense comme fondamentalement unique. Par voie de conséquence, la recherche du bien-être matériel, du confort, du bonheur est venue puissamment supplanter le souci de l'intérêt collectif, et ce dans une nouvelle configuration générale d'opposition du désir d'immunité et du désir de communauté. Plutôt que de partager ce qu'il y a de commun entre eux (com-munauté), les individus préfèrent désormais préserver et faire fructifier ce qu'ils ont d'unique, de différent ou d'original vis-à-vis des autres (im-munité), déléguant, pour ainsi dire, aux autorités démocratiques représentatives, le soin de promulguer des lois, pourvu toutefois qu'elles n'entravent pas le bon cheminement des objectifs personnels qu'ils poursuivent ni n'oblitèrent leur sécurité. On trouve donc, chez Tocqueville, les conditions de possibilité de l'acte qui fonde authentiquement la démocratie représentative, attendu que les autres, parce qu'ils sont mes semblables et peuvent avoir les mêmes prétentions que moi, représentent une concurrence et un danger pour mon intégrité en tant qu'*individu*. Si les décisions souveraines peuvent prétendre au partage (la sphère publique), il n'en va pas de même pour la quête du bonheur qui appelle des comportements de retrait, de recul et de défiance (la sphère privée). Dans ce processus de civilisation, qui a conduit à l'avènement de la démocratie, selon sa formule occidentale moderne, et qui a réclamé de plus en plus de garanties immunitaires, le dispositif de surveillance électronique trouve éminemment sa place et son rôle à jouer. Car, à l'aide du contrôle électronique généralisé, il n'est plus nécessaire de toucher le détenu, par l'exercice, par exemple, de la palpation ou de la fouille à corps intégrale, il convient même de ne plus le détenir dans un lieu commun et clos comme un établissement pénitentiaire. Ce dispositif active diaboliquement un mécanisme d'évitement des croisements, des rencontres, des arrêts pour converser ou échanger un regard. Il éloigne les détenus les uns des autres, les met en perpétuel mouvement, empêche l'arrêt de la mobilité permanente, sauf lorsqu'il s'agit pour eux de rester consigner au domicile aux horaires préalablement fixés par l'autorité de jugement. De ce point de vue, le dispositif de surveillance électronique est une sorte de solipsisme pénal, voire une espèce de pénalité incestueuse, puisque le condamné qui en fait l'objet entre dans un rapport quasi exclusif de soi à soi-même. Du reste, est-il possible d'objecter que cet isolement, vécu par l'individu placé sous surveillance électronique, n'est que temporaire et relatif, ne serait-ce qu'en raison du fait que la durée de cette peine ne peut excéder deux années (depuis la Loi pénitentiaire du 24 novembre 2009) et que le détenu, qui en fait l'objet, peut être autorisé à se rendre dans certains endroits, comme son lieu de travail ou à l'hôpital. A l'examen, il appert que cette liberté « à demi » n'est pas la liberté, car elle est fortement encadrée et programmée, tant et si bien que le détenu, se sentant surveillé en permanence, accomplit ses actions, en fonction d'une autorité extérieure vis-à-vis de laquelle il est fortement dépendant, et subordonne ses choix à l'autorité de jugement et de contrôle. Dans un tel contexte contraignant, comment comprendre que le détenu puisse accéder à une complète autonomie ? Le paradoxe de ce système est que le détenu doit apporter la preuve de sa capacité d'être autonome sans heurter le cadre de la loi, tout en étant néanmoins soumis à un régime strict de surveillance et de dépendance rendant, du coup, impossible ce qui lui est pourtant tacitement demandé. Le détenu doit prouver que l'usage de son autonomie et de sa liberté n'est pas incompatible avec la vie en communauté, qu'il peut donc coexister en respectant les lois et les normes, sans être cependant placé dans un contexte de réelle autonomie qui suppose la suppression de toute instance de contrôle répressive, l'effacement du chantage à la (ré)-incarcération, la possibilité de la socialisation. Bien sûr, l'individu qui est susceptible de faire l'objet d'un Placement sous surveillance électronique peut préférer une incarcération, mais, dans une configuration où la condition immunitaire enfle de par l'importance prise par les exigences individuelles (ce qui compte, c'est soi), il aspirera à souscrire des deux mains à ce dispositif, se sentant davantage protégé chez lui qu'au sein d'un établissement pénitentiaire, et désirant conserver, le cas échéant, son emploi, même précaire. C'est pourquoi, la contractualisation entre l'institution pénale et le condamné qu'implique le « bénéfice » du Placement sous surveillance électronique nous semble parasitée par l'incontournable condition immunitaire qui accorde le primat aux protections individuelles et séparactrices. Il est cependant utile de remarquer que, en dépit de l'intensification des exigences immunitaires au sein de nos démocraties occidentales, toute une partie de la population, qui est pourtant fortement entraînée par ce mouvement d'immunisation croissant, reste en marge des prérogatives assurancielles et des garanties de protections individuelles. Faute de pouvoir accéder à ces garanties, faute de moyens financiers et de réflexes éducatifs suffisants, toute une tranche de la population se trouve redoutablement exposée à la vulnérabilité. Car quel est l'autre envers du processus d'immunisation, sinon le processus de fragilisation ? Se trouvant laissés de côté, sans défense aucune, tout à fait en bordure de la course à l'immunisation, ignorant ou oubliant la *société de la procédure* dans laquelle ils sont appelés à évoluer, et, de ce fait, se trouvant en proie à la vulnérabilité, il existe des gens qui sont pratiquement abandonnés à leur sort, totalement démunis, ne pouvant accéder aux dispositifs de droits communs : les sans-domicile-fixe, les vagabonds, les en-recherche-d'emploi, les petits -retraités, les sans-papiers, les délinquants, les correctionnaires et les malades mentaux. Dans le registre pénal, le délinquant, dont la peine est aménageable, représente la figure idéale-typique de l'individu aux prises avec ce mouvement de balancier entre immunisation et fragilisation (ou exposition). Car, sous couvert d'un effort portant sur une contractualisation entre l'institution pénale et le condamné, celui-ci se trouve, en fait, devant une alternative fermée : ou bien il consent à la contractualisation ou bien il est incarcéré. La pression psychologique qu'exerce sur lui le chantage implicite à l'incarcération, qui plane au-dessus de sa tête comme une épée de Damoclès, le conduit à vouloir être placé sous le régime de la surveillance électronique pour exécuter sa peine d'emprisonnement. Plutôt que d'être exposé aux menaces et aux situations périlleuses liées aux violences, aux extorsions et aux effets néfastes de la promiscuité propres au milieu carcéral, le condamné acceptera, dans la majorité des cas, l'assignation à domicile impliquée par le dispositif de la surveillance électronique. Il consentira à entrer dans un dispositif de régulation et de surveillance généralisée, il préférera se mettre en situation de retrait vis-à-vis de l'univers carcéral qu'il pressent comme oppressant, dangereux pour son intégrité physique et morale. Dans un contexte d'immunisation constante, le Placement sous surveillance électronique se donne comme une mesure de précaution et de prévention face à la menace de l'emprisonnement, et apparaît donc destiné à éviter un mal prévisible que constitue une incarcération. De ce point de vue, il joue le rôle d'une contrepartie, ou d'une mesure compensatrice vis-à-vis des effets destructeurs et désocialisants de la prison. Par où l'on voit que, *a contrario*, ceux qui n'ont pas la chance d'éviter l'incarcération, ceux qui ne remplissent pas les conditions, non seulement juridiques, mais aussi matérielles, pour obtenir un aménagement de peine, c'est-à-dire les individus qui n'ont notamment pas de logement ni de travail, qui n'ont pas de soutien familial ou dont les liens familiaux et sociaux sont rompus, sont, avec force et fracas, livrés à leur sort et abandonnés, repoussés dans ces lieux clos, ces « enfermeries », selon un des vocables de l'Ancien Régime, que sont les prisons.

Dès lors, il est pressant d'attirer l'attention sur un phénomène dont on parle peu : il est, en effet, banal de présenter le Placement sous surveillance électronique comme un moyen efficace de désengorger les prisons, et de favoriser la réinsertion des détenus qui ont un projet de resocialisation. Or, à bien y regarder, en se fondant sur le constat du devenir de la pénalité contemporaine et sur le volume alarmant représenté aujourd'hui par les personnes incarcérées, le raisonnement strictement inverse peut être tenu, ou du moins il peut faire l'objet de sérieuses nuances, à savoir que : loin que le Placement sous surveillance électronique permette le désenclavement des prisons, il autorise, dans le même temps, l'accroissement du nombre d'incarcérations (rappelons ici le chiffre de plus de 64000 détenus, en France, au début de l'année 2010). Pour le dire autrement : à mesure que se développent les aménagements de peine, en particulier ceux qui revêtent la forme du Placement sous surveillance électronique, on assiste à l'amplification, non seulement des prononcés de peine d'emprisonnement - dans l'exacte mesure où les magistrats savent que les peines fermes sont aménageables et que les condamnés peuvent théoriquement échapper à une incarcération -, mais des actes d'incarcération authentique - dans l'exacte mesure où, parmi le volume croissant de prétendants à l'aménagement de peine, surgit proportionnellement un nombre grandissant d'individus qui ne présentent pas les garanties minimales et suffisantes permettant sa mise en œuvre. Dans ce procès de civilisation, la part belle qui est réservée aux mesures d'aménagements de peine ne doit pas escamoter la réalité des incarcérations qui restent aujourd'hui une constante de la sanction pénale. En définitive, là où des actions sont menées en direction d'une plus large protection des individus, là où, en l'occurrence ici, des efforts sont faits en faveur d'une immunisation du condamné contre les effets nocifs, érosifs ou corrosifs de l'incarcération, se déplace et se reforme, comme par un effet de résistance aux chocs, de façon plus insistante et dramatique, un pan entier de la population pénale qui se trouve expulsé, repoussé au bord du gouffre de l'exclusion, et radié de la vie libre en figurant sur les registres de l'établissement pénitentiaire.

Au sein de cette logique de l'immunisation constante et galopante qui semble caractériser notre époque, et à la faveur de laquelle, sur le plan pénal, le Placement sous surveillance électronique n'en est qu'un avatar, s'accomplit un processus de mise à l'écart, de séparation spatiale, d'absence de contact. Par le truchement du dispositif de surveillance électronique, les condamnés sont tenus à distance les uns des autres, maintenus dans l'ignorance de ce qui concerne le déroulement de la peine des co-détenus, ce qui a pour effet de rompre les liens affectifs et d'intérêt avec les autres. En ce sens, la mesure de Placement sous surveillance électronique est une opération pénale d'abstraction par laquelle les condamnés sont non seulement placés dans une relation d'ignorance des autres, mais dans un rapport désincarné et désaffecté avec le monde environnant. Une telle mesure de surveillance conduit, en effet, à ôter les liens de familiarité avec les autres, à faire perdre le sens de l'intérêt pour son semblable. Dans le schéma général de la pénalité électronique, ce qui prévaut, ce n'est pas la ressource de trouver en autrui la garantie d'une compréhension, d'une aide ou d'une écoute, chose devenue impossible en raison de l'isolement contraint opéré par la mesure de l'assignation à domicile et renforcé par la crainte de l'incarcération. La prééminence est désormais accordée au seul domaine procédural, à la loi, au respect de la règle, au contrat passé avec l'institution pénale qui définit les mesures de contrôle et les obligations particulières auxquelles est tenu le condamné. En d'autres termes, ce dispositif, s'il astreint le condamné au respect de la règle et de la procédure, implique des comportements adossés au principe de la généralité de la loi, au principe des catégories légales et réglementaires, et motivés par le seul souci d'éviter l'incarcération au détriment de la préoccupation des intérêts qui ne sont pas les siens, et aux dépens de la prise en compte des singularités individuelles. L'opération d'abstraction et d'éloignement propre au bracelet électronique impose au condamné, du moins durant le laps de temps de la surveillance électronique, de respecter le cadre de la loi en le soumettant à la procédure de l'aménagement de peine, mais ne lui permet pas de l'intérioriser véritablement, d'y donner authentiquement sa pleine adhésion, pour la simple et bonne raison que la loi est générale, creuse, en dehors de toute interaction humaine, et exempte d'interrelations personnelles. A vouloir ainsi isoler les condamnés et protéger la société, les individus placés électroniquement sous surveillance se trouvent comme propulsés dans un autre monde où les cercles d'amis, les réseaux de connaissances, les liens de familiarité sont, non pas distendus, mais réputés nuls et non avenus, et où le désir de réparer n'apparaît plus comme un enjeu majeur du fait de l'indifférence qu'induit la généralité de la mesure de Placement sous surveillance électronique à l'égard de la situation et de la souffrance des autres. C'est, au fond, dans une certaine proximité avec l'autre, dans la recherche de la compréhension d'autrui, dans l'appréhension de l'autre comme son semblable, bref dans le sentiment de voir en l'autre son analogue, qu'un individu peut éprouver le réel besoin ou la nécessité toute intérieure de réparer un dommage causé, de compenser une offense ou l'atteinte portée, et non pas dans la mise à l'écart tragiquement entretenue par la généralité réductrice de la loi qui ignore les singularités et ramène indissociablement l'individu à la seule figure de l'étrangeté, voire de « l'inquiétante étrangeté », pour reprendre une célèbre expression psychanalytique. Lorsque la seule loi se mêle des conflits interindividuels, lorsqu'elle contraint à l'isolement, lorsqu'elle met en place, au bout du compte, des bulles séparatrices et protectrices, elle consolide le sentiment de rejet et consacre l'indifférence totale à l'égard des autres individualités. Cet effet pernicieux et réducteur de la loi pénale a bien été analysé par Z. Bauman, dans le *Coût humain de la mondialisation* : « On peut dire, soutient-il, que la tendance à réduire la singularité des cas à l'aide de catégories légales, et la ségrégation spatiale de la différence qui en résulte, est en passe de devenir une règle. Cette tendance ne peut que s'accroître, dans la mesure où, avec les conditions de vie modernes, la densité physique de la population devient nettement plus importante que sa densité morale (…). Mais on peut aussi renverser l'ordre des causes (…). L'autre, enfermé dans une condition d'étrangeté forcée, surveillée et entretenue par des frontières spatiales bien gardées, tenu à distance et privé de droit de sortie, est donc maintenu dans son étrangeté. On lui a effectivement retiré toute son individualité, sa personnalité unique, qui seules pouvaient éviter cette création de stéréotype et compenser ou modérer l'effet réducteur de la loi pénale [152]». C'est pourquoi, Z. Bauman fait partie de ceux qui relativisent considérablement la thèse d'un « procès de pacification des mœurs », soutenu et vanté par N. Elias dans ses travaux portant sur le processus civilisationnel. En effet, dans la perspective où, selon Z. Bauman, les conflits larvés, latents et sporadiques entre les individus sont inéluctablement appelés, dans un monde dominé par la procédure et la loi pénale, à se généraliser, à se répandre à la vitesse grand V, et à se transformer en des habitudes interrelationnelles ouvertes et des modes de rapports manifestes à l'autre, il s'ensuit que le moindre acte banal de la part de l'autre puisse être interprété ou ressenti comme un acte insupportable, scandaleux, comme une attaque personnelle. L'autre, pour peu qu'il ose s'approcher de moi, peut être, sans répugnance ni hésitation aucune, traîné *illico* devant les tribunaux. Le simple fait de poser une question à un mineur peut, à titre d'exemple, être considéré sous l'angle de la débauche, et le fait d'érafler maladroitement la carrosserie d'une voiture sur un parking public comme une atteinte indéfectible aux biens (voire à la personne). La relation aux enfants est une variante de la manière d'avoir rapport aux autres aujourd'hui. En effet, là où, jadis, les enfants avaient un statut d'être foncièrement soumis à leur père, et là où les pères avaient alors une autorité absolue sur leurs enfants, en tant qu'ils jouissaient d'un pouvoir de vie et de mort sur eux (cf., la figure du *pater familias* romaine), les enfants ont aujourd'hui acquis un nouveau statut qui leur confère des droits destinés à les protéger jusqu'à les rendre quasi intouchables, tant par les gestes (qui peuvent être jugés très vite déplacés, malsains ou contraires à une sorte de code éducatif) que par la parole (qui peut être rapidement perçue comme choquante, scandaleuse, insultante ou traumatisante). En assignant à l'enfant un statut d'être viscéralement fragile et irresponsable, une frontière infranchissable a alors été établie aujourd'hui entre le monde des adultes et celui des enfants. Certes, sur le plan pénal, le processus de civilisation a conduit inexorablement à la suppression du « droit à l'abandon noxal » romain. Ce droit consistait en ce que le père pouvait, en lieu et place de payer une amende, abandonner son enfant en guise de dédommagement du forfait que celui-ci avait commis. En l'abandonnant, il le livrait en servitude à la victime pendant plusieurs années, de sorte qu'il paye les réparations ou le préjudice qu'il avait commis. Sans nul doute, le droit à l'abandon noxal ne saurait apparaître autrement aujourd'hui que comme un droit barbare digne des Temps anciens. Mais de là résultent les effets de désolidarisation à l'intérieur même du noyau familial, l'éclatement des relations de réelle proximité et la nette démarcation qui est faite aujourd'hui entre le monde des adultes et celui des enfants.

152 Cf., Z. Bauman, *Le Coût humain de la mondialisation, op. cit.*, p.163.

Chapitre huitième : L'engagement de l'intellectuel face au sécuritarisme et à la montée de l'hypersurveillance

Liminaire

Compte tenu de l'importance des questions soulevées, au sein de nos travaux, relatives à la pénalité contemporaine, compte tenu de l'ampleur des effets qui sont à l'œuvre à l'intérieur même des mécanismes d'enfermement et de surveillance, compte tenu, en dernière analyse, de la tendance à la dérive des institutions démocratiques vers davantage d'exigence de contrôle et de sécurisation en tous genres, la question pressante se pose de savoir ce qu'il convient d'attendre aujourd'hui du philosophe, de l'intelligentsia française, autrement dit de l'intellectuel engagé, face à la montée de l'hypersurveillance et à l'installation du sécuritarisme. En d'autres termes, vis-à-vis, d'une part, de la montée en puissance des législations répressives, ces dernières années, vis-à-vis, d'autre part, de la récente réactivation du concept de dangerosité, il devient urgent de se demander aujourd'hui si cet état de fait induit un devoir d'un engagement politique de la part de l'écrivain, du philosophe, bref de l'intellectuel. Car ces phénomènes de surveillance à distance et de radicalisation des dispositifs de sécurité ne sont pas sans poser de redoutables problèmes aux philosophes qui s'intéressent un tant soit peu aux questions liées à l'ordre politique, au devenir des peines, à la notion de liberté, au principe du droit à l'intimité, au fondement de la dignité humaine. Dès lors, la question de la valeur de la nouvelle pénalité, la question de son fonctionnement comme paradigme vis-à-vis de l'ensemble des dispositifs de contrôle d'aujourd'hui et de demain ne peuvent plus être raisonnablement éludées, et ne sauraient laisser indifférent, tant elles enveloppent, en elles-mêmes, le principe des orientations des politiques pénales du nouveau siècle et engagent l'avenir de l'ensemble des citoyens. Certains soutiendront peut-être, de façon provocante ou amusée, que ces questions ne les regardent pas, qu'elles appartiennent au seul législateur et qu'il convient, au bout du compte, de laisser les politiques faire leur travail par le mandat qui leur est donné de promulguer des lois, d'établir des règles dissuasives et de maintenir l'ordre publique ; d'autres défendront peut-être l'idée d'un manque d'intérêt réel pour des questions qui se rattachent avant tout à des délinquants qui méritent de toute façon la punition infligée, et qui doivent être rapportés sans l'ombre d'une hésitation à cette tranche de la population présentée ou ressentie comme étant singulièrement infréquentable, voire irrécupérable. Le monde de la délinquance est un monde fait d'obscurité, de zones d'ombre, de variables inconnues et de craintes qui alimentent sans cesse le processus de rigidification des sanctions et de radicalisation des réponses pénales. Vouloir y regarder de plus près risque de salir les mains, et l'incurie affichée à l'égard d'hommes enfermés, tantôt à l'intérieur des prisons de béton tantôt à l'intérieur de prisons de verre, se donne finalement comme l'attitude la plus sage. Lâcheté ou aveuglement, peu importe, pourvu que le citoyen lambda, qui pense qu'il n'a rien à se reprocher, puisse continuer à jouir des mêmes conditions d'existence confortables et tranquilles.

Dans ce chapitre, nous commencerons d'abord par rappeler les grands axes historiques autour desquels la notion d'« individu dangereux » s'est progressivement développée et construite, et sur lesquels se sont articulées les conditions de la formation de la criminologie ; nous évoquerons, à cette occasion, combien les politiques pénales et pénitentiaires sont indissociables des contraintes circonstancielles d'époque et de la disponibilité de concepts juridiques élaborés en un lieu et en un espace donnés sans lesquels certaines possibilités d'aujourd'hui, certaines des représentations actuelles n'étaient même pas intelligibles ou pensables hier, non pas que nos prédécesseurs étaient moins intelligents que nous, mais parce qu'elles ne faisaient tout bonnement pas sens pour eux ; nous examinerons ensuite l'angle sous lequel il convient d'approcher la notion d'intellectuel et les rapports de celui-ci au monde judiciaire, en s'appuyant notamment sur les travaux de J.-P. Sartre et de M. Foucault qui, en la matière, donnent à penser : en la circonstance, le croisement du regard de ces deux grands philosophes du XXe siècle sur la question du militantisme nous permettra de dessiner, en dépit de nuances et de réajustements propres à chacun d'eux, l'ébauche d'une certaine convergence de vues, l'esquisse d'une complémentarité de points de vue ; et enfin, nous explorerons les grands enjeux et défis contemporains de l'engagement de l'intellectuel face aux conséquences d'un sécuritarisme irréfléchi et face à l'imposition d'une hypersurveillance comme modalité pénale seule, exclusive et dangereusement extensive.

A) L'histoire de la notion de dangerosité

Rappelons, en premier lieu, que la notion d'individu dangereux, apparue à la fin du XIXe siècle dans le langage des juridictions pénales, désigne le délinquant qui a pris le pli de commettre des délits ou des crimes, qui représente, de ce fait même, un grave danger pour la société et qui doit, par conséquent, faire l'objet de la décision d'un éloignement de la collectivité par une mesure d'emprisonnement longue, voire indéfinie. Contrairement à ce que l'époque actuelle de la sur-communication laisse croire par l'utilisation exorbitante des faits divers, et par la récupération politique et démagogique qui en est faite sur la scène médiatique, le concept de dangerosité ne correspond pas à une entité ontologique, mais renvoie bien plutôt à des constructions sociales variables au cours du temps, et à ce que M. Foucault a pu désigner sous l'appellation d'« *épistémè* ». Le concept de dangerosité ne caractérise pas, en effet, une réalité stable, mais exprime bien plutôt des préoccupations sociales très précisément datées et localisées qui sont appelées à changer selon l'évolution des valeurs sociales. Le délinquant dit dangereux était d'abord considéré comme cet individu qui s'était professionnalisé dans la réalisation de projets criminels ou délictuels. Les législations contemporaines occidentales, en particulier anglo-saxonnes, ont donc d'abord vu en lui ce criminel qui démontrait une délinquance habituelle et professionnelle, et ont fini par l'associer au multirécidiviste, en érigeant comme principe juridique l'idée que le délinquant devait, pour se trouver assaillir du qualificatif de dangereux, se laisser repérer par la commission d'actes ayant enfreint la loi à au moins deux reprises auparavant, ce qui signifie que l'interpellation de ce dernier une troisième fois permettait de conclure que c'était un multirécidiviste. Cela permettait, du coup, de faire usage de la législation spéciale en vigueur, construite dans ce but, pour le sanctionner. En d'autres termes, la personne dangereuse fut initialement assimilée, vers 1890, au multirécidiviste. Cette notion a connu de nouveaux infléchissements vers 1945-1950 pour y inclure la catégorie de délinquants qui connaissaient une psychopathie d'ordre sexuel. Entre-temps, entre ces deux conceptions sociales et juridiques du délinquant, la psychiatrie avait fait son entrée, et s'était développée en colonisant cet espace d'abord réservé aux spécialistes du droit pénal, aux pénologues. Cet entremêlement entre le registre pénologique et le registre psychiatrique a conduit à distinguer deux types caractéristiques de dangerosité :

- en premier lieu, la dangerosité psychiatrique, qui se rapportait à l'identification d'un individu jugé dangereux, en raison de sa folie caractérisée et de l'irresponsabilité de ses actes : il s'agissait du fou dont M. Foucault a brossé magistralement l'histoire ;

- en second lieu, la dangerosité criminologique, qui se laissait circonscrire par l'idée selon laquelle l'individu dangereux était tel en raison de l'entorse grave faite aux lois dont il se rendait coupable par la commission d'actes criminels ou délictuels « *à répétition* » : il s'agissait du multirécidiviste, terme qui est cependant apparu plus tardivement dans la terminologie psychiatrico-pénal.

Par où l'on voit que, selon la taxinomie communément admise, si la délinquance psychiatrique a trait au trouble mental favorisant les passages à l'acte, si la délinquance criminologique concerne les caractéristiques propres de la personnalité du mis en cause jugé « inadapté » socialement et responsable de comportements présentant des risques pour la société, le délinquant lambda, commun n'est réductible à aucune de ces deux catégories, et ne peut être jugé dangereux soit parce qu'il n'est pas fou, soit parce qu'il n'est pas multirécidiviste. Cela signifie, à l'inverse, que, avant l'introduction du concept de dangerosité dans l'arsenal des législations occidentales, l'individu qui commettait « en permanence » des actes punissables par la loi n'entrait ni dans la catégorie des fous, ni dans celle des délinquants jugés « sains » et pleinement responsables de leurs actes dont la sanction devait apparaître comme proportionnelle aux faits reprochés. Ce fut bien le caractère *réitératif* des faits commis qui appelait une autre conception de la délinquance, et qui permit le mélange de l'idée de criminalité avec celle de dangerosité. Conjointement à l'essor de la criminologie - ainsi que nous l'avons déjà évoqué au cours de notre recherche portant notamment sur l'antagonisme entre le classicisme juridique que nous avons baptisé de cartésien et le positivisme juridique hérité de personnalités éminentes comme C. Lombroso (et son idée de délinquance qu'on qualifierait aujourd'hui, dans un langage plus moderne, de morphologique et de génétique, bref de biologique), E. Ferri (avec sa négation du libre-arbitre et du choix rationnel dans l'accomplissement des actes), R. Garofalo (avec son exigence d'une augmentation des protections et des sécurisations de la société face au fait criminel) -, parallèlement au retour des notions plus classiques de responsabilité et d'individualité liées notamment aux travaux de R. Saleilles (et à son inflexible volonté d'introduire, dans le droit pénal contemporain, le principe révolutionnaire d'individualisation de la peine consistant à renoncer à ne tenir compte que des faits commis au profit d'un intérêt nouveau et grandissant pour la personnalité du mis en cause) et à ceux de G. Tarde (et à ses lois, dans le registre psychosocial, de l'imitation comme fondement des relations interindividuelles et du fait social), le concept de dangerosité s'est vu fortement complété, sur le plan pénal, par des sanctions inédites appelant une plus grande fermeté de la part des Tribunaux et de la Justice criminelle, et se caractérisant par l'apparition de l'idée d'une détention indéfinie qu'il convenait de prévoir à l'encontre des délinquants dangereux. Il s'est alors agi d'adapter les sanctions aux nouvelles exigences de l'époque et de faire évoluer le droit pénal dans le sens d'une protection accrue de la société et des victimes. Des mesures spéciales et vigoureuses devaient être prévues, en cette période phare de la criminologie naissante, à l'encontre d'individus qui démontraient une délinquance d'habitude et des comportements à risque répétés. L'idée de proportionnalité de la sanction au fait criminel a alors commencé à drôlement vaciller, et l'héritage de la doctrine humaniste, prônée par des gens comme Beccaria, a été remis sérieusement en question. Dans ce contexte à la fois de scientificité où se sont déployés, d'un côté, le positivisme juridique et les sciences humaines, et, d'un autre côté, des polémiques autour des griefs faits contre une pénalité de plus en plus perçue comme à rebours des exigences et des attentes d'une opinion publique « à cran » et désireuse d'en découdre avec le fait criminel – sur ce point, qu'il suffise de se rappeler l'importance prise par l'imprimerie et l'essor de la presse en cette fin de XIXe siècle pour se convaincre des enjeux idéologiques que la question de la délinquance ne manquait déjà pas de soulever à cette époque -, il fallait redessiner les contours d'une nouvelle politique pénale. Ce qu'il convenait de redéfinir alors, c'était le statut de la loi qui s'était, jusqu'ici, bornée à prévoir uniquement et principalement les faits criminels sous l'angle de l'accident et de l'épiphénomène, et non pas sous celui de la répétition et de l'habitude. On comprendra sans peine que, si les criminologues en viennent à élaborer un savoir permettant de mettre le doigt sur la nature du délinquant, sur ses inclinations naturelles sinon à faire le mal, du moins à enfreindre gravement les règles, s'il y a des lois et des constances de la délinquance qu'il importe de circonscrire pour anticiper la redite des infractions, si, au bout du compte, il existe une science du fait criminel, il s'ensuit que la pénalité doit évoluer vers de nouvelles lois pour sanctionner plus lourdement les délinquants, ayant atteint la majorité, et faisant profession de braver celles existantes, et cela au motif de servir la cause de la dissuasion et de l'élimination défendue par le corps social. En d'autres termes, dans un tel contexte, le mutirécidiviste doit faire l'objet d'un retrait total et durable hors de la société, et la radicalité de cette exigence passe par la mise en place, dans l'arsenal judiciaire, de la possibilité de la détention indéfinie, de l'emprisonnement sans limites du délinquant pointé, dès lors, comme dangereux. Il s'agit de maintenir en prison plus longtemps ce multirécidiviste, et cette possibilité juridique se fonde sur le passé pénal du délinquant, sur le fait qu'il est connu des Tribunaux et des Services de police. A cette époque, la doctrine qui mettait en relation la dangerosité du délinquant avec la répétition des infractions ne s'appuyait pas, de prime abord, dans son élan initial, sur la nature des faits commis, mais sur leur redite par un seul et même individu, ce qui avait pour conséquence de qualifier de personnes dangereuses, par exemple, aussi bien un meurtrier qu'un incendiaire ou un voleur avec violences, dès lors qu'ils n'étaient pas à leur coup d'essai. En France, le principe de l'exclusion par la loi des multirécidivistes a été adopté, pour la première fois, par la IIIe République, avec la Loi du 27 mai 1885 condamnant les criminels d'habitude ou les « criminels endurcis [153]» à la relégation à vie, au bagne de Guyane ou de Nouvelle Calédonie : « L'avènement de la IIIe République, explique sur ce point M. Kaluszynski, marque pour la première fois l'inscription constitutionnelle et durable des valeurs issues de la Révolution. Les républicains optimistes en charge du pouvoir ont pour mission d'assurer l'ordre public. Un phénomène les inquiète plus que tout autre, la montée du récidivisme et de la petite délinquance (...). Ces récidivistes, qu'ils soient voleurs, escrocs, ou simples vagabonds, constituent pour cette société républicaine un véritable danger. Les républicains adopteront le 27 mai 1885 une loi condamnant les multirécidivistes à la relégation à vie en Guyane ou en Nouvelle Calédonie, de façon que, même libéré, l'ex-condamné ne puisse pas revenir 'contaminer' le corps social national [154] ».

153 Bien que l'idée de « criminel endurci » soit apparue, en Europe, tardivement, dans la lexicographie pénale, aux alentours de la fin du XVIIIe siècle et du début du XXe siècle (beaucoup parmi les galériens et les bagnards étaient considérés comme des criminels endurcis ou des incorrigibles, des irrécupérables), elle a toutefois, à l'époque contemporaine, précédé celle de « récidive » concomitante de la médicalisation progressive des pénalités.

154 Voir M. Kaluszynski, *La République à l'épreuve du crime, la construction du crime comme objet politique, 1880-1920*, Paris, L.G.D.J., 2002, p. 175.

Cette idée de « contamination » évoquée ici, soit dit en passant, rappelle l'ancrage de la question du récidivisme dans un contexte de médicalisation et de psychiatrisation croissantes de l'approche pénale, et redéfinit le programme de ce que M. Foucault avait mentionné et étudié sous l'appellation du « Grand Renfermement », à savoir la perception du vagabondage comme maladie sociale. Mais ce n'est, *grosso modo*, qu'au lendemain de la Seconde Guerre mondiale que les législations occidentales ont introduit définitivement des considérations purement qualitatives sur l'acte commis pour aggraver le cas des délinquants, en dénonçant en particulier les faits de nature sexuelle. Dans une configuration générale de chasse aux individus dangereux, la délinquance sexuelle est progressivement devenue la bête noire des juridictions pénales, et s'est trouvée désignée, presque exclusivement, comme la caractéristique majeure de la dangerosité. La doctrine de l'acte commis avait mis en exergue une délinquance particulière, celle du sexe, à laquelle il convenait de réserver une réponse positivement sévère, en la désignant à elle seule comme irrémédiablement dangereuse, quelle que soit, du reste, la quantité des faits accomplis de cette nature. Dans ces conditions, la variabilité des valeurs sociales justifie les modifications qu'il convient d'apporter au droit pénal existant, et la légitimité de la sanction repose sur la conception que la société se fait de la délinquance et sur la construction des peurs. La notion de dangerosité a donc trouvé un nouvel ancrage : de son lien avec le nombre et la régularité des infractions, elle a évolué vers la question de la nature des faits commis jugés dangereux. A ce titre, le mouvement de la Nouvelle Défense sociale, conduit notamment par son ambassadeur français M. Ancel, dans les années 1950, s'inscrit dans cet effort pour réévaluer le risque que court la société s'il n'est pas mis un coup d'arrêt définitif à des actes particulièrement signalés et redoutés par la population. Comme par un effet d'illustration, ce mouvement a nettement exprimé une réponse à ces craintes sociales et à cette exigence de redéfinition de la notion de dangerosité. Pour satisfaire aux attentes d'un public nombreux affolé par la peur, il s'est agi d'écarter du corps social ces individus dangereux qu'étaient devenus les délinquants sexuels, voire les « prédateurs » sexuels, qui renvoyaient dans l'opinion publique à toute une fantasmagorie déconcertante. En résumé, tour à tour, et parfois simultanément en fonction des pays occidentaux concernés, les antécédents du criminel, la délinquance sexuelle et la nécessaire protection de la société ont redéfini les axes autour desquels devait s'articuler le concept de dangerosité.

Au sortir des années 1970, cette notion de dangerosité a pris un nouveau virage pour le moins inattendu. En effet, il ne s'est plus agi de calculer la dangerosité sur des critères quantitatifs (les antécédents judiciaires du mis en cause), ni sur des considérations qualitatives (la délinquance sexuelle), ni non plus sur la tendance à protéger la société contre ses peurs en « faisant plaisir » à ses membres par les mesures d'exclusion qu'elle prend solennellement (le mouvement de la Défense sociale), mais sur la base d'une propension à commettre des infractions. *D'un critère indexé en particulier sur le passé pénal du criminel, on est passé à un critère fondé sur son avenir : ce n'est plus ce que le délinquant a réellement commis qui le définit comme dangereux, mais ce qu'il pourrait virtuellement commettre.* A la réalité du fait commis s'est substituée désormais, depuis près de quarante années, l'éventualité de l'infraction comme fondement à partir duquel doit être réorientée toute politique pénale. A quoi tient cette réorientation de la définition du concept de dangerosité vers des aspects prospectifs ? La dimension futurologique du concept de dangerosité aujourd'hui, son réinvestissement par les criminologues, les pénologues et les politiques dans un sens davantage anticipatif et prévisionnel, dont la Loi n° 2008-174 du 25 février 2008 relative à la rétention de sûreté et à la déclaration d'irresponsabilité pénale pour cause de trouble mental offre une illustration quasi caricaturale, la réactualisation de la peine indéterminée ou de la peine double, s'expliquent par un double phénomène concomitant :

- d'une part, par l'entrée en crise de l'approche purement clinique des questions liées à la dangerosité. En effet, dans les années 1970, le travail des spécialistes de la médecine judiciaire, l'élaboration des diagnostics par les psychiatres et les psychologues commencent à être sérieusement remis en cause. Les expertises qu'ils établissent sont tantôt dites contradictoires, tantôt accusées d'être empreintes de subjectivité et tantôt soupçonnées de complaisance. D'une manière générale, quelle valeur doit-on accorder véritablement aux constats et aux bilans d'expertise médicale ou psychologique dans le contexte judiciaire ? M. Foucault avait déjà démontré le ridicule des expertises psychiatriques et psychologiques pré-sentencielles, notamment dans son cours au Collège de France sur les Anormaux[155]. La

155 M. Foucault s'emploie notamment à y montrer le caractère faussement prophétique des expertises, et qu'en pareille matière il ne saurait y avoir de certitudes. En effet, tandis que l'expert s'attache à étayer, au cours de son expertise, la thèse selon laquelle l'acte irréparable commis par le criminel était inscrit dans son histoire par le fait même que tous ses actes passés convergeaient vers cette même tendance au crime et se donnent comme des effets d'annonce, l'auteur des *Anormaux* montre, au contraire, que tout le passé du criminel est bien davantage reconstruit à partir de l'acte criminel lui-même, ce qui est tout autre chose. Cf., en particulier, le Cours du 8 janvier 1975 *in Les Anormaux*, Cours au collège de France 1974-1975, éd. seuil/Gallimard, 1999, pp.3-27, où M. Foucault, décortiquant le discours institutionnel de la justice, montre également à quel point sa portée ou sa valeur « scientifique » dissimule mal le fait qu'il soit tout à la fois un discours qui peut tuer et qui prête à rire. Il est d'ailleurs tout à fait caractéristique des discours qui ont une possibilité réelle de tuer ou de réprimer, comme une sentence pénale, qu'ils sont, dans le même temps, ridicules et grotesques. Contrairement à l'adage populaire selon lequel « le ridicule ne tue pas », M. Foucault note ailleurs l'existence d'une logique de l'infantilisation par la punition, et observe l'idée selon laquelle toute sanction mesure sa force de représailles précisément à la puissance de son infantilisation. Voir, sur ce point, l'intéressant entretien entre M. Foucault et G. Deleuze intitulé « Les intellectuels et le pouvoir », *in Dits et Écrits*, éd. Quarto Gallimard,

justice pénale est, elle aussi, taxée de laxisme, et tombe sous le coup de la colère des citoyens ou des politiques qui considèrent que les criminels sont trop facilement libérés et que rien n'est fait pour endiguer la reproduction des mêmes infractions. Le Service de l'Application des peines et les professionnels de la réinsertion ne sont pas non plus épargnés par l'avalanche des critiques, notamment en ce qui concerne la remise en liberté, en fin de peine, de criminels ayant par la suite récidivé, ou en ce qui concerne la libération anticipée, à travers la mesure de Libération conditionnelle, d'infracteurs jugés dangereux. On notera que toutes ces critiques servent de *leitmotiv* au discours sécuritaire ;

- d'autre part, par l'émergence de nouvelles méthodes de gestion du risque et de réduction du crime, autrement dit par l'apparition de nouvelles technologies de pouvoir. En effet, si les législations occidentales ont reconsidéré la notion de dangerosité à la lumière de la tendance relevée à la reproduction des mêmes faits criminels ou délictuels par les personnes condamnées, il a fallu dégager des méthodes et des stratégies plus fiables et moins coûteuses de prédiction du crime. C'est à ce moment-là que sont apparues les méthodes actuarielles consistant dans l'élaboration d'un travail d'exploration et de prédiction de données relatives aux infractions, dans le traitement et l'archivage d'informations claires et précises sur le profil des condamnés et leurs dispositions à la récidive en fonction de leur personnalité, du crime commis, de leur parcours de vie, de leur entourage social et familial, de la durée de la peine et des périodes de libération, etc. Simultanément avec cette réorientation des politiques pénales, l'irruption de l'ordinateur, se présentant comme davantage fiable et non susceptible de commettre des erreurs interprétatives, a permis d'améliorer la classification de la délinquance et la gestion du risque. Le glissement vers la démarche actuarielle va de pair, on le voit, avec l'exigence d'une modernisation de ses méthodes et de ses moyens, au grand dam des cliniciens. Contre l'expertise clinique, les adeptes de la méthode actuarielle ont, en effet, prôné l'approche statistique, à travers l'établissement de tables de données permettant à la fois la classification des populations en groupes et sous-groupes homogènes et le calcul de la probabilité de la redite d'un crime. Reste que, si certains spécialistes en tous genres ont vu, ici ou là, dans l'apparition de l'ordinateur,

---

2001 [1994], n° 106, p. 1178 : « *N'est-ce pas que, d'une façon générale, le système pénal est la forme où le pouvoir comme pouvoir se montre de la façon la plus manifeste ? Mettre quelqu'un en prison, le garder en prison, le priver de nourriture, de chauffage, l'empêcher de sortir, de faire l'amour, etc., c'est bien là la manifestation de pouvoir la plus délirante qu'on puisse imaginer* ». Et évoquant le fait qu'une femme de quarante ans lui ait rapporté avoir été punie en prison en étant privée de repas, M. Foucault ajoute : « *Ce qui frappe dans cette histoire, c'est non seulement la puérilité de l'exercice du pouvoir, mais aussi le cynisme avec lequel il s'exerce comme pouvoir, sous la forme la plus archaïque, la plus puérile, la plus infantile. Réduire quelqu'un au pain et à l'eau, enfin, on nous apprend ça quand on est gosse. La prison est le seul endroit où le pouvoir peut se manifester à l'état nu dans ses dimensions les plus excessives, et se justifier comme pouvoir moral* ».

une aide précieuse dans la réalisation de leur travail, d'autres l'ont en revanche perçu, eu égard à la capacité de prédire un crime, comme un concurrent leur faisant de l'ombre, voire comme un assujettissement. Quoi qu'il en soit, cette modernisation du secteur de la gestion de la délinquance ne s'est pas accompagnée, du moins à l'heure actuelle, en France, de l'éradication totale des méthodes antérieures, et la loi et l'expertise, ainsi que le suivi et l'évaluation écrite des condamnés par des professionnels de la réinsertion, gardent, malgré tout, à tort ou à raison, encore de leur fraîcheur aujourd'hui, dans la lutte contre la récidive. Par où l'on voit que l'investissement et l'infléchissement du concept de dangerosité vers une futurologie requièrent la mise en œuvre de stratégies de prévention de la récidive et de prédiction du crime. Ceci appelle donc une double réponse de la part de la justice pénale :

- d'abord, il lui faut maintenir tout le travail d'exploration et d'évaluation de la personnalité des condamnés – travail assuré en particulier, rappelons-le, par les experts-psychiatres et les personnels pénitentiaires d'insertion et de probation. Le point capital est que cette activité s'articulant autour de l'identification des profils revient, qu'on le veuille ou non, à interpréter la notion de dangerosité comme un attribut véritable des individus et à figer leurs comportements dans des catégories de « personnes dangereuses » ou de « personnes à risque », par exemple ;

- ensuite, la justice pénale exige, pour assurer sa crédibilité et prédire le crime, le développement de méthodes de rendement plus efficaces pour contrôler et surveiller les délinquants dangereux. Pour ce faire, elle en appelle à des méthodes d'analyse actuarielle, à l'usage constant de l'ordinateur au détriment de la dimension relationnelle, à l'enregistrement des données dans des rapports numérisés et gérés par des logiciels spécifiques, au déploiement de nouvelles technologies de pouvoir comme les dispositifs de surveillance électronique.

Si la politique de prévention de la récidive concentre ses efforts sur des questions liées à la nature et aux prédicats des individus afin d'anticiper leurs réactions et leurs comportements, en revanche, celle de la prédiction du crime se focalise, elle, avant tout, sur la dimension statistique et probabiliste du concept de dangerosité. C'est à ce mélange de ces deux types d'approche – individuelle et statistique – auquel on assiste aujourd'hui, à travers le réinvestissement du concept de dangerosité à la lumière d'une propension à commettre des infractions. Cette recherche de l'efficacité dans la prévention de la récidive et l'anticipation des infractions trouve ses illustrations emblématiques dans la série de lois promulguées, en France, à l'encontre des délinquants dangereux ou punis pour des infractions graves à l'intégrité physique, en particulier depuis 1998. A ce titre, trois mesures

phares sont venues singulièrement compléter l'arsenal répressif déjà existant :
- d'une part, le Suivi socio-judiciaire (S.S.J.), qui a été instauré par la Loi du 19 juin 1998, concerne actuellement les personnes condamnées pour des faits de nature sexuelle ou des infractions graves comme les atteintes volontaires à la vie (crimes de sang) ou les actes de tortures et de barbarie. Notons que, initialement, le Suivi socio-judiciaire ne portait que sur les faits de nature sexuelle, et s'est trouvé progressivement élargi à ces autres catégories d'infractions ;

- d'autre part, la Surveillance judiciaire, qui a été introduite par la loi du 12 décembre 2005, est une mesure qui s'applique uniquement aux personnes jugées dangereuses. Elle consiste à soumettre ces personnes, après leur libération, à un certain nombre d'obligations déterminées, de façon à minorer et à encadrer le risque de récidive. La durée de cette mesure ne doit pas dépasser celle correspondant au crédit de réduction de peine dont le condamné a bénéficié durant son incarcération et qui n'est pas tombé sous le coup d'une décision de retrait. La spécificité de la Surveillance judiciaire est de prévenir une récidive dont le risque paraît avéré et se trouve constaté par une expertise médicale. Davantage qu'une condamnation, la Surveillance judiciaire est une mesure de sûreté. Les questions précises et quasi scientifiques auxquelles doit tenter de répondre l'expert, à propos de la dangerosité réelle ou supposée du prétendant à la libération, ne doivent toutefois pas escamoter les contradictions qu'elles recèlent. En effet, au moins deux écueils peuvent déjà être relevés : si, en premier lieu, la personne évaluée par l'expert présente une dangerosité psychiatrique, la question se pose de savoir ce qu'elle fait dans un établissement pénitentiaire et si elle y a vraiment sa place. Si, en second lieu, cette dangerosité a été acquise au cours de l'incarcération, la conclusion qui s'impose est que la prison, décidément, ne permet pas la resocialisation ni le reclassement des condamnés. Il y a là comme un double aveu de contradiction et d'impuissance de la part de l'institution judiciaire. Toujours est-il que ces questions liées au fondement de l'expertise psychiatrique et psychologique sont d'autant plus importantes qu'elles engagent des thématiques liées à l'organisation et au fonctionnement judiciaires, à la protection de la société, à la vie des condamnés et aux attentes des victimes ;

- enfin, mentionnons le Placement sous surveillance électronique *mobile* qui est une mesure de sûreté qui a été instaurée par la loi du 12 décembre 2005[156]. Ce dispositif est à distinguer, dans son principe et le détail de ses applications, du Placement sous surveillance électronique qui, rappelons-le, est avant tout une modalité d'exécution de la peine. C'est-à-dire, non pas une

156 Précisons ici que le décret relatif au P.S.E.M. date du 1er août 2007, et que les arrêtés fixant ses modalités d'application du 23 août 2007.

condamnation en tant que telle, mais une manière d'aménager la peine. Contrairement au Placement sous surveillance électronique, qui peut être prononcé *ab initio* dans le cadre de la procédure de reconnaissance préalable de culpabilité, et ce depuis la Loi du 09 mars 2004 (entrée en vigueur le 1er janvier 2005) portant adaptation de la justice aux évolutions de la criminalité, et qui peut être proposé, en vertu de cette même loi, par le Directeur des services pénitentiaires d'insertion et de probation (D.S.P.I.P.) dans le cadre de la nouvelle procédure d'aménagement des fins de courtes peines, le Placement sous surveillance électronique mobile est prononcé par la juridiction de l'Application des peines après l'avis donné par la commission pluridisciplinaire des mesures de sûreté. Celle-ci émet un avis qui n'est que *consultatif* et qui doit être établi dans les trois mois de sa saisine. Après que cette commission a rendu son avis, le Juge de l'Application des peines ordonne l'examen du condamné en vue d'évaluer sa dangerosité et le risque qu'il présente de récidiver. Un tel dispositif emporte pour le condamné l'obligation de porter, pour une durée de deux ans, renouvelable une fois en matière délictuelle et deux fois en matière criminelle, un émetteur-récepteur (à savoir, tout à la fois, un bracelet à sa cheville, un système de géolocalisation par G.P.S. à sa ceinture et une unité fixe d'émission et de réception à son domicile), permettant de le localiser sur l'ensemble du territoire. Avant d'ordonner cette mesure, la juridiction qui statue doit préalablement recueillir le consentement du condamné.

De ces remarques peut être tirée la conclusion suivante : durant cette dernière décennie, en tous cas depuis l'année 2005, la société française a connu une inflation répressive constante. Entre la double fonction minimale de la peine, sa fonction répressive et sa fonction éducative, s'affirme aujourd'hui un déséquilibre croissant, au point qu'il n'est pas exagéré de penser que seule la première subsiste par un effet de gommage de la seconde. L'importance de cette fonction répressive, qui s'articule en particulier autour d'un aspect pénal (la condamnation) et d'un aspect réparateur (l'indemnisation), enfle de telle sorte que la poussée législative de ces dernières années a permis l'instauration de mesures puissamment coercitives, en ce qu'elles ouvrent de nouvelles perspectives d'atteinte à la dignité et ne semblent pas connaître de limites. Sous couvert de s'attaquer à la délinquance dangereuse, sous prétexte de viser à éradiquer la délinquance aussi bien déviante que récidivante, le législateur a établi comme principe général d'action la recherche de mesures permettant un renforcement du contrôle des condamnés, la délimitation de ses possibilités de libre circulation et l'immixtion dans son intimité radicale. Si l'on s'en tient d'abord au Placement sous surveillance électronique, l'effet pervers de cette mesure est qu'elle n'autorise pas à humaniser la pénalité, parce que, d'une part, ceux qui en font l'objet sont ceux-là même qui sont les mieux insérés socialement et parce que, d'autre part, loin d'alléger la répression, elle implique un certain « élargissement du filet pénal » et une certaine « sur-pénalisation ». Autrement dit, alors même que le Placement sous surveillance électronique se donne comme un moyen de lutter contre la surpopulation carcérale, il ne facilite pas l'infléchissement des taux d'incarcération ou la décrue du nombre de prisonniers, puisqu'il ne touche pas prioritairement les plus désocialisés, c'est-à-dire les personnes qui sont, pour des raisons variées, les plus entraînées ou enfermées dans le cercle vicieux de la délinquance et qui peuplent les prisons, et parce que, se définissant comme une modalité d'exécution de la peine, autrement dit comme une manière d'aménager la sanction d'emprisonnement, les personnes qui passent à l'audience sont susceptibles de faire l'objet de condamnations plus sévères ou de rajouts de mesures coercitives, en termes notamment de durée de la peine ferme, de peines mixtes et d'obligations à remplir. Cet élargissement du filet pénal et cette sur-pénalisation ont été clairement relevés par le rapport de la Direction générale des services correctionnels du ministère de la Sécurité publique du Canada, intitulé, en date de l'année 2000, *Surveillance électronique : solution ou panacée ?* Ce rapport apparaît comme une synthèse et un bilan de la surveillance électronique dans le monde, et apporte la preuve du caractère avancé des recherches péno-pénitentiaires par les autorités canadiennes : « L'élargissement du filet se produit lorsqu'un contrevenant est orienté vers une solution de rechange à l'incarcération, alors qu'il aurait été soumis simplement à une ordonnance de probation régulière si ces solutions n'avaient pas existé. La sur-pénalisation se manifeste également lorsqu'une mesure comme la surveillance électronique vient s'ajouter à la mesure sentencielle, comme la probation ou le sursis (...) ». Et d'ajouter : « Il s'agit d'un aspect capital puisque les promoteurs de la surveillance électronique affirment que la mesure contribue pour beaucoup à soulager les problèmes de surpopulation des prisons. Mais dans la mesure où la surveillance électronique 'capture' des clientèles qui ne seraient pas normalement incarcérées, le soulagement des problèmes liés à la surpopulation est relativement faible (...). Encore une fois, quant à savoir si la surveillance électronique diminue les populations carcérales, la réponse d'un auteur est catégorique : 'dans la mesure où nulle part au monde, la promotion de cette mesure, pas plus qu'une autre alternative, n'a réduit la population pénitentiaire, il semble bien que la question soit rhétorique. La réponse est non' ».

Ce qu'il convient de retenir des différentes mesures de Placement sous surveillance électronique fixe et mobile, ce n'est pas un allègement de la sanction pénale ou une humanisation de la peine. Il y a là, sur ces questions importantes de surveillance électronique, un discours de leurre et un marché de dupes qu'il importe de démystifier. Ainsi que le note le rapport canadien ci-dessus évoqué, il est essentiel de répéter que l'avènement du Placement sous surveillance électronique n'a pas favorisé le désengorgement des prisons. Nous y voyons au moins trois raisons :

- d'abord, parce qu'il ne touche pas prioritairement la catégorie de personnes la plus « vulnérable » et en proie à la délinquance récidivante, mais des personnes plutôt assez bien insérées sur le plan professionnel et social ;

- ensuite, parce qu'il facilite le déplacement de la réponse pénale à l'égard des infractions commises vers la promotion de l'emprisonnement, ce qui se traduit paradoxalement par le fait d'augmenter la quantité des prononcés de peines fermes dans l'exacte mesure où celles-ci sont, en droit, aménageables, dès lors que leur durée est inférieure ou égale à deux ans d'emprisonnement ;

- enfin, parce que, quantitativement, le Placement sous surveillance électronique est venu supplanter la Libération conditionnelle par un effet mécanique de dépréciation de cette seconde mesure perçue dorénavant comme trop souple et peu répressive, au profit de la première appréhendée, du coup, comme plus cadrante et comme offrant plus de garanties.

Le couplage ou l'étroite relation entre le Placement sous surveillance électronique et la prison n'est pas de nature à permettre la diminution de la population carcérale. De manière générale, si l'émergence du Placement sous surveillance électronique a entraîné une sorte de boom des incarcérations, cela tient, outre à une politique plus répressive et sécuritaire favorisant les décisions de peines fermes et les aménagements de peine « cadrants », au fait que, sous l'effet de l'augmentation massive des aménagements de peine sous la forme du P.S.E., se dégage, dans le même temps, un nombre mécaniquement plus grand et fructifiant de « déchets », de rejets ou d'échecs de cette modalité de la peine.

S'agissant du Placement sous surveillance électronique *mobile*, il appert qu'une telle mesure présente tous les caractères d'un durcissement de la peine et l'aspect d'un danger. D'abord et surtout, puisque cette mesure est une mesure de sûreté destinée à prévenir la récidive d'actes commis par des personnes jugées dangereuses, elle apparaît, non pas comme une mesure pénale autonome, mais comme une mesure pénale *additionnelle*. Nul ne peut se dire aujourd'hui condamné à un P.S.E.M., mais, par exemple, comme on l'a vu, être l'objet d'une mesure de Surveillance judiciaire à l'intérieur de laquelle a été retenu le principe d'une surveillance électronique mobile et ses modalités de contrôle. Ensuite, le danger d'une telle mesure procède de son principe et des conséquences de son usage :

- le principe du bornage de l'espace de libre-circulation est contestable : si, en effet, le condamné se voit interdit un territoire où se situent, par exemple, une école, un débit de boisson, ou la maison de la victime, il peut aussi se voir empêcher, en même temps, la jouissance de son droit d'aller et de venir dans un périmètre où se trouvent son lieu de naissance, un proche parent, des amis de longue date, un club de bridge qui le passionne. La distinction topographique opérée entre les zones dites d'exclusion et les zones dites d'inclusion est généralement trop sommaire, et ne permet pas d'établir des frontières plus subtiles telles que des zones d'inclusion à l'intérieur des zones d'exclusion, et vice-versa ;

- le principe de la traçabilité inhérent à cette mesure équivaut à animaliser le condamné, à le réduire à un « sac de viandes » ; l'humain, en tant qu'il revêt ici la figure de l'homme pénal, devient homogène et indistinct vis-à-vis du vivant animal caractérisé par la traçabilité ;

- le port du matériel de détection par le condamné, à savoir le G.P.S. accroché à sa ceinture et le téléphone portable transporté dans son sac ou sa poche, n'a rien de discret, bien au contraire : dans la rue, ce matériel est perceptible, surtout si l'alarme s'active pour l'avertir qu'il entre dans une zone défendue ou parce que le matériel est contrarié par une défaillance technique ;

- l'introduction du matériel jusques et y compris le domicile du condamné se présente comme un acte de transgression pur et simple du droit à l'intimité et du principe de l'inviolabilité du logement privé comme espace personnel et familial de protection ; jadis, seules les milices s'arrogeaient le droit de pénétrer par la force au domicile des personnes ;

- l'action de pister une personne 24h/24 est difficilement supportable par son usager ; en outre, le système de surveillance permet de suivre le condamné partout dans ses déplacements, même jusqu'aux endroits ou il est autorisé à aller ;

- le principe du recueil du consentement du condamné repose sur un faux contrat, attendu que, d'une part, l'accord du détenu n'est jamais donné que par défaut, selon une alternative fermée, en un mot pour échapper à l'incarcération et parce que, d'autre part, cet accord relève d'une insensibilisation croissante aux dérives de la surveillance électronique : pourvu qu'il puisse s'extirper de l'institution de la mort que représente la prison, le détenu est prêt à faire n'importe quelle impasse, à accepter sa nouvelle condition animale traçable, et à sacrifier sa famille et son intimité sur l'autel d'une fuite hors des murs carcéraux. Pour peu que le sang ne coule plus comme sous l'Ancien Régime, et à condition de fuir le milieu carcéral nocif, la société d'aujourd'hui s' « insensibilise », en ce sens qu'elle intériorise et admet progressivement la transformation de parts entières de l'humanité en êtres survivant à l'état de simples corps captifs traçables et muselés, ou réduits à l'état de viandes marquées sous vide. Du reste, cette insensibilisation « croissante » n'est toutefois pas totale, en témoignent les actes de refus par les condamnés de faire l'objet d'un P.S.E.M. et le fait que certains d'entre eux préfèrent leur maintien en prison ;

- le principe d'une surveillance généralisée et continue est dangereuse par cela seul qu'elle absorbe et enveloppe la vie humaine dans l'antre d'un panoptique de détails, ayant des conséquences sur la vie de famille des détenus, sur leur état psychologique, sur leur image et leurs relations aux autres nécessairement médiées par un tel dispositif, sur le développement de leur capacité d'autonomie réelle ; le contraste est saisissant : alors même que les instances officielles de défense et de sauvegarde de la dignité humaine, comme, par exemple, les Comités d'éthique et de bioéthique, s'insurgent contre l'exploitation des corps humains et du vivant, et s'indignent contre la réduction de la vie humaine à un patrimoine ou à des enjeux commerciaux par le truchement du trafic d'organes ou d'enfants, etc., subsiste cependant, à travers les pénalités contemporaines, quelque chose de singulièrement indigne et de dégradant comme si, par un effet de sanction pénale, le condamné perdait toute valeur humaine (sa « fin en soi », souligne Kant) et devenait la proie de toutes les expériences pénales possibles. Parce que le condamné a transgressé la loi, et parce qu'il se voit revêtu de l'étiquette d'individu dangereux, il semble possible et même légitime, au plus grand nombre, de lui faire subir l'indignité suprême de le suivre toujours et partout, et qui plus est à distance, jusque chez lui, d'atteindre à sa liberté de circulation et à ses droits de fréquentation des lieux et des personnes, d'exercer sur lui une pression psychologique constante, de lui faire craindre une réincarcération imminente en cas de rébellion à l'égard de la mesure, bref de le programmer selon des règles institutionnelles et de gommer en lui les aspects de son unicité et de son indépendance, au seul motif qu'il *pourrait* virtuellement récidiver. L'idée de dangerosité est elle-même dangereuse, puisqu'elle autorise tous les abus en termes d'instrumentalisation de cette catégorie de personnes qu'on appelle les détenus ; et ce processus de « vassalisation » des détenus concerne avant tout et surtout ceux qui se voient accablés du titre de détenu dangereux ou de D.P.S. (= Détenu Particulièrement Surveillé) qui implique pour le condamné d'être isolé et de faire l'objet de nombreux transferts pour empêcher les complots ou les préparations d'évasion. De manière générale, le statut de condamné étant grandement dévalorisé et honni, il implique pour lui le devoir d'accepter toute une série de mesures de contrôle visant à supprimer le recours au libre-arbitre et la possibilité d'un refuge dans la notion de dignité humaine. Comme l'a bien perçu G. Canguilhem, toute instrumentalisation suppose une dévalorisation primitive et un clivage comme fondement moral. Ainsi remarque-t-il : « Descartes fait pour l'animal ce qu'Aristote avait fait pour l'esclave, il le dévalorise afin de justifier l'homme de l'utiliser comme un instrument [157]». Le statut de détenu,

157 G. Canguilhem, « Machine et organisme » *in La connaissance de la vie*, Paris, Vrin,

s'agissant des prisonniers comme des personnes placées sous surveillance électronique fixe ou mobile, est instrumentalisable par cela seul qu'il est vidé de toute valeur[158] ;

- le P.S.E.M. se présente comme un laboratoire de recherches et de préparation où se jouent des expériences de contrôle continu, à distance, de populations entières. L'enjeu est l'acceptation par chacun et l'élargissement à tous des dispositifs panoptiques : à titre d'exemple, le passeport biométrique et le passe Navigo constituent des avatars du principe de la traçabilité de l'humain comme du vivant animal, et une entorse à la libre-circulation sans traces ni mémoire ;

- le P.S.E.M. est un dispositif qui permet l'enregistrement et l'utilisation de données à caractère personnel. Toutes les activités et tous les déplacements du condamné sont enregistrés, consultables et utilisables par les autorités compétentes et habilitées (particulièrement l'autorité judiciaire et l'Administration pénitentiaire, mais aussi les officiers de police judiciaire), même lorsqu'il n'est pas tenu de rendre compte de ses déplacements ou qu'il n'a pas d'interdiction d'exercer telle ou telle activité. La question se pose de savoir quelle est, à terme, l'utilisation *réelle* du traitement automatisé des

---

1998, p.111.

158 Sur ce point, on peut faire le raisonnement exactement inverse, en prétendant que c'est en vertu, non plus d'un statut dévalorisé de l'humain, mais de la dignité humaine elle-même que la sanction pénale, jusques et y compris la peine capitale, se justifie. C'est d'ailleurs en ce sens que l'approche kantienne de la question de la criminalité se signale. En effet, Kant, paradoxalement l'un des grands ambassadeurs et penseurs de la question des droits de l'homme, affiche son adhésion pleine et entière à la peine capitale, et ce en raison de l'inexistence, selon lui, d'une peine commutative vis-à-vis de la peine de mort dont la décision doit être prise à la suite d'un crime de sang et qui vaut comme un impératif catégorique. Il n'y pas, selon Kant, de peine de substitution ou d'allégement à l'égard de la peine capitale dans le cas de la commission d'un meurtre, parce que ce crime qui a coûté la vie à la victime n'a d'équivalent que la peine de mort qui doit, en retour, coûté la vie au criminel. L'échange s'opère ici entre une vie et une autre vie, équivalentes en dignité et en humanité, et s'inscrit donc, sur le plan pénal, dans une sorte de loi du talion : « Mais si le criminel a commis un meurtre, il doit *mourir.* Il n'existe ici aucune commutation de peine < *Surrogat*> qui puisse satisfaire la justice. Il n'y a aucune *commune mesure* entre une vie, si pénible qu'elle puisse être, et la mort et par conséquent aucune égalité du crime et de la réparation, si ce n'est pas l'exécution légale du coupable, sous la condition que la mort soit délivrée de tout mauvais traitement qui pourrait avilir l'humanité dans la personne du patient » (*in Métaphysique des mœurs, Ire partie, Doctrine du droit, II, Ire section, remarque E*, éd. Vrin, trad. par A. Philonenko, 1993, p.216) . Au demeurant, contre cette argumentation kantienne qui pose un principe d'égalité et de correspondance réciproque entre le meurtre et la mort du coupable par la loi, on peut objecter qu'en réalité la peine capitale comme sanction pénale théologico-politique (de droit divin) n'efface pas le crime perpétré, qu'elle ne permet pas le rachat du criminel, qu'elle ne fait, au final, qu'ajouter une mort supplémentaire à une autre, sans qu'il y ait de relation réciproque entre les deux vies, qui sont foncièrement singulières et qui ne se touchent pas. Dans une perspective bergsonienne qui entend défendre l'idée d'une irréversibilité du temps qui passe, le crime et le meurtre légal ne sauraient se substituer l'un à l'autre, mais entretiennent entre eux bien plutôt un rapport d'extériorité, d'hétérogénéité, d'indépendance et de sur-ajout.

données et si elles ne seront réellement pas conservées au bout d'une décennie après la fin de la mesure, ainsi que le prévoit le décret du 1er août 2007. Si, dans le cadre du P.S.E.M., le responsable de la mise en œuvre du traitement automatisé des données à caractère personnel est le Directeur de l'Administration pénitentiaire du ministère de la Justice, et si ce traitement est placé sous le contrôle d'un magistrat du parquet hors hiérarchie, nommé pour trois ans par arrêté du garde des Sceaux (cf., l'art. R 61-12 du Code de procédure pénale), par exemple un premier président de la Cour de Cassation, la question reste néanmoins entière de savoir quelles sont les garanties concrètes que les agents de l'Administration pénitentiaire et les magistrats sont à même de défendre au fur et à mesure du développement de ce dispositif de contrôle et quels sont les moyens tangibles d'accès, de rectification et d'effacement dont dispose matériellement et pratiquement le condamné fiché. Il n'est pas inutile de rappeler que le pôle centralisateur, qui est chargé du suivi *technique* de la mesure, est représenté par des agents de l'Administration pénitentiaire dont la fonction n'est pas seulement celle de gérer les stocks de matériels de surveillance électronique mobile, mais encore celle de programmer le logiciel de contrôle, c'est-à-dire de le paramétrer selon les zones d'inclusion et les zones d'exclusion, et de le renseigner en y portant des informations confidentielles et privées, puisqu'on doit y trouver, selon les dispositions de l'article R. 61-14 du Code de procédure pénale, notamment les éléments ressortissant à l'identité du condamné, aux caractéristiques de son visage de face, à sa taille, à son poids, à la couleur de ses cheveux, à la couleur de ses yeux, aux descriptions de ses éventuels tatouages ou cicatrices, à son adresse de résidence, à sa situation professionnelle, à la décision de condamnation, etc.

B) Biopénalité

La logique du sécuritarisme s'attache à mettre en exergue des résultats chiffrés et des statistiques, elle n'a cure des individus en tant que tels, pris isolément selon leurs caractères intrinsèques. Elle dépasse le principe de l'individualité et ne tient compte que de la population criminelle dans son ensemble, selon ses règles et ses codes. Elle n'interroge jamais le moteur de la délinquance qui peut se décliner, par exemple, en termes d'exclusion, de déserrance, de souffrance ou de besoins concrets, mais globalise son approche en ne saisissant les individus qu'à travers des abstractions, des schémas, des diagrammes et des méthodes actuarielles. Elle ne considère le crime que comme phénomène de frein pour la collectivité, comme un élément perturbateur et de blocage de la société en bon ordre de marche. L'infraction se présente partout comme une maladie sociale, comme une gangrène dont la société doit se départir pour assurer sa stabilité et sa paix. L'infraction ne met pas les individus au travail, elle les entretient dans une vie relativement marginale, et les place hors de portée de certains contrôles. Dans un tel contexte, les Placements sous surveillance électronique fixe et mobile se présentent comme des mesures à même de favoriser le retour vers le rehaussement des forces disponibles, vers l'exaltation d'un droit de vivre, d'avoir et de faire. Car, si l'infraction est désormais perçue comme ayant un coût économique, comme diminuant l'ardeur au travail, comme affaiblissant la vigueur des êtres et des énergies vives, il s'ensuit qu'elle doit être contrecarrée par l'émergence de dispositifs de contrôle comme la surveillance électronique, fonctionnant presque comme des structures assurancielles, comme des organismes du type de la Sécurité sociale ou des assurances-vie, puisque ce qui est en jeu ici, ce n'est rien de moins qu'une prise en charge de pans entiers de populations, en l'occurrence ici la population délinquante. Sur un plan biopolitique, les violences conjugales sont maintenant appréhendées par le législateur comme phénomène de trouble à la natalité, comme manifestation d'un désordre social. Il ne s'agit pas ici, pour le gouvernement des vivants, de prendre en charge la personne violentée, « en chair et en os », « en personne », dans son individualité, mais de s'opposer tant aux mécanismes de production d'arrêts de travail que ces violences peuvent provoquer, qu'aux effets de décrue du nombre des naissances qu'elles peuvent coûter à l'heure d'une décroissance constante de la natalité dans les pays dits développés et industrialisés. La surveillance électronique fixe ou mobile s'inscrit bel et bien dans ce pouvoir de traitement et de gestion de la population par les gouvernements, en termes de contrôle social, de régularisation de déséquilibres, de majoration de la vie et d'aménagement du cadre d'existence d'une population donnée. Ce type de surveillance qui tend à se généraliser se réclame d'une prévention de sécurité et d'une logique de régularisation. En de telles conditions, lorsque M. Foucault entend démontrer, dans son Cours du 17 mars 1976, dispensé au Collège de France et portant le titre *Il faut défendre la société*, qu'un nouveau droit apparaît au XIXe siècle, qui n'est plus adossé au droit souverain de vie et de mort tel qu'il était pratiquait sous l'Ancien Régime, mais qu'il se caractérise par celui de « faire vivre » et de « laisser mourir », il souligne, dans le même temps, les enjeux d'un tel renversement de perspective : l'exercice du pouvoir s'articule désormais sur la dimension biologique de l'homme, il s'intéresse aux hommes en tant qu'êtres vivants et en tant que membres d'une même espèce et utilise, dans ce cadre, des outils d'évaluation et d'analyse à propos de groupes vivants, de populations données, de collectivités qu'il convient de rapporter à leur élément démographique, économique et statistique : « Après l'anatomo-politique du corps humain, précise M. Foucault, mise en place au cours du XVIIIe siècle, on voit apparaître, à la fin de ce même siècle, quelque chose qui n'est plus une anatomo-politique du corps humain, mais que j'appellerais une 'biopolitique ' de l'espèce humaine[159] ». Vaste programme dont s'est dotée l'époque contemporaine, et qui en dit long sur le fait que les mécanismes

159 M. Foucault, *Il faut défendre la société,* Cours au Collège de France, (1975-1976), Paris, éd. Seuil/Gallimard, 1997, p. 216.

classiquement disciplinaires, jugés insuffisants en termes d'impact et de pragmatisme et coûteux économiquement, doivent dorénavant être traversés par d'autres mécanismes plus subtils et globaux tels que ceux que révèle la biopolitique. Tandis que les dispositifs disciplinaires s'articulent autour du corps individuel et de son contrôle, tandis qu'il a pour objet l'individu, les dispositifs biopolitiques cherchent, eux, à disposer de la vie des groupes humains, à gérer des destins collectifs, à contrôler des aléas, des processus et des objectifs vitaux. De ce point de vue, sur le plan des pénalités, les Placements sous surveillance électronique, sous couvert de missions de réinsertion et de prévention de la récidive, sont d'abord au service du principe de l'optimisation des moyens humains en vue de compromettre les morts brutales ou prématurées (telles que la peine capitale, ou même la prison comme institution de mort lente), de favoriser le dynamisme ou le vitalisme au travail, de majorer les forces vives, d'aménager la peine pour permettre le retour réel vers l'emploi et la participation à la reproduction de l'espèce. Mais ils sont ensuite, plus subtilement et insidieusement, l'expression d'une nouvelle technologie de pouvoir sans précédent dans l'histoire et l'économie générale des pénalités, à savoir quelque chose qui est de l'ordre d'un dispositif de prison psychologique, de contrôle social, d'emprise sur la vie privée et de perforation ou trouée de la personnalité et de l'autonomie. La surveillance électronique procède d'une « nationalisation » des corps et des esprits, de l'étatisation du foyer familial et conjugal, de la dé-privatisation de la dimension intime du milieu où et à partir duquel évoluent les individus (habitat, personnalité, relations avec les autres, etc.), de la collectivisation des destinées humaines individuelles. C'est pourquoi, il est possible de poser cette analogie : la prison est à la peine capitale ce que le P.S.E.(M.) est à la prison. Du processus qui conduit de l'application de la peine capitale à l'émergence de la surveillance électronique, en passant par le principe de l'emprisonnement, se dégagent la tendance à l'assouplissement de la souffrance « charnelle », la logique de l'immunisation des corps, le mouvement général vers un recul de la perception du sang, des cris et des gémissements, premièrement au profit de la volonté d'appropriation des pensées et des désirs traduisant la recherche de la domestication des esprits, et secondement au bénéfice de la récupération du domaine foncièrement privé par le pouvoir. L'adoucissement de la radicalité ancestrale des pénalités expéditives, comme la peine de mort, a toutefois un prix. Dans un cas comme dans l'autre, le prix à payer est le renoncement à la liberté. Ce n'est donc pas un hasard si, selon les règles du Code de procédure pénale, un individu placé sous surveillance électronique est écroué, comme un prisonnier enfermé derrière les barreaux, et qu'il se voit paré du statut de détenu : car c'est la même racine de l'enfermement, le même dénominateur commun qui est à l'œuvre à l'intérieur de ces logiques pénales, à savoir quelque chose qui ôte à l'individu ses caractères propres, qui le vide de sa substance et le condamne à une mort lente, à une vie moribonde accrochée au devoir de rendre des comptes et à un appareil de surveillance. L'individu placé sous surveillance électronique ne vit pas, mais est maintenu en vie par le dispositif de contrôle à distance, fixe ou mobile, il est comme *cliniquement mort*. Le bracelet ou la ceinture de surveillance sont des instruments de mesure et de contrôle de la vie, de ses dimensions imprévisibles et créatrices, ce sont les outils d'objectivation de l'existence individuelle, plutôt que ceux de sa « singularisation ». Dès lors, la nouveauté des divers dispositifs de Placement sous surveillance électronique vient du jumelage d'une double technologie de pouvoir, l'une ayant trait à la discipline et l'autre à la biopolitique. C'est ce couplage technologique, cette traversée d'une technologie par l'autre qui rend le dispositif plus trompeur et fourbe, et qui l'habille des vêtements du respect de l'humanisme. L'évolution des pénalités vers une euphémisation des souffrances physiques ne doit pas, en effet, escamoter la persistance d'une terreur insidieuse et d'un effroi rongeur dont est l'objet l'individu vêtu du bracelet ou du ceinturon électronique : face au chantage permanent à l'incarcération, face au cadre de la mesure et aux obligations qui y sont afférentes, il n'y a pas de place pour la vie, ses formes variables, ses rebondissements possibles, sa renaissance et son imprévisibilité. Par cela seul que le condamné est un délinquant, il n'y a ni gène ni scrupules pour personne à ce que le législateur s'arroge le droit de pister l'*Outlaw* jusque chez lui, dans ses retranchements intimes et ses espaces vitaux de soulagement ou d'épanouissement ; il n'y a ni honte ni indignation pour personne de voir les effets de dé-subjectivation et de dévitalisation opérés par la technologie électronique sur les délinquants. En d'autres termes, n'apparaissent nulle part des réactions de scandale face à la montée et à l'installation du panoptisme, et face à ses effets intrusifs et destructeurs, en termes de « paranoïsation » des comportements individuels et de « ghettoïsation » du domicile -, ghettoïsation en ce sens ici que celui-ci devient le lieu du confinement et de l'exécution de la peine et que le pouvoir peut y faire irruption comme bon lui semble. Dans cette configuration générale de déséquilibre notoire des pouvoirs, dans ce contexte d'une relation asymétrique et non réciproque entre le dominant et le dominé, que peut le délinquant face à la puissance régalienne de l'Administration pénitentiaire ? Que peut l'*Outlaw* vis-à-vis d'un avenir borné par le statut de détenu, l'existence d'un casier judiciaire ou l'étiquetage de sa personne comme délinquant ? Pour le dire simplement : croit-on que le délinquant, par cela seul qu'il est admis à une forme de Placement sous surveillance électronique, devienne, du même coup, moins indésirable socialement ? C'est à dénoncer ces faux-semblants et ces illusions que peut ou même doit s'employer, croyons-nous, l'intellectuel aujourd'hui, tant il y va d'un choix de société, du sens de la réhabilitation, de la défense des libertés, du refus de l'abandon et de la révélation des dangers du panoptisme.

C) L'intellectuel engagé

Historiquement, si les philosophes du XVIIIe siècle, ceux qu'on appelle les philosophes des Lumières, ont consacré l'avènement des intellectuels, c'est néanmoins au sortir du XIXe que le terme d'intellectuel proprement dit est apparu, en particulier au moment de l'affaire Dreyfus qui opposa les « dreyfusards », comme E. Zola aux « antidreyfusistes », ainsi des membres de la direction de l'armée, et qui suscita un scandale et un émoi sans précédent dans la France d'alors. Cette évolution terminologique ne doit pas, au demeurant, laisser entendre que la relation entre le monde philosophique et l'univers de l'engagement politique soit la seule qui existe et qui vaille. Si, de fait, les philosophes ont été, au cours de l'histoire, singulièrement amenés à prendre politiquement position, à dénoncer des idéologies ou à défendre des idéaux, si, armés de concepts et de courage, ils ont singulièrement contribué à attirer l'attention sur des injustices ou des dangers à l'intérieur de la société, ils ne sont toutefois pas les seuls à l'avoir fait, et, en dépit des Voltaire, des Rousseau et des Montesquieu, par exemple, bien d'autres gens recrutés dans l'intelligentsia ou les milieux culturels ont exercé, à leur manière, le « métier » d'intellectuel, et celui d'une résistance face à l'oppression, et ont pris des risques sérieux. Et ceux qui ont précédé les philosophes des Lumières et qui détenaient un savoir pratique n'avaient pas systématiquement l'étiquette de philosophe, mais étaient nommés les « clercs », par cela seul qu'ils n'étaient autres que des hommes d'Église qui savaient lire et qui avaient gravi les échelons de l'Université. Au demeurant, quoi qu'il en soit de l'origine historique de l'avènement de la figure de l'intellectuel, il s'avère que, autre chose qu'un métier, l'activité de l'intellectuel engagé repose sur un mode particulier d'être au monde et aux autres. N'étant ni rémunéré ni formé pour cela, n'étant pas soutenu par les institutions, trouvant en soi les conditions de possibilité ou de nécessité de s'engager par l'exercice même d'une pensée et d'un agir libres, l'intellectuel est souvent à contre-courant des idées reçues, subversif vis-à-vis de l'ordre établi, mais sans pouvoir réel face aux dirigeants qui ont entre leurs mains l'ensemble des appareils de contrainte, de contrôle et d'endoctrinement ou de « catéchisation » comme la police, l'armée et l'éducation. Et que dire des médias, lorsque ceux-ci sont assujettis, pour ce qui concerne en particulier les grands médias télévisuels, à la procédure de la nomination par le président de la République de son représentant au Conseil supérieur de l'audiovisuel (C.S.A.), ou lorsqu'ils sont emportés par un processus que l'on pourrait nommer de « berlusconisation » où ce qui se joue et se mêle, à l'intérieur même du devoir d'informer, ce sont des enjeux commerciaux et l'impératif du rendement. Dans une société capitaliste, où prime l'exigence du marché, la question se pose de savoir comment empêcher que le devoir d'information démocratique et les intérêts des hommes ne soient sacrifiés à la seule logique du rendement et du gain, ainsi qu'aux intérêts personnels.

Pour clarifier la question de la place et du rôle de l'intellectuel aujourd'hui, pour tenter de cerner la pertinence ou l'exigence éventuelles de ses interventions sur la place publique devenue désormais extraordinairement une scène médiatique, pour chercher finalement à distinguer les vrais des faux intellectuels – les faux étant ceux qui, dans une première approche, sous couvert de l'accaparement du mot philosophe pour s'en parer, font en fait œuvre de sophistes en mentant aux gens, ou bien sont des hommes d'affaires masqués qui essaient surtout de promouvoir leurs livres ou de se faire un nom, ou bien encore sont secrètement des courtisans du pouvoir en place -, il nous paraît nécessaire de réfléchir à la théorie de l'engagement telle qu'elle a été formulée et appliquée par un de ses meilleurs ambassadeurs, dans la France du XXe siècle, à savoir J.-P. Sartre. A notre connaissance, J.-P. Sartre a étayé, dans le corpus de son œuvre, au moins trois théories de l'engagement : d'une part, une théorie de l'engagement *littéraire* ou de l'engagement de l'écrivain que l'on trouve analysée dans *Qu'est-ce que la littérature ?* et reproduite dans *Situation II*[160], et, d'autre part, deux théories de l'engagement de l'intellectuel proprement dit, l'une étant celle qu'il désigna plus tard par *classique* et qui nous a été léguée par la publication d'un opuscule reproduisant une série de trois conférences données à Tokyo et Kyoto en septembre et octobre 1965 et intitulé *Plaidoyer pour les intellectuels*[161], et l'autre étant celle héritée des événements de 1968 que Sartre évoqua précisément dans le magnifique documentaire portant le titre éloquent de *Sartre par lui-même* et réalisé dans les années 1970 par A. Astruc et M. Contat[162], et qu'il développa indirectement à l'intérieur de son *Flaubert*[163]. Nous nous bornerons toutefois à dégager ici la sève substantielle et les grands axes d'orientation de l'engagement de l'intellectuel tels qu'ils sont particulièrement développés dans *Plaidoyer pour les intellectuels*, parce que cet ouvrage se donne, selon nous, comme le plus abouti de Sartre sur cette question et le plus en prise directe avec notre propos. Qu'il soit, au demeurant, précisé maintenant qu'il ne s'agit pas, dans le cadre de notre travail, d'épouser aveuglément les thèses de la figure de proue de l'existentialisme, mais de prélever et de soumettre à l'examen la pensée de l'engagement de l'intellectuel telle qu'elle a été réfléchie par un auteur qui a puissamment marqué le XXe siècle par ses

160 Éditions Gallimard, 1999.

161 Éditions Gallimard, 1972. On retrouve aussi l'essentiel de ces développements dans une excellente interview de Sartre qu'il a accordée à la télévision Radio Canada le 15 août 1967 (éditions Nouveau Monde, avec la collaboration de la bibliothèque nationale de France). Ce film est de Madeleine Gobeil-Noël et de Claude Lanzmann.

162 Vidéo éditions Montparnasse, 1998.

163 *L'Idiot de la famille*, éditions Gallimard, tome I 1988 (1971), tome II 1988 (1971) et tome III (1972).

écrits (notamment avec *Les Mots*, par quoi il obtint le prix Nobel en 1964, mais qu'il refusa courageusement pour ne pas être enterré précipitamment et ne pas être récupéré par les institutions bourgeoises qu'il détestait) et ses actes (notamment à travers de nombreux articles, manifestes et pétitions qu'il signa et par ses participations à beaucoup de manifestations). L'ampleur de ses funérailles, en 1980, offre un témoignage bouleversant de son marquage dans le siècle et du « monument » qu'il incarna.

La thèse que défend Sartre dans son *Plaidoyer pour les intellectuels,* pour expliquer sa conception de l'engagement de l'intellectuel, prend sa source dans les tiraillements et les déchirements que connaît, peu ou prou, à un moment donné, un homme qui se livre à des activités intellectuelles, culturelles ou libérales ancrées dans la société capitaliste bourgeoise. Ce qu'il convient d'entendre par là, c'est que l'intellectuel n'est pas un individu qui se proclame tel, spontanément ou par pur plaisir ou orgueil, parce qu'il se sent investi d'une mission ou par suite d'une inspiration brutale ou d'une illumination qui lui viendrait d'en haut, mais une personne qui, exerçant une activité professionnelle liée avant tout au domaine de la connaissance et aux pratiques institutionnelles, se sent progressivement coupable des conséquences que cette activité peut impliquer si elle est exécutée sans discernement ni jugement. Disons-le tout net : pour Sartre, un intellectuel *advient* à la suite d'une expérience toute intérieure, d'une contradiction vécue de l'intérieur. Il est le résultat d'un processus de prise de conscience d'un double effet produit par l'activité professionnelle qu'exerce cet intellectuel en herbe ou en germe : d'un côté, son activité même le confronte à un effet de reproduction des valeurs de la société bourgeoise, à un effet de sentiment de mise au service de ses compétences tout entières à la société, et, d'un autre côté, elle implique un effet de découverte du malaise et du devoir de distanciation vis-à-vis de cette activité professionnelle elle-même désormais ressentie comme trop servile et comme potentiellement dangereuse dans les conséquences qu'elle enferme. Sartre pose que, la plupart du temps, les intellectuels sont d'abord recrutés parmi ce qu'ils nomment « l'ensemble des techniciens du savoir pratique », c'est-à-dire notamment les savants, les ingénieurs, les avocats, les magistrats, les médecins, les écrivains, les professeurs ou les chercheurs. Mais le fait d'exercer une profession dans un de ces domaines ne suffit toutefois pas, selon Sartre, à se laisser appréhender comme un intellectuel. Celui-ci apparaît en effet à la seule condition expresse et *sine qua non* que l'exercice même de cette profession fait naître, dans le cœur et l'esprit de ce technicien du savoir pratique, une contradiction qui le fait souffrir. C'est ici que se situe le nœud de l'émergence de l'engagement de l'intellectuel. Ce qu'éprouve originellement dans la douleur ce technicien, c'est une contradiction entre ce qui encadre les règles de son métier et ce qui légifère sur les structures mêmes de la société capitaliste ou à économie de marché. Pour le dire autrement, dans un langage plus philosophique, l'intellectuel jaillit là où il pressent et se rend compte asymptotiquement qu'il y a un écart irréductible, au sein même et à l'occasion de l'exercice de son métier, entre l'universel et le particulier, c'est-à-dire entre, d'une part, les lois qui président au travail, par exemple, du savant, qui a nécessairement un rapport constant avec l'universel dans l'exacte mesure où il étudie les lois de la nature qui ont pour caractéristique majeure de se retrouver partout et en tout lieu et, d'autre part, les lois du monde qui ne font signe vers aucune universalité, mais qui sont, bien au contraire, enracinées dans des particularismes et des notions individuelles temporairement valables et forcément changeantes. Dans le monde, on ne rencontre jamais des hommes, mais toujours des classes d'hommes, des groupes sociaux différenciés par leur nature, leur histoire, leur sexe et leur âge. L'humanisme des droits de l'homme, en ce sens, bien qu'apparenté à des valeurs universalistes, n'en est pas moins un humanisme bourgeois, et donc un particularisme doctrinaire, qui ne renvoie à aucune représentation légitime dans d'autres contrées du monde, en Orient ou en Asie par exemple, parce que les notions d'individus et d'humanité que cet humanisme véhicule ne sont adossées à aucune tradition permettant de les décoder de la même manière que celle des Occidentaux qui, à leur tour, ignorent tout, par exemple, des « vérités » du confucianisme ou des valeurs de la famille, de l'importance du « nous » et du culte des ancêtres ou des anciens. Partant de là, dès lors que le savant prend conscience que l'humanisme des droits de l'homme n'est autre qu'un humanisme de classe, que son travail, loin de soutenir la cause des valeurs universelles, n'est rien que la reconduction de notions particulières avec lesquelles il a été élevé et qui l'ont formé, il devient alors un intellectuel. Plus concrètement, un savant qui travaille, par exemple, dans le domaine nucléaire, est bel et bien un savant puisqu'il fait des recherches et, ce faisant, s'appuie sur des concepts et des calculs universels. Si, en revanche, ce même savant se rend compte que les travaux qu'ils mènent sont enclins à favoriser la course à l'armement, à accroître les possibilités de guerre atomique ou à déclencher une espèce de Troisième Guerre mondiale, alors il sort du cadre de ses seules recherches et de son laboratoire d'études pour prendre position vis-à-vis de ses travaux et dénoncer ce qu'ils enveloppent en germe en leur sein, à savoir : une force de destruction massive. Ainsi donc un savant qui proclame qui ne veut pas que ses travaux soient récupérés et utilisés à d'autres fins (à des fins de guerre nucléaire = particularisme) que celles pour lesquelles il les fait (à des fins de découvertes de lois constantes de la physique = l'universalisme), dans son attitude même de contestation, de dénonciation et de mise en garde, il devient alors un intellectuel, parce qu'il vit en lui cette contradiction entre l'universel et le particulier comme un conflit singulier, douloureux et angoissant. J.-P. Sartre en convient d'abord pour en discuter ensuite : « (...) je dirai qu'on n'appellera pas 'intellectuel ' des savants qui travaillent sur la fission de l'atome pour perfectionner les engins de la guerre atomique : ce sont des savants, voilà tout. Mais, si ces mêmes savants, effrayés par la puissance destructrice des engins qu'ils permettent de fabriquer, se réunissent et signent un manifeste pour mettre l'opinion en garde contre l'usage de la bombe atomique, ils deviennent des intellectuels ». Et de poser que ces savants « sortent de leur compétence », « abusent de leur célébrité ou de la compétence qu'on leur reconnaît pour faire violence à l'opinion, masquant par là l'abîme infranchissable qui sépare leurs connaissances scientifiques de l'appréciation *politique* [souligné dans le texte ; T.F.] qu'ils portent à partir *d'autres principes* [souligné dans le texte ; T.F.] sur l'engin qu'ils mettent au point », et condamnent l'usage de la bombe « au nom d'un système de valeurs éminemment contestable qui prend pour norme suprême la vie humaine [164]». Les auteurs du *Dictionnaire des intellectuels français* ne s'y sont pas trompés, et ont clairement repris à leur compte la définition sartrienne de l'intellectuel : « Le savant qui travaille à la mise au point d'une bombe atomique, arguent-ils, n'est pas un intellectuel. Dès lors que, conscient du danger qu'il fait courir à l'humanité, il engage ses confrères à signer avec lui un manifeste contre l'emploi d'une telle bombe, il le devient [165]».

Cependant, il y a lieu d'apporter cette précision : il y a, en effet, dans l'apparition de la figure sartrienne de l'intellectuel, indiscutablement, la présence d'affects comme facteur de mobilisation et de prise de position. Autrement dit, un intellectuel est un savant, ou, plus généralement, un technicien du savoir pratique, qui peut être un fonctionnaire au service de l'État ou un libéral, qui souffre dans l'exercice même de son métier et qui se trouve tiraillé et presque comme déchiqueté entre deux logiques incompatibles : celle qui le conduit à mener son travail servilement en se mettant à disposition des institutions et du gouvernement et celle qui lui impose de s'indigner face à cette attitude servile en raison de l'utilisation qui est faite de son travail et en raison du maintien de l'ordre établi auquel son activité même ne manque pas de contribuer. Ce conflit tout intérieur est donc la conséquence d'un sentiment de complicité – complicité à laquelle se livre le technicien du savoir pratique par les contributions qu'il apporte au renforcement du régime politique, à la reconduction indéfinie des valeurs de la société et au maintien de l'*establishment*, dont les caractéristiques qui les constituent sont le moins qu'on puisse dire accidentelles et particulières. Ces déchirements et tiraillements que connaît le technicien du savoir pratique sont des moments de constitution de sa monstruosité. Il devient ce « monstre incomparable [166]», souligne J.-P. Sartre, lorsqu'il a intériorisé les contradictions de son être et du monde dans lequel il évolue, lorsqu'il s'observe comme un monstre constitué par l'idéologie ambiante qu'il prenait

164 *Plaidoyer pour les intellectuels, op. cit.*, pp. 13-14.
165 Cf., *Dictionnaire des intellectuels français, les personnes, les lieux, les moments*, sous la direction de J. Julliard et M. Winock, Paris, éditions du Seuil, 2002 (1996), p. 11.
166 *Plaidoyer pour les intellectuels, op. cit.*, p. 49.

naguère, en raison des martèlements éducatifs dès la petite enfance, pour une finalité universelle : « S'il constate le particularisme de son idéologie et ne peut s'en satisfaire », précise J.-P. Sartre, « s'il reconnaît qu'il a intériorisé en autocensure le principe d'autorité », « si, pour refuser son malaise (…) il est obligé de mettre en question l'idéologie qui l'a formé », « s'il refuse d'être agent subalterne de l'hégémonie (...) », « alors l'agent du savoir pratique devient un monstre, c'est-à-dire un intellectuel, *qui s'occupe de ce qui le regarde* [souligné dans le texte ; T.F.] (…) et dont les autres disent qu'*il s'occupe de ce qui ne le regarde pas* [souligné dans le texte ; T.F.] ». Et de conclure : « Tout technicien du savoir est *intellectuel en puissance* [souligné dans le texte ; T.F.] puisqu'il est défini par une contradiction qui n'est autre que le combat permanent en lui de sa technique universaliste et de l'idéologie dominante [167]». Bien sûr, il n'y a pas lieu de penser qu'il existe un lien intrinsèque et nécessaire entre les techniciens du savoir pratique et les intellectuels, puisque ceux-là peuvent exercer leur métier et passer le plus clair de leur temps à faire des recherches, à enseigner ou appliquer des lois juridiques par exemple, sans jamais dénoncer quoi que ce soit, par aveuglement ou ignorance, par mauvaise foi ou tout simplement parce qu'ils mettent leur projet de carrière au sommet de leurs propres priorités. Ces techniciens du savoir pratique, qui demeurent en retrait de la vie politique en tournant le dos aux conséquences de leur travail et à ce qui se passe plus généralement dans la société sont baptisés par J.-P. Sartre – soit dit en passant – tantôt comme des individus postés « dans les nuages [168]», tantôt, en reprenant une expression de son ami P. Nizan, comme des « chiens de garde » de la classe dominante : « L'ennemi le plus direct de l'intellectuel, soutient J.-P. Sartre, est ce que j'appellerai le *faux intellectuel* [souligné dans le texte ; T.F.] et que Nizan nommait le chien de garde, suscité par la classe dominante pour défendre l'idéologie particulariste par des arguments qui se prétendent rigoureux (...). Ils ont, en effet, ceci de commun avec les vrais intellectuels, qu'ils sont originellement, comme eux, des techniciens du savoir pratique. Il serait trop simple d'imaginer que le faux intellectuel est avant tout un *vendu* [souligné dans le texte ; T.F.]. (…) Disons que certains fonctionnaires subalternes des superstructures sentent que leurs intérêts sont liés à ceux de la classe dominante – ce qui est vrai – et ne veulent sentir que cela – ce qui est éliminer le *contraire* [souligné dans le texte ; T.F.], qui est vrai aussi. (...) ». Ces fonctionnaires n'entendent pas « considérer l'aliénation des hommes qu'ils sont ou pourraient être, mais seulement le pouvoir des fonctionnaires (qu'ils sont aussi). Ils prennent donc l'allure de l'intellectuel et commencent par contester comme lui l'idéologie de la classe dominante ; mais c'est une contestation truquée », qui « s'épuise d'elle-même » et qui « montre ainsi que l'idéologie dominante résiste à toute contestation » ; si bien que « le faux intellectuel ne dit pas *non* [souligné

167 *Plaidoyer pour les intellectuels, op. cit.*, p. 38.
168 Cf., l'interview de Sartre à la télévision Radio Canada déjà citée.

dans le texte ; T.F.], comme le vrai ; il cultive le ' non mais... ' ou le 'je sais bien mais encore...' [169] ». C'est, en définitive, la possibilité même de faire authentiquement retour sur son activité professionnelle, la propension à y voir des contradictions, une aliénation ou un danger qui font naître l'intellectuel en secouant intérieurement et moralement l'« institutionnel », celui qui fait son travail dans une quelconque institution sans connaître jamais d'abord trouble et inquiétude. Par où l'on voit qu'il existe une certaine dualité, une sorte de conscience double dans la figure de l'intellectuel par cela seul qu'il expérimente en lui et hors de lui le sentiment d'une dangereuse incompatibilité entre le prétendu universalisme de son travail et son réel particularisme. En dénonçant le travail qu'il fait, il met le doigt sur le processus d'aliénation dont il est à la fois la victime et le parangon, et revendique le droit de servir une autre fin bien plus authentiquement universelle. Par où l'on voit aussi que l'intellectuel se constitue concrètement et se recrute au cœur de la société, parmi ceux qui garantissent la pérennisation des institutions, parmi des « institutionnels », et qu'il ne naît pas *ex nihilo*. Il doit à la fois et en même temps exercer son métier et s'engager à témoigner des contradictions qu'il vit à l'intérieur de lui-même. Cette dualité conflictuelle lui permet de rejoindre ceux qui éprouvent ces mêmes contradictions sur un autre plan, par exemple ceux qui subissent au quotidien les dégâts de l'aliénation et de l'exploitation, précisément parce qu'ils sont dans une souffrance liée au besoin (de se nourrir, de se chauffer, etc.). Cette dualité est, selon l'auteur de *La Nausée*, proprement constitutive de l'intellectuel, car il ne saurait exister sans l'imbrication de l'un et l'autre de ces deux aspects. La dualité de l'intellectuel, en tant qu'il exerce un métier et se révolte contre lui en raison de ce sur quoi il repose et de ce qu'il crée, est, bien que portant la marque d'une incompatibilité, paradoxalement empreinte d'une unité quasi ontologique, en ce qu'elle façonne son être.

Selon Sartre, les intellectuels sont ainsi faits qu'ils se mêlent toujours, en apparence, de ce qui ne les regarde pas. Ce qui les regarde profondément, c'est précisément ce qui ne les regarde pas, c'est-à-dire le fait que, dans leur travail même, dans l'exercice de leur métier, ils entrent, comme on l'a vu, en contradiction avec eux-mêmes et avec la société, par cela même que la société conteste leur travail et leur travail la société. Certes, les intellectuels n'ont pas de pouvoir réel, ni aucune efficacité véritable. Mais c'est en tant qu'ils sont inefficaces qu'ils ont une certaine crédibilité et une certaine légitimité. Certes, ils ne contrôlent aucunement les institutions qu'ils dénoncent ; ils n'ont que le pouvoir bien maigre et pourtant essentiel de tenir une parole ou une posture de refus, de réaliser des actes d'écriture, de marquer de leur empreinte leur époque en y laissant des traces ou des micro-traces de résistance et d'actions de nuisance à la bêtise, à la chute des valeurs universelles, à l'exploitation et à l'aliénation en tous genres, à la

---

169 *Plaidoyer pour les intellectuels, op. cit.*, p. 54.

guerre ou aux menaces de guerre, etc. Mais toute la valeur des intellectuels, c'est que leur parole est adossée à une légitimité située en dehors de tout enjeu de pouvoir et de tout intérêt de domination. Ils ne peuvent être suspectés de chercher à gagner quoi que ce soit sur le plan politique, puisqu'ils n'ont pas de pouvoir politique. On ne peut les soupçonner de vouloir faire des lois pour eux-mêmes, puisqu'ils n'ont pas le pouvoir d'en proclamer aucune. Ceci, qui est d'importance, vient de ce que les intellectuels ne visent pas le pouvoir, ils n'ont aucune visée électoraliste ni ne sont jamais en campagne pour une élection. Mais c'est précisément en tant qu'ils sont en dehors de ce champ électoraliste ou partisan qu'ils possèdent une légitimité qui n'est pas indexée sur la force ou sur une victoire (en droit international, il n'y a pas de droit en tant que tel, mais avant tout et surtout des rapports de force qui valent et passent pour la légalité respectable), ou encore sur l'intérêt de conserver le pouvoir ou de le conquérir. Cette indépendance à l'égard du pouvoir, cette indifférence face aux jeux et aux rapports de force dans la conquête du pouvoir, leur accordent une crédibilité et une légitimité incontestables, et les placent d'emblée au-dessus de la mêlée partisane et de tout prosélytisme. Leur impartialité, leur désir d'universalité les autorisent à vérifier la légitimité des lois que les politiques édictent, à s'assurer que les politiques eux-mêmes respectent le droit qu'ils font - c'est-à-dire qu'ils tombent sous le coup de leurs propres lois ou qu'ils s'y conforment également eux-mêmes-, à dénoncer les impostures, à démentir les fausses allégations.

Cette conception sartrienne de l'intellectuel engagé dresse donc, on le voit, le portrait d'un homme qui vit et évolue historiquement à l'intérieur d'une société, et qui est nécessairement aux prises avec les événements d'une époque. A ce titre, elle requiert, sous peine de s'interdire de comprendre rien du sens des engagements pris publiquement par l'intellectuel, à la fois une (re)-contextualisation des événements et la mise en perspective des facteurs historiques qui constituent les grandes dates de l'histoire en marche. En un mot, l'intellectuel est, selon J.-P. Sartre, *en situation*, et il se trouve forcément entraîné par le cours des choses. Il n'est pas en dehors du champ du réel, à la manière d'un platonicien s'adonnant à la contemplation devant le « ciel des Idées », mas un homme englué, embarqué. Remarquons qu'une telle conception de l'intellectuel est très exactement à contre-courant de celle, bien connue et qui a fait couler beaucoup d'encre, de J. Benda qui, à travers la publication de son essai célèbre *La Trahison des clercs* (1927), s'est attaché à montrer que, bien loin de défendre les valeurs universelles et des idéaux, empreints de rationalisme, d'immutabilité et de désintéressement, l'intellectuel a trahi son corps d'appartenance et sa destination première en se fourvoyant dans des engagements politiques, des luttes particulières et partisanes, le militantisme, et toutes sortes de particularismes. J. Benda voit, en effet, dans le culte du particulier l'erreur des intellectuels qui se sont rendus bien incapables de s'éloigner de buts pratiques et sensibles, de faire abstraction des passions, et qui se sont par suite rendus coupables en confondant la justice comme « école d'éternité » et la justice comme « principe d'action », la justice « statique » et la justice « dynamique », la justice « régulatrice » et la justice « créatrice[170] ».

Entre le principe d'une philosophie contemplative, dont le modèle nous est donné par Platon, et une philosophie militante, dont le paradigme nous est offert par J.-P. Sartre, l'activité de l'intellectuel est partagée entre la volonté de défendre des valeurs universelles indépassables qu'il s'agit de découvrir et le désir de s'engager dans la situation caractéristique d'une époque ou d'un moment donné qu'il convient d' « habiter » ou d'occuper pleinement. La figure socratique est peut-être celle qui est à la jonction ou à la charnière entre ces deux attitudes philosophiques, puisque Socrate, rappelons-le, se délectait à interroger l'essence des choses, tout en interpellant les gens de la Cité athénienne et en s'investissant dans les affaires publiques. L'attitude socratique ne consistait pas, en effet, à philosopher dans une institution, telle que l'Académie fondée par son grand disciple, mais au sein même de la communauté, certes, avec les sophistes, mais aussi avec les marchands ou les commerçants, par exemple.

Ainsi donc, la thèse que défend Sartre dans son *Plaidoyer pour les intellectuels* est dotée d'un dispositif de réflexion posant l'idée de l'émergence de l'intellectuel *à partir d'un corps de métier.* Par opposition aux développements que l'on trouve dans son essai *Qu'est-ce que la littérature ?*, Sartre se détache ici d'une conception universaliste de l'intellectuel. La figure de l'intellectuel ne revêt donc pas la forme d'une conscience universelle, d'une parole appelée à se manifester au nom du peuple ou au nom de tous, mais celle d'une conscience profondément enracinée dans des problèmes concrets et des contradictions soulevées par le métier et ses propriétés professionnelles d'où émerge l'intellectuel. En ce sens, ce « technicien du savoir pratique », c'est-à-dire, par exemple ici, le Conseiller pénitentiaire d'insertion et de probation proprement dit, peut devenir, dans son attitude et son langage, et par dégoût pour ce qu'on lui demande ou fait faire, un « intellectuel », précisément parce qu'il acquiert cette conscience malheureuse, empreinte de déchirements et de tiraillements, et se rend compte que les conséquences de sa fonction, de son rôle et de ses actions professionnelles sont incompatibles avec l'idée de respect que l'on doit à la personne humaine, avec l'idée de dignité et de justice. Certes, c'est toujours au nom d'un fondement moral que l'intellectuel déploie la puissance de son attitude contestataire, c'est-à-dire toujours en vertu d'une « vision du monde », d'un choix de société dont l'intérêt est qu'il concerne potentiellement tout le monde, possède un enjeu extensible à l'idée que l'on se fait de l'humanité, et fait sens (le propre du sens est qu'il se

170 Cf., J. Benda, *La Trahison des clercs*, Paris, éditions Grasset, 1975 (1927), p. 125.

destine à être partagé, commun), mais le point de départ est foncièrement empirique, concret, il se matérialise par le terrain d'où se forme et jaillit la possibilité même de la contestation et de la dénonciation. Sur ce point, M. Foucault ne s'oppose pas à la conception sartrienne de l'intellectuel, mais la rejoint en ce point précis attaché au caractère spécifique, spécial, réel du déploiement des luttes. La condition de l'émergence des luttes est la concrétude d'une situation, l'immédiateté d'un problème qui part du terrain, d'une tâche à accomplir dans son métier ou dans la quotidienneté de sa vie, et qui ne saurait laisser indifférent. M. Foucault retrouve les analyses de J.-P. Sartre du *Plaidoyer pour les intellectuels* sur la question de l'essor de la figure du contestataire, bien que son approche n'ait pas pris, comme chez J.-P. Sartre, la forme d'une théorie proprement dite, mais soit restée parcellaire et fragmentée dans son œuvre : un peu à la manière d'Aristote, leur conception de l'intellectuel traduit le mouvement aristotélicien allant du sensible vers l'intelligible. Cela signifie que l'intellectuel ne saurait aujourd'hui prétendre partir d'en haut, de considérations universelles et abstraites pour juger de la légitimité ou de l'illégitimité des orientations concrètes prises par les hommes, mais, tout au contraire, sa tâche est-elle de satisfaire à cette poussée irrépressible qui jaillit au sein même du terreau des décisions humaines immédiates et quotidiennes, est-elle de s'inspirer d'un point de vue nécessairement empirique, d'un perspectivisme pouvant néanmoins, à terme, rejoindre d'autres motifs de luttes et de contestations. Le savoir *pratique* de l'intellectuel, selon J.-P. Sartre, fait donc écho à ce que M. Foucault subsumera sous l'expression de « l'intellectuel spécifique », dont le propre est, non pas d'appliquer, d'asséner ou d'imposer, en amont, de façon dogmatique, des vérités toutes faites, mais de questionner le monde vivant en train de se construire ou de se transformer, l'histoire en train de se faire, au risque même de perdre pied ou de se fourvoyer, en aval. Si donc le point de départ du militantisme de l'intellectuel est empirique, sensible, corporatiste, particulariste, il n'en demeure pas moins que ce militantisme vise, en tant que cette visée permet de dégager un horizon de sens et de déterminer une direction à l'égard des luttes, à convaincre et à partager, à faire émerger des attitudes de solidarité, et peut donc révéler indirectement des objectifs communs avec d'autres particularismes ou corporatismes militants. En ce sens, la thématique sartrienne du « technicien du savoir pratique » et la thématique foucaldienne de « l'intellectuel spécifique », c'est tout un, puisque, dans un cas comme dans l'autre, ils se recrutent, comme y insiste J.-P. Sartre et M. Foucault, au sein même d'un corps de métier appelant des techniques spécifiques, une spécialisation des connaissances et des compétences, ou même encore au sein des conditions matérielles d'existence. Les intellectuels ne sont pas ou plus des « penseurs de métier », ils n'appartiennent pas à un corps de professionnels, à cette caste ou élite d'experts en concepts et en vérité, mais ce sont des techniciens ou des vivants qui, dans leur métier même, à l'occasion de leur fonction, ou dans leur vie, trouvent les raisons de se révolter ou de dire non, ce sont des employés, des fonctionnaires ou des salariés qui pensent et dénoncent, ce sont des hommes de terrain qui vivent, souffrent et meurent.

Cependant, l'originalité de M. Foucault sur la question de l'intellectuel doit être envisagée sous l'angle de ce qu'il nomme le « régime de vérité ». Ce qu'il convient d'entendre par « régime de vérité », selon M. Foucault, c'est la relation entre vérité et pouvoir, en tant précisément que la vérité – caractérisée, d'une part, par les discours adossés aujourd'hui à la science, d'autre part, par les énoncés relayés par les instances décisionnaires contemporaines qui tranchent entre ce qu'il convient de retenir comme vrai et ce qu'il convient de rejeter comme faux (le Conseil constitutionnel, les Commissions parlementaires, les Comités d'éthique, l'École, les médias, etc.), et, enfin, par le statut de ceux qui sont désignés comme étant habilités à juger du vrai et du faux (les experts, les décideurs et leurs techniques de production, d'imposition et de diffusion du vrai, les éducateurs, les enseignants, etc.) - produit des effets locaux et a des implications qui dépassent le caractère sectoriel, segmentaire, parcellaire de la dénonciation corporatiste ou particulariste de l'intellectuel (spécifique). Compte tenu du fait que la vérité produit, selon lui, des effets de pouvoir, elle doit être justement interrogée par l'intellectuel en vue de démêler en son sein les procédures et les mécanismes qui la conduisent à s'imposer et à être valorisée dans nos sociétés scientistes, à économie de marché, contre d'autres discours ou énoncés de vérité. Il s'agit de dégager, derrière le visible et ce qui est donné à voir socialement et dans l'ordre des discours, la part d'invisibilité et les conditions de formation de tels énoncés dont la prétention est d'être *véridiques*. La société s'organise autour du développement et de la circulation de discours si prétendument vrais qu'ils n'ont pas à être interrogés, discutés, mais simplement employés comme principes naturels et quasi inconscient de pensée et d'action. C'est ainsi que, par exemple, dans les sociétés occidentales, il y a tout un ensemble de puissants discours, bien rodés et ancrés dans la conscience des gens, qui, d'abord, sur le plan politique, valorisent la démocratie contre d'autres régimes de pouvoir, en donnant crédit au débat contradictoire et à l'individualisme ; qui, ensuite, sur le plan économique, confortent les règles de la finance et de la spéculation boursière et immobilière contre celles du partage, de la solidarité et de la redistribution ; et qui, enfin, sur le plan culturel, élèvent le savoir scientifique au rang de modèle dans la production de la vérité, présentant les caractéristiques majeures de l'analyse, de la démonstration et de la rationalité, contre les régimes de l'intuition, de la croyance ou de la foi reposant sur rien de moins que de l'irrationnel et de l'extravagance. Le « régime de vérité » a donc ceci de particulier qu'il détermine des choix, des comportements, des acceptations et des refus, infléchit les décisions dans un sens plutôt que dans un autre, sélectionne des modèles de référence, induit des habitudes et des conditionnements, et ce souvent à l'insu des gens ; bref, les énoncés dits vrais produisent des effets concrets de pouvoir dans les divers registres aussi bien politique, économique que culturel, et à tous les niveaux de la vie individuelle et collective. Et ces énoncés non seulement forment les individus, mais les « déforment », les « conforment » et les « formatent » tour à tour. Dans une telles perspective, le rôle de l'intellectuel consisterait à dénouer, de par sa fonction critique, à l'intérieur des discours, les éléments constitutifs de la production de la vérité, et à dé-régionaliser le travail et la figure de l'intellectuel spécifique, et ce pour qu'il se hisse à un niveau plus global et se rallie à ses pairs. Selon M. Foucault, si la vérité produit des effets de pouvoir, c'est parce que, dans le même temps, le pouvoir la soutient, la reconduit et la façonne : c'est donc proprement dans la circularité des rapports entre la vérité et le pouvoir que s'exprime le « régime de véridiction » qui doit intéresser aujourd'hui l'intellectuel.

Dès lors, de ces allers-retours entre J.-P. Sartre et M. Foucault sur la question de la signification de l'intellectuel, les remarques suivantes, sur le plan de l'histoire de la philosophie et selon l'exigence philologique minimale, s'imposent : à propos de la définition de l'intellectuel, il est possible de défendre l'idée que « Foucault n'est pas éloigné de l'optique de Sartre », à condition d'être précis dans les références. Tant et si bien que cette assertion est :

- fausse, si l'on considère l'essai de Sartre intitulé *Qu'est-ce que la littérature ?* Ce texte, qui a fait couler beaucoup d'encre, se présente, en effet, comme un testament de l'engagement de l'intellectuel rapporté *à la seule figure de l'écrivain*. C'est cette figure-là que les détracteurs de J.-P. Sartre ont retenu, mais cela relève d'un *réductionnisme* ou d'une méconnaissance de l'intégralité de l'œuvre de Sartre ;

- vraie, si l'on se rapproche de la conférence sartrienne publiée sous le titre *Plaidoyer pour les intellectuels*, vraisemblablement peu lue ou relue aujourd'hui par un effet de prééminence de la première référence au détriment de la seconde.

Résumons maintenant le raisonnement, inspiré de deux arguments :

- d'une part, lorsque M. Foucault dénonce l'essoufflement de la vision de l'intellectuel ramené à la seule figure de l'écrivain, il n'est pas invraisemblable de soutenir qu'il s'agit d'une attaque qu'il adresse notamment à son ambassadeur, J.-P. Sartre. En revanche, lorsqu'il dit que l'intellectuel est un acteur *spécifique* et qu'il n'a pas ou plus un rapport *immédiat* à l'universel, alors il reprend les analyses de la conférence sartrienne, car, insistons-y, l'approche et la détermination de l'intellectuel qu'on y trouve sont toutes différentes de celles procédant de *Qu'est-ce que la littérature ?*, où l'on pourrait effectivement puiser de quoi dresser des caricatures ;

- d'autre part, il est à noter que l'originalité de M. Foucault sur la question de la détermination de l'intellectuel ne repose pas sur l'idée de « l'intellectuel spécifique », puisque, répétons-le, il rejoint J.-P. Sartre sur ce point. Son originalité vient de ce qu'il situe le travail de l'intellectuel au cœur des mécanismes de pouvoir ; autrement dit, son originalité se révèle lorsqu'il recentre l'activité de l'intellectuel sur la question de ce qu'il nomme « le régime de vérité », en attirant l'attention sur le fait qu'un intellectuel ne saurait échapper aux effets des relations imbriquées, ténues entre vérité et pouvoir, et c'est bien ce qu'il s'agit de dénouer. Ce faisant, spectaculairement, il peut retrouver la dimension universelle de l'approche de l'intellectuel, selon une procédure proprement *médiate*.

Au-delà de cette approche d'« historien de la philosophie », retenons que ce que l'intellectuel convient toujours d'interroger, en filigrane, c'est a minima, pour reprendre les termes de P. Bourdieu, la domination « symbolique » des positions à valeur de vérité -, que celles-ci soient intellectuelles, culturelles, économiques ou sociales. Il lui faut également discuter des conséquences de ces positions dominantes, de leur interaction pratique avec la vie quotidienne des gens et de leur interrelation théorique avec les nouveaux infléchissements ou réajustements que provoquent justement, et en retour, ces interrelations elles-mêmes sur la question de l'élaboration de la vérité et de la manière de la diffuser et de l'imposer socialement, tant et si bien qu'une position dominante ou une vérité n'est jamais stable, mais toujours en mouvement, en jachère, en reconstruction et donc relative. De ce point de vue, les notions de dangerosité, de sécuritarisme, d'hypersurveillance connaissent un ancrage puissamment politique et électoraliste, et ne sont pas séparables du contexte politique, de l'environnement social, de l'époque et du niveau de techniques atteint à un instant T, à partir desquels elles prennent temporairement sens. En quoi, dès lors, l'utilisation actuelle de la notion de dangerosité doit-elle pouvoir alerter et inquiéter l'intellectuel aujourd'hui ? En quoi, plus précisément, le Conseiller pénitentiaire d'insertion et de probation, cet intellectuel possible, en puissance, qui est recruté sur le terrain même de l'application des peines, et qui est doté d'une pratique professionnelle réfléchie, élaborée de l'extérieur, peut-il être conduit à se mobiliser et à dénoncer les dérives d'un système pénitentiaire totalisateur et amalgamant des individus sous la même dénomination catégorielle de « récidivistes » ou de « criminels endurcis » -, ces individus contre qui il importe d'appliquer des réponses pénales ou des sanctions de plus en plus dures, ces individus contre qui, de par leur statut de délinquant, tout est permis et peut être expérimenté ?

D) Les dangers d'une récupération de la notion de dangerosité : l'exemple de la rétention de sûreté

La notion de dangerosité apparaît justement comme dangereuse, lorsqu'elle est récupérée et exploitée par les tenants de l'emprisonnement qui s'autorisent d'événements tragico-médiatiques pour exiger l'élimination du corps social des condamnés – élimination durable et illimitée dans le temps. La loi du 25 février 2008 relative à la rétention de sûreté et à la déclaration d'irresponsabilité pénale pour cause de trouble mental offre une illustration quasi caricaturale de l'idée d'une sécurité renforcée par la mise en œuvre d'une peine d'emprisonnement de durée indéterminée ou d'une double peine. C'est à l'interrogation et à l'analyse des tenants et des aboutissants du principe de la rétention de sûreté qu'il convient de procéder maintenant, afin de faire ressortir ses présupposés, ses implications et ses contradictions. Car ce à quoi on assiste avec la rétention de sûreté, c'est à l'escalade de l'obscurantisme en matière pénitentiaire et à la rétrogradation définitive de toute velléité de progrès. Déplions le raisonnement :

- premièrement, l'individu est retenu en prison, non pas pour une infraction commise, mais pour le danger qu'il représente pour la société. Jusqu'ici, l'institution carcérale servait à ce que le condamné purge une peine, attendu que la prison fut instaurée dans une optique précisément de créer un *quantum* de peine, avec un début et une fin de mesure : c'est le principe de la prison pour peine. Désormais, de même qu'il existe un amont de l'emprisonnement (la détention préventive), il est institué un aval de la prison, comme une peine après la prison (la rétention préventive) ;

- deuxièmement, l'intervention du psychiatre n'est plus seulement requise en vue de faire un *diagnostic* et de proposer un traitement de la maladie mentale, elle l'est encore afin d'établir un *pronostic* à l'égard des troubles de la personnalité ;

- troisièmement, parallèlement à la disposition virtuelle ou hypothétique de purger une peine de réclusion criminelle à perpétuité, indexée sur un motif essentiellement pénal prévu par le Code, s'instaure la possibilité de purger une peine de réclusion criminelle à perpétuité *réelle*, adossée à la seule décision des experts médicaux, tout se passant ici comme si le pouvoir des psychiatres et des psychologues surpassait celui des juges, en matière pourtant pénale, et comme si la responsabilité de la reconduction de l'enfermement reposait uniquement sur les épaules des représentants du médical ;

- quatrièmement, faire porter la décision ultime et grave d'une rétention de sûreté sur le travail des psychiatres - les magistrats suivant les avis des médecins - suppose de croire à la fiabilité absolue des expertises qu'ils rendent. Or, sur ce point, les psychiatres eux-mêmes reconnaissent qu'ils ne sont pas à même d'établir des diagnostics sans marge d'erreur ou de formuler des certitudes monolithiques sur l'état mental du patient, mais considèrent qu'ils tentent plutôt, à partir de l'observation, de l'entretien et des données psychiatriques existantes ou connues, de brosser un portrait ou un profil le plus adéquat de la personnalité de l'individu. Si donc, en matière diagnostique, l'erreur est toujours possible, que penser du travail pronostic qui a vocation d'évaluer avant tout les probabilités de récidive ou de non-récidive de l'intéressé ? Dans le registre pronostique, il ne semble pas justifié de parler d'erreur, contrairement au registre diagnostique, puisque, d'une part, l'estimation probabiliste n'est pas destinée à asséner des vérités incontestables, et puisque, d'autre part, aucune évaluation expertale ne saurait prétendre être vérifiable au moment même où elle est prononcée. La conséquence de cet état de fait est que la responsabilisation accrue des médecins est ici susceptible de générer chez eux des attitudes de crainte ou de prudence impliquant la multiplication, justifiée ou non, des avis favorables à la rétention de sûreté, et ce par simple mesure de précaution.

En de telles conditions, la loi sur la rétention de sûreté, alors même qu'elle est présentée comme une loi s'inscrivant dans une politique de lutte contre la récidive, comme une loi favorable à des principes de prévention et de médicalisation de la société, risque, à terme, d'être totalement improductive, et ce pour au moins quatre raisons :

- d'abord, parce qu'elle est susceptible de paralyser le système qui l'a fait naître, dans la mesure même où il est fort à parier, dans un contexte de sur-médiatisation, qu'aucun des professionnels du post-sentenciel, et donc pas seulement les médecins, mais aussi les Juges de l'Application des peines et les Conseillers pénitentiaires d'insertion et de probation de l'Administration pénitentiaire, n'acceptera raisonnablement de courir le risque d'émettre un avis favorable à une libération. Tant et si bien que, pour espérer qu'un tel dispositif de sûreté soit appliqué sereinement et débouche sur des résultats probants, il conviendrait au préalable de pouvoir discerner entre ceux qui sont enclins à récidiver et ceux qui ne le sont pas. Or, posons à nouveau le problème crucial : comment convertir ce qui relève de l'attitude probabiliste en une attitude de certitude ? ;

- ensuite, parce qu'elle reconduit la figure de l'indésirable dans la tête même des condamnés, parce qu'elle porte ces derniers à penser que la promesse d'une libération n'est plus tenable, mais toujours suspendue à une équipe pluridisciplinaire et à une juridiction qui a à statuer sur leur avenir et parce qu'elle anéantit définitivement tout élément de motivation lié à la date prévisionnelle de sortie de prison, en un mot toute notion d'espoir. D 'où l'accentuation très possible des conduites à risque dans les prisons et des comportements de haine ou de vengeance à l'égard des personnels ainsi qu'à l'égard des intervenants extérieurs dans les établissements pénitentiaires. Le principe même de la rétention de sûreté risque fort de produire ce contre quoi il prétend pourtant se lever, à savoir à la fois des comportements violents ou asociaux et une absence de préparation à la sortie. Comment faire admettre aux détenus la décision de continuer à les retenir dans une posture d'enfermement, et ce après leur peine et contre leur gré, afin de leur permettre de se réintégrer socialement ? ;

- puis, parce que le rallongement indéfini de la peine est ici corrélé à l'injonction de soins. Cela signifie que, alors même que la satisfaction à l'obligation de soins est présentée ou « vendue », en détention, comme une source d'obtention de réductions de peine supplémentaires ou comme facteur d'accession à un aménagement de peine, c'est-à-dire comme une récompense et un ferment en faveur d'une libération anticipée, la notion de soins devient, en revanche, avec cette loi, l'élément constitutif de la prorogation de la garde, le motif essentiel de la rétention de sûreté : en un mot, la notion de soins n'est plus à l'origine d'un assouplissement de la peine, mais à la racine de son durcissement. Dès lors, compte tenu de cet aspect immanquablement thanatologique des soins, croit-on que cela puisse faciliter le consentement ou l'adhésion des détenus à l'impératif catégorique médical ? Croit-on encore à la possibilité du soin ici, en dépit des rhétoriques et des discours martelant que l'intérêt de ce dispositif de sûreté repose précisément là et faisant complètement abstraction de la manière ou de la logique par laquelle l'individu va se soigner ? ;

- enfin, si le couronnement du savoir médical a pour objectif de renforcer l'efficacité et l'utilité du pouvoir de l'État qui légifère en fonction et en vertu de ce « savoir spécialisé », il n'en demeure pas moins manifeste qu'un tel sacre conduit au croisement et à la confusion des genres, à savoir entre le criminel et le malade mental. D'une part, le recours à la médicalisation du registre pénal a effectivement pour conséquence la criminalisation du domaine psychiatrique. Autrement dit, la frontière qui sépare la folie et la criminalité est rendue floue par les dispositifs de médicalisation tous azimuts : si la délinquance relève *stricto sensu* de la psychiatrie, si le criminel doit nécessairement entrer dans un processus de soins, c'est que, en retour, le malade mental est forcément dangereux et qu'il est réductible à la figure du criminel, que celui-ci soit perçu comme tel réellement ou potentiellement. A vouloir introduire et faire coïncider constamment le champ thérapeutique dans le champ pénal implique de jeter l'opprobre sur l'ensemble de la communauté des malades mentaux, et de maintenir le discrédit dont ces derniers font alors l'objet comme préjugé tenace. La stigmatisation des malades mentaux, très présente encore aujourd'hui dans la société, fait écho à la sur-médicalisation ou, plus exactement, à la sur-psychiatrisation de la prise en charge du délinquant. C'est la notion même de psychopathie qui, présentée comme cause première des violences et des passages à l'acte et comme étant au carrefour du social, du judiciaire et du sanitaire, impose de mobiliser l'ensemble des intervenants institutionnels et conduit, sous prétexte d'exigence de transversalité et d'expérimentation, à cet amalgame et à la relégation des fous dans la sphère des prédateurs dangereux ou multirécidivistes. De même, et inversement, la taxinomie psychiatrique autorise la défiance à l'égard des délinquants. Car, difficilement classable dans une nomenclature faisant internationalement consensus, laborieusement ouverte à une réalité thérapeutique incontestable ou même à une définition claire, la notion de psychopathie ou de trouble de la personnalité ne correspond à aucun contenu scientifique stable, puisque, plutôt qu'un acte, elle suggère un état, celui de dangerosité à propos duquel d'aucuns s'accordent à penser qu'il n'existe pas de caractérisation unanime et indiscutable, ni de remèdes décisifs. L'idée de psychopathie conduit à une rupture avec tout principe de la légalité, en ce sens que, plutôt que d'impliquer de punir un acte criminel, comme le prévoit le Code pénal, elle invite à parier abusivement, discrétionnairement sur l'hypothèse d'en commettre d'autres et à sanctionner cette éventualité. L'indétermination des concepts dans le champ de la psychopathie et des troubles de la personnalité, les incertitudes psychiatriques quant à la notion de dangerosité et à la probabilité de la récidive entraînent, qu'on le veuille ou non, l'appel à des mesures de précaution illimitées vis-à-vis de cette catégorie de personnes jugées dangereuses, suscitent des craintes infinies et réactivent des peurs immémoriales contre le délinquant.

E) L'automaticité de la mise en œuvre du Placement sous surveillance électronique

Il est un autre ébranlement qui invite fortement à la réflexion et à la prudence, qui éveille la curiosité inquiète du philosophe, qui suscite l'indignation de l'intellectuel, c'est celui provoqué par le sentiment qui se forme face aux dérives possibles du régime de l'hypersurveillance et face à son application éventuelle à l'ensemble de la population. Si le paradigme de l'hypersurveillance repose sur l'idée d'une traque programmée, d'une surveillance continue à distance, d'une procédure immanquablement invasive dans son principe et ses effets, d'une technologie rodée de pouvoir de contrôle, d'un modernisme pénal révolutionnaire fondé sur la flexibilité de la peine et la mobilité de l'institution pénitentiaire, il n'est pas hors de propos de se figurer que l'hypersurveillance puisse trouver, non seulement à perfectionner ses mécanismes en imposant aux condamnés, par exemple, la greffe et le port d'implants électroniques sur leur corps, mais encore à se généraliser à l'ensemble des citoyens exposés au souci constant et médiatisé d'un renforcement du sécuritarisme. Dans la mesure où le Placement sous surveillance électronique tend asymptotiquement à se substituer à la mesure de Sursis assortie d'une mise à l'épreuve, le processus de l'engrenage de l'hypersurveillance est dores et déjà en marche et, loin de paraître devoir s'arrêter, promet des lendemains qui chantent au bénéfice de ses promoteurs, politiques et entreprises privées confondues. Car, sur le plan des pénalités, la foi en la surveillance électronique a pour corollaire, non pas seulement de la présenter ou de la vendre comme une solution de rechange à l'incarcération, ainsi que le martèlent ses adeptes, mais de la substituer ou de l'associer à des mesures de milieu libre ou « ouvert ». L'argument des économies prétendument faites au moyen de la surveillance électronique doit être, sinon strictement disqualifié, du moins fortement nuancé, parce que, d'une part, ce dispositif se donne davantage comme un « ajout de peine » ou un « supplément de peine » plutôt que comme une « substitution de peine » ou un « transfert de peine », et parce que, d'autre part, un tel dispositif n'a engendré ni l'arrêt des constructions d'établissements pénitentiaires ni la baisse significative du volume représenté par les personnes incarcérées. Si, au moment de la création du dispositif de Placement sous surveillance électronique, il s'est agi de proposer une modalité d'aménagement de peine dirigée vers des personnes possédant un « profil adapté » et présentant des garanties en termes de situation professionnelle et de vie de famille - ce qui fait du P.S.E., dans sa conception même, une mesure foncièrement inégalitaire -, c'est qu'il avait aussi pour ambition, du moins dans ses débuts, outre de vider les prisons par l'ajout d'une possibilité nouvelle d'aménagement de peine, de favoriser la gestion des clivages entre les différentes catégories de délinquants, c'est-à-dire entre, d'un côté, les individus tout à fait corrigibles et, d'un autre côté, tout à fait à l'autre bout, les individus viscéralement incorrigibles, ou encore, pour reprendre une terminologie plus contemporaine, entre les primo-délinquants et les multirécidivistes. Si donc la surveillance électronique peut contribuer aussi, on le voit, à éviter le mélangisme pénal au sein des prisons – voilà un des arguments forts avancés en faveur de cette technologie pénale – il n'en demeure pas moins, cependant, qu'elle renferme ce réquisit selon lequel les primo-délinquants et même les personnes condamnées à des courtes peines ne sont pas de dangereux criminels ni ne présentent un risque réel en termes de récidive, et selon lequel ce constat implique que ces personnes puissent ou doivent être, à ce titre, les premiers bénéficiaires de la surveillance électronique. Tant et si bien que, sans s'opposer à cet état de faits, ce réquisit soulève un problème majeur : en effet, en faisant du Placement sous surveillance électronique l'élément constitutif d'une sanction intermédiaire *a priori* intéressante entre un suivi en milieu libre assorti d'une mise à l'épreuve et une condamnation à une courte peine d'emprisonnement, il s'ensuit que ce rôle de punition médiane joué par la surveillance électronique a pour conséquence de concerner la plupart des condamnations, d'activer la procédure intrusive à l'égard de personnes condamnées, par exemple, pour une conduite en état alcoolique ou pour une conduite sans permis, pour violences conjugales, ou encore pour vol ou dégradation de biens, et invite donc à l'élargissement de son application. Le Placement sous surveillance électronique représente, à cet égard, une mesure applicable à la multitude, au gros des troupes formées par la délinquance ordinaire qui encombre les Tribunaux correctionnels, il constitue une mesure spécifique consistant à mordre sur les deux univers, à savoir le milieu fermé et le milieu ouvert, et à absorber en son sein un tronc commun de condamnations et l'ordinaire des peines. La surveillance électronique est donc emblématiquement appelée, en son principe, à se banaliser et à devenir la « reine des peines » de monsieur tout le monde. Elle joue le rôle d'*un aspirateur de peine*, et se présente comme *un amortisseur de crise* liée à l'inflation carcérale. En de telles conditions, on comprendra aisément non seulement pourquoi la surveillance électronique offre la caractéristique particulière d'être une mesure destinée à être exécutée sous la forme de l'automaticité, mais aussi pourquoi le principe du consentement du condamné a été abandonné. Banalisation et automatisation donc du P..S.E., qui ne sont pas sans poser de redoutables questions. Cela étant, il est important de prendre en considération un autre motif tendant à conforter cette idée de banalisation de la surveillance électronique, c'est celui qui a trait au *quantum* de la peine. En effet, si l'on regarde l'évolution de la surveillance électronique, en France, de sa conception à sa réalisation sans cesse renouvelée ou affinée, on observe un élargissement progressif du temps de placement sous cette modalité d'aménagement de peine. D'abord, lorsqu'en 1995 le sénateur Guy-Pierre Cabanel présenta au Premier ministre son rapport *Pour une meilleure prévention de la récidive*, il proposa notamment de faire usage de la surveillance électronique comme modalité d'exécution d'une peine d'emprisonnement d'une durée inférieure ou égale à *trois mois*. Ensuite, la Loi du 19 décembre 1997, qui a retenu et entendu faire appliquer ce principe de la surveillance électronique, établit que les personnes qui pourront faire l'objet d'un P.S.E. sont celles qui sont condamnées à une peine privative de liberté d'une durée inférieure ou égale à *douze mois* ou celles pour qui il reste une année à passer en prison. Enfin, la Loi pénitentiaire du 24 novembre 2009, étendit le *quantum* et le reliquat de peine des condamnations à *vingt-quatre* mois, et, de surcroît, ouvrit son champ d'application aux mesures alternatives à la détention provisoire – idée qui fut initialement suggérée, soit dit en passant, par ce même sénateur Guy-Pierre Cabanel en 1995. Devant un tel constat et contexte de surenchère à l'égard de la surveillance électronique, une conclusion s'impose : rien ne semble aujourd'hui vouloir venir faire écran à la banalisation de ce dispositif de contrôle. Pire, il n'est pas chimérique de penser que la surveillance électronique puisse sortir, à terme, de son socle essentiellement punitif pour devenir une mesure administrative en direction, par exemple, des étrangers en situation irrégulière et en instance d'expulsion, ainsi qu'en direction des mineurs multirécidivistes ou même des mineurs au titre de l'enfance en danger (enfance dangereuse et enfance en danger tout à la fois). A l'intérieur de cette confiance quasi aveugle qui s'est installée à l'égard de la surveillance électronique apparaît donc un double danger réel, non seulement celui de l'escalade du contrôle pénal, mais aussi celui d'une amplification significative de ce dispositif vers des mesures strictement administratives. Autrement dit, du point de vue du législateur, pour faire admettre le dispositif de la surveillance électronique par l'opinion publique, pour le banaliser et l'ouvrir à une généralisation pure et simple, celui-ci doit passer par différentes étapes : d'abord, il s'agit de tester ce dispositif sur les condamnés dont le statut indiffère la population ; pour ce faire, il convient, sous couvert de proposer une méthodologie pénale plus humaine, de faire admettre le bien-fondé des alternatives à la prison ; ensuite, à partir de cette idée d'alternative à l'incarcération, il s'agit d'opérer un glissement discret vers la notion d'alternance, qui doit être, en réalité, de mise et de rigueur, parce qu'elle offre davantage de garanties en termes de contrôle et impose plus de contraintes aux personnes suivies à l'extérieur des prisons. La conséquence de ce glissement et de la logique coercitive est que, bien loin de permettre la substitution des peines d'emprisonnement à des mesures de Placements sous surveillance électronique au regard de l'ensemble de la population délinquante, cela conduit les politiques pénales et pénitentiaires à s'employer à varier le traitement des délinquants de masse en les faisant passer successivement, tantôt par une peine de prison, tantôt par une peine mixte (en milieu fermé et en milieu libre), tantôt encore par un aménagement de peine, avec tous les cas de figure et combinaisons qu'une telle alternance peut produire, étant entendu qu'une peine de prison n'exclut pas un suivi en milieu libre, qu'une personne condamnée à une peine ferme peut n'être jamais incarcérée *stricto sensu* dans la mesure où elle a fait l'objet d'un aménagement de peine, et qu'une peine aménagée peut être révoquée et entraîner l'emprisonnement. Bref, plus qu'à des alternatives à l'incarcération, on assiste, du point de vue macroscopique, à un jeu de chaises musicales où la délinquance de masse est ballottée de gauche à droite, et vice-versa, de droite à gauche, dans divers schémas d'exécution des peines, et ce afin de gérer le flux ininterrompu des condamnations. Et le grand bénéficiaire de ce ballottement et de cette sorte d'*additif* aux peines classiques d'emprisonnement n'est autre que le Placement sous surveillance électronique. De là vient l'impression de parcours pénaux alambiqués ou tortueux que connaissent les condamnés, qui ont eux-mêmes, au demeurant, du mal à s'y retrouver, pour peu que leur casier judiciaire soit chargé, de là vient le sentiment de décisions pénales et pénitentiaires qui sont imposées aux personnels pénitentiaires d'insertion et de probation dont les avis sont fortement orientés par les politiques institutionnelles vers l'acceptation de cette automaticité de la surveillance électronique. Pour le Conseiller pénitentiaire d'insertion et de probation, il n'est plus essentiellement question de savoir si la mesure de Placement sous surveillance électronique répond bien à l'exigence d'un projet de réinsertion, si une telle mesure est adaptée à la situation de l'intéressé, mais, tout au contraire, il est désormais prioritairement question, pour lui, de savoir si le projet pourra confirmer l'orientation préalablement définie vers le dispositif de surveillance électronique. En d'autres termes, il ne s'agit plus de faire entrer le P.S.E. dans un projet, mais, bien plutôt, de cadrer et d'infléchir le projet dans la surveillance électronique. Malgré l'ignorance entretenue ou la désolante résignation de l'opinion publique devant cet automatisme, ce fourre-tout pénal, devant la banalisation de la surveillance électronique, le rôle aujourd'hui, aux accents de défi, de l'intellectuel ne doit-il pas néanmoins consister à relever que la surveillance électronique peut devenir, dans un futur proche, la règle intangible de contrôle des vies et du gouvernement des vivants, et qu'elle doit faire l'objet d'une vigilance critique - de cette fonction critique dont les philosophes sont justement friands et qui traverse, du moins depuis Descartes, l'histoire de la philosophie -, à l'égard notamment de l'acceptation sans aucune réserve du caractère éminemment intrusif, irruptif, invasif de ce dispositif de contrôle vis-à-vis de la sphère intime et privée, et à l'égard de sa forme d'enfermement qu'elle reconduit sempiternellement ? Car, comme on l'a vu, de l'ordre de *l'alternance*, plus que de celui de *l'alternative*, de l'ordre de la périodicité, de la superposition et du retour du même (ainsi de l'alternance du jour et de la nuit), plutôt que de celui du renouveau ou du choix entre deux options radicalement différentes, la sanction pénale contemporaine reste captive d'une vision de la peine par enfermement, sous la modalité de la privation ou de la restriction de la liberté – que cet enfermement soit constitué par les hauts murs des enceintes des prisons ou par la surveillance électronique – en y associant un droit de regard sur la vie privée et familiale propre à l'hypersurveillance. Insistons-y : la surveillance électronique n'est rien moins qu'une variante ou une filiation des peines d'emprisonnement, puisqu'il s'agit toujours, dans un cas comme dans l'autre, de porter à l'écrou une peine ferme, et que le sens de la sanction réside ici dans son aptitude à usurper sur la liberté du condamné (l'emploi transitif indirect ici de la locution verbale « usurper sur » se comprend au sens d' « empiéter sur »).

La comparaison et le débat entre la prison et le Placement sous surveillance électronique, afin de faire ressortir le bénéfice de ce dernier, tant sur le plan des économies à faire que sur celui de la prévention de la récidive, se signalent donc comme une imposture que doit combattre l'intellectuel. Car l'efficacité prétendue de la surveillance électronique, en des termes économiques et préventifs, ne revêt pas le caractère de l'évidence. Si, sur le plan économique, nous avons déjà évoqué la logique d'une programmation permanente des constructions d'établissements pénitentiaires et l'absence d'une décrue du nombre de personnes incarcérées, parallèlement à l'augmentation du nombre de « bénéficiaires » de la surveillance électronique, il nous faut, à présent, insister sur deux problèmes de fond soulevés par la mise en œuvre de l'hypersurveillance, eu égard à la question de la prévention de la récidive :

- s'il y a une sélection préalable des candidatures au P.S.E. - puisque, répétons-le, un sans-abri ou un sans-domicile-fixe ne pourra aisément faire l'objet d'un tel placement, ni non plus une personne jugée dangereuse -, il s'ensuit que l'évaluation (le constat de réussite ou d'échec de l'aménagement de peine), en termes de prévention de la récidive, ne peut être attribuée qu'à cette pré-sélection, et en aucun cas aux effets prétendument structurants et positifs du bracelet ;

- si, en revanche, le principe de la pré-sélection est abandonné, au profit d'une procédure automatique de mise en œuvre du P.S.E., il en résulte la conséquence d'une perte significative et programmée du travail autour de la relation d'aide et sur les conditions du passage à l'acte élaboré par les Conseillers pénitentiaires d'insertion et de probation : comment imaginer qu'un dispositif électronique, caractérisé par l'absence d'un dialogue et d'une réflexion constructive qui nécessite une navigation au long cours, puisse, sans dommages et efficacement, se substituer au travail social et éducatif mené par des professionnels de la réinsertion ?

S'agissant de ce dernier point, on objectera, peut-être, que le principe d'automaticité permettra finalement, au regard d'un volume plus conséquent de postulants non préalablement sélectionnés, d'évaluer l'efficacité du dispositif de surveillance électronique, et d'avoir matière à comparaison. Or, ceci est un leurre. La raison en est que la procédure de pré-sélection demeure, à l'intérieur même du principe d'automaticité, puisque ce qu'il convient de faire, ce n'est pas d'aménager automatiquement, c'est-à-dire sans discernement, les personnes condamnées sous la forme du Placement sous surveillance électronique, mais d'examiner :

- soit celles qui sont juridiquement admissibles et candidates, selon des critères d'éligibilité préalablement fixés, tout en étudiant leur situation globale pour déterminer si elles possèdent les atouts demandés et si elles affichent une motivation suffisante pour intégrer le dispositif (il s'agit de la procédure classique de l'aménagement de peine) ;

- soit celles qui entrent dans le cadre de la procédure dite de la Surveillance Électronique de Fin de Peine (S.E.F.I.P.), mise en place et entrée en vigueur à compter du 1er janvier 2011. Si cette procédure est conforme à la logique de l'examen automatique, si elle va dans le sens de l'imposition de la surveillance électronique comme mesure prioritaire sur toutes les autres, et s'inscrit dans le cadre de l'évitement d'une incarcération pour les personnes qui sont condamnées à une courte peine de prison ou qui se trouvent en fin de peine d'emprisonnement, néanmoins des indices pré-sélectifs subsistent. Précisons ici que sont éligibles à la surveillance électronique, dans le seul cadre de la S.E.F.I.P. :

- 1° les condamnés à une peine d'emprisonnement inférieure ou égale à cinq ans, lorsqu'aucune mesure d'aménagement n'a été ordonnée six mois avant la date d'expiration de la peine, et auxquels il reste quatre mois d'emprisonnement à subir ;

- 2° les condamnés à une peine d'emprisonnement inférieure ou égale à six mois, auxquels il reste les deux tiers de la peine à subir.

Les condamnés remplissant ces conditions juridiques peuvent exécuter le reliquat de leur peine selon les modalités du Placement sous surveillance électronique, sauf en cas d'impossibilité matérielle, de refus de l'intéressé, d'incompatibilité entre sa personnalité et la nature de la mesure ou de risque de récidive.

La S.E.F.I.P. procède des dispositions de l'article 723-28 du Code de procédure pénale émanant de la Loi pénitentiaire n° 2009-1436 du 24 novembre 2009 et de son décret d'application n° 2010-1276 de 2010, et détermine les modalités d'exécution des fins de peine d'emprisonnement qui doivent se présenter sous la forme expresse de la surveillance électronique, lorsque l'absence de tout aménagement de peine « classique » est constatée. Si, avec la Nouvelle Procédure d'Aménagement de peine (N.P.A.P.) qui avait été fixée par la Loi n ° 2004-204 du 09 mars 2004, portant adaptation de la justice aux évolutions de la criminalité, il s'était déjà agi de procéder à l'examen automatique des fins de peine d'emprisonnement en vue de les aménager sous l'une des trois formes classiques, à savoir la Semi-liberté, le Placement à l'extérieur et le Placement sous surveillance électronique, la S.E.F.I.P., quant à elle, se présente comme beaucoup plus limitative, puisqu'elle n'autorise l'exécution de la fin de peine que sous la forme du Placement sous surveillance électronique. Certes, la S.E.F.I.P. est, à l'instar de la N.P.A.P., une manière d'approcher et de traiter la fin de peine d'emprisonnement - cette approche et ce traitement étant envisageables à la condition expresse qu'aucun aménagement de peine n'a pu être préalablement mis en œuvre, mais elle restreint son champ d'application au seul dispositif du bracelet. Ce point, d'apparence mineure, est en réalité capital, puisqu'il indique clairement la manière dont le législateur entend non seulement faire de la surveillance électronique la mesure phare du régime de l'hypersurveillance, mais contribue à l'imposer et à la renforcer par des mécanismes d'automaticité, et ce à l'exclusion des autres types d'exécutions de peine. Autre différence : alors que la N.P.A.P. reposait, sous l'impulsion du Directeur fonctionnel des Services pénitentiaires d'insertion et de probation (D.F.S.P.I.P.), sur la collaboration des Services pénitentiaires d'insertion et de probation (S.P.I.P.) et des Juges de l'Application des peines, la S.E.F.I.P. bien qu'étant portée encore par le D.F.S.P.I.P., se signale par la coopération, cette fois, entre les S.P.I.P. et les Procureurs de la République dont on sait que le statut ne revêt pas les caractères de l'indépendance, comme celui des Juges, et qui, placés sous la tutelle du ministère de la Justice et du gouvernement, apparaissent davantage, en tant que Magistrats du Parquet, comme une sorte de Super-Préfets. Ceci tend à montrer le rôle central, interventionniste et décisionnaire de l'État dans le cadre de la mise en œuvre de la surveillance électronique de fin de peine, et définit clairement l'orientation de l'axe général d'exécution des peines. Mais il est une autre différence à relever, sans doute la plus manifeste et qui découle directement du précédent point : tandis que, jusqu'ici, la surveillance électronique demeurait, eu égard au champ des pénalités, dans le domaine de l'aménagement de peine, dès lors, avec ce nouveau régime des fins de peine appelé « la surveillance électronique de fin de peine », on a affaire à une modalité pure et simple d'exécution de la peine. A partir de la distinction juridique et procédurale selon laquelle le Procureur exécute la peine et le Juge de l'application des peines l'aménage, il ne fait aucun doute que la S.E.F.I.P. ouvre la voie à ce que, dans un avenir proche, il soit possible, en France, de relever l'existence de prononcés de peines de surveillance électronique par la juridiction de jugement au sein des Tribunaux correctionnels. Bien qu'en l'état actuel des textes, ce ne soit pas le cas, il n'en demeure pas moins que cette perspective est aujourd'hui indiscutablement préparée et ouverte par la loi relative à la surveillance électronique de fin de peine, qui dispose que tous les condamnés en fin de peine doivent faire l'objet de cette modalité d'exécution de peine, et que seuls les cas d'exclusion, prévus par le cadre législatif, seront de nature à s'opposer à la mise en œuvre de la mesure, et non pas à son instruction. Le caractère automatique de cette procédure de surveillance électronique de fin de peine se laisse assez reconnaître à trois choses :

- d'abord, au fait que, contrairement à un aménagement de peine traditionnel qui s'appuie sur un projet de réinsertion de la part du condamné, un tel projet n'est plus requis dans les rapports transmis par les personnels pénitentiaires d'insertion et de probation au Parquet ;

- ensuite, au fait qu'il est demandé au Directeur des Services pénitentiaires d'insertion et de probation à ce que les cas de rejet ou d'exclusion soient motivés et explicités dans les rapports, et non pas la proposition de Placement sous surveillance électronique de fin de peine en tant que telle. Ainsi que le rappelle la Circulaire du 03 décembre 2010 relative à la surveillance électronique de fin de peine, « les obstacles prévus par la loi à la mise en œuvre de la S.E.F.I.P. sont de quatre ordres » : 1° impossibilité matérielle (absence de logement, par exemple) ; 2° refus par la personne condamnée (qui doit consentir, par écrit, à la S.E.F.I.P.) ; 3° incompatibilité entre la personnalité du condamné et la nature de la mesure (ce qui implique de déterminer, d'une part, si le futur placé est en capacité d'accepter les horaires contraints de la mesure, et, d'autre part, s'il n'a pas déjà fait l'objet d'une révocation récente d'une mesure de Placement sous surveillance électronique obtenue préalablement par la voie de la procédure classique d'aménagement) ; 4° risque de récidive (ce qui confirme l'ancrage des entretiens S.P.I.P., évaluation et diagnostic, dans la sphère criminologique) ;

- enfin, au fait que l'amplitude des horaires d'autorisations d'absence du domicile subit ici un bornage plus restrictif, équivalent en moyenne à ce que le condamné ne soit pas assigné à domicile durant seulement quatre heures dans la journée, ceci s'expliquant par le fait que l'activité professionnelle ne constitue plus un des critères de validation et d'accord de la surveillance électronique, dans le cadre précis des examens de fin de peine. En de telles conditions, compte tenu de la place déjà conquise par les mesures liées à l'hypersurveillance aujourd'hui, et s'il est vrai que, comme le mentionne A. Badiou, « le philosophe est celui qui essaie de rendre raison du contemporain [171]», la question reste pleine et ouverte de savoir ce qu'il risque d'advenir d'une société toute entière engagée à vivre sous la seule et envahissante modalité de l'intrusion de l'espace intime, privé, protecteur, par des systèmes électroniques de contrôle permanent à distance. La logique de la banalisation du régime de l'hypersurveillance, la tendance au réajustement progressif du régime des normes pénales sur des dispositifs électroniques d'enregistrement et de fichage des données relatives à la vie des condamnés, ne manquent pas de soulever des problèmes de fond : car, si de l'emprisonnement à la surveillance électronique demeure un même paradigme d'enfermement, et si on a affaire, dans un cas comme dans l'autre, au témoignage de difficultés d'innovation de la part du législateur, ce qui change et promet toutefois toutes sortes de dérives, c'est l'idée d'un droit infini, subtil et habile, détenu par l'État, ce droit d'exception indéfiniment reconduit, de contrôler le droit à la vie de tout un chacun. Entre une interdiction de vivre produite par le registre de l'emprisonnement, et un droit de vivre sous contrôle anonyme et ténu, c'est à chaque fois le « droit à la vie » qui est puissamment en jeu, à ceci près néanmoins que, dans le premier cas, on a affaire à une vie immédiatement moribonde, à une mort maintenue en vie ou à une situation de léthargie signalée par l'abandon des prisonniers derrière les murs, et que, dans le second cas, on assiste à une vie dirigée et programmée vers l'épuisement et la mort, tenant à la permanence de la surveillance impersonnelle, à l'obligation constante de rendre des comptes, à l'éclatement de la sphère intime, à l'acceptation, comme modalité punitive, du regard de l'autre « sur et dans » la singularité du vécu, étant entendu que, dans ce nouveau paysage pénal, le dispositif de contrôle électronique se présente comme l'élément constitutif et participatif de l'exercice de la vie et de ses droits inhérents, comme l'élément incontournable de l'efficience de toutes les manières d'être du quotidien. Contrairement à la prison qui délimite une frontière plus nette et franche entre la vie et la mort, la surveillance électronique mêle plus subtilement et

---

171 *In Philosophie magazine*, n° 19, mai 2008, « Entretien avec Alain Badiou », p. 58.

discrètement *bios* et *thanatos*, puisque le sacre de sa performance consiste dans le fait qu'elle *s'invite* chez les condamnés, *s'approprie* une des institutions les plus immémoriales que constitue la famille, *élit domicile* sur leur corps et leur être, descend jusque dans les tréfonds et les abîmes de leurs singularités, *se greffe* sur eux partout et nulle part, devient le parasite et l'élément de dépendance sans lequel la vie revêtirait, à nouveau et sur-le-champ, le caractère du processus de mort lente identifiable par le retour en prison et la réactivation des logiques de l'engourdissement par isolement. Si l'on considère et rappelle les grandes étapes de la sanction pénale depuis la Révolution française, on observe un phénomène de mélange subtil et de combinaison acide de vie et de mort. En premier lieu, la peine capitale, comme sanction exceptionnelle et souveraine, ne balbutiait pas entre la vie et la mort : elle volait directement et privait incontinent la vie du condamné. En deuxième lieu, la prison a peu à peu assoupli le scandale de la peine de mort, en introduisant une nuance dans l'idée de l'élimination, à savoir, d'un côté, celle qui a trait à l'élimination pure et simple du coupable et celle, d'un autre côté, qui concerne l'élimination de celui-ci du corps social, cette dernière étant aisément représentable par un schéma d'abandon dans les cellules. En troisième lieu, la surveillance électronique a été intronisée, à l'aube du XXIe siècle et du nouveau millénaire, par suite de son pouvoir subtil d'instiller quelque chose dans l'esprit et le cœur de ceux qui en font l'objet, de marquer de son empreinte discrète la vie des condamnés, d'ôter l'inconditionnalité du droit à la vie de tout un chacun, c'est-à-dire de ce droit caractérisé par le fait d'*avoir plaisir à vivre sans avoir à en justifier*, de jouir des choses simples de la vie sans devoir les craindre par cela seul qu'elles sont sous surveillance et prises dans les mailles d'un jugement, de profiter de vivre sans béquilles ni biais punitifs, de vivre en dehors de la médiation imposée d'un dispositif de contrôle extérieur et d'une source d'aliénation vis-à-vis de laquelle la contrainte est de s'y abreuver. La surveillance électronique comme modalité d'inclusion et de mobilité sociales et comme principe de fluidité pénale – ce dernier point s'expliquant par le fait qu'elle permet la gestion de flux importants de condamnations -, est dangereuse et empreinte de dérives et d'hypocrisie, parce qu'elle suscite des conduites d'hétéronomie, là où il est pourtant demandé aux condamnés de faire preuve d'autonomie et de responsabilité, et implique, tout en amont de la mesure, le branchement d'une programmation et d'un appareil (= l'implémentation) sur le registre vital et les viscères des personnes placées. Sous le regard anonyme de la machinerie électronique, l*es placés sont entretenus à vivre la mort de leur spontanéité*, de leur autonomie, de la possibilité de jouir de la vie (au sens de C. Rosset), qui suppose la délivrance des obstacles tenant à l'appareillage du dispositif chez soi et sur soi, et tenant au raccordement, par le bracelet, à une instance extérieure, à une vigie qui sanctionne et avilit la vie.

Conclusion

Au cours de nos travaux, nous avons tenté, d'une part, de brosser l'histoire de la pénalité, essentiellement dans le cadre géographique de la France, et, d'autre part, de circonscrire aussi bien les modalités de la peine contemporaine révélée par le dispositif relativement jeune et balbutiant de la surveillance électronique que les conséquences qu'implique un tel système pénal, dont le principe fondamental repose sur un déplacement, un décentrement des mécanismes d'emprise. Il ne s'agit plus d'aller chercher le coupable ou le suspect pour l'enfermer, de force, dans un endroit clos, restreint, spatialement limité et quadrillé, dont le modèle est représenté par la prison et les formes variées de la clôture, telles que les barbelés ou les baraquements, mais de les laisser aller, « libres » ou autonomes, en un lieu décloisonné, en droit territorialement ouvert, dont le modèle est figuré par la surveillance électronique. Dans le registre pénal, l'avènement du dispositif de surveillance électronique tend asymptotiquement à signer le glas des formes classiques du contrôle et de la sanction, et manifeste l'éclatement ou l'éloignement d'un centre tel que le poste d'intervention et de contrôle qu'on a coutume de trouver en détention : nous avons vu, en effet, que, sous l'effet de la force centripète qui rassemble et mélange la plèbe et le patriciat, les personnes condamnées sont, dans ce système pénal, placées sous surveillance à l'extérieur du champ de vision et d'investigation traditionnel des surveillants, et se trouvent, du même coup, immergées dans un milieu où il n'est plus possible de distinguer quoi que ce soit entre la figure du surveillant et celle du surveillé, et où a volé en éclats tout principe hiérarchique visible et évident entre dominant et dominé. Sous l'action de l'inclusion des condamnés au cœur du monde commun, et en raison de l'exécution de leur peine ferme en milieu ouvert ou « libre », l'œil de la scrutation, dans sa dimension électronique, n'a plus, dès lors, pour caractéristique majeure de fixer, au double sens de regarder fixement quelqu'un et de fixer/figer quelqu'un du regard, et ce à partir d'un noyau fixe et repérable, à partir d'un point central hiérarchiquement supérieur et localisable, telle qu'une tour de contrôle, mais de suivre et de traquer, d'emboiter le pas, de se déplacer à travers le jeu d'une mobilité permanente, d'une ondulation discrète (et d'autant plus discrète qu'elle n'est pas loin d'être envahissante) et d'une plasticité inhérente à « l'esprit » même de la surveillance électronique, au point que ce qui se dégage de cette logique ondulatoire est une configuration profondément inédite de la peine. En effet, si, à l'opposé de la logique classique de l'emprisonnement définie par la force centrifuge qui exclut les coupables en dehors du monde libre, la surveillance électronique produit, au contraire, un effet centripète d'aspiration et d'embrassement des condamnés à l'intérieur d'un monde commun pour lequel la séparation entre l'espace public et la sphère privée ne fait plus sens, il s'ensuit que les modalités pénales de la surveillance électronique reposent sur un dispositif de contrôle à la fois *multipolaire*, en raison de l'éclatement du centre traditionnel du regard, et *unilatéral,* par suite de l'inscription du regard dans un champ de vision à dimension satellitaire, dès lors qu'il s'agit de surveiller ou de faire irruption ici en regardant à distance sans être vu à son tour. Au titre d'une comparaison heuristique, il n'est pas extravagant de soutenir que, de même que les urbanistes s'accordent aujourd'hui pour rendre compte d'un bouleversement de la structure classique des villes qui apparaissent désormais comme ne possédant presque plus rien, en leur milieu, des caractéristiques du centre ou du bourg, et comme aspirant à se transformer, au fil du temps, en agglomérations ou mégalopoles pour lesquelles la démarcation entre centre et périphérie, ainsi que la notion même de délimitation spatiale ne sont plus rien que des calembredaines, de même, aujourd'hui, la pénalité classique, dans l'exacte mesure où le principe de la surveillance électronique en vient peu à peu à supplanter celui de l'emprisonnement, tend, sinon à être taillée en pièces, du moins à être ébranlée sur ses fondations mêmes ou à être sérieusement concurrencée par une nouvelle forme de contrôle signalée comme plus humaine, plus économique et plus efficace : plus humaine d'abord, parce qu'elle abolit le principe de l'encellulement et du quadrillage des corps à l'intérieur d'un monde clos sur lui-même ; plus économique ensuite, parce qu'elle suggère la participation (économique et subjective) du condamné à sa propre sanction ; plus efficace enfin, parce qu'elle suppose de se greffer sur les processus de pensée et de désir des individus condamnés. Ces éléments de comparaison nous conduisent à poser que la surveillance électronique s'organise autour d'une double rupture :

- d'une part, on a affaire à une rupture paradigmatique. En effet, s'agissant de l'arrière-fond du contrôle, nul doute qu'on est passé aujourd'hui du paradigme du camp à celui du réseau ou de la formation en étoile. Car, en l'absence d'une plate-forme ou d'une structure homogène comme la prison pour les contenir, les condamnés n'entrent plus dans un seul et même *plan*, ils ne restent plus « plan-tés » en cellule, derrière des barreaux, mais sont délogés de l'espace même de la sanction où ils « camp-aient » pour être mieux placés sous le contrôle de l'œil indétectable de la surveillance qui est, par définition, partout et nulle part ;

- d'autre part, on est en présence d'une rupture épocale. En effet, l'avènement concomitant du nouveau millénaire et du nouveau siècle a été également l'occasion de marquer le passage de l'ère de Prométhée et du feu à celle d'Hermès et de l'onde comme messager, puisque ce dont il s'agit, au fond, ce n'est plus de surveiller un ensemble d'individus à l'intérieur de ces espaces et édifices industriels dont la prison, comme emblème de la sanction pénale, n'est qu'un avatar et qui se caractérise par l'emploi du béton et de la ferraille, par l'étroitesse d'un lieu proprement étouffant, par le grincement des portes, par le bruit des pas et des clefs consécutif aux rondes

des surveillants ; ce dont il est fondamentalement question désormais, c'est de contrôler, en catimini, cet ensemble d'individus là où ils sont, en les pistant continûment, en se connectant discrètement sur leur mode de vie et leur intimité, en mettant en réseau des territoires en droit indéfiniment extensibles qu'ils sont susceptibles de coudoyer, en s'introduisant, par un acte pour le moins invasif, dans leur habitation et leurs habitudes, en se branchant sur leur subjectivité même, ne serait-ce que par suite de l'installation et de la reconduction, de manière subreptice, subtile et invisible, des barreaux dans leur tête.

Ce changement de paradigme et d'époque - qui a conduit à l'apparition de ce que nous avons nommé, dans l'économie générale de notre étude, l'hypersurveillance - revêt la structure d'un chiasme, et s'articule autour des termes de visibilité et d'invisibilité relativement à la sanction pénale et aux condamnés. Qu'est-ce à dire ? D'un axe historique qui nous transporte des exécutions sommaires et sanglantes d'Ancien Régime jusqu'à la mise en œuvre, aujourd'hui, du Placement sous surveillance électronique, en passant par la prison pour peine consacrée à l'aube du XIXe siècle, se dégage un renversement de perspective complet dans la manière de traiter le condamné et son infraction. En effet, tandis que, exemplairement sous l'Ancien Régime, et résiduellement avec la prison pour peine, la sanction pénale avait pour objectif de marquer vivement les esprits en éliminant du corps social, tantôt par la souffrance physique et le supplice, tantôt par la mort et l'abandon, le délinquant qui avait eu l'audace de braver la loi et qui commettait l'imprudence même d'atteindre à la grandeur du roi ou à l'inviolabilité de l'État, la pénalité contemporaine se donne, tout au contraire, comme une tentative de réhabilitation du condamné. L'antinomie du principe de l'application des peines est ici patente. En effet, en amont de l'ère de l'hypersurveillance, la pénalité se fondait, *grosso modo*, sur l'exigence de rendre invisible le condamné, en le faisant disparaître par la mort ou l'emprisonnement, et ce par des moyens matériels, machiniques et humains, qui sont, quant à eux, bien visibles, à savoir l'usage de l'échafaud et la construction d'établissements pénitentiaires. Avec l'ère de l'hypersurveillance, la pénalité s'exprime, dorénavant, selon l'exigence, foncièrement antinomique, de rendre invisible et indétectable la technologie du pouvoir de punir, ne serait-ce qu'à travers la mise en place et la dissimulation du bracelet électronique sous la chaussette du condamné, tout en permettant à celui-ci son maintien « en liberté », au sein de la communauté des hommes, et en favorisant le *continuum* de sa pleine visibilité dans l'ordre social. Précisons encore ce point : les processus qui ont abouti tantôt aux cérémonies de mise à mort du supplicié, tantôt aux actes de relégation du forçat au bagne, tantôt aux décisions d'emprisonnement du condamné s'articulent autour du même motif d'exécution pénale qui consiste à rendre totalement invisible et inexistant le délinquant (il s'agissait même, dans certains cas, particulièrement sous l'Ancien Régime, de gommer toute trace de l'existence du délinquant, en chassant ou honnissant sa famille, en brûlant ou abattant sa maison par la procédure dite de l'abattis, en effaçant son nom de divers registres, etc.), et ce par la mise en œuvre de moyens qui sont, eux, macroscopiques, excessifs et flagrants, tels que le donnaient à voir les exécutions inénarrables en place publique, les mutilations éclatantes, l'abandon désespérant dans des grandes prisons modernes de ceux dont la vie ne valait pas grand-chose. Avec le régime de l'hypersurveillance, il s'agit, tout au contraire, de rendre l'exécution pénale complètement inaperçue et indiscernable, au risque même de laisser l'impression, dans la conscience populaire, d'une inapplication des peines, dont la conséquence, quasi macroscopique et choquante pour certains, est de permettre la persistance d'une vie sociale et l'entretien d'une « libre » circulation de l'*Outlaw*.

Au cours de notre recherche, nous avons également souligné, en tentant d'en exposer les raisons, combien la première des caractéristiques propres à la surveillance électronique tenait à sa dimension fondamentalement panoptique. Bien qu'il soit coutumier de rattacher l'idée du panoptique à une construction ou à un édifice, c'est-à-dire à quelque chose de solide relevant du plan et de l'architecture traditionnelle (comme le plan d'une maison ou d'un bâtiment) - habitude prise par suite des travaux de J. Bentham s'inscrivant dans une époque où il était d'usage d'imaginer des plans et d'établir des agencements géométriques, ainsi du fameux phalanstère de C. Fourier -, l'application concrète d'une pareille idée relève, en réalité, du défi technologique. Nous avons vu que c'est en sortant du modèle strictement géométrique de la surface plane et du croquis, et en moulant de nouveaux dispositifs de contrôle dans des systèmes électroniques que l'idée du panoptique trouvait le mieux ses perspectives de réalisation. Car il appert que le dispositif de surveillance électronique n'obéit pas seulement aux règles du plan cartésien, mais relève de prime abord de l'idée de programme, ressortit fondamentalement à un fonctionnement programmatique destiné à permettre, non pas seulement la localisation spatio-temporelle d'un individu dans un lieu donné, mais avant tout le repérage imperceptible, à distance, des déplacements qu'un individu est amené à effectuer, à l'intérieur de territoires théoriquement vastes : ce dispositif n'est réalisable que s'il trouve à s'encadrer dans un schéma, non pas seulement géométrique, mais essentiellement informatique et numérique, favorisant jusqu'à la récolte et l'enregistrement de données personnelles. Dès lors, moins effroyable, sur le plan du sang, mais pas meilleur, sur le plan du respect de la personne humaine, que les régimes pénaux antérieurs, la surveillance électronique ressortit à un régime pénal proprement indigne, en ce sens que, ainsi que l'indique le terme même d'*indigne*, elle ne respecte justement pas la dignité humaine, et se donne proprement comme contraire aux principes cardinaux des droits de l'homme prônés pourtant par les défenseurs de cette mesure. La raison en est qu'elle disqualifie le principe des libertés individuelles se traduisant notamment par le droit de se mouvoir, celui d'avoir droit au respect de sa vie privée, celui de protéger sa famille, son foyer, son intimité de toute intrusion extérieure, etc., et qu'elle fait primer la dimension statistique et actuarielle sur toute considération individuelle. En lieu et place de l'idée de personne, la surveillance électronique s'attache à celle de profil ; en lieu et place des accompagnements individuels, elle s'emploie à classer, à faire entrer dans des catégories des individus réduits à leur plus simple expression de tables catégorielles. Et loin de s'attarder à prendre en charge des personnes dans leur globalité, c'est-à-dire dans leur individualité propre, par cela seul qu'un individu se caractérise par de multiples facettes complexes (sociales, historiques, etc.), le régime de la surveillance électronique tend, de fait et progressivement, à opérer par abstraction, et à ne prendre finalement en considération que l'aspect général de l'infraction. Ce qui l'intéresse, ce n'est rien d'autre que la situation approximative et abstraite d'un individu qui est pris dans le maillage d'une technologie de pouvoir ondulatoire et qui se trouve dépouillé de son histoire propre, de sa singularité. En d'autres termes, ce dont le régime de l'hypersurveillance tient et rend compte, c'est précisément de *comptes* et de calculs, de données chiffrées, au détriment des projets individuels des condamnés. L'un des dangers de l'hypersurveillance est donc, on le voit, d'ordre technocratique, et réside dans le fait qu'elle tend à précipiter la pénalité dans une dérive du « tout-statistique » et du « tout-électronique », au détriment de toute autre considération. Certes, la puissance technologique assigne à la surveillance électronique un avenir des plus prometteurs, lui confère fièrement ses lettres de noblesse et sa modernité, et garantit son développement durable. Mais reconnaissons que la possibilité du déploiement de l'hypersurveillance, voire de son renflement, ne dépend désormais plus seulement des conditions et des moyens techniques de sa mise en œuvre, qui sont, en réalité, d'ores et déjà acquis, mais relève à présent de choix et d'engagements éminemment politiques de privilégier telle voie pénale plutôt que telle autre. Le pari et l'investissement faits aujourd'hui autour des dispositifs de surveillance électronique ont pour effet, non seulement de banaliser l'usage du bracelet pénal, mais, en outre, de faire converger la diversité des infractions commises vers un seul et même traitement, vers une seule et même sanction pénale, tant et si bien que le processus de banalisation de la surveillance électronique et celui de l'égalisation des peines (= à la diversité des infractions répond l'identité de la peine) en viennent à ne faire plus qu'un. Dès l'instant où, dans le domaine de la pénalité, tout se révèle être égal et se valoir, dès l'instant où, par exemple, un Sursis avec une mise à l'épreuve ou un Sursis assorti de l'obligation d'exécuter un Travail d'intérêt général disparaissent graduellement dans le prononcé de la sanction par le Juge, au profit d'une peine ferme aménageable sous la forme du Placement sous surveillance électronique, le corollaire de cette tendance est, on le voit, d'hypothéquer gravement le principe même de la fongibilité des peines inscrit au cœur de l'Application des peines. En toute fin de chaîne pénale, Il ne reste plus, aux Juges de l'Application des peines, dont les décisions s'appuient en particulier sur les expertises des Conseillers pénitentiaires d'insertion et de probation, que cette alternative, on ne peut plus limitée, consistant ou bien à augmenter le nombre de bracelets électroniques en circulation, ou bien à sanctionner les « bénéficiaires » par un retrait de la mesure.

Mais ce n'est pas tout. La conséquence repérée dans nos travaux et reliée à la montée de l'hypersurveillance est d'induire, *mutatis mutandis*, sur le plan politique d'abord, un nivellement des conduites, et, sur le plan individuel ensuite, une annihilation de toutes formes de vie originale et d'intimité. Certes, au plan politique, si l'on se place à un point de vue général des pénalités, le paradigme orwellien appliqué à la pénalité d'emprisonnement n'abolit pas complètement la possibilité de l'action, il ne prive pas totalement l'individu de sa capacité d'inventer d'autres conduites. Si la prison ne paralyse pas complètement la liberté d'action, en revanche, s'agissant du régime de l'hypersurveillance, c'est toutefois plus complexe, car le condamné faisant l'objet d'une mesure de surveillance électronique peut toujours voir sa mesure révoquée en raison d'un écart de conduite. Pour être maintenu sur le dispositif du surveillance électronique, le condamné est donc poussé à se conformer à des règles institutionnelles intangibles et intrusives, et prêt, pourrait-on dire, à céder, de son propre chef, une part de sa liberté. En prison, le condamné a moins de choses à perdre que lorsqu'il est placé sous surveillance électronique. Bien que puissamment contraint, il y est, paradoxalement, moins « tenu ». Ouvrons ici une parenthèse : l'existence des réductions de peine et des aménagements de peine, en France, ne procède sans doute pas uniquement de principes humanistes, mais de l'idée selon laquelle il convient de laisser un espace d'espérance aux condamnés, du moins de leur laisser croire à l'existence de cet espace, parce que, sans cela, les prisonniers ne pourraient pas être « maintenus en place » et la vie en détention serait infernale et insupportable pour tout le monde, y compris pour les personnels. De ce point de vue, la mise en œuvre de l'hypersurveillance caractérise une étape d'un processus parallèle à celui de pacification des mœurs dont parle N. Elias, et qui a trait à ce processus qui tend à élargir l'espace de l'espérance, dans le registre de l'Application des peines, mais qui, par un effet de retour brutal tel que celui d'un boomerang, a un prix, celui de se conformer et de réduire son autonomie. Non pas qu'il s'agisse ici de défendre ou d'encourager sottement un droit à la révolte des condamnés. S'agit-il plutôt d'attirer l'attention sur l'une des conséquences des plus pernicieuses, pour l'humain en général, impliquées par le régime de l'atrophie de l'œil : avec l'hypersurveillance, un désert immense s'ouvre asymptotiquement pour ne plus laisser place qu'à une vie desséchée, fade, vidée de sa substance et de sa sève. Car, on l'a vu, le régime de l'hypersurveillance désactive la spontanéité des sujets, empiète sur leur territoire, s'introduit dans les méandres de leurs désirs, annihile l'autonomie de leur volonté pourtant réclamée et supposée par le dispositif lui-même, et force au troc ou à la vente de leur droit à l'intimité. Autrement dit, on a affaire ici, avec la surveillance électronique, à la double dissociation de la liberté et de l'autonomie d'un côté, et de la liberté et de l'intimité, d'un autre côté, qui, dans un cas comme dans l'autre, doivent pourtant, dans nos espaces démocratiques, ne faire normalement qu'une. En définitive, l'un des dangers majeurs de l'hypersurveillance consiste non seulement dans l'amoindrissement des capacités d'actions politiques, mais aussi et surtout dans l'affadissement des formes de vie et la privation d'un accès authentique à l'intimité s'exprimant à travers la possibilité d'avoir un rapport direct, invisible et caché à soi-même, en dehors des puissances irruptives et volcaniques représentées par l'État. En un sens, l'hypersurveillance menace plus la liberté des Modernes que celle des Anciens, si l'on se réfère à la thèse de Benjamin Constant selon laquelle la liberté des Modernes s'exerce avant tout dans la sphère privée, par opposition à celle des Anciens davantage soucieux des affaires publiques. Reste qu'elle représente une menace plus importante que l'emprisonnement classique pour la conscience politique, parce qu'elle provoque des conduites d'assujettissement bien autrement plus redoutables et une atomisation de la plèbe : contrairement à ce qui se produit, de-ci, de-là, en prison, le régime de l'hypersurveillance ne laisse place à aucun espace de mutinerie possible et d'association éventuelle d'hypersurveillés.

Mais il est une autre dérive, décisive et mortelle, sur laquelle il nous a fallu insister dans le cadre de notre étude : c'est celle qui a trait à l'essor d'un panoptisme généralisé à l'échelle sociale, tout se passant, dès lors, comme si le régime de l'hypersurveillance, dans le champ des pénalités, ne servait, au terme d'une trajectoire opaque, difficile à démêler, mais prévisible, qu'à préparer les hommes à l'accueillir dans leur vie quotidienne, et à s'y résigner par mimétisme ou conformisme, et ce sous l'effet aussi bien du conditionnement et de l'habitude, que de la convention et de l'usage. Au lieu d'une pacification des mœurs, dont on a vu, dans nos développements, avec Z. Bauman, qu'elle n'allait toutefois pas de soi, peut-être l'enjeu des prochaines décennies réside-t-il dans la confrontation des nouvelles générations à une sorte de système permettant la pan-visualisation des mœurs et le pan-mouchardage des relations interindividuelles. Car la logique du fichage des données personnelles ne semble pas devoir connaître de sitôt, ni de limite, ni de cran d'arrêt : en effet, qu'elle s'exprime librement à travers les réseaux sociaux, ou dans le cadre plus restreint de la raison d'État au moyen des divers fichiers que celui-ci possède, nul doute que notre époque est empreinte de dispositifs d'espionnage et de mouchards, et s'accompagne déjà, sous le couvert de motifs sécuritaires ou commerciaux, d'opérations de télé-intrusion dans les espaces privés qui, de proche en proche, se rabougrissent toujours davantage comme une peau de chagrin, semblablement à ces forets d'Amazonie dont on peut mesurer combien elles perdent chaque jour du terrain.

En des termes qui sont ceux de la tradition kantienne, à la question, certes massive, mais décisive, de savoir si un véritable progrès moral se révèle à travers la mise en œuvre de l'hypersurveillance, si une certaine fierté même peut être affichée grâce à l'existence du bracelet électronique, au sein de notre civilisation occidentale, s'oppose, en réalité, une fin de non recevoir, tant les conséquences, on l'a vu, qu'implique la pénalité d'aujourd'hui, dopée à l'électronique, invalident le principe même de l'autonomie de la volonté, oblitèrent l'espace de liberté et d'intimité réservé à la personne humaine, et rompent, du même coup, avec l'humanisme héritée des Lumières. Qu'il faille socialement et politiquement prendre en charge les coupables d'infractions, nul ne le conteste ; qu'on prétende cependant que l'hypersurveillance offre le moyen exemplaire de sortir du principe de l'enfermement et d'humaniser la sanction pénale ne repose sur rien que des conclusions hâtives ou des assertions erronées, puisque ce que nous avons désigné sous le vocable de « claustration », en tant que « prison électronique mobile » ou « prison psychologique », n'est autre qu'une forme d'enfermement, certes apparemment plus douce que la prison ferme et incontestablement plus propre que les mutilations sanglantes d'Ancien Régime, mais humainement aussi « indigne », et souterrainement plus dangereuse en ce qu'elle aboutit secrètement, et quasi hypocritement, à perpétuer les réponses pénales de dénigrement de l'humain dans le domaine des condamnations. Croit-on que, lorsqu'un condamné est placé sous surveillance électronique, il ait le sentiment d'être infiniment mieux considéré par la justice pénale ? Si tel était le cas, si le condamné ne craignait pas les systèmes de surveillance électronique, quel avantage y trouverait le législateur dans la lutte contre la criminalité ? Car, en de pareilles conditions, loin de constituer un rempart ou une dissuasion contre la délinquance, cette peine, si elle était caressante, ne servirait alors qu'à encourager la commission des infractions et les passages à l'acte. De même : si cette technologie électronique de punir était à la hauteur de ses promesses de réinsertion, n'y aurait-il pas un intérêt, voire une urgence à ce que les personnes démunies socialement ou en déserrance fassent l'objet d'un Placement sous surveillance électronique pour qu'elles puissent enfin bénéficier de ses pouvoirs quasi miraculeux ou magiques de transformation de l'individu, d'adaptation sociale ou de prévention de la récidive ? En réalité, plus proche des établissements pénitentiaires que des associations philanthropiques ou caritatives, tout autant porteuse de violences symboliques que la prison, et totalement contraignante pour la subjectivité, la surveillance électronique ne saurait être généralisable pénalement si elle n'était pas adossée à des peurs, si elle n'ôtait pas certains des caractères du proprement humain, bref si elle n'indignait pas. A l'encontre de ce processus d'adoucissement des mœurs civilisationnelles, *à contrario* de ce processus de « kantialisation » des institutions démocratiques, la pénalité contemporaine se donne décidément comme incapable de sortir du modèle irréfragable et incoercible de l'enfermement.

Table des matières

Philosophie aux éditions L'Harmattan

DIDEROT
Raison, Philosophie et Dialectique
Suivi du Neveu de Rameau
D'hondt Jacques - Texte établi et présenté par E.Puisais et P.Quintili
2013 sera l'année du grand tricentenaire de la naissance de Denis Diderot. Ce livre est l'œuvre d'un philosophe éminent qui se confronte à des problèmes actuels. Le Diderot de d'Hondt est un penseur dialectique. Et pour savoir ce qu'est la dialectique, chez Diderot et en général, c'est à travers la loupe de Hegel et de Marx qu'il tentera de nous la présenter, dans une image originale de l'auteur de l'*Encyclopédie*.
(33.00 euros, 326 p.) *ISBN : 978-2-296-96402-0*

MÉTHODE ET PHILOSOPHIE
La descendance éducative de l'*Émile*
Études coordonnées par Michel Soëtard
Plusieurs spécialistes présentent ici une analyse de l'*Émile* de Rousseau par les regards croisés de Condorcet, Kant, Pestalozzi, Fichte, Herbart, Dilthey, Dewey et Freinet, penseurs et acteurs pédagogiques inscrits dans la postérité éducative de cette œuvre. Il se pourrait toutefois que l'*Emile*, avec le nœud de questions qu'il tisse, soit encore devant nous.
(Coll. Éducation et philosophie, 20.00 euros, 202 p.) *ISBN : 978-2-296-99332-7*

CONVERSION ET SOUVERAIN BIEN CHEZ BLAISE PASCAL
Bischoff Jean-Louis
Montrer que le rapport de la conversion au Souverain Bien chez Pascal nous invite à ausculter philosophiquement la notion d'émotion : c'est ce que Jean-Louis Bischoff entend montrer dans la présente étude. L'enjeu de son enquête est clair : il entend affoler et subvertir l'approche commune du mot « émotion ». Pour mener à bien son projet, l'auteur mobilise les lumières de philosophes comme Marion, Levinas, Ricoeur, Greisch ou Romano.
(Coll. Ouverture Philosophique, 20.00 euros, 204 p.) *ISBN : 978-2-296-99327-3*

DE LA NON-PHILOSOPHIE AUX NON-POLITIQUES
Nietzsche, Freud, Laruelle
Chien-Chang Lee
L'histoire de la philosophie occidentale est une tentation toujours renouvelée de «penser la politique depuis la non-politique». On peut indiquer qu'au moins, dans la modernité, les théoriciens du contrat social inventent déjà une idée révolutionnaire de l'»état de nature» qui est une notion non politique par excellence. Si nous admettons qu'il y a quelque chose de non politique, il y a au moins trois possibilités de penser la non-politique : «la philosophie de l'avenir» de Nietzsche, la «psychanalyse» de Freud et la «non-philosophie» de Laruelle.
(Coll. Nous, les sans-philosophie, 25.50 euros, 260 p.) *ISBN : 978-2-296-99194-1*

EMMANUEL LEVINAS, LA PHILOSOPHIE DE L'ALTÉRITÉ
Nanga-Essomba Jean-Thierry - Préface de Lucien Ayissi
À partir de l'analyse de la problématique levinassienne de la responsabilité de soi à l'égard d'Autrui, l'auteur s'attache, dans le cadre de cette réflexion, à examiner la pertinence théorique et la fécondité conceptuelle de la pensée d'Emmanuel Levinas dont le souci majeur est de conjurer la barbarie de la guerre et de prévenir toute dynamique pouvant faire courir à l'altérité le risque humanicide d'être anéantie.
(Coll. Ouverture Philosophique, 18.00 euros, 182 p.) *ISBN : 978-2-296-99143-9*

CONVERSION (LA) ÉTHIQUE
Introduction à la philosophie d'Emmanuel Levinas
Bastiani Flora
Le lecteur d'Emmanuel Levinas peut remarquer que deux descriptions du sujet se dégagent : le moi paraît irrémédiablement tourné vers lui-même et seulement préoccupé par son propre bien-être ; tandis que d'autres textes présentent un moi complètement tendu vers autrui et prêt à se sacrifier pour lui. Levinas retrace l'entrée du sujet dans l'éthique comme le passage de l'un à l'autre de ces états. Flora Bastiani propose de lire Levinas à partir de l'étrangeté de ce saut qualitatif du moi en direction de l'autre.
(Coll. La philosophie en commun, 27.50 euros, 280 p.) *ISBN : 978-2-296-99262-7*

QUESTION (LA) DE LA TECHNIQUE
À partir d'un échange épistolaire entre Ernst Jünger et Martin Heidegger
Nerhot Patrick
La lettre de Heidegger à Jünger est d'une importance capitale pour comprendre les écrits de Heidegger après la Seconde Guerre mondiale. En effet, cette lettre se situe au coeur même de toutes ses réflexions, qu'il s'agisse de la Technique, de la Raison, du Langage ou de la Métaphysique. Elle éclaire d'une lumière particulière non seulement les écrits d'après-guerre mais aussi la question, si controversée, si polémique, de l'importance du nazisme dans sa pensée.
(Coll. L'Ethique en mouvement, 32.50 euros, 316 p.) *ISBN : 978-2-296-96422-8*

JEAN-MICHEL PALMIER – Arts et société
Berthet Dominique, Lachaud Jean-Marc
Jean-Michel Palmier (1944-1998) a consacré de nombreux ouvrages et articles aux courants artistiques, philosophiques et politiques des années 1920-1930 en Allemagne et en Union soviétique. Ses travaux notamment sur l'expressionnisme et la vie culturelle sous la République de Weimar permettent aux lecteurs de mieux comprendre les multiples controverses qui opposèrent au XXe siècle des théoriciens et des praticiens se réclamant de différents et antagonistes courants marxistes.
(Coll. Ouverture Philosophique, série Arts vivants, 34.00 euros, 328 p.)
ISBN : 978-2-296-96076-3, ISBN EBOOK : 978-2-296-49810-5

DE LA VICTIMISATION – Lectures expérimentales
Kakogianni Maria - Préface d'Alain Badiou
A supposer que la femme ne soit pas la victime de l'Histoire. Voici pour l'hypothèse mobile. À partir de là, le texte se présente comme une série de lectures ; Xénophon, Aristote et Platon se mettent à dialoguer avec Foucault, Badiou et Lacan. Il ne s'agit pas de lectures qui cherchent à rendre lisible, dans les textes classiques, la domination du genre, la métaphysique des sexes... Ce qui fait symptôme, ce qu'il s'agit d'apprendre à lire, c'est la place de la victime comme seule autorisée dans le Marché.
(Coll. La philosophie en commun, 29.00 euros, 286 p.) *ISBN : 978-2-296-99189-7*

TEMPS HISTORIQUE ET IMMANENCE
Les concepts de nécessité et de possibilité dans une histoire ouverte
Chataignier Gadelha Gustavo
Cet ouvrage vise à explorer l'historicité en tant qu'horizon privilégié de la philosophie. L'auteur procède à un parcours analytique : il commence par caractériser les spécificités du temps historique puis se penche sur l'analyse de diverses philosophies de l'histoire et termine par confronter la notion contemporaine d'événement à ses limites pratiques. Cette réflexion s'achève sur le rapport marxien entre nature et histoire.
(Coll. La philosophie en commun, 57.00 euros, 684 p.) *ISBN : 978-2-296-97037-3*

TERRITOIRES (LES) DU SENTIMENT OCÉANIQUE
Sous la direction de Dallet Sylvie, Noël Emile
Le sentiment océanique est une forme particulière des états modifiés de conscience, domaine qui est attesté du plus lointain des témoignages humains. La spécificité de cette sensation, assimilée depuis Romain Rolland aux capacités de la religiosité indienne, reste un mystère

de la connaissance. Celle-ci qui allie une joie à une forme de dissolution ou de rencontre de la matière est pour la première fois analysée sur des observatoires différents : spiritualités, biologie, littérature, poésie, philosophie, sport...
(Coll. Ethiques de la création, 17.50 euros, 164 p.) *ISBN : 978-2-296-99152-1*

DIALECTIQUE OU ANTINOMIE ?
Comment penser ?
Chateau Dominique
Ce livre concerne deux manières de penser : la dialectique et l'antinomie. Il étudie la dialectique de Hegel, en son unicité et sa radicalité, expose sa critique et considère sa régression à l'antinomie ou encore son fantasme qui ne cesse de hanter la philosophie. Ce débat mobilise, outre Aristote et Platon, Kierkegaard, Nietzsche, Benjamin, Lyotard, Marx, Peirce et quelques autres.
(Coll. Ouverture Philosophique, 14.50 euros, 144 p.) *ISBN : 978-2-296-99177-4*

IDÉOLOGIE DE LA RUPTURE
Suivie de plaidoyers pour l'aliénation
D'hondt Jacques - Postface de Paolo Quintili
Jacques D'hondt (1920-2012) a conquis par ses travaux sur Hegel et Marx une renommée internationale. C'est un critique de ses contemporains dans *L'idéologie de la rupture* (première édition en 1978) et, dans nombre de ses publications aujourd'hui encore dispersées. La présente édition réunit, à la suite des chapitres originaux, plusieurs de ses contributions.
(Coll. Bibliothèque historique du Marxisme, 18.50 euros, 174 p.) ISBN : 978-2-296-96380-1

RÉALISME ET VÉRITÉ : LE DÉBAT ENTRE HABERMAS ET RORTY
Dostie Proulx Pierre-Luc
A quoi fait-on référence lorsque l'on a recours au concept de « vérité » en épistémologie contemporaine ? Doit-on nécessairement supposer que nos énoncés correspondent à une réalité extérieure pour faire sens du concept de vérité ? Le présent ouvrage expose deux des plus importantes conceptions contemporaines de la vérité : celle de Jürgen Habermas et celle de Richard Rorty.
(Coll. Ouverture Philosophique, 14.00 euros, 134 p.) *ISBN : 978-2-296-99247-4*

POLITIQUEMENT (LE) CORRECT FRANÇAIS
Epistémologie d'une crypto-religion
Oulahbib Lucien-Samir
Les manques, la fuite en avant vers la destruction de ce qui permet d'être ensemble - et non pas seulement de vivre ensemble - sont ici analysés en des critiques diverses (des saillies) mettant en cause par exemple la théorie dite du «genre», l'effacement de l'idée de nation, de valeur objective, bref, la mise à l'index de tout ce qui ne pense pas de façon «gauche», allant de la haine du riche à la diabolisation d'Israël...
(Coll. Épistémologie et philosophie des sciences, 15.50 euros, 152 p.) ISBN : 978-2-296-99316-7

JUSTICE DISTRIBUTIVE OU SOLIDARITÉ À L'ÉCHELLE GLOBALE ? – John Rawls et Thomas Pogge
Noumbissié Tchamo Daniel - Préface de Stéphane Chauvier
Avec le souci d'établir les jalons d'un «développement glocaliste» juste et équitable, Daniel Noumbissié Tchamo ouvre ici un débat en philosophie pratique sur la distribution des richesses et les nouvelles considérations sur le développement dans une société mondiale glocalisée. Le «principe de différence global» qui manque dans les politiques publiques et les institutions de redistribution de richesses est le point nodal de la discussion qui en découle.
(Coll. Ouverture Philosophique, 25.00 euros, 246 p.) *ISBN : 978-2-296-57036-8*

AGIR ET PENSER EN COMPLEXITÉ AVEC JEAN-LOUIS LE MOIGNE
Témoignages de mises en actes
Sous la direction de Dominique Genelot et Marie-José Avenier
Comment comprendre les mondes dans lesquels nous vivons ? Peut-on ne pas se sentir démuni devant tant de complexité ? Cinquante professionnels d'horizons variés témoignent de leur

manière de répondre à ces questions. Ces témoignages ont en commun de mettre en actes des concepts développés par Jean-Louis Le Moigne. À travers la narration d'expériences vécues, ce livre offre des pistes de réflexion pour toute personne soucieuse du sens de son action.
(46.00 euros, 462 p.) *ISBN : 978-2-296-96540-9*

MACEDONIO FERNANDEZ, PHILOSOPHE
Le sujet, l'expérience et l'amour
Munoz Marisa Alejandra
Le présent livre, sur la pensée philosophique de l'écrivain argentin Macedonio Fernández (1874-1952), constitue un apport d'une valeur indiscutable parmi les études sur l'historiographie philosophique argentine et latino-américaine. Sa riche et pertinente documentation lui permet des descriptions qui nous ouvrent sur le penser d'un philosophe qui a méprisé les formes du savoir académique.
(28.00 euros, 270 p.) *ISBN : 978-2-296-99179-8*

XAVIER ZUBIRI
La solitude sonore (1898-1931)
Corominas Jordi, Vicens Albert
Traduit de l'espagnol par Vincent Pelbois
Xavier Zubiri a été l'un des penseurs les plus vigoureux et importants du XXe siècle. Ni sa vie ni son oeuvre ne peuvent être séparées du drame, du caractère et des rêves de l'Espagne. La philosophie de Zubiri est inévitablement ancrée dans son époque et dans ce qui constitue la trame complexe de la condition humaine : les sentiments, les passions et les désirs. Les auteurs se sont focalisés sur la vie du philosophe et ce qui l'entoure.
(Coll. Ouverture Philosophique, 27.00 euros, 260 p.) *ISBN : 978-2-296-99042-5*

RUDOLF STEINER
Artiste et enseignant
L'art de la transmission
Gaillard Céline
Rudolf Steiner, tout comme Kandinsky, Klee ou encore Beuys furent tout à la fois artistes et enseignants. Les témoignages de leurs contemporains permettent de les saisir dans cet instant fugace de la transmission, impalpable et magique à la fois, qui révèle la richesse de leurs êtres. Leur manière de vivre la transmission est imprégnée d'art : c'est un moment créateur dans l'échange.
(Editions Orizons, Coll. Universités - Domaine littéraire, 23.00 euros, 212 p.)
ISBN : 978-2-296-08820-7

TROUER LA MEMBRANE
penser et vivre la politique par des gestes
Roy Philippe
La membrane est un concept politique se réclamant à la fois du biopouvoir de Foucault et de l'analyse du niveau vital par Simondon. Elle caractérise le pouvoir de notre époque. Or, la politique dépend de gestes, autre thèse de ce livre. Il est alors montré que certains gestes peuvent s'opposer à la membrane sous la forme de trouées émancipatrices.
(Coll. Esthétiques, 24.50 euros, 236 p.) *ISBN : 978-2-296-96394-8*

GASTON BACHELARD : L'INTUITION DE L'INSTANT AU RISQUE DES NEUROSCIENCES
Pichon Michèle
Un large public apprécie en Gaston Bachelard le philosophe de la rêverie poétique et l'épistémologue. Ses oeuvres consacrées à la question du temps sont moins connues. Cet ouvrage se propose de montrer en quoi les données actuelles des neurosciences apportent un éclairage nouveau à cette réflexion. Nombre d'hypothèses formulées en neurobiologie et en neuroesthétique renforcent la thèse bachelardienne de la discontinuité du temps vécu et la conception qu'avait le philosophe de «l'instant pratique».
(Coll. Commentaires philosophiques, 16.50 euros, 164 p.) *ISBN : 978-2-296-56984-3*

L'HARMATTAN, ITALIA
Via Degli Artisti 15; 10124 Torino

L'HARMATTAN HONGRIE
Könyvesbolt ; Kossuth L. u. 14-16
1053 Budapest

ESPACE L'HARMATTAN KINSHASA
Faculté des Sciences sociales,
politiques et administratives
BP243, KIN XI
Université de Kinshasa

L'HARMATTAN CONGO
67, av. E. P. Lumumba
Bât. – Congo Pharmacie (Bib. Nat.)
BP2874 Brazzaville
harmattan.congo@yahoo.fr

L'HARMATTAN GUINÉE
Almamya Rue KA 028, en face du restaurant Le Cèdre
OKB agency BP 3470 Conakry
(00224) 60 20 85 08
harmattanguinee@yahoo.fr

L'HARMATTAN CAMEROUN
BP 11486
Face à la SNI, immeuble Don Bosco
Yaoundé
(00237) 99 76 61 66
harmattancam@yahoo.fr

L'HARMATTAN CÔTE D'IVOIRE
Résidence Karl / cité des arts
Abidjan-Cocody 03 BP 1588 Abidjan 03
(00225) 05 77 87 31
etien_nda@yahoo.fr

L'HARMATTAN MAURITANIE
Espace El Kettab du livre francophone
N° 472 avenue du Palais des Congrès
BP 316 Nouakchott
(00222) 63 25 980

L'HARMATTAN SÉNÉGAL
« Villa Rose », rue de Diourbel X G, Point E
BP 45034 Dakar FANN
(00221) 33 825 98 58 / 77 242 25 08
senharmattan@gmail.com

L'HARMATTAN TOGO
1771, Bd du 13 janvier
BP 414 Lomé
Tél : 00 228 2201792
gerry@taama.net

Achevé d'imprimer par Corlet Numérique - 14110 Condé-sur-Noireau
N° d'Imprimeur : 95755 - Dépôt légal : mars 2013 - *Imprimé en France*

www.ingramcontent.com/pod-product-compliance
Lightning Source LLC
LaVergne TN
LVHW010951061026
849535LV00006B/1663